XIE ZUO
写 作

（第二版）

主　编　许兆真
副主编　宋　玮　陈万珍　韩　啸
编　委　许兆真　许海军　陈万珍
　　　　　杨文忠　宋　玮　郭　伟
　　　　　韩　啸

河南大学出版社

·郑州·

图书在版编目（CIP）数据

写作 / 许兆真主编 . —2 版 . — 郑州 : 河南大学出版社, 2019.6（2022.4 重印）

ISBN 978-7-5649-3707-2

Ⅰ. ①写… Ⅱ. ①许… Ⅲ. ①汉语 – 写作 Ⅳ . ① H15

中国版本图书馆 CIP 数据核字 (2019) 第 086327 号

责任编辑	程新晓　孙增科
责任校对	聂会佳
封面设计	翟淼淼

出版发行	河南大学出版社		
	地址：郑州市郑东新区商务外环中华大厦 2401 号	邮编：450046	
	电话：0371-86059712（高等教育与职业教育出版分社）		
	0371-86059701（营销部）		
	网址：hupress.henu.edu.cn		
排　版	河南大学出版社设计排版部		
印　刷	河南省诚和印制有限公司		
版　次	2019 年 7 月第 2 版	印　次	2022 年 4 月第 6 次印刷
开　本	787mm×1092mm　1/16	印　张	22.25
字　数	514 千字	定　价	56.00 元

（本书如有印装质量问题，请与河南大学出版社营销部联系调换）

前　　言

写作是人们使用语言符号进行知识传播、情感抒发，以及呈现、反映或解决学习、生活、工作中遇到的实际问题，乃至实现人们自我确证的一种行为方式，是写作者综合的知识文化、道德修养、精神境界等方面质素的具体体现。简言之，写作就是做文章。文章有广义和狭义之分，广义的文章泛指一切按照某种特定意图、使用一定的表达方式进行言说的文字材料，包括文学文体（美文）和实用文体。狭义的文章主要是指实用文，就是直接应用于实际需要的文字载体。

作为现代社会一门重要的学科，写作学的建设应首先从自身的理论体系构建做起，而不能仅仅停留在文体知识的初步介绍层面上。可以说，一门学科成熟与否的标志无外乎看它是否拥有一套独立而较为系统的理论体系，这也正是本书编写的出发点和核心目标之所在。而明晰地梳理写作自身严密的学科体系则可从基础理论和文体理论知识入手，结合本质论、文本论、接受论和写作活动论等使写作学走上一条科学而又有自身特点的道路，从而不再局限于传统文本论的视域而止步不前，或者是徘徊在写作理论与实践之间而无所适从。

对于广大写作者而言，写作理论与实践的关系一直是个相互矛盾的问题。一方面，有人认为写作本身没有什么高深的理论，具有语言天赋的人不是靠理论培养出来的，甚至受理论影响太深反而会对他们的创造能力产生一定的制约作用；有的人则认为，天下文章一大抄，写作是件再容易不过的事情，只需根据模式进行模仿即可。另一方面，在真正的写作实践中，很多人往往眼高手低，觉得无从下手，即便写出来，也是"四不像"，很难把握住具体文章的写作特点与规范要求等。并且，在实际的学习、工作中，更是出现了刘半农先生早在1918年就已注意到的现象，即很多大学生竟然连普通的家信都不会写了。

这是因为，在现代社会中，人与人、社会组织、团体之间交互交往联系的形式日益多样化，互联网、电信、微信等无不在用一种更为快捷的方式服务于现代人们的公私事务。然而无论哪一种方式，都必须有一种信息载体来完成这种信息传播的过程。工具的现代化必然导致信息内容载体的相应变化，于是，现代文章的写作从文体特征、应用范围到内容都有追逐时代需求的明显变化，一些新增文体如公务员考试中的申论写作、述职报告等，以及新媒介实用文体如电子邮件、传真、短信息、博客、微博以及各种超文本形式的写作等应运而生。因而，适应于这一变化的写作理论体系框架的构建显得日益紧迫。

写作（第二版）

针对这些问题，我们这些长期在高校从事写作教学工作的老师，在具体的教学环节中进行了不懈的探索，在此基础上，编写本书时对基础理论、文体理论、文本细读等方面的内容做了较为深入、系统的探索和尝试。特别是在每一章的理论讲解之后都附有文选，以便学习者在懂得写作基础知识和文体知识的前提下，结合具体的问题进行分析、实践，从而提高写作水平。同时，努力推动写作理论体系的构建在自身的发展轨迹中日渐得到完善，这样，不仅使学习者在科学的、系统的理论濡养中能够高效地达到一些实用文体的直接现实目的，而且使其能够真正地创作出具有鲜明时代特色与独特个人风格的佳作。

本书共分二十四章，前七章主要侧重于写作基础理论的梳理；后十七章是文体理论介绍，各种常用文体几乎都有所涉及。在写作基础理论部分，主要以文本论为理论统摄点，从绪论、主题、材料、结构、表达方式、语言和修改等方面对写作的规律和特点进行简要的分析，以使学习者更为清晰地把握文章写作的内在规律。在文体理论部分，主要从广义的文章概念出发，分别对新闻文体（消息、通讯、报告文学）、理论文体（思想评论、文学评论、学术论文）、应用文体（公文、调查报告、总结、演讲稿、常用应用文）、文学文体（杂文、散文、诗歌、小说、戏剧文学、影视文学）等文体理论进行探讨，以便学习者更为明确地把握住具体文体的写作规范与要求，从而更好地理解现代社会体系中文体理论的发展方向并逐渐提高各种文章的写作水平。因此，本书知识丰富，文体完备，适合各类高校作为必备的写作教材使用。但在具体使用过程中，不同学校、不同专业的教师可以根据学生的实际情况，选择相应的文体进行详细讲解与分析。

作为河南大学规划教材，本书是河南大学文学院各专业系列教材之一。因此，以河南大学为主，统领河南师范大学、周口师范学院、安阳师范学院、开封大学等五家高校的专业教师，共同完成了本书的编写工作。在教材的编写过程中，由于编者们来自不同的院校，写作风格也不尽相同，因此，主编始终坚持在保持各自撰写风格的基础上，适度做一些必要的修改工作，力求保持全书体例的一致性，以朴实、自然的文风为总体的美学追求。

《写作》（第一版）于2012年12月出版后，广受好评，2014年7月修改重印，发行量节节攀升。在使用的过程中，我们也发现了教材中存在的一些问题，因此，2019年，主编对教材进行了全面的审读和修订，编写了《写作》（第二版），与第一版相比，第二版在文选部分变动很大，删除了许多过时的文章，精心遴选了典型、新颖、富有时代气息的文章，附在每一章节的后面。我们期待着本书更加科学合理，令人耳目一新。

编著者
2019年6月于河南大学

目 录

第一章 绪 论 ……………………………………………… (001)
 一、写作的特点、任务和基本内容 ……………………… (001)
 二、学习写作的意义 ……………………………………… (004)
 三、提高写作能力的基本途径 …………………………… (004)
 【文选】
  书海掣鲸毛泽东 ………………………………… 王 蒙 (011)

第二章 主 题 ……………………………………………… (015)
 一、主题的含义、地位和作用 …………………………… (015)
 二、主题的形成 …………………………………………… (020)
 三、主题的要求和提炼 …………………………………… (021)
 【文选】
  奇 遇 …………………………………………… 莫 言 (026)

第三章 材 料 ……………………………………………… (028)
 一、材料的含义、种类和作用 …………………………… (028)
 二、材料的来源及搜集材料的方法 ……………………… (030)
 三、材料的鉴别、选择及使用 …………………………… (036)

 【文选】
  1973年的一次下乡 …………………………… 周同宾 (041)

第四章 结 构 ……………………………………………… (045)
 一、结构的含义和作用 …………………………………… (045)
 二、结构的原则 …………………………………………… (046)
 三、结构的要求 …………………………………………… (048)
 四、结构的基本内容 ……………………………………… (049)
 【文选】
  失序与缺钙 ……………………………………… 杨闻宇 (058)

第五章　表达方式 (060)
一、叙　述 (060)
二、描　写 (062)
三、抒　情 (066)
四、议　论 (067)
五、说　明 (069)
【文选】
授业恩师 ………… 季羡林 (071)

第六章　语　言 (073)
一、语言与写作的关系 (073)
二、写作对语言的要求 (074)
三、锤炼语言 (079)
四、学习语言的途径 (083)
【文选】
隐　身　衣 ………… 杨　绛 (086)

第七章　修　改 (089)
一、修改的重要意义 (089)
二、修改的范围 (091)
三、修改的态度和方法 (099)
【文选】
日　出 ………… 刘白羽 (103)

第八章　消　息 (106)
一、消息的含义和种类 (106)
二、消息的特点 (107)
三、消息的写作 (110)
【文选】
开封发掘出我国古代都城中最早方形瓮城，填补古代都城考古史空白
………… 桂　娟 (116)

第九章　通　讯 (118)
一、通讯的含义和种类 (118)
二、通讯的特点 (119)
三、通讯的写作 (120)

目 录

【文选】

群众爱戴的"吃亏书记" ················· 王胜昔 吉子文（126）

第十章 报告文学 ·· （129）

一、报告文学的含义和种类 ································ （129）

二、报告文学的特点 ·· （130）

三、报告文学的写作 ·· （130）

【文选】

胡风案中人与事 ·· 李洁非（138）

第十一章 思想评论 ·· （143）

一、思想评论的含义和特点 ································ （143）

二、思想评论的种类 ·· （146）

三、思想评论的写作 ·· （150）

【文选】

牵妈妈的手，也是家风传承 ································ 蔡恩泽（157）

第十二章 文学评论 ·· （159）

一、文学评论的含义和种类 ································ （159）

二、文学评论的作用 ·· （160）

三、文学评论的写作 ·· （162）

【文选】

一种美学魅力，多种艺术匠心

——从《红玫瑰与白玫瑰》看张爱玲独特的美学追求 ······ 傅 华（167）

第十三章 学术论文 ·· （173）

一、学术论文的含义和特点 ································ （173）

二、学术论文的种类和作用 ································ （174）

三、学术论文的写作 ·· （177）

【文选】

两首唐人绝句之关系考辨 ································ 周欣展（183）

第十四章 杂 文 ·· （187）

一、杂文的含义、发展史和作用 ···························· （187）

二、杂文的特点 ·· （189）

· 003 ·

三、杂文的写作 …………………………………………………………（193）
　【文选】
　　我观北大人之狂妄 ……………………………………………潘多拉（197）

第十五章　公　文 …………………………………………………（199）
　一、公文的含义和特点 …………………………………………………（199）
　二、公文的种类和作用 …………………………………………………（201）
　三、公文的结构 …………………………………………………………（204）
　四、公文的写作要求 ……………………………………………………（210）
　【文选】
　　"书香三八——智慧女性·书香家庭"读书征文活动通知………吴明师（212）

第十六章　调查报告 ………………………………………………（214）
　一、调查报告的含义和种类 ……………………………………………（214）
　二、调查报告的特点 ……………………………………………………（216）
　三、调查报告的写作 ……………………………………………………（217）
　【文选】
　　高校更名趋势调查，至少有65所高校去掉"职业"二字 ……田文生（224）

第十七章　总　结 …………………………………………………（227）
　一、总结的含义和特点 …………………………………………………（227）
　二、总结的种类 …………………………………………………………（228）
　三、一般总结的写作 ……………………………………………………（229）
　四、述职报告的写作 ……………………………………………………（233）
　【文选】
　　清华附中语文组教师述职报告 …………………………………杜　珂（238）

第十八章　演讲稿 …………………………………………………（242）
　一、演讲稿的含义和特点 ………………………………………………（242）
　二、演讲稿的种类 ………………………………………………………（243）
　三、演讲稿的写作 ………………………………………………………（245）
　【文选】
　　向美而行
　　　——在清华大学2017级本科生开学典礼上的讲话 …………邱　勇（250）

第十九章　常用应用文 ……………………………………………（252）
　一、常用应用文的含义 …………………………………………………（252）

目录

　　二、常用应用文的特点 ……………………………………… (252)
　　三、常用应用文的写作 ……………………………………… (254)
　【文选】
　　给河马刷牙 ……………………………………… 龙应台 (264)

第二十章 散　文 ……………………………………………… (269)
　　一、散文的含义和种类 ……………………………………… (269)
　　二、散文的特点 ……………………………………………… (270)
　　三、散文的写作 ……………………………………………… (274)
　【文选】
　　游寺耳记 ………………………………………… 贾平凹 (283)

第二十一章 诗　歌 ……………………………………………… (284)
　　一、诗歌的含义和特点 ……………………………………… (284)
　　二、诗歌的种类 ……………………………………………… (290)
　　三、诗歌的写作 ……………………………………………… (292)
　【文选】
　　母难日（三题） ………………………………… 余光中 (298)

第二十二章 小　说 ……………………………………………… (300)
　　一、小说的含义和特点 ……………………………………… (300)
　　二、小说的种类 ……………………………………………… (302)
　　三、小说的写作 ……………………………………………… (303)
　【文选】
　　喜鹊登枝 ………………………………………… 高沧海 (312)

第二十三章 戏剧文学 …………………………………………… (314)
　　一、戏剧文学的含义和特点 ………………………………… (314)
　　二、戏剧文学的种类 ………………………………………… (316)
　　三、戏剧文学的写作 ………………………………………… (318)
　　四、戏剧小品的写作 ………………………………………… (325)
　【文选】
　　大话西游小品剧本 ……………………………… 吴　明 (326)

第二十四章 影视文学 …………………………………………… (330)
　　一、影视文学的含义和作用 ………………………………… (330)
　　二、影视文学的特点 ………………………………………… (332)

· 005 ·

三、影视文学的写作 ……………………………………………（332）
【文选】
　　金　　婚（第一章）…………………………………王宛平（338）

后　　记……………………………………………………………（344）

第一章 绪 论

一、写作的特点、任务和基本内容

写作是一种创造性的思维活动,它运用语言文字符号交流信息、传播知识、抒发感情、反映生活,以篇章的形式表达对客观世界的某种认识,是人类社会的物质生活和精神生活发展到一定水平时的产物。

（一）写作的特点

1. 目的性

所谓目的性,就是指作者主观的意图。写任何一篇东西,或者表情达意,或者说理论事,或者赞扬先进,或者传播经验,作者总想有一个鲜明的写作意图、创作动机。也就是说,作者通过这种文章的写作,总是要向社会、向读者交流点什么思想,宣传点什么主张,提供点什么信息的。无目的地写文章,古今中外,从来没有。"兴、观、群、怨"也好,"比、兴、美、刺"也好,"劝善惩恶""警世""醒世"也好,"改良社会""为着人生"也好,都是有所"为"（目的）的。即使是标榜"为艺术""冶性情"罢,这也算是有目的。一直到今天,我们提倡"为人民服务,为社会主义服务"等都是有所为的,都有鲜明的目的性。

比如,像政论性文章,写法相当多,其总目的,是为了明辨是非,兴利除弊；像学术论著,可谓汗牛充栋,但它们总的目的是为了探寻规律,揭示真理,除旧布新；像文艺作品,则是浩如烟海,而总的目的是为了扬善惩恶,移风易俗,熏染人心,所以,凡写文章,都有目的,这是它自身的重要特点之一。

2. 综合性

老舍在《写与读》中说过："学习、经验、努力、加上文艺天才,方能产生一个作家。"这就说明要想写作,必须具备多种才能。作者写任何一篇文章,从素养上说,它都离不开生活、思想、知识、技巧、语言以及天赋禀性等；从能力上说,它也涉及观察、感受、想象、理解、表现等众多方面；从学科上讲,它实际上要接触哲学、历史学、心理学、文学、科学、语言学、逻辑学以及写作学等多方面的知识。有的作者多方面的修养可能较为浅薄,有的作者各方面的功底可能较为厚实,但各自写作的时候,都要进行各自的综合。

任何一篇文章,都是作者多方面素养、多方面能力、多方面学识的一种巧妙而艺术的综合——这就是写作自身的又一个重要特点。所以，中国历代多采用"以文取士"的办法。现在，考核一个人的语文程度，也往往离不开考作文。

如果综合性确实是写作的一个特点的话，那么，我们就可以从这里引申出一个结论，就是写作知识能解决的问题是很有限的。

写好一篇文章，作者的思想认识水平是很重要的。它起着确定方向的决定性作用。文章的每一方面都体现着作者的为人——作者的思想、立场、观点、兴趣、爱好、个人特征等。

作者的思想与文章的写作，做人与作文，是前者决定后者，二者是相互依存、密不可分的。"所以读君诗，亦知君为人"（白居易：《中说》）；"器大者声必宏，志高者意必远"（南宋•范开：《稼轩词序》）；"人高则诗亦高，人伪则诗亦俗，一字不可掩饰"（清•徐增：《而庵诗注》），这些话都是强调作者的思想、人格对创作的决定性作用。刘熙载提出了"人品说"："诗品本于人品"，"笔性墨情，皆以其人之性情为本"，"有第一等襟抱，第一等学识，才有第一等真诗"（《艺概》）。人品决定文品，人品高，文品也高，人品低下，也不可能写不出来格调高雅的文章。

当然，人品与文品不能截然画等号。人品好，生活、技巧不足，也不会有杰作问世；品行不端的人，自有某些笔下生花的写作技巧，也可能写出炫人眼目于一时的光华文章来。文学史上就有不少这样的例子。

晋代诗人潘岳，字安仁，写过传诵一时的《闲居赋》，赋中说自己"绝意乎宠荣之事"，而要"逍遥自得"，真可谓"高情千古"。但查其生平所为，却是个趋炎附势、人品卑下的伪君子，"岳性轻躁趋势利，与石崇等谄事贾谧，每候其出，辄望尘而拜"（《晋书•潘岳传》）。正如生活中也不乏口是心非、表里不一的人一样，文坛上这种人文不一的现象也毫不足怪。言不由衷的东西只能炫耀一时，一旦人们识破了他们"人言兽行"的真面目，其文也就和其人一样被人们鄙视了。归根结底是人品决定文品。

生活阅历对写文章也是极其重要的。"人情练达即文章"。作者的生活底子薄，见闻少，不懂人情世故，文章就会显得稚弱、单薄。写作知识对此也管不了太多。

知识储备对写一般文章，特别是论说文、学术论文更具有十分重要的作用。如果作者具有古今中外各方面的知识储备的话，那么，写起文章来自然能左右逢源、侃侃而谈。但这又岂是"写作知识"管得了的呢？

还有个才情禀赋的问题。郭沫若青年时代就有着强烈的爱国主义思想。《地球，我的母亲》是作者1919年留学日本时写的。他曾谈过写这首诗的具体情景：那天上半天跑到福冈图书馆去看书，突然受了诗兴的袭击，便出了馆，连忙跑回寓所，把它写在纸上，自己觉得就好像真是新生了的一样。郭沫若知识渊博，才华横溢，激情澎湃，因此，灵感袭来，马上就可以写出一首著名的诗篇，这说明他在创作方面具备一定的才情禀赋。"夫才有清浊，思有修短，虽并属文，参差万品"（晋•葛洪：《抱朴子外篇•辞义》）。写文章就像人各具其面一样，从来就是参差不齐的。即使环境、条件、主观努力的程度都大体一样，但作者的修养、才思、情趣、习惯等也仍会千差万别。

从这个意义上说，写作似乎是"不可教""难以教"的。"可教"的是"枝叶"，"不可教""难以教"的则是"根本",这就是写作教学的一个不可回避的矛盾。写作最终较量的就是作者的学养和修养。坦率地说,就是看谁读的书多,懂的事多,想的理透,修的境深。学养为言语创造提供认知背景,修养为言语创造提供能源。朱光潜说:"深人所见亦深,浅人所见亦浅。"一个人学养、修养浅陋,不论语感多好,写作技巧多高,都是不可能写出思想纯正与审美价值高的文章的。学养丰厚、修养醇美的人,写出来的文章自然也就有内涵,有品位,有韵味,有哲思。因此,多读、多闻、多疑、多问、多思、多涵养、多写,才是学好写作的必由之路。舍此而另寻捷径,则近乎痴人说梦!

3. 实践性

写作是一种能力,主要是运用语言文字来表达思想感情的技能、技巧。懂点"道理"并不难,但它并不能立竿见影,难就难在从道理到能力的转化。

叶圣陶在《大学国文序》中说得好:"所谓能力,不是一会儿就能由无到有的,看看小孩子养成走路跟说话的能力多麻烦。阅读跟写作不会比走路跟说话容易,一要得其道,二要经常地历练,历练成了习惯,才算有了这种能力。"写作能力、技巧,要通过作者长期地、反复地、刻苦地实践,并经过自己的咀嚼、消化、揣摩、体会,真正心领神会,才能把道理和知识转化为一种熟练的习惯和手段,才能真正地用于自己的写作实践,指导自己的写作活动。

综上所述,写作课是一门目的性、综合性、实践性很强的基础课。

(二)写作的任务

写作课是以讲授写作学为基本教学内容,并通过多种教学手段,向学生传授写作知识和技能的课程。它是许多高等院校各专业都开设的一门重要课程,其任务如下。

1. 提高学生的写作能力

通过课堂讲授和写作实践训练,认识和掌握各种文体特点及写作要求,使学生能够比较熟练地写出观点正确、内容充实、结构严谨、语言流畅、文风端正的文章,这是最起码的要求。只要做到了这几点,文章就写得通顺、像样了。这样的文章,只算是能拿出门。至于说"好",写得"漂亮""巧妙""动人",那是没有底的。即使名家也不是篇篇都好。代表作也只是那么几篇。古人说过:"名家者,各有一病,大醇小疵差可耳。"(宋·魏庆之:《诗人玉屑·诗法》)总体不错(大醇)就过得去,不能提出过高的要求。因此,吕叔湘曾说:"好,很难界说,很好,非常好,十分好,十二分之好,好极了,好得不得了,好得不能再好了,顶顶好……这是没边的。"所以,我们要勤学苦练,先过基本关,然后力争写得"巧"些。

2. 培养学生的阅读和分析文章的能力
3. 培养学生具有指导、评改中学生作文的能力

(三)写作的基本内容

1. 学习写作理论知识,掌握常用文体的写作规律

写作基础知识主要讲授主题、材料、结构、表达方式、语言、修改;文体主要讲授消息、通讯、报告文学、散文、思想评论、文学评论、杂文和应用文等。

2. 有计划、有步骤地指导学生进行比较系统的写作训练

写作训练以综合性写作训练为主，辅之以必要的单项训练。在写作训练中针对学生实际情况进行必要的评讲。

3. 结合讲授和写作训练，欣赏和分析各类典范性文章，提高学生的欣赏水平

二、学习写作的意义

文章是交流思想的工具，是传播知识和各种信息、总结经验、表达认识、进行教育宣传、开展社会活动的重要手段，因此，学好写作，自觉地掌握这一工具，对于更好地为社会服务是十分必要的。

人们表达自己的思想，最常见的有两种方式：一是口头表达（说话），一是书面表达（文章）。说话这种表达手段要受时间和空间的限制，不能获得更多的听众，很难发挥更大的作用。作者即使有深刻的体会、宝贵的经验，采取做报告的方式去介绍，因为时空的局限，亲自听到的人也是不多的。在科学技术突飞猛进的今天，即使采用录音、录像的现代化手段，尽力扩大听众和观众的范围，但由于各种条件的限制，终究不能获得最广大的听众和观众。只有通过写作，作者把自己的经验、体会、心得等用文字表达出来，写成文章，通过报刊或其他方式扩散出去，才可以突破时间的界限、地域的隔离。因此，唯有把想说的话、想表达的思想写成文章，才是最重要、最有效、传之最久远的一种表达手段。

写作在现实生活中占据着非常重要的位置。凡有一定文化知识的人，一般都要和"写"字沾点儿关系。比如写信，记日记，总结工作经验等都用得上写作。我们参加升学考试，要写作文，我们想当公务员，也要考试，其中有申论，也必须写一篇文章，总之，人生处处有考场，考场之中要写文章，写作如影随形，或隐或显，将伴随我们一生。

三、提高写作能力的基本途径

（一）努力提高理论水平和思想觉悟

只有科学的理论才能使我们获得正确的世界观和人生观，才能帮助我们正确地认识和理解现实生活。

学习科学的理论必须和实际相结合，要求作者深入生活，反映人民大众的思想、感情和愿望。这样才能写出思想健康的文章，否则，就不能保证写作的正确方向，以致写出思想上错误的、甚至是反动的文章。高尔基的一段经历，就很能说明这个问题。高尔基早在1905年革命以前，就创作了《海燕》《鹰之歌》等优秀作品。但俄国革命以后，一批文人跳出来讥笑革命，高尔基受到了这股思潮的影响，动摇了革命立场，写出了有严重错误的中篇小说《忏悔》，鼓吹要把宗教和社会主义结合起来。列宁曾严厉地批评了他："你的这些货色，只是为整个资产阶级所欢迎。"是用"最甜蜜的，用糖衣和各种彩色纸巧妙地包着的毒药"去"诱惑"小市民的灵魂。后来高尔基转变了立场，1906年，他发表了第一部社会主义现实主义的伟大著作《母亲》。列宁赞扬说："高尔基同志用他

第一章 绪 论

的伟大的艺术作品,把自己同俄国和全世界的工人运动结合得太牢固了。"文章必然要反映作者的立场观点和政治倾向。

"文之用于天下"(清·焦循),"文章合为时而著,歌诗合为事而作"(白居易:《与元九书》),这是古人对为文目的的见解。在今天来说,我们写作就要站在人民的立场上,赞颂真善美,批判假恶丑,要以满腔的热情讴歌新生活和为祖国献身的一切英雄模范人物,对于一些腐朽思想和违背社会道德的不良言行,都要毫不留情地予以痛斥和鞭挞。写文章要正确反映社会生活,就无法回避尖锐的社会矛盾。比如,如何认识和反映光明与黑暗、主流与支流等。如果不掌握科学的理论,不树立正确的世界观,就不可能对一些重大的理论问题做出准确的评价和科学的结论,笔下就难免出现政治立场或思想观点方面的错误。

(二)深入生活,深入实践,注意观察、调查

社会生活是文章取之不尽、用之不竭的唯一源泉。从生活中获取材料,重要的方法是观察和调查。

1. 观察

观察,即在事物的自然或人工条件下,为一定任务进行的有计划的知觉过程。观察分为广义观察和狭义观察。广义观察,是指人们对自然现象、社会现象或人类本身进行考察、了解的一种方法。狭义观察,主要是指有计划、有目的地了解、观察周围人、事、景、物的形态、特征、变化和发展的一种方法。写描述性的文章主要依靠观察。观察是认识客观事物的重要方法。一个人只有对周围事物不断地进行系统而周密的观察,才能获得大量的感性材料。这些通过感官获得的直接经验,虽然受到时间、空间、范围的限制,但却非常重要。

观察必须细心。细致观察是对事物某一方面的精细观察,以求得对该事物的深入了解。要善于观察那些能代表整体、反映本质的细枝末节。"见微而知著"。观物"窥情风景之上,钻貌草木之中"[1],即深入体察风物景色的情态,精细钻研花草树木的状貌。杜甫的诗句"芹泥随燕嘴,蕊粉上蜂须"(《秦州杂诗二十首》),是说诗人能看见燕嘴上沾带的芹泥、蜂须上沾带的蕊粉,这是何等细致的观察!

要想写作,必须细心观察自己周围的人、事、景、物,并且养成习惯。河北有个作家说,有个刽子手,他走在大街上不去看人的长相,而是光注意人的脖子后面,是一刀可以砍断,还是两刀可以砍断。这是刽子手的职业本能。那么我们要写作,也就必须养成这种细心观察人物和景物的习惯,从而为写文章积累丰富的素材。

培养观察能力,就是培养观察的敏锐性,培养对生活的透视力,要有一双不同于一般人的"艺术家的眼睛"。观察一个人,不仅能看到他的衣着、肤色、脸相,更重要的是能洞见肺腑,连人物的身份、地位、性格等也能推断出来。作家要具有这种观察的本领。创作出《暴风骤雨》的周立波注意深入生活,观察生活,培养出了一种敏锐的观察

---

[1] 〔南朝梁〕刘勰著,周振甫译:《文心雕龙选译》,中华书局,1980年版。

能力，往往一眼就能看准一个人。一位客人，吃饭蹲在凳子上，抽完烟，习惯性地把烟灰丢在外面的水沟里。周立波从这些个性化的动作中，断定这个人是生活在船上的船夫。因为长期生活在船上的人，吃饭总是蹲着，抽完烟怕着火，也总是把烟灰丢在水里。一问，这位客人果然划过30多年船。还有一位邻居，来了不坐凳子而靠在门边，等别人吃完了饭，才说自己的事。周立波看出他过去的生活一定很苦，并讨过饭。因为在旧社会，讨饭的人是不能坐人家凳子的，靠在门边上，等别人吃完了饭，才开口要东西。一问，这位邻居在旧社会确实讨过饭。周立波经常仔细观察、认真研究每一个人的心理和外貌，通过观察、研究，他准确地把握住每一个人的个性。金币老板凭手掌就能掂出金、银的真伪，陶瓷工人根据敲击制品发出的声音能确定它的质量，这叫职业敏感，是长期专业训练的结果。写作者的职业敏感，首先是观察的敏感性。这种敏感性的形成，也要靠作者长期磨炼，锲而不舍。

　　列夫·托尔斯泰年轻时就很注意识别每一个陌生人的面孔，然后再细致入微地谈出自己的印象。正是有这样的长期刻苦磨炼，他才练就了一双极不平凡的慧眼睿目。《安娜·卡列尼娜》的原型是大诗人普希金的女儿普希金娜，列夫·托尔斯泰和她只见过一面，是在一次盛大舞会上的短暂时间里。当时，28岁的普希金娜刚结婚不久，她那超凡出众的美丽，带着生父独特的诗人风韵，那深潭般不时露出一丝忧郁神情的眼睛，顿时使列夫·托尔斯泰"倾倒"和"神往"了。这肖像一直珍藏在他的心底。14年后，他就利用这个原型创造了安娜的不朽形象。令人惊讶的是，在列夫·托尔斯泰博物馆内，至今还陈列着一幅普希金娜生前的肖像画，是出自一位苏联名画家之手，画也是作于她新婚之后不久。这画竟同《安娜·卡列尼娜》中描写的舞会上的安娜的形象一模一样（衣服、外貌、神情极其相似）。列夫·托尔斯泰生前未曾见过这幅画。同普希金娜也仅是一面之缘，竟然这样的不谋而合！[1] 难怪他的妻子戏称他有一双"毒眼"，还有人说他有一双"鹰眼"，又有人说他像个极高明的摄影师，一下子就把人的面部肌肉的纹理都能拍摄下来。如此高超的捕捉典型的观察本领，真令人惊叹不已！

　　2. 调查

　　调查也是认识客观事物的重要方法。调查是在有了明确具体的写作目的以后的活动，是作者获取写作材料的重要途径。许多作家对调查都很重视。陆游说："纸上得来终觉浅，绝知此事要躬行。"含有调查的意思吧。法国狄德罗说："你要认识真理，就得深入生活……去认识各种不同的社会情况，住到乡下去，住到茅棚里去，访问左邻右舍，更好地瞧一瞧他们的床铺、饮食、房屋、衣服等，这样你就会了解到那些奉承你的人设法瞒过你的东西。"毛泽东在1927年用32天时间，亲自到湖南的湘潭、湘乡、衡山、醴陵、长沙等地进行实地调查和观察，获得了许多材料，从而写成了《湖南农民运动考察报告》这篇文章，有力地抨击了"农民运动糟得很"的反动言论。陈桂棣、春桃伉俪在长达两年的调查采访中，"看到了你想象不到的贫穷，想象不到的罪恶，想象不到的苦难，想象不到的无奈，想象不到的抗争，想象不到的沉默，想象不到的感动和想象不到的悲壮"，

---

[1]《参考消息》，1982年3月18日。

于是秉笔直书，写出了引起强烈反响的长篇报告文学《中国农民调查》。赵瑜花三年时间调查采访世界冠军王军霞和她的教练马俊仁等，写出了一部以马家军的辉煌与悲怆为题材、长达40余万字的长篇报告文学《马家军调查》。

要把观察与分析、调查和研究结合起来。光观察、调查，不分析、研究，也写不出好文章。鲁迅说："不要看了就写，观察了又观察，研究了又研究，精益求精，哪怕是最平凡的事物，也能创造出它的生命来。"这话深刻地说明了观察、分析和调查、研究对写作的意义。

（三）认真读书，做到博览、精读、苦读、活读

大凡会写文章的人，都是读过许多书的。没有读书或读书很少，要写出漂亮的文章是不可能的。"操千曲而后晓声，观千剑而后识器"。"熟读唐诗三百首，不会吟诗也会吟"（清孙洙：《唐诗三百首序》）。书读多了，便会潜移默化地在写作中起作用。读书可以了解写作规律、写作方法。读书，首先是读内容，但实际也是写作方法的观摩。书读多了，耳濡目染，便会懂得文章作法。许多作家的名篇佳作就是在名作的影响下完成的。鲁迅的第一篇白话小说《狂人日记》，是在受了果戈理的同名小说的影响之后写成的。冰心的成名作《繁星》，是在泰戈尔的《飞鸟集》的直接启发下写成的。杜鹏程写《保卫延安》时，为借鉴写作技巧竟至于"翻烂"了好几本《水浒传》。周立波的《暴风骤雨》，明显地是从肖洛霍夫的《被开垦的处女地》吸取了有益的艺术营养。列夫·托尔斯泰极为推崇普希金的作品，他在写作《安娜·卡列尼娜》的过程中，从头到尾许多地方都得益于普希金的作品，特别是普希金的小说《宾客坐车集别墅》。《安娜·卡列尼娜》写客人们从剧院出来以后齐集在培脱西·特维尔斯卡雅家的好几章，就是在《宾客坐车集别墅》的直接影响下写成的。

从名作中吸取思想营养，学习写作技巧，要有正确的阅读方法。

1. 博览

所谓博览，就是要广泛地阅读，博采众家，取其所长。陶渊明"好读书，不求甚解"，不钻牛角尖；诸葛亮读书"略观大意"，就是博览的好经验。古人说过："博学之，审问之，慎思之，明辨之，笃行之。"车尔尼雪夫斯基说："要使人成为真正有教养的人，必须具备三个品质：渊博的知识、思维的习惯和高尚的情操。"科学的书，可以看，哲学的书要看，文学的书，古今中外的书都可以而且应当读。"讲扶乩的书，讲婊子的书，倘有机会遇见不要皱起眉头，显示憎恶之状，也可以翻一翻"（鲁迅：《且介亭杂文·随便翻翻》）。"不可专看一个人的作品，以防被他束缚住"（鲁迅：《致董永舒》），这正如蜜蜂一样，"采过许多花，这才能酿出蜜来，倘若叮在一处，所得就非常有限，枯燥了"（鲁迅：《致颜黎民》）。要选各种形式的范文进行阅读，好的论文、小说、诗歌、剧本都要读。同时，还要选择一些自然科学的书籍进行阅读，丰富自己的知识。

博览的目的是开阔眼界，增长知识，以阅读的广度求"眼格"的宽大。英国弗朗西斯·培根在《随笔三则·谈读书》中说："读史使人明智，读诗使人灵秀，数学使人周密，

科学使人深刻,伦理学使人庄重,逻辑修辞之学使人善辩;凡有所学,皆成性格。"[1]

写作是综合性的智能劳动。有了知识,不见得就能写出好文章,但知识贫乏,就肯定写不出好文章。古今中外的大文学家,无一不是博览群书、饱学多识之士。杜甫自述"读书破万卷"。欧阳修讲他"一生勤苦书千卷"。关汉卿说自己是"读诗书过万册"。郁达夫在日本仅几年时间就读了几千册书。冰心说她读的书很多很多,连书名也写不完。毛泽东是伟大的政治家、军事家,同时也是我国当代伟大的诗人,他对古典诗词抱有浓厚兴趣,广泛阅读,勤奋学习。我们仅从张明武、毕桂发主编的285万字的《毛泽东评阅的古典诗词鉴赏词典》就可窥一斑而知全豹。全书共收录毛泽东评点、圈阅的近400位古代文学家所作1530余首诗、词、曲。周同宾的《皇天后土》曾获首届鲁迅文学奖优秀散文奖。他藏书3000册,曾被评为南阳市"十大藏书家"之一,为此写文章《唯有读书高》。列夫·托尔斯泰藏书32500册,其中近万册书上留下了阅读时的亲笔批注。"诗岂易哉!一书之不见,一物之不识,一理之不穷,皆有憾焉"(陆游:《何君墓志》)。对所反映的事物不见、不识、不穷,就不可能达到准确反映的目的。鲁迅写《狂人日记》,在若干方面是仰仗了他学过的医学知识。罗曼·罗兰酷爱音乐,才能在《约翰·克利斯朵夫》中把关于音乐欣赏的场面写得那么真切动人。托尔斯泰在《复活》中把审讯、法庭辩护、监狱和劳役生活写得那么生动逼真、合情合理,是因为他通晓法律。评论家称誉曹雪芹"才大如海"。《红楼梦》一书真是包罗万象,翰墨则诗词歌赋,制艺尺牍,爰书戏曲,以及对联匾额,酒会灯谜,说书笑话,无不精善;技艺则琴棋书画,医卜星相,及匠作构造,栽种花果,蓄养禽鱼,针黹烹调,巨细无遗;人物则方正阴邪,贞淫顽善,节烈豪侠,刚强懦弱,及前代女将,外洋侍女,仙佛鬼怪,尼僧女道,娼妓优伶,黠奴豪仆,盗贼邪魔,醉汉无赖,色色俱有;事迹则繁华筵宴,奢纵宣淫,操守贪廉,宫闱仪制,庆吊盛衰,判狱靖寇,以及讽经设坛,贸易钻营,事事皆全;甚至寿终夭折,暴病亡故,丹戕药误,及自刎被杀,投河跳井,悬梁受逼,吞金服毒,撞阶脱精等事,亦样样俱有。可谓包罗万象,囊括无遗。岂别部小说所能望其项背!曹雪芹"才大如海",也不是一日之功,全靠他见闻广博,博学强记。

2. 精读

精读,就是反复吟诵,熟读精思,真正深入理解文章的精华妙处。博可以扩大面,精才能真正深。苏东坡说:"攻书不厌百回读,熟读深思子自知。"(陈秀明:《东坡文谈录》)精读书就要认真仔细,不慌不忙,沉浸在文章中,领会它的深刻含义。"读书切戒在慌忙,涵泳工夫兴味长"(陆九渊:《陆象山语录》)。精读除了包括能深刻理解文章的思想内容外,还包括熟读背诵。头脑里如果没有一二百篇比较精粹短小,能够熟读成诵的名篇佳作的话,是很难写出有文化底蕴的有价值的文章的。清朝的思想家和考据家戴震的文章较好。他的年谱里记载着他曾选出《史记》中《项羽本纪》等十篇文章,圈圈点点,反复背诵,终于写出好文章。鲁迅"仰仗"的是百来篇外国小说。巴金以二百来篇古文启蒙,他说年轻时把《古文观止》上的两百多篇文章背得很熟,"读多了,读熟了,

---

[1]《世界文学》编辑部编:《外国优秀散文选》,百花文艺出版社,1984年版。

常常可以顺口背出来，也就慢慢地体会到它们的好处，也就慢慢地摸到文章的调子……这两百多篇古文，可以说是我真正的启蒙先生。我后来写了二十本散文，跟这个启蒙先生很有关系"（《赞歌集·谈我的散文》）。

3. 苦读

有人把读书称作攻书，意思是把书本上的东西比作堡垒，要用力去攻克它。要真正把书读懂，就要刻苦。宋代诗人王禹偁说："昨日邻家乞新火，晓窗分与读书灯。"（《清明》）欧阳修说："吾生本寒儒，老尚把书卷。眼力虽已疲，心意殊不倦。"（《读书》，《欧阳修全集·居士集》卷九）欧阳修家贫无书，就借人家书抄，抄录毕，已能背诵。"以至昼夜忘寝食，唯读书是务"（欧阳发等：《欧阳公事迹》，《欧阳修全集》附录卷五）。读书必须下苦功夫，才能有所悟，有所得，真正有助于写作。

4. 活读

过去常说"读死书，死读书"，这是要不得的。从前有个私塾先生，教书一丝不苟，让学生读死书。一天他给学生讲："子曰：学而时习之，不亦说乎？"说："'子'是孔子，'曰'是说，'学'是学习，'而'是虚字眼儿，'时'是时时刻刻，'习'是温习，'之'是虚字眼儿，'不'和'亦'都是虚字眼儿，'说'通'悦'，是快乐，'乎'也是虚字眼儿。"讲完后，就让那个学生讲一遍，那个学生记得很准确："孔子说：学习虚字眼儿，时时刻刻温习虚字眼儿，虚字眼儿，虚字眼儿，快乐的虚字眼儿。"这是讽刺"死教书""死读书"的一个笑话。

读书本身不是目的，而是为了用。学以致用，这是正确的方法。书要读活，必须做到两点：一是要与社会和实际结合，不闭门读书，否则，就成了书呆子；一是把书读懂，能够融会贯通。有的人书读得可能很多，但他既不联系社会实际，又不结合自身实际，所以，读了也没用，成了"四脚书橱"。

（四）多写多改，持之以恒

要提高写作水平，关键的一环就是要多写，经常地练习。唱戏讲究"曲不离口"，打拳讲究"拳不离手"。写文章也一样，不经常练习，要想提高写作水平，是很困难的。写得多了，就会熟能生巧、得心应手。"文章千古事，得失寸心知"（杜甫），"我有一言应记取，文章得失不由天"（鲁迅）。一个人写作能力的提高，不经过长期的写作实践，不付出艰苦的劳动，不从基本功练起，是不可能的。只有多做，才能熟练地写作。鲁迅强调："从前教我们作文的先生，并不传授什么《马氏文通》《文章作法》之流，一天到晚，只是读，做，读，做；做得不好，又读，又做。"这就是经验，也是学习作文的最主要的方法。

怎样写？

首先，要做基本练习。

夏衍在《给一位青年作者的信》中说："我诚心诚意地劝告青年作者，在你们还未能攻克语言关之前，千万不要因为我'爱好文学'而一开始就写电影剧本、多幕剧和长篇小说。"这个意见很正确。一些学生不注意基本功的练习，常犯"躐等""躁进"的毛病，一开始就想写大部头作品，这就像一个人还没有学会走路，就要去参加赛跑，肯定要失败的。因此，还是要打好基础。茅盾说："一个初学写作者最好多做些基本练习。不要急于写通常所谓的小说,不要急于成篇。所谓基本练习,现在通行的速写这一体,是可以用的。……作为初学写作者的基本练习的速写,不妨只有半个面孔,或者一面手,一对眼。这应当是学习者观察中恍有所得时勾下来的草样,是将来的精制品所必需的原料。"(茅盾:《创作的准备》)这段话说出了做基本练习的内容和方法。可做这样片段练习的材料是很多的。参观、游览回来,写写见闻;观看影视剧回来,写写观感,或记一点印象;读一篇文章或读一本书,可以写写读后感或读书笔记;下课回来,写写课堂上发生的事或路上见到的风波。可以描写一个场面,可以叙述一段事情,可以写几句精彩的对话,发几句议论,这样经常练习,写作能力就会提高。

其次,要练习写日记,养成写日记的良好习惯。

日记是把自己在当天生活中经历的有意义的事、所见所闻所感记载下来的一种文体。它是用第一人称按日加以记写。写日记可以帮助人们记忆、积累资料,能培养仔细观察和分析事物的习惯,是练笔的好方式,对提高写作能力很有帮助。因此,一些名家都很注意写日记。马烽在《我怎样学习写作》中说:"写日记对我文字上的提高,起了不小的作用。从5年来写日记中,我觉得有不少收获,单就运用文字表达自己的思想上,与开始相比较,就要熟练得多了。在选句上、修辞上自然而然地也有了不少进步。"郭沫若也说:"一个人要能有写日记的习惯,对于自己有无限的好处。"(《沫若文集》第13卷)

再次,初学写作要养成修改的习惯。

要严肃认真地修改自己的文章,反复推敲,精益求精,这样,写作能力才能不断提高。

凡是文章大家,都很重视修改。清代唐彪云:"文章不能一做便佳,须频改方入妙耳。"(《文章唯多做始能精熟》,《读书作文谱》)因为反复修改是使认识不断深入,表达趋于完美的过程。古往今来,善于修改文章的人,不乏其例。清初作家孔尚任写《桃花扇》历时15年,改了3次。柳青的《创业史》五易其稿。美国作家海明威说:"我把《永别了武器》最后一页修改了三十几遍,然后才满意。我把《老人与海》的手稿读过将近二百遍才最后付印。"可见,好文章大都是改出来的。

要想不断提高写作水平,贵在坚持。有些人也愿意写,但写一段时间就停下来,不是由于失败自卑,失掉信心,就是由于自负,以为自己已经差不多了,便不再坚持写了,这是不好的态度。鲁迅说:"一个作者自卑固然不好,自负也不好,容易停滞。我想,顶好是不要自馁,总是干,但也不可自满,仍旧总是用功。"

文章开始写得幼稚、难看,甚至不成样子,这是很正常的,不奇怪,自己绝不要由此而失掉信心,也不要因受到某些人的耻笑就从精神上投降,而要坚持写下去。只要勤写苦练,持之以恒,就会有所收获。布封说:"才能就是坚持不懈。"福楼拜说:"才能就是持久的耐性。"法国大作家巴尔扎克从1819年开始写作,直到1829年才发表了第一部作品,这中间经过了10年的练习。法国著名作家莫泊桑从童年时代就开始练习写作,上中学时拿着他写的小说去请教大作家福楼拜,福楼拜要他从头做起,先到社会上去观察一百个不同的人,一篇写一个人。莫泊桑并不感到这样太慢而失掉信心,而是练习了7年,到30岁时才写出《羊脂球》,一举成名。这说明要想成功就要有坚忍不拔的毅力。许多大家的实践都证明了这一点:司马迁写《史记》历时18年,弥尔顿写《失乐园》经

第一章 绪 论

历27年,歌德写《浮士德》用58年,马克思写《资本论》经历40年。为写一部书,花费这么长时间,没有顽强的毅力是不行的。

我们在写作时,就要比比耐性和毅力,努力拼搏,笔耕不辍,争取早日写出好的文章来。

【文选】

书海掣鲸毛泽东

王 蒙

毛泽东爱读书,读了很多书,这是大家都知道的。但读了陈晋主编的《毛泽东读书笔记精讲》(简称《精讲》,下同),还是有振聋发聩、醍醐灌顶之感。一个忙于各种事务的党的最高领导人,读书多到如此地步,没有想到。《精讲》附录列出毛泽东一生阅读和推荐阅读的 31 个书目,就占用了 94 页篇幅(而这当然不是他一生阅读的全部),琳琅满目、浩瀚汪洋,令人愕然肃然。再看看毛泽东早年所发出的"读奇书,交奇友,创奇事,做奇男子"的心愿,他是说到做到了。毛泽东是书海、人海、政海、民族抗争之海的弄潮儿,波涛万顷,千帆竞发,兀立潮头唱大风!他读了古今中外多少书?读了四书五经,读了二十四史,读了楚辞、汉赋、李白、杜甫;还读了西方启蒙新学、马列经典、哲学、历史、自然科学;而且也读了少为人知、稀奇古怪的各种闲书杂籍。他眼到口到手到心到,写下那么多读书笔记,抒发那么多有趣的评论。他从实践出发,以书为机场跑道,起飞升高,翱翔万里,睥睨天下,在书海内外掀起风波,激起浪潮,真是亘古少有的奇观。

书海弄潮

毛泽东是坚定的唯物史观信奉者,他坚信人民是历史前进的动力,他提出密切联系群众是共产党的三大作风之一。但不能不承认,他是一个早早立下鲲鹏之志的伟人。在 20 岁的1913年,他就写下了读《庄子·逍遥游》的感想。庄子说,"且夫水之积也不厚,则其负大舟也无力",毛泽东读后,"叹其义之当也"。他举李鸿章为例,说李是"置杯焉则胶,水浅而舟大也",处理国务,总是失败,如大舟行于浅水。毛泽东明白,仅有大志未必有用,为了避免置杯而胶着于水底,避免"志大才疏",必须早早准备大水大海,使积也厚!什么是水?什么是海?书中自有洪波涌,书中自有大浪翻!读万卷书,行万里路,毛泽东做到了"踏遍青山人未老",更做到了以有涯逐无涯地读书到生命最后一息!毛泽东深感我们的国家、我们的党、我们的干部"书养"太薄,他一次次呼吁,在各种会议上发放书籍册页,劝读、分享。把党建成学习型、读书型政党,这个在世界政党史上罕有的提倡也是从他开始的。

毛泽东不是天生的英雄,也不是一蹴而就的马克思主义者,他是从实践中摸爬滚打出来的,是在打击挫折下成长起来的。这个过程中,他不断地读书,武装头脑。《精讲》使我们看到一个革命家丰满充实的读书轨迹。

毛泽东是随着实践要求、身份转换而选择所读之书的。他的朋友、同学周世钊回忆:

"毛泽东的思想大转变,是1915年读了《新青年》之后",那时,他从阅读经史子集的兴趣中走出来,站到了改造中国新思潮新实践的探索潮头。接触了服膺了马克思列宁主义后,他从此再无犹豫,以"吾道一以贯之"(孔子)和"目标始终如一"(马克思)的精神读书、学习、实践。他一生阅读最多的是马列、哲学和文史三类书。一本《共产党宣言》,他读过100多遍。同时对中外理论家们的各类著作也广有涉猎。毛泽东把懂哲学看作是干成大事的必备条件,他说:"马克思能够写出《资本论》,列宁能够写出《帝国主义论》,因为他们同时是哲学家,有哲学家的头脑,有辩证法这个武器。"

毛泽东读史,以叛逆的姿态,从书海中寻找真理更挑出谎言。他不大喜欢无用儒术,更不喜欢天子神话,他宁愿得机会就表彰共工、盗跖、秦始皇、刘邦、曹操、马周、黄巢等来自基层的进取有为人物。他渐渐得心应手地以革命理论与书本知识联系中国实际,以中华文化与世界文化的睿智思考实际问题,不断消化,不断发挥,不断调整,不断创新发展,终于成为通古今之变、成一家之言的革命家、思想家。

天马行空,独立鳌头

毛泽东是革命家、政治家、思想家、理论家、哲学家、军事家、诗词家、书法家,还是"读书家"。能与他的执着于革命相比拟的是他的执着于读书。早在延安他就说过,"如果我还能活十年,我一定读书九年零359天"(按:中国老历法一年是360天)。根据《精讲》,他最后读书是在1976年9月8日读了约30分钟《容斋随笔》,此时距他次日凌晨0时10分去世仅6个小时。读书是他事业的需要,也是他生命的需要。"我读故我在",他的读书是一种生命体征,是他的存在感的验证,更是他的思想、精神、灵魂活跃于天地间的征兆,或可称为"魂征"。

毛泽东深感中国共产党党员、党的领导干部需要读书,更需要在实践中用出门道。正如《精讲》序言《学用之道——毛泽东书山路上的风景》中的精彩表述,他要"将有字之书"与"无字之书"结合起来读;既入书斋,又出书斋;"将书本知识转化为认识,将认识转化为智慧"。世上善读书苦读书的学者多了去了,有几人能像他读出那么多风景?能像他读出人民的痛苦,读出革命的路径选择从而大获全胜?世界上革命家政治家兼读一点书的人也多了去了,有几个能像他那样读得说得干得都如火如荼,惊雷闪电!

毛泽东不是书呆子,最瞧不起本本主义,他说过"教条主义不如狗屎","读书比杀猪容易"。他把"本本"读活了,他自己的说法是,当书的"联系员"与"评论员"。他读一本书往往兼及一类书对照读,他的读书评论妙语连珠,不但有的放矢而且独辟蹊径。他谈书论理从来都保持着自己的主体性、挥洒性、批判性。他有所专注、赞赏、选择、借题发挥、高谈阔论,也有所拒绝、蔑视、嬉笑怒骂。

比如毛泽东读宋玉《登徒子好色赋》,指出宋玉"攻其一点,不及其余"的"罪过",同时独步地指出登徒子与丑妻恩爱有加正是实行"婚姻法"的模范。毛泽东的分析不落俗套,又确实为登徒子戴了多年的"好色"帽子说了公道话,给了宋玉此赋巧言令色、抹黑他人的批评。在他的建议下,《登徒子好色赋》作为文件之一印发给1958年1月南宁中央工作会议的与会领导干部。联系历史背景,毛泽东要表达的,就是他说的,"并不

第一章 绪 论

反对对某些搞过头的东西加以纠正,但反对把一个指头的东西当作十个指头来反",他觉得需要为正在发展的实践寻求文化依据。出入于书海,毛泽东能够自如地登高壮观天地间,挥洒肯綮与豪迈的才思,发挥他的大志大智。他有时是天马行空,有时是别具一格,有时是彻底推翻,有时是举一反三,有时是一通百通,有时是欣赏愉悦,有时是怒火义愤。他有所主张,有所热爱,有所痛恨,有所希冀。他在读书中激励意志,激荡思想,激动情感,激发灵感。

紧扣实践,读出真见识

毛泽东博览群书不是"翡翠兰苕上"的文人自赏,而是有"掣鲸碧海"的大作为大志向。他看重的是中国革命的伟大实践,把学用之道发挥得出神入化。

读《史记》中的《高祖本纪》《项羽本纪》《郦生陆贾列传》等,毛泽东认为,在楚汉战争中,项羽兵力远胜于刘邦,却屡失机会而败,"不是偶然的",项羽最致命的缺点是"不爱听别人的不同意见",而刘邦"豁达大度,从谏如流"。他的结论是,"项王非政治家,汉王则为一位高明的政治家"。他告诫说,我们的同志中也有这样的情况,"如果总是不改,难免有一天要'别姬'就是了"。毛泽东认为项羽有"沽名"的弱点,为免负"不义"之名犹豫不决,但也赞赏项羽的羞耻之心,他在1948年为新华社写的述评说:"蒋介石不是项羽,并无'无面目见江东父老'那种羞耻心理。"纵览中国历代开国统治者的业绩,毛泽东得出"老粗出人物"的感慨。当然他也说,没有知识分子的帮助不行。他分析楚汉战争:"刘邦能够打败项羽,是因为刘邦和贵族出身的项羽不同,比较熟悉社会生活,了解人民心理。"这使人联想起毛泽东在谈到"左"倾教条主义者时说:"他们不知道人活着要吃饭,打仗会死人。"

读《南史》,毛泽东为梁武帝手下的将领陈庆之而"神往"。陈庆之出身寒门,以少胜多、战功赫赫;仁爱百姓,克勤克俭;忠正刚直,在不被信任的情况下秉忠进谏,在有人对他有拥立之意时断然拒绝。毛泽东视陈为楷模,还称赞梁武帝名将韦睿是"劳谦君子",号召"我党干部应学韦睿作风"。读《旧唐书·刘幽求传》,对于刘幽求不择手段谋求官位,打击异己,削贬后"愤恚而卒"的记载,毛泽东指出他心胸狭窄,"能伸而不能屈"。读《资治通鉴·汉纪》,蜀汉谋臣法正有利用权力泄私愤之劣迹,有人劝诸葛亮向刘备汇报,诸葛亮则以当时大环境不利于蜀国,而法正正辅佐刘备一图霸业,不能因为小事就限制他。毛泽东同意诸葛亮的看法,批道:"观人观大节,略小故。"由此可以看出毛泽东的用人之道。正如《精讲》所说:"毛泽东读史真是读到了骨头里,历史的精髓尽取。"

毛泽东延安时期提出的"改造我们的学习"的主张,也正是他自己读书的追求与要领。他指出:"不注重研究现状,不注重研究历史,不注重马克思列宁主义的应用,这些都是极坏的作风。"他读马恩列斯,更重视列宁与斯大林,因为后二人有革命与建设社会主义的实践。他读苏联哲学著作,但是从一开始就认为那些著作对矛盾的统一性同一性讲得不明白不到位。直到斯大林的错误揭露出来,他重视从斯大林的思想方法、哲学观点、辩证法掌握得不到家,直至陷入误区等方面找原因。他在思想方法上一直注意克服片面性,克服形而上学;在治党治国上一直警惕脱离人民、腐化堕落,使共产党变质成为人民的对立面。他谈文学,喜欢描写反叛斗争、抑强扶弱,站在被压迫被剥削者一边的作品;读《水浒传》,他说"没有法子,才上梁山"。他喜欢那些百折不挠、豪气冲天的文人,诸如屈原、李白等。毛泽东非常喜欢鲁迅的作品,《精讲》辑录的关于鲁迅作品的笔记和讲话有9篇之多。毛泽东认为"鲁迅懂得中国",他极其赞同鲁迅在《门外文谈》中"老百姓也可以创造文学"的观点,他号召全党学习鲁迅的政治远见、斗争精神和牺牲精神。

毛泽东对《红楼梦》的评价很高。他1956年在《论十大关系》的报告中说:中国"除了地大物博,人口众多,历史悠久,以及在文学上有部《红楼梦》以外,很多地方不如人家,骄傲不起来"。他读《红楼梦》,是"当作历史来读的",读出了阶级斗争、生产关系、封建与反封建、四大家族盛衰兴亡。但切不可以为毛泽东只会从政治历史方面品味文学作品,他对《红楼梦》无以复加的高看,还因为他认为其"语言是古典小说中最好的,人物也写活了"。他对许多文史篇目的批注,都反映了他的文学造诣和审美高度。

关于毛泽东对儒家学说的复杂态度,《精讲》给予了梳理,使人们对此有一个全面了解。毛泽东对儒家学说并不欣赏,但他从未简单绝对地否定孔子。他常把孔子及其学说从道德和哲学层面分开分析。他说,"孔孟有一部分真理,全部否定是非历史的看法"(1943年),"我们共产党看孔夫子,他当然是有地位的,因为我们是历史主义者"(1958年)。他说,"说孔子的功绩仅在教育普及一点,他则毫无,这不合事实"(1939年)。对于孔子的"正名"说,他同意从观念纲领上予以否定,但他认为从哲学上说是对的,"一切观念论都有其片面真理,孔子也是一样"。对于孔子"过犹不及"的命题,他认为这种中庸观念本身不是"发展的思想",体现了保守性;但从哲学上说它"是从量上去找出与确定质而反对'左'右倾则是无疑的",他还说这"是孔子的一大发现,一大功绩,是哲学的重要范畴,值得很好地解释一番"(1939年)。对于儒家学说中的"知仁勇""仁义礼智信"等道德范畴的说法,他说:"'仁'这个东西在孔子以后几千年来,为观念论的昏乱思想家所利用,闹得一塌糊涂,真是害人不浅。我觉孔子的这类道德范畴,应给以历史的唯物论的批判,将其放在恰当的位置。"总之,他似乎更同意对儒学进行批判性的改造,划清儒学中的精华与糟粕、儒学本意与历代统治者的曲解的界限,做出共产党人的新解。

如果说毛泽东留给我们的读书遗产是光彩夺目的庞大宝库,那么接受这份遗产则需费些力气。他读书量大、面宽、时间跨度长,笔记简详、深浅、独特性与概括性不一,整理起来可能是老虎吃天,无从下口。而读书笔记又常常最富个人色彩和随机性,有些还是进入自由王国的"任我行"之语。海量的精彩片段,令人难以形成完整全面的认知与结论。《精讲》在这方面立了大功。全书148万字,分为"战略""哲学""文学""历史"四大卷,以现存有据的毛泽东批注过评点过谈论过的文字记录为依据,以观点为条目,每条由原文(有些略去)、毛泽东的笔记和谈话、精讲3个层次组成。《精讲》最具特点的确实是"讲",讲得精准、精到、精确,富有学术性、思想性、条理性与全面性。读之深感,没有20世纪中国翻天覆地的历史洪流,没有波澜壮阔的中国革命和建设实践,就没有毛泽东;没有那些浩瀚书文的化育、滋养,也不可能有毛泽东思想的形成,不可能有毛泽东的诗情、才情,高度、深度。

——选自《党史文汇》,2017年12期

第二章 主　题

一、主题的含义、地位和作用

（一）主题的含义

主题一词源于德国，最初是一个音乐术语，指乐曲中最具有特征并取得优越地位的那一旋律，即"主旋律"，它表现了一个完整的音乐思想，是乐曲的核心。由于它本身的适应性较强，和写作中的同类概念在精神实质上基本一致，因而，这一概念后来推而广之，用于文学艺术创作及各类文章的写作中，取得了人们普遍承认的"通用"地位。

在我国古代写作学的论著中，一直没有主题这个概念，但是，就主题的实质意义而言，它并不是源于外国。中国古代已经有很多关于"主题"的论述。和主题这个概念意思相近的，古人用的比较多的一个概念是"意"。《庄子·天道》中说"语之所贵者意也"[1]；宋人魏庆之《诗人玉屑》中说"文以意为主，以气为辅，以词为卫"[2]，这里所说的意，也是指主题。《尚书》中说"诗言志"[3]；白居易《新乐府序》说"首句标其目，卒章显其志"[4]。这里的"志"，也是指主题。清代李渔在《闲情偶寄》中说"古人作文一篇，定有一篇之主脑。主脑非他，即作者立言之本意也。"[5] 这里的"主脑"，更是明确地指主题。这些说法虽然含义相同，但是在现代科学规范化的过程中，越来越强调概念使用的统一性和规范性，统一使用"主题"。

所谓主题，是指作者通过文章的全部内容所表现出来的核心思想和主要意图。即作者在说明问题，发表主张或反映生活现象时，通过全部文章内容所表达出来的基本观点或中心思想。

主题虽然是一个抽象、理性的东西，但它是蕴含在具体材料之中的。在形象类的文章中，主题是通过具体的人物、景物、事件的描写、叙述的材料表现出来的。在逻辑类的文章中，主题是通过具体事实、推理论证等说明、议论的材料表现出来的。

---

[1]〔战国〕庄周著，陈鼓应译注：《庄子今注今译》，中华书局，2009年版，第385页。

[2]〔宋〕魏庆之：《诗人玉屑》，古典文学出版社，1958年版，第124页。

[3]《尚书》，岳麓书社，2001年版，第12页。

[4]〔唐〕白居易：《白香山集》（二），商务印书馆，1938年版，第33页。

[5]〔清〕李渔：《闲情偶寄》，岳麓书社，2000年版，第29页。

主题具有客观性和主观性的本质特征。主题的客观性是指任何文章和作品都是客观事物或社会生活的反映。一定的生活现象中，都含有某种特定的思想意义，从事写作活动的写作者，通过所写的文章或作品揭示了特定的客观现实生活本身所固有的某种思想意义。"主题来自生活"，"从生活中提炼主题"，要求写作者忠于生活，严格按照生活的真实面目或事物发展变化的规律去表现基本的思想认识，揭示生活本身所蕴含的思想，不允许作者脱离材料的客观含义，强行掺入自己的主观意念。正像冶炼金属离不开矿石，马克思在《资本论》一书中指出，所谓实际经验，就是一种现实的具体的材料，而它没有大规模的积累，是完不成"理论的概念"的建树的。毛泽东更是从认识论的高度深刻指出，只有感觉的材料十分丰富（不是零碎不全的）和合乎实际（不是错觉），才能根据这样的材料得出正确的概念和理论来。如，鲁迅的《论"费厄泼赖"应该缓行》这篇文章，它的必须"痛打落水狗"的主题就是从许多现实的、历史的材料之中总结、概括出来的。

主题的主观性是指写作作为人类的一项高级心智活动的过程，文章是写作者精神劳动的产物，人在写作中显示出程度不同的能动性和创造性。

文章的主题虽然源于现实生活，产生于全部材料之中，但它的形成又自始至终受着作者思想感情及世界观的影响与制约，是主观与客观相统一的产物。主题作为一种思想观念的形态，它虽然是现实生活在人们头脑中的反映，但这个反映却不是消极的、被动的，像镜子一样对于客观事物纯然地复写，而是积极的、能动的反映和表现。作者不同，思想不同，即使是同一事物，也会表现不一样，这正像鲁迅所说的那样，想从一个题目限制作家，其实是不能的，就是写咖啡馆、跳舞场，少爷和革命者的作品也不会是一样的。准确地说，主题是现实生活和作者心灵相撞击的产物。客观社会生活所包含的思想意义，只能通过写作者的大脑去感悟、去认识，然后在文章中得以解释和表现。从本质来说，主题的正确与谬误、深刻与肤浅、全面与偏颇等差异，直接取决于写作者的主观，取决于写作者对自己所反映的生活层面和范围的选择，尤其取决于写作者对生活的评价。

同一事物，相同材料，不同的作者所做出的判断不同，所表现的主题不尽相同，甚至大相径庭的情况也屡见不鲜。因此，写作者加强思想和理论的修养，树立科学的世界观，是非常重要的。鲁迅说，"从喷泉里出来的都是水，从血管里出来的都是血"。一般来说，一篇文章、一部作品在主题上所能达到的高度，都是和作者在哲学思想，即在世界观上所实际达到的高度基本一致。

主题具有现实应用性特征。主题是时代的产物，是与当前的政治、经济、文化分不开的，与人民所关心和亟待解决的问题分不开的。在文章中，主题如果离开了现实需求，文章也就丧失了存在的意义，更谈不上社会价值了。有些应用文，特别是行政公文的主旨，不是作者本人或者某个领导个人的主张，而是体现党和国家的方针政策，代表发文机关的意志，指导和处理行政事务，具有法定的权威性和约束力。就是计划总结、各种报告等文种，也是源于实际，用于实际，具有很强的现实应用性。

在不同的文体中，主题有不同的称谓：在记叙文中，称为"主题"或"主题思想"，在论文中，称为"中心论点"，在应用文章中，则称为"主旨"。主题与其他相关概念也存在细微的区别。

第二章 主 题

主题与主题思想、中心思想、基本观点。主题是个比较通用的写作概念，在不同场合，人们往往对它采用不同的称呼：在对文学作品的赏析及研究中，往往称之为"主题"或"主题思想"；而在一般文章的写作或教学中，则叫"中心思想"；在议论文的研究中，又往往与"基本观点"等同起来。这些术语的含义是一致的，都是主题的意思。

主题与课题、论题。课题，是科学研究范畴的专用术语，指社会科学、自然科学和技术领域中研究的重大项目。在写作中，课题是文章的核心内容，它具有较强的科学性，不能任意发挥、引申或掺入作者的主观认识。"课"含有内容的意思，是研究或讨论的主要问题，"题"则有题目的意思。如"写作学研究的新趋向"课题。同一课题，不同的写作者可以提炼出不同的主题。

论题，是作者在议论性文体中提出的问题或论证对象。论点，是需要全力证明的见解或主张。论点能否成立，还有待于作者通过各种材料和运用某些方法进行具体的论证，以便得出令人信服的结论。论题是作者在文章中要论证的问题。主题是作者最后做出的评价和判断，是无须再做证明的结论。论题不能等同于主题，论题应该是构成主题的客观性因素。

主题与标题。标题，是标举全篇文章名称的，它是文章的眼睛。好的标题往往是核心思想和精华，对主题起着画龙点睛的作用。主题与标题在一般情况下，是内涵与外延不同的两个概念，但关系是十分密切的。

从标题和主题的关系来说，标题主要有两种类别：

直接揭示主题的标题。以概括主题要点为标题的，如《大力开展青少年科技活动》《搞经济不讲综合平衡就寸步难移》等。这类标题以议论文为多。

间接揭示主题的标题。这种情况以文学作品或带文学色彩的文章为多，如《暴风骤雨》《钢铁是怎样炼成的》等。

间接揭示主题，直接揭示课题的标题。如《人与生物圈的研究》《白居易贬谪江州的前因后果》等。

不管称作主旨还是主题，作为一篇文章的核心思想，它是文章的灵魂。

主题在不同文体中有不同的存在方式。

在论说文和应用文中主题鲜明。作者可以在标题或行文中把主题开宗明义地点出来，让读者立即把握题旨，一般比较直接、显露，越清楚、明确越好。在这类文章中，主题是明朗的，它被作者用文字语言明确地"标注"出来，传达给读者。作者在这类文章中总是千方百计地把自己想要传播的主题思想明确地突出出来，让读者在阅读文章时看到一个明白无误的主题。作者往往是在叙述事实之后或者之前直接站出来说话，通常用议论甚至抒情这样的感情外露的表现手法剖析和评议事实，得出结论，形成主题。主题是文章要表达的思想或感情倾向，不能把主题理解为文章所写的主要问题。

在文学作品中主题含蓄。在这类文章中，主题是暗藏在所选的材料之中的，作者往往采用形象描绘的方法来曲折暗示，让读者通过对人物、情节、场面等认真揣摩，感悟其思想倾向性。即使一篇短文章，它的思想内容也是很丰富的。甚至可以说所写文章的每一段每一句都包含着思想感情。在文章的全部思想感情内容中，贯穿全篇的最主要、最基本的核心思想感情即是主题。文章中没有概括主题的明显文字，这类文章的主题暗藏在对所选材料的客观叙述、描写之中，写作者并不用文字语言明白地表露出来。读者在阅读文章的过程之中，受写作者选取材料的角度、组织材料的方法等写作技巧影响，在了解文章内容的同时，自然而然地接受了写作者观点和意图的暗示，自动地提炼出写作者想要表达的主题。

不同文体，有的侧重显性主题，有的侧重隐性主题。记叙文体的主题往往同所描写的人物和事件融为一体。写作者把自己的态度和评价渗透在具体的叙述与描写中，通过事实或人物的活动来反映文章的思想内容。记叙文体里的主题往往是隐性主题或者寓隐于显的主题。实用性文章由于它的种类繁多，适用范围广泛，加之表达方法的运用较为灵活，篇幅差异极大，通常情况下实用性文章的主题都具有确定性，主题存在的形式是一种显性主题。

主题在应用文与文学作品中的不同表现形式和具体要求如下。

产生过程不同。应用文强调"主题先行""意在笔先"。主题的产生过程，常常是先确定主题，后去组织材料，或者在组织材料的过程中确立主题。应用文有很强的实用性、针对性，是为事而写，为"行"而写。写作常常是被动的，是客观需要，大多不是作者有感而发，而是遵命文章，个人不能在行文过程中去改变主题。文学创作一般是作者在客观外界的感悟或刺激下，有感而发、有情可抒才写的，正如高尔基所说："主题是从作者的经验中产生，由生活暗示给他的一种思想。"

内涵不同。应用文的主题，是通过事实材料来说明或表达某种主要观点或基本意见；往往是代表一定的群体或组织行文，是经过集体讨论研究决定的，所体现的是集体的意志和利益，是某一组织对某个问题的认识与评价。而文学作品的主题则是通过描绘现实生活和塑造艺术形象，表现作者的思想感情。其主题是作者经过对现实生活的观察、体验及对素材的加工提炼而得出的结晶，其认识与评价带有极为明显的主观感情色彩。

要求不同。应用文的主题强调单一。一篇应用文应紧紧围绕一个问题组织材料，突出一个中心，无论是肯定或否定，都必须做到单一而鲜明，便于读者准确地把握和理解文章的行文意图。文学作品允许一个作品表现几个不同或不尽相同的主题，使之立体化、复杂化、多样化，读者欣赏阅读也尽可以仁者见仁、智者见智，留下广阔的思考空间。

表现方法不同。应用文的主题，其表现方法主要是记叙、议论和说明，多为陈述性概述，一般是直叙、平叙，如总结、调查报告中介绍工作进程，介绍事实的原委，简介基本情况，用语直截了当、明白，以简明、质朴无华取胜。而文学作品的主题却提倡表现方法的多样与新颖，既可以描写、叙述、抒情，也可以虚构、夸张、渲染、反语、顶针、象征，还可以运用意识流。

（二）主题的地位和作用

主题在一篇文章中的地位和作用是很重要的，它是一篇文章的灵魂和统帅，它在文章的构筑中起着关键性的作用。晋代陆机在《文赋》中说："意司契而为匠。"[1] 立意是主

---

[1]〔晋〕陆机著，张少康集释：《文赋集释》，上海古籍出版社，1984年版，第71页。

第二章 主题

管，要求与实际契合，才能构思熟练。明代黄子啸把主题比作"人之主"，说"意者一身之主也"。主题犹如人体之大脑，起指挥、支配的关键作用。清代王夫之在《姜斋诗话》中也谈道："无论诗歌与长行文字，俱以意为主。意犹帅也，无帅之兵，谓之乌合。"[1] 应用文的主题似一条主线，使全篇内容一脉贯通，充分显示出目的、要求、意见等内在联系，材料取舍、布局谋篇以及语言运用和表达方式都要受到主题的制约，具有引导读者了解政策、分析经济形势的作用。如果主题不明确，没有一个统领全文的中心，而是想到什么写什么，杂乱无章，不但成不了文章，而且使读者抓不住要领，耽误问题的解决，给工作造成损失。此外，文章质量的高低、价值的大小，也取决于文章的主题。主题正确，符合社会、事物的发展规律，符合党和国家的方针政策，就有利于指导工作。

1. 主题决定材料的选取，决定材料的先后顺序

主题是文章的灵魂，是材料的统帅；材料是文章的血肉，是主题的支柱。没有主题，材料就是一盘散沙；没有材料，主题就无所依凭，二者相互依存，密不可分。一篇文章从材料的取舍、结构的安排，都要服从于并有利于主题表现的需要。哪些材料在前，哪些材料居中，哪些材料在后，随"意"的逐渐深入可一一安排妥当。

2. 主题决定文种的选用

明人袁中道在《珂雪斋集》中说"以意役法"[2]。其中这"法"，首先是个体式问题。思想材料确定了，紧跟着就是要定体了，文体定不下来，"法"也就谈不上了。首先，因为不同文体的文章有不同的法，记叙性和议论性文章的法就截然不同；其次，"法"还包括一些具体的写作技法。无论是记叙性文章，还是议论性文章常用的"法"都需要用"意"来定。因"意"运法，绝不是说"文有定法"，而是从一般文章规律上说的，"文成而法立"，在具体写作中，还是应当在不违背认识规律、表述规律、读者接受规律的情况下灵活处理，以"意"创法。

3. 主题决定语言的选用

白居易在《新乐府序》中说："篇无定句，句无定字"，"系于意，不系于文"。[3] 古代还有"辞为兵卫""辞为奴婢"说，这些无不说明了"意"与"辞"的关系。"意"能遣词，"辞"能达意，是一个问题的两个方面。前者强调"辞"是为"意"服务的，"辞"要服从"意"的调遣；后者强调"辞"的功能，"辞"要完成"意"的表现。不同体系、不同风格的文章，对语言的要求也不同，不可乱用。要使自己掌握的语汇足以能接受"意"的支配与调遣，不仅要广泛地吸收书面语言中的妙语、警句，还要向生活学习，以适应写作的需要。

4. 主题制约着题目

文章的题目指示出了全篇的意旨、意向，它虽然有时不是文章的主题，但它反映了

---

[1] 〔清〕王夫之著，戴鸿森笺注：《姜斋诗话笺注》，人民出版社，1981年版，第44页。

[2] 〔明〕袁中道：《珂雪斋集》（上），上海古籍出版社，1989年版，第522页。

[3] 〔唐〕白居易：《白香山集》，商务印书馆，1938年版，第34页。

文章主题的总趋向。如《星星之火，可以燎原》直接揭示了主题，《绿叶》暗示了主题，《我的一天》《雨中登泰山》标明了主题产生的时间、背景、地点，《日出》明确了写作对象。

不管是什么题目，它都受主题的制约，并在一定程度上预示主题。

二、主题的形成

主题的形成有两种途径：一种是作者在生活实践中逐步孕育而成，一种是作者对掌握的材料分析、研究、归纳而成。这两种途径均是以占有材料为基础的。不占有材料，主题无法形成；占有材料，但不熟悉材料，缺乏对材料的正确理解和认识，主题也难以形成，即使形成了，也是经不起推敲，反映不了客观真理的。

（一）作者在生活实践中逐步孕育而成

作者经过长期的社会生活实践，占有了大量的原始材料。这些原始材料进入作者视野，被作者所认识，但这些原始材料大都是散乱的、芜杂的、缺乏有机的联系。由于某一事物或某一偶然的原因，触发了作者的思想，使得这些散珠碎玉式的原始材料忽然有了一条可以贯穿的线索，也就是说，有了某种思想或写作意图。

例如，冰心的散文《一只木屐》的主题形成就是这样的。当年，她从日本回国时，看见海里漂着一只木屐。后来她回忆说："这一只木屐在我脑海里漂了十五年，我一直没有把它写出来。我不知道应该怎样写，因为我抓不着中心思想。"[1] 后来，在纪念延安文艺座谈会20周年的会议期间，这只木屐忽然又浮现于她的脑际，使得在记忆中积淀了15年的木屐引起作者深深的思索。她说："我在一个座谈会上，谈到我东京时候常常失眠的情景，就忽然想起这只木屐为什么对我有那么深的印象，因为我在东京失眠的时候，所听到的木屐的声音，那就是无数日本劳动人民从我窗前走过的声音。也正是有着这声音的日本劳动者的脚步，给我踏出一条光明的思路来。"从这段文字可以看出，《一只木屐》主题的形成正是作者平日观察并积累了大量原始的生活材料，使得"无数日本劳动人民从我窗前走过的声音"这一原始材料忽然有了一条光明的思路。这条光明的思路即为《一只木屐》主题的萌生，也是作者的写作意图。有了要歌颂日本劳动人民的写作意图，就使作者在日本期间耳闻目睹的大大小小的生活事件有了一条贯穿的红线，使由这些大大小小的生活事件所构成的原始材料被贯穿起来，犹如彩线穿珍珠。

再比如高晓声创作《陈奂生上城》。他在农村生活了20多年，他谈到自己创作《陈奂生上城》的体会时说："陈奂生的材料，我也不是有意去搜集的。这也和李顺大一样，是时时处处听到碰到的，而且反复不断地加深着我的印象，觉得他的遭遇有普遍意义。"曹雪芹创作《红楼梦》，托尔斯泰创作《复活》，都是经过多年的积累而写成的。生物学家达尔文酝酿学术论著《物种起源》，苦心研究了23年才最终形成主题：自然界里生物的进化是以优胜劣汰的自然选择为基础的。

---

[1] 邢乃让：《文学创作例话》，内蒙古人民出版社，1986年版，第265—266页。

（二）作者对掌握的材料分析、研究、归纳而成

作者先受某种事物启发，有了某种萌动的思想，然后再经过深入的调查研究，使萌发的思想逐渐明朗深化，最后形成文章的主题。这种方式有别于"长期积累，偶然得之"，需要作者及时抓住"萌动"的思想启发，紧追不舍，调查研究，进而确立主题，这是一个更为复杂细致的认识过程。如新闻报道、实用文的写作多属于这种情况。徐迟写《哥德巴赫猜想》就是应《人民文学》编辑部之邀以后，再去调查采访陈景润后而获得主题的。

三、主题的要求和提炼

（一）主题的要求

1. 正确

正确，是指文章的基本思想，作者的态度、见解、主张与评价等能够准确地概括事物的本质意义，能够揭示材料本身所蕴含的处于核心层次的思想，而不是歪曲的、主观的或片面的。能不能确立正确的主题，根本问题是作者的思想水平和认识生活、理解生活的能力问题。写作的目的在于传达某种思想，作者的思想的正确与否，是衡量文章成功与否的一个最基本的条件。

林三松在《写作导引》中说："怎样的'意'才算'立'好呢？或者说用什么标准来衡量文章的优势呢？对此，古今文章家提出如下四个要求，或叫四个标准：第一要正确，这是最基本的要求。文章是写给别人看的，是去影响他人的，如果主题不正确，那就会给读者带来不好影响，文笔越好，起的作用就越糟。因此无论作文、考试的评分，首先就看主题正确不正确，思想内容是否有错误。这个道理是很清楚的，但是在实际写作中由于思考问题不周或思想认识不高，也还是会出现偏差错误的。如一个大学生写的《发生在饭堂的事》一文，写的是饭厅买饭菜排长队的事，会加塞儿的很快买到，依次排队的却半天买不着，于是文章做出结论说：'真是老实人吃亏啊。'虽然写的事情是真实的，但主题却是消极的、有害的。要做到主题正确，必须要树立正确的立场、观点和思想方法，必须考虑到社会效果。"[1] 这段话实际上讲了三个问题：一是主题正确的重要意义。二是理论与实际的关系问题。道理易懂，做起来难。三是真实性与正确的关系问题。真实的东西未必正确，真实性要顾及社会效果。

要做到主题正确，应注意以下几方面的问题：

（1）正确的主题既要真实，又要顾及社会效果。有时符合客观事物本质及其规律的主题，由于社会效果不好，可能就是错误的。而为了社会效果，有时又必须回避一些事实，偏离真实性。如前所举的加塞儿买饭的事，事情是真实的，结论与事情本身的性质也是相符的，但由于是消极的，因而是有害的、错误的。如果让这个主题流入社会，将会助长投机取巧、违法乱纪之歪风，将会造成不良后果。所以，并非真实的、与客观事物本

---

[1] 林三松：《写作导引》，语文出版社，1987年版，第39页。

质相一致的主题都是正确的。

这就要求我们尽量选择符合人类社会约定俗成的道德规范和行为准则的主题,尤其要符合我们中华民族的集仁爱礼仪和真善美于一体的传统道德规范。只有这样,才能发挥文章的积极作用,有益于社会。明代沈承说:"立身无傲骨者,笔下必无飞才;胸中具素心者,舌端斯有惊语。"[1] 要使文章的主题符合正确的原则,作者首先应是一位人品端正的人。能够选择正确的主题,离不开作者的思想意识方面的修养。

(2) 正确的主题应体现事物的本质,具有超前意识和超凡脱俗的精神。人的认识是有限的,往往因为一叶障目而不见泰山,潜藏、蕴含在事物的内部的主题,不经过深入的调查研究,很难达到对事物本质的认识,常常出现主题失误的情况。从阅读理解方面来说,一部好的作品,其主题由于具有超前、脱俗精神,最初往往不能被世人接受和认同,有时甚至遭到批判和围攻。如哥白尼的"太阳中心说"理论,马寅初的"人口论"等均遭此厄运。而一个错误的主题却常常能被读者接受,甚至推崇。这就需要写作者去学习一些哲学方法论,用科学的方法去观察问题,分析问题,解决问题。提高认识水平和鉴别能力,使自己能够看得准确,看得深刻,看得高明。

(3) 正确的主题是相对的。人类的认识有一个发展的过程,是一个不断由相对真理趋向绝对真理的过程。正确的主题是在同从前的错误认识的比较中产生的,同时,一个错误的观点自身也孕育着正确,有时在当时很难说清它是正确还是错误的,只能留给实践和时间去裁决。

2. 集中

集中,是指一篇文章表达出来一个基本观点、基本思想,而这个基本思想又是各个层次、段落思想的总和、集中,要求各个层次、段落的材料所蕴含的思想都集中指向主题这个文章的基本思想。不能在一篇文章中表现繁复的中心或解决若干问题。

(1) 从作者方面来说,主题的单一、集中,便于把握和表达反映客观事物,更好地发挥其社会功用。

(2) 从读者方面来说,文章的主题单一、集中,容易理解和接受作者的写作意图。否则,文章主题庞杂、内容繁多,让人看不懂,不仅达不到作者写文章的目的,还会出现"意多乱文"的问题。尤其说理性、应用性的文章,具有很强的针对性和时效性,只有主题单一、集中,才能准确及时地实现作者的写作意图。

要使主题集中,关键在于写作的目的要单纯,即一篇文章只有一个目的、一个意图,这就要求作者在动笔之前,对准备选用的写作材料进行认真的分析和开掘。从材料中提取出本质相通、意义接近的思想,并以此作为文章的核心,贯穿到底。这样才有可能最大限度实现写作目的,使文章发挥出较大的社会作用。尤其是初学写作的人,更应该先从单一的主题入手,就一个问题、一个倾向、一个观点、一种态度进行描述或议论。

然而,在容量较大的文学作品中,存在着多主题的现象。不过,副主题都与基本主题联系紧密,而且从属于基本主题,因此,主题集中的要求,对这些文章的基本主题来

---

[1] 阿英:《晚明二十家小品》,河北人民出版社,1989年版,第396页。

说仍然是适用的。

3. 鲜明

鲜明，指文章的基本思想、作者的基本态度清楚明确。赞成与反对、肯定与否定、爱与恨、褒与贬等思想倾向直言无隐，让读者看后能够一目了然。

主题的鲜明性在不同文体中有不同的表现形式。议论文要求使用合乎逻辑的判断语句和肯定语气做出明确的表示。记叙文则常常把明确的观点和鲜明的感情渗透到人物和事件的描述中，有时运用抒情和议论的方式来增强主题的鲜明性。实用文体主题的鲜明性则以不同类型的文种呈现出各异的形式。有的文学作品主题具有模糊性、含蓄性的特点，给读者留下巨大的思考空间，其明确的主题意义，是由读者的创造性接受来完成的，因此，这与主题要鲜明的要求并不矛盾。

要使主题具有鲜明性的特色，主要应注意以下两点：

（1）对所表现的事物应有明确而全面的认识。作者应进行深入细致的思考，进行去粗取精、去伪存真、由此及彼、由表及里的分析，才有可能产生明确的思想认识，才能在文章中把它鲜明地表现出来。

（2）对某种现象、某种思潮或某种认识发表针对性强的意见、主张、态度。针对性越强，文章的主题就会越鲜明。

4. 深刻

深刻，就是指主题的深度。主题不能停留在事物表面现象的罗列和叙述上，应该揭示事物的某种本质和事物的内在规律，反映事物所包含的深刻的思想意义。深刻是对正确的进一层要求，尤其对于一些说理性的文章，对于一些旨在给人以教育和启迪的文章来说，主题越深越好。主题越深，越有启发教育意义，也就越有价值。在正确的基础上进一步做到深刻，能"见人之所未见，发人之所未发"，写出"人人心中皆有，人人笔下俱无"的意思。"见"和"发"相比，"见"更为重要，"见"就是发现，就是创造，如果能从平凡中发现了美，从普通事物中洞见了本质意义，就会获得更深刻的主题。

5. 新颖

新颖，主要指在理论上有新思想、新观念，在认识和处理问题时，有新方法、新途径等。主题的新颖和选择主题的角度很有关系，"横看成岭侧成峰，远近高低各不同"。写文章要注意选择角度。有些文章的主题之所以一般化，不新颖，主要原因之一就是大家都那么看，都那么写，站的方位太一般化了，角度不新颖。选择角度就是寻找事物的个性特征，通过横的、纵的比较，把它们各自的特点找出来，角度也就出来了。事物都具有多面性，同一个事物，从不同角度分析、提炼，就会呈现出不同的思想意义。

（二）主题的提炼

写作学中的提炼也叫"炼意"，是对众多材料的筛选、判断，思想认识的深化和升华，形成一篇文章所要表达的中心思想、基本观点、基本思想，即主题。

主题的提炼，有人把这个过程比喻成"剥茧抽丝"或者"采花酿蜜"，是写作的最重要的准备之一。不管是长期积累，偶然得之，还是调查研究，分析综合，从事实中"引出"正确结论，它都是有规可循，有法可依的。主题的提炼应从三方面入手。

1. 把握时代精神

契诃夫曾说："文学家是自己的时代的儿子，因此应当跟其他一切社会人士一样受社会生活外部条件的制约。"[1] 任何一个处于某一特定时代的写作主体必然要受到时代思想和审美观念的影响和制约，写作主体既是作者、个人，又是社会人。他们的精神产品是一定时代的精神和社会意识的折射。虽然文章的主题是没有什么限制的，凡是人类涉足的领域、产生的事件，都可以经过提炼为文章的主题。但是，从美学价值和社会意义来考虑，我们就必须撷新去陈，尽量选择我们这个时代、这个社会所需要的主题来写。要提炼出一个好的主题，最根本的就是要紧扣时代精神。也就是说，要将主题放置在富有时代意义与时代特色的大背景下去考虑。脱离时代的源头活水，文章是没有生命力的。

时代精神是指特定历史时期内上层建筑领域所显现出来的意识和精神状态，它体现了大多数群众的声音、感情、意志和愿望。时代精神是社会进步的主旋律，是人类向前发展的总方向。古今中外作品的主题思想都是能够反映当时的时代精神的。列宁曾称列夫·托尔斯泰的作品为"俄国社会的一面镜子"，鲁迅先生的多数作品被称为投枪匕首般的战斗檄文。只有具有强烈的时代感的主题，才容易引起读者强烈的共鸣，也才能使作品产生一定的影响力。所以，富有时代感的主题才是"新"的，也只有这种富有新意的主题才是有意义的主题。

写作主体需要准确了解各个历史时期时代精神的内涵。内涵不同，精神产品所具有的特征就不同。如中国近代反帝反封建、争取民族独立、争取民族解放，如今的与时俱进、拼搏进取、继往开来、实现中华民族伟大复兴的中国梦。只有明确这些不同内涵，才能准确、艺术地反映时代生活，写出满足大多数人精神需求的好作品。

即使是历史题材，作者也会渗透当代意识，使文章打上时代烙印。写过去的历史是为了今天，不是为历史而历史。从根本上说，是要通过对以往历史的认识而更好地认识现实，所以，我们虽然不能根据主题需要去随便改造历史，但是要结合时代的需要来从历史题材中提炼主题。比如《资治通鉴》，从题目就可以看出，当时编写这部书的目的就是为了帮助现实中的社会治理。

为了能够把握时代精神，在根据日常生活提炼主题时，就不能只着眼于材料本身的故事性和吸引力，而要着眼于把生活的侧面、片断放到整个时代的背景上去考察，要把握住社会"纵"的和"横"的两个方面，善于从平凡的日常生活现象中捕捉住不平凡的东西，从时代和社会的一角反映出时代和社会的全貌。

2. 挖掘材料的本质

写作实践表明，从宏观的角度讲，在特定的某个时期和某一背景中，同类主题的文章是很多的。但从微观角度看，同类主题在深刻程度上却是有一定差异的。有的文章或作品反映的生活现象类似，在挖掘材料的深刻性上存在差异。还有的文章作者表达的目的相近，主题的深浅程度也不尽相同。

---

[1]〔俄〕契诃夫：《契诃夫论文学》，人民文学出版社，1958年版，第36页。

第二章 主题

比如，都是写松树，千百年来，名篇迭出，但其主题则都不相同，都表现了各自的时代精神。《论语》里孔子赞颂松树说："岁寒，然后知松柏之后凋也。"[1] 到了寒冷的严冬，万木都凋零了，这才显示出松柏的坚贞和不畏严寒。这是孔夫子生于乱世，到处碰钉子而不改其志、不随波逐流的思想情绪的反映。陶渊明也赞美松树说："芳菊开林耀，青松冠岩列，怀此贞秀资，卓为霜下杰。"[2] 陶渊明强调的是松树怀有贞秀姿质，但是，它被众草淹没了，只有等到寒冷时节，才能显示出它的"卓尔不群"来。这里表现的是陶渊明卓尔不群的傲骨。它和魏晋时代的那种名士作风、归隐习气是密切相关的。这和孔子的积极入世的思想是不相同的。

陶铸写的《松树的风格》，借松树讴歌了那种要求少、给予多的高尚风格。当时共产主义风格的极大发扬，陶铸才会在那时提炼出这样富于时代气息的新颖主题。陈毅同志的《青松》，由于写作时间稍晚，主题又有不同。他写道："大雪压青松，青松挺且直。要知松高洁，待到雪化时。"[3] 这首诗中的"青松"代表了中国共产党及其领导下的革命人民，"大雪"则代表了当时严峻、险恶的国际环境和外部压力。它表达了一种顶住压力，坚持真理的新颖主题，体现了时代精神。

主题不可能凭空产生，需要以材料为依据，像开矿一样去挖掘。鲁迅先生曾说："选材要严，开掘要深。"这是我们提炼主题的一个根本要求。而原始积累的材料都是表象的、粗糙的，需要作者去理解、消化、捕捉，准确地概括出来材料的本质意义。

首先，由表及里地认识事物，从感性认识到理性认识的飞跃，需要进行多次反复的筛选、提纯，才能真正把握材料的本质，提炼出深刻主题。

列夫·托尔斯泰写长篇小说《复活》时，用了很长时间提炼主题。开始，他确立的主题是反映道德问题，写法庭上贵族青年良心发现而要求与女犯人结婚。后来，他又把主题确立为反映社会政治问题。因为托尔斯泰发现，造成女犯人不幸的并不是贵族青年的始乱终弃，而是法庭的误判。可是，五年之后，他把小说主题转向批判现存的社会制度。最终，这个材料的本质被一步一步地挖掘出来，主题也越来越深刻。著名歌剧《白毛女》的主题提炼，由"反迷信"到"反迷信和反封建"相结合，到"旧社会把人变成鬼，新社会把鬼变成人"，经历了三级认识的深化，最后提炼的主题显然是正确的，揭示了事物的真正本质。即使如此，也很难说这个"本质"就是"极限""顶峰"了。人的认识总是受到特定时代、特定物质基础和社会思潮的种种制约。从宏观发展的角度来看，还有可能提炼出"四级""五级"的本质来。

其次，在充分调查研究的基础上，要全面占有丰富翔实的材料，运用科学的方法分析、认识事物，以求真务实的态度辩证地分析研讨相关材料，不能盲人摸象，以偏概全。材料匮乏或者失真，无法提炼出正确、深刻的主题。如果仅从部分材料出发，就容易偏

---

[1]〔春秋〕孔子著，杨柏峻译注：《论语译注》，中华书局，1980年版，第95页。
[2]〔东晋〕陶渊明著，王瑶编注：《陶渊明集》，人民文学出版社，1956年版，第13页。
[3] 陈毅：《陈毅诗词全集》，华夏出版社，1993年版，第519页。

离所有材料揭示的主题。

3. 表现独特的思想认识和感受

独特是指文章所确立的主题具有新鲜的思想、独特的见解，不人云亦云，在一般人的意见之外，有自己的独到之处。主题独特是文章的魅力和价值所在。要表现独特的思想，并不是刻意求新求奇。正确、集中、深刻是提炼文章主题着重要考虑的问题，一些不能揭示事物本质、甚至歪曲事物本质的奇谈怪论虽然"独特"，但不能写到文章中去。如以《火柴》为题的一篇文章，为了深化主题，从火柴平时懒洋洋地躺在盒子里无所事事，需要时又常常划不出火，得出它是一个尸位素餐的家伙的结论。引申出这样的主题由于脱离了事物的具体规定性，因此，就显得生硬造作，古怪离奇。

【文选】

奇　遇

莫　言

1982年秋天，我从保定府回高密东北乡探亲。因为火车晚点，车抵高密站时，已是晚上九点多钟。通乡镇的汽车每天只开一班，要到早晨六点。举头看天，见半块月亮高悬，天清气爽，我便决定不在县城住宿，乘着明月早还家，一可早见父母，二可呼吸田野里的新鲜空气。

这次探家我只提一个小包，所以走得很快。穿过铁路桥洞后，我没走柏油路。因为柏油公路拐直角，要远好多。我斜刺里走上那条废弃数年的斜插到高密东北乡去的土路。土路因为近年来有些地方被挖断了。行人稀少，所以路面上杂草丛生，只是在路中心还有一线被人踩过的痕迹。路两边全是庄稼地，有高粱地、玉米地、红薯地等，月光照在庄稼的叶子上，闪烁着微弱的银光。几乎没有风，所有的叶子都纹丝不动，草蝈蝈的叫声从庄稼地里传来，非常响亮，好像这叫声渗进了我的肉里、骨头里，蝈蝈的叫声使月夜显得特别沉寂。

路越往前延伸庄稼越茂密，县城的灯光早就看不见了。县城离高密东北乡有40多里路呢。除了蝈蝈的叫声之外，庄稼地里偶尔也有鸟或什么小动物的叫声。我忽然感觉到脖颈后有些凉森森的，听到自己的脚步声特别响亮与沉重起来。我有些后悔不该单身走夜路，与此同时，我感觉到路两边的庄稼地里有无数秘密，有无数只眼睛在监视着我，并且感觉到背后有什么东西尾随着我，月光也突然朦胧起来。我的脚步不知不觉地加快了。越走得快越感到背后不安全。终于，我下意识地回过头去。

我的身后当然什么也没有。

继续往前走吧。一边走一边骂自己：你是解放军军官吗？你是共产党员吗？你是马列主义教员吗？你是，你是一个唯物主义者，而彻底的唯物主义者是无所畏惧的，共产党员死都不怕还怕什么？有鬼吗？有邪吗？没有！有野兽吗？没有！世界本无事，庸人自扰之……但依然浑身紧张、牙齿打战，儿时在家乡时听说过的鬼故事"连篇累牍"地涌进脑海：一个人走在路上，突然听到前边有货郎挑子的嘎吱声，细细一看，只见到两个货挑子和两条腿在移动，上身没有……一个人走夜路碰到一个人对他嘿嘿笑，仔细一看，是个女人，这女人脸上只有一张红嘴，除了嘴之外什么都没有，这是"光面"鬼……一个人走夜路忽然看到一个白胡子老头在吃青草……

我后来才知道我的冷汗一直流着，把衣服都溻湿了。

我高声唱起歌来："向前向前向前——杀——"

自然是一路无事。临近村头时，天已黎明，红日将出未出时，东边天上一片红晕，村里的雄鸡喔喔地叫着，一派安宁景象。回头望来路，庄稼是庄稼道路是道路，想起这一路的惊惧，感到自己十分愚蠢可笑。

正欲进村，见树影里闪出一个老人来，定睛一看，是我的邻居赵三大爷。他穿得齐齐整整，离我三五步处站住了。

我忙问："三大爷，起这么早！"

他说："早起进城，知道你回来了，在这里等你。"

我跟他说了几句家常话，递给他一支带过滤嘴的香烟。

点着了烟，他说："老三，我还欠你爹五元钱，我的钱不能用，你把这个烟袋嘴捎给他吧，就算我还了他钱。"

我说："三大爷，何必呢？"

他说："你快回家去吧，爹娘都盼着你呢！"

我接过三大爷递过来的冰冷的玛瑙烟袋嘴，匆匆跟他道别，便急忙进了村。

回家后，爹娘盯着我问长问短，说我不该一人走夜路，万一出点什么事就了不得。我打着哈哈说："我一心想碰到鬼，可是鬼不敢来见我！"

母亲说："小孩子家嘴不要狂！"

父亲抽烟时，我从兜里摸出那玛瑙烟袋嘴，说："爹，刚才在村口我碰到赵三大爷，他说欠你五元钱，让我把这个烟袋嘴捎给你抵债。"

父亲惊讶地问："你说谁？"

我说："赵家三大爷呀！"

父亲说："你看花了眼了吧？"

我说："绝对没有，我跟他说了一会儿话，还敬他一支烟，还有这个烟袋嘴呢！"

我把烟袋嘴递给父亲，父亲竟犹豫着不敢接。

母亲说："赵家三大爷大前天早晨就死了！"

这么说来，我在无意中见了鬼，见了鬼还不知道，原来鬼并不如传说中那般可怕，他和蔼可亲，他死不赖账，鬼并不害人，真正害人的还是人，人比鬼要厉害得多啦！

——选自莫言：《莫言短篇小说全集之二：与大师约会》，上海文艺出版社，2009年版

第三章　材　料

一、材料的含义、种类和作用

(一) 材料的含义及种类

就材料这个概念来说，在不同的领域有不同的含义。我们在日常工作和生活中使用"材料"这个词时，更多的是指物质，即人类用来制造物品、机器、构件、器件和其他产品的物质。如电子材料、宇航材料、建筑材料、能源材料、生物材料等。而写作学中的材料，是指写作主体为了写作目的而搜集的或写入文章中的一系列事实现象和理论依据，如人物、事件、景物、情理、数据、例证、名言等。

和写作材料相关的概念有素材、题材和资料等。素材指的是作者从现实生活中搜集到的、未经整理加工的、感性的、分散的不系统的原始材料。这些素材并不一定都写入文章中。只有经过作者的集中、提炼、加工和改造的素材，才能成为写作材料。题材更多地用于文学作品，是文学作品内容的要素之一。题材有广义和狭义之分。广义的题材，是指文学作品描绘的社会生活的领域，即现实生活的某一面，如工业题材、农村题材、历史题材、军事题材等。狭义的题材，指在素材基础上提炼出来的，用以构成艺术形象、体现主题思想的一组完整的具体的生活现象，即写进文学作品里的社会生活。在叙事性作品中，题材包括人物、情节、环境。实用文章一般不使用"素材"和"题材"这两个概念。在实用文章写作中经常使用"资料"这一概念。写作资料是指作者在写作过程中用来参考和引用的作为写作依据的各种书面材料。如我们要写一篇论文，需要去图书馆查些资料。

根据不同的分类标准，可以把材料划分为不同的类别。

根据材料的来源划分，有直接材料和间接材料。直接材料也称第一手材料，主要来源于自己的观察、调查采访等。实用性文章一般以直接材料为主，有的议论文也以直接材料为主。间接材料也称第二手材料，主要来源于书籍、报刊、网络，是他人观察、调查采访获取的材料，记叙文、说明文、应用文、议论文大多以使用这种材料为主。

根据材料存在的方式分，有事实材料和理论材料。事实材料指事物的实际状况，比如，事件发生的时间、地点、细节、过程、结果、原因等，人物的言行、外貌，景物的色彩、状貌，事物的形状、构造、特性，统计的数据等。记叙文、议论文、说明文都要用到事实材料，尤以记叙文、说明文应用最多。理论材料是关于事物的定义、原理、本质、规律、学说等理论知识,记叙文、议论文、说明文、应用文都会用到,尤其是议论文使用最多。

按材料存在的时间分,有历史材料、现实材料和将来材料。历史材料是指已经过去了的材料,如新闻的背景材料,文章中引用的经典事例等。现实材料指刚刚发生或正在发生的事实等材料,比如新闻中消息、通讯使用的材料。将来材料是将要发生的情况,比如对事物发展趋势的展望。

任何一种文体的文章写作,都离不开写作材料。只有用生动、典型、新鲜的材料去表现主题,文章才显得内容丰富,有较强的说服力。

(二)材料的作用

1. 材料是文章写作的基础

写作主体进入写作活动后首先面临的问题就是"写什么"。缺乏写作材料,无论写作主体有怎样高超的驾驭语言的能力,也很难写出好的文章。材料是保证文章写作"言之有物"的重要前提。当然,不同文体的文章对材料的需求也有所不同。例如,文学作品的写作需要大量的从现实生活中采集的生动感人的材料,而新闻写作中需要的是最近发生的公众所关心的真实材料,应用文的写作是要根据行文要求选取相关的客观材料,学术论文写作则要根据研究方向和目标需要理论和实践的双重材料。无论哪种文体的写作,都无法脱离材料而独立成篇,当然,那种空洞说教的口号式的文章除外。

2. 材料是表现主题的支柱

材料和主题都是文章的内容要素。但就二者在文章写作中的作用来看,材料要大于主题。一方面,材料决定了主题。因为通常在写作之前,写作主体需要在分析研究材料的基础上形成文章的主题。可以说,材料是形成主题的根本依据,有什么样的材料就会有什么样的主题。另一方面,当主题已经形成,进入到写作环节,主题就需要靠材料来表现。没有材料的支撑,主题就只能是"空中楼阁",缺乏根基。或者像毛泽东在《反对党八股》中所批判的"空话连篇,言之无物"。徒有文章的外壳,没有文章的实际内容,这样的文章不如不写。

一篇文章,要做到内容充实,材料必须具体、充分。主题要正确,有说服力,材料必须真实、确凿。反过来,如果文章的材料不够具体、真实,则文章的主题再好,也不能让读者信服。从这个角度来说,材料决定了文章写作的成败。当然,材料和主题不是完全对等的关系。任何一段材料,都可能包含了多重意思在里面,不是一个论点所能概括的,材料在客观上所蕴含的意义常常大于写作主体写进文章并支撑主题的意义。同时,对一篇文章特别是议论性的文章来说,可能需要不止一个材料,而是需要多个材料共同支撑一个论点。正如列宁所说:"《资本论》不是别的,正是'把堆积如山的实际材料总结为几点概括的、彼此紧密联系的思想'。"[1] 显然,材料在这里起了决定和支撑论点的作用。

3. 材料是谋篇布局的依据

所谓谋篇布局,就是文章各部分按一定的关系进行排列组合,也常常称作结构。文

---

[1] 〔俄〕列宁:《列宁全集》(第1卷),人民出版社,1955年版,第121页。

章结构的安排，固然和写作主体的构思有关，但也取决于写作材料。如记叙文的写作，在结构安排上往往要受到材料的时间顺序或空间顺序的制约；议论文的结构要反映材料与材料之间的逻辑联系，怎样安排层次，往往取决于材料的逻辑地位和相互联系。当然，不同的文体，材料在结构安排中的作用是不同的。从大的分类来看，文章写作中，材料常常作为谋篇布局的依据，材料对文章结构安排的影响较大。而在文学作品中，材料对结构的影响相对要小一些。如意识流小说，是以作品中人物的思维走向来确定小说的结构，不太受材料的制约。

4. 材料是增强写作热情的动力

写作主体在搜集写作材料的过程中，如果不能被材料所感动，那样写出来的文章也很难感动读者。在实际写作活动中，写作主体会不断受到写作材料的刺激，而情感活动也会随着这种刺激不断增强。"情动于中而形于言"，感情激动，自然就有想要发表自己意见或情感的欲望。这种欲望常常是写作产生的强大动力。

在写作活动之初，材料所引起的写作冲动，是触发写作主体产生写作欲望的主要因素之一。而在写作活动进行中，写作主体需要不断增添材料，来充实文章内容。在继续搜集材料、查证材料的过程中，写作主体也要不断地对材料进行研究和分析，对材料的认识就会越来越深入。在整个写作过程中，材料不间断地冲击着写作主体的大脑，促使写作主体继续思考，使写作热情不断增强。

此外，材料对文体的确立也有一定的制约作用。这指的是有些材料只适合于特定的文体，而有的材料适应性更强一些，可以适合多种文体的写作。比如，写作主体直接从社会和自然中搜集的材料，如果是描述某人、某事、某物、某景的材料，就比较适宜写成记叙性文章；如果关注的是事件或人物的社会影响、价值等方面，更适合用于议论文的写作；如果写作主体关注的是事物或景物的外貌特征、成因、功用等方面的内容，用于说明文的写作更自然、贴切一些。

二、材料的来源及搜集材料的方法

研究材料的来源和搜集材料的方法，可以帮助我们获得更多的写作材料。避免写文章时出现"巧妇难为无米之炊"的窘状，使我们能够在较大范围内选择材料，更好地充实文章内容。

（一）材料的来源

从根本上说，文章材料来源于客观世界。没有客观世界，也就没有写作材料。客观世界包括的范围实在是太大了，它包括自然现象、人类社会，也包括人类生产的社会文化产品和自我精神世界。

首先是社会生活。丰富多彩的社会生活本身就是一个"取之不尽，用之不竭"的材料宝库。文章中用到的材料大多来自社会生活，如新闻写作中的人物和事件，是现实生活中最近发生的公众所关心的人物或事件；大部分说明文，涉及人类生活中的客观存在的自然物及产品生产过程；应用文写作目的本身就是为了解决生活和工作中出现的问题，它的材料自然大多取材于社会生活；议论文中作为支撑论点的论据，除了少数理论、定理外，多为来自社会生活的事实材料。至于文学，更是社会生活在写作主体头脑中反映的产物。写作主体要记述生动的事件、塑造鲜明的形象、抒发对人生的感受、表达对事物的观点，都需要从生活中获得写作材料。

其次是自然界。自然界是人类赖以生存的物质世界。从本源意义上看，人类也是自然界的产物。"人的感觉，感觉的人性，都只是由于它的对象的存在，由于人化的自然界，才产生出来的。"[1] 人和人的意识都是自然界发展到一定阶段的结果。自然界中的山川草木、日月星辰，为写作主体提供了丰富的写作材料，正像清朝人叶燮在《原诗·内篇上》中所说的："文章者，所以表天地万物之情状也。"在游记和写景的散文中，绝大多数材料直接来源于自然景物；在一般的记叙性文章中，也离不开自然景物的材料，如为人物活动提供场所，点明事件发生的时间、地点等；在其他文体的文章中，虽然直接从自然界中获得的材料使用得不是太多，但写作主体为了烘托人物心理、渲染情调氛围，也常常需要去自然界中寻找写作材料。

再次是精神文化产品。所谓精神文化产品，是指人们生产出来用于精神消费的产品，如书籍、音乐、绘画、雕塑、影视作品等。事实上，精神文化本身就是人们对社会生活、自然景观、主观世界以及其他精神产品等反映的产物，是外化了的精神世界。当精神文化被写作主体感知、认识时，它就成了写作材料。人们在写议论文时，为了使论点更具有说服力，需要查阅相关的论著、论文，在获得丰富的写作材料的同时，通过对比，提高对所写内容的认识；公文写作中，材料的需求大多来自精神劳动的产品，如文件、文摘、简报、统计报表等。精神文化产品特别为那些社会阅历匮乏、写作时间不够充足的写作主体提供了各种各样的写作材料。但这些材料说到底是别人对社会生活、自然界认识的结果，要想把它们作为自己的写作材料，需要写作主体对这些材料进行再认识，进一步分析、研究，才能使之为我所用。

除此之外，人的主观世界也是材料的来源之一。世界上的每个人，都是一个独立的个体，都有其自身的特殊性。在同一环境下，每个人都会有不同于别人的独特想法。在一些写人物的文章或是记叙性文章中，为了表现人物的性格，展示人物特点，写作主体需要深入他人的主观世界中去搜集材料。同时，当写作主体需要描摹自己的内心状态、抒发自己的情感、对自己进行评述时，也需要关注自己的内心世界。主客观世界具有无限丰富的特点，写作材料包含的内容也是无穷无尽的。

（二）搜集材料的方法

根据写作主体的习惯和文体要求的不同，写作主体搜集材料的方法会有所不同。但搜集材料的基本方法大致有以下几种。

1. 观察体验

观察体验是获取写作材料的主要来源，是写作主体从客观世界获取材料等写作信息

---

[1]〔德〕马克思，恩格斯：《马克思恩格斯全集》（第42卷），人民出版社，1979年版，第126页。

的重要途径。所谓观察，是指人们在自然条件下运用感官（主要是眼睛）和借助某些科学仪器对自然现象、社会现象进行考察的一种方法。人作为具有高度意识的生物，大脑每秒钟都在接受、加工和处理源源不断的信息流，而感觉器官是外界进入人类意识的唯一通道。人的眼睛是大脑的外接部分或者说是大脑的延伸，对于一个有正常视力的人来说，对客观世界的印象和知识以及后天获得的种种能力，在很大程度上是以通过眼睛观察接受的信息为原始材料的。观察是人们认识世界、摄取信息的一扇窗口。人们通过对事物的外部形态以及所处环境的观察，既可以掌握它的外貌，也能够洞见它的精微，从而对事物有一个全面的和较准确的认识。写作中的许多第一手材料都是通过仔细而周密的观察直接获得的。

　　有意识的观察和无意识的看是完全不同的。无意识地东张西望，视觉所接受的外界种种色彩、图像的刺激，就会像流水一样很快消失；而观察所看到的信息则伴有积极的思维活动，对观察对象进行分析、比较，同时展开联想和想象，是一种有意识的知觉和感受，它会像感光照片一样"定格"在大脑皮层上。所以，观察的目的越明确，观察所得到的有用材料自然越多，效果越好。

　　写作不同文体的文章，观察方式也有所不同。为了新闻和应用文的写作，观察者常常采用实用观察的方法。关注观察对象本身的实际功用和实用价值。为了科技论文的写作，观察者更多地采用科技观察的方法，注重观察的准确度和真实性。为了文学作品的写作，观察者一般是采用艺术观察的方法，既观察客体的实际状貌，也观察自身的情感变化，注重观察对象的审美价值。

　　观察的方法主要有以下几种：

　　定位观察。指观察者应确立某一观察点，从这一特定的位置、角度对事物作观察。定位观察可以是全面观察，也可以是分割观察。在观察时，要全力抓住事物的特征。因为自然和社会的许多场景本身并不对观察者显示出重点而要观察者自己去判断选择。

　　移位观察。指观察者变换观察的距离和角度进行的观察，也称移步换形法。如果说定位观察如战士在观察哨所里的观察，视角位置基本上是不变的，是让不同的事物在同一视线投射的范围内——展现。而移位观察如同巡逻兵的观察，角度、方位、范围不断变化。

　　比较观察。指将某一观察对象与其他观察对象进行比较，在比较中鉴别它们的特征与异同，从而获得更准确的观察结果。事物都是相互联系而存在着的，有联系就可以作比较，有比较就容易把事物间的差异鲜明地区别出来。事物的差异和个性特征是在比较观察中被发现的，只有通过比较，才能感知和认识事物各自的形态、状貌和存在方式。

　　联觉观察。人有五官接受外界信息，这是人类观察世界的必由通道。一般人视觉接受信息最多，但正常的人都具有感觉的相互作用，人的五官还具有不同程度的"联觉"，即一种刺激可以使人产生多种感觉的心理效应，力求达到对客观世界感性反映的整体性。因此，在观察时，要有意开启五种感官，让事物在脑海中留下深刻的印象。

　　作为写作主体，要注重培养观察能力。如留意身边熟悉的人，仔细观察他们的言谈举止；留意身边事件的发生、发展过程和细枝末节；对平常所见的景象、物件进行细致入微的观察,努力发现别人没有发现的东西;注意捕捉自己在不同情景下的种种感悟或情绪变化。同时,在观察的过程中需要努力捕捉观察对象的特点,因为它是人们认识事物的基础,是一个事物区别于其他事物的标志。要抓住观察对象的特点,就要在观察的同时,让大脑活动起来,不断地思考。既要获得这一事物的基本特征,又要将观察对象与同类的其他事物作比较,这样才能够得到较有个性的写作材料。

体验,是指写作主体对客观事物的刺激产生相应的感觉、知觉所呈现的富有情感和个性的心理活动,即通过感觉知道外界事物的个别属性,再进一步了解、综合,形成事物的整体形象。体验不同于观察:观察侧重于观察对象的客观方面,着眼于捕捉人物或事物的具体形貌;体验侧重于主观方面,着眼于观察主体的情感活动。它可以渗透到事物的内部,加深对事物的理解和认识,使我们搜集的写作材料更有独特的个性,写起文章来往往会推陈出新,而不是老调重弹。如,写到春天,通过观察得到的是"花开了",花的颜色、形状等,用于写说明文自然是再好不过了。但如果写散文,观察得来的材料就显得不够了,还需要加上体验得来的材料。朱自清写的《春》,就充分运用了观察和体验的方法,使写作材料更具有个性特点。写花的颜色:"红的像火,粉的像霞,白的像雪。"写花香:"花里带着甜味儿。"写声音:"花下成千成百的蜜蜂嗡嗡地闹着。"写总体感受:"'吹面不寒杨柳风',不错的,像母亲的手抚摸着你。"很显然,作者在观察自然界的同时融入了自己的主观情感,才能把"春"写得如此生动形象。

因为体验一般是由观察主体的亲身经历所熔铸成的,因而它也是积累直接材料的有效途径。那些带有自传性的文章如果没有体验作为积累写作材料的途径,是不会成功的。

2. 调查采访

所谓调查,是指通过某种手段或方式来了解所想知道的情况。调查在新闻写作中又常常称作采访,采访是以个别谈话的方式进行的调查。毛泽东在《反对本本主义》中把调查作为"材料的来源",并指出,"没有调查,就没有发言权","调查就像在'十月怀胎',解决问题就像'一朝分娩'。调查就是解决问题"。[1] 毛泽东在这里是就工作问题说的,但同样适用于文章写作。没有调查就没有写作材料,就解决不了文章生产问题。调查采访作为搜集写作材料的手段,尤其对于新闻和调查报告、报告文学等文体写作有重要意义。

按调查对象的选择范围,可以分为典型调查、普遍调查、抽样调查、个案调查和专家调查。

典型调查是根据调查目的和要求,从调查对象中准确地挑选出少数具有代表性的对象进行调查,以达到了解事物总体的特征和本质的方法。运用这种方法来搜集材料,需要对调查对象进行慎重的选取,选取的调查对象越有代表性,搜集到的材料就越有使用价值。

普遍调查简称普查,是一种专门组织的全面调查。普查的方式有两种:一是建立专门的普查机构;二是利用参与调查单位的原始记录和统计资料,发放调查表,由调查单

---

[1] 毛泽东:《毛泽东选集》(第1卷),人民出版社,1991版,第109-111页。

位填写。通过普查的方法得到的材料,自然准确、全面,运用起来也有说服力。但这种调查方法需要耗费大量的人力、物力,一般情况下使用得较少。

抽样调查是一种非全面调查,它是从全部调查对象中抽选一部分进行调查,并据以对全部调查研究对象做出估计和推断的一种调查方法。和典型调查不同的是,调查对象不是有意识地去挑选的,而是随机抽取。这种调查方法也叫作概率抽样。它不是随意抽取,而是按照概率论和数理统计的原理,根据随机原则来抽取样本。所得到的材料,能够反映调查对象的整体特征。

个案调查指对某个人、某个群体或某个事件所进行的调查。调查者可以采用各种调查方法,全面搜集调查对象所有资料,对单一对象进行深入细致的调查研究。单一个体是个案调查的主要对象。正因为个案调查的对象明确、具体,所以,调查得来的材料比较广泛、确凿,便于调查者从大量的调查材料中找出内部规律性,对事物作定性分析。

专家调查法又称德尔斐(Delphi)法。德尔斐是古希腊传说中阿波罗神殿所在地,美国兰德(Land)公司于1964年把德尔斐法用于技术预测中。它根据调查的目的和要求,以专家作为索取信息的对象,在专家提供的信息基础上,进行综合分析、判断,对问题做出评估预测。这种调查法比较适用于客观资料或数据缺乏情况下的对未来的预测,它可以为政府部门和企业经营单位的决策提供依据。

按调查方式的不同,可以分为问卷调查、个别访问、现场勘察。

问卷调查就是根据调查目的,设计调查问卷,由被调查者按调查问卷所提的问题和给定的选择答案进行回答的一种专项调查形式。问卷调查中设计调查问卷是最关键的。调查问卷既要涵盖所有需要了解的内容,同时要考虑应答者的方便和问卷的长度。首先,问卷要有明确的主题。一份问卷只涉及一个主题,问题明确,且按照一定的逻辑顺序合理排列,大多是采用先易后难的顺序。其次,要适合应答者。所提问题通俗易懂,符合应答者的能力需求,便于理解回答,同时,尽量让应答者少写文字。最后,要控制问卷长度。回答问题的时间一般不要超过30分钟,时间长了,会让应答者感觉疲倦。不过,近期的一项研究发现,应答者对调查题目的兴趣更加重要。如果应答者对调查题目不感兴趣,无论问卷长短都不会参与调查,所以,问卷的设计者要在内容和语言的表述上下功夫,根据应答者群体的文化水平、关注焦点等设计相关的题目,使其乐于合作。

个别访问可以采用面对面直接交谈的方式,也可以采用电话或网上访谈的方式。面对面交谈,观感直接,调查者需要什么材料可以直接提问。但必须注意谈话的技巧,要营造一个良好的谈话氛围,打破因为陌生而出现的僵局,让对方愿意说话、愿意讲真心话,否则即使你得到了你需要的材料,也可能是含了水分的材料。电话调查是指调查者通过打电话的方式向被调查者进行询问,以达到搜集调查资料的目的。用打电话的方式搜集材料速度快、费用低,可节省大量的调查时间和调查经费;而且搜集的材料覆盖面广。需要注意的是通话时间不能过长,提出的问题应清晰、准确,打电话的时间选择也很重要,应尽量选择对方有空闲的时间。

现场勘察是指调查者有目的地到需要调查的事发现场进行观察,找当事人还原事件的原貌。由于是一种亲临现场的调查,所以它是获得感性材料的主要途径。有些事情只听别人说，不到现场去是很难了解事件发生的真实状况的，实地考察也是检验通过其他途径获得材料的真实性的手段之一。有不少新闻记者和调查报告的作者，非常注重到基层"跑"的能力。实际上就是到事件的现场、到生活中去发现和捕捉新鲜材料，去核实已经掌握的材料。

3. 阅读

阅读指的是从书面材料特别是语言文字中获取信息的过程。

阅读也是材料的重要来源之一。马克思《资本论》的材料主要从1500多种书籍中获取的，鲁迅的《中国小说史略》的材料也是从90余种、1500多卷古书中获取的。人的精力毕竟是有限的，不可能事事都亲力亲为，通过阅读采集到各种事实和事理来充当写作材料是一种常用的手段。一般来说，各种体裁的文章作者都可以用这种手段来获得写作材料，但传记文学、历史著作、科学小品、理论文章的作者尤其使用得频繁。

阅读要讲究方法，不同文体的文章，不同个性的读者，阅读的目的不同，自然读书方法也不相同，没有任何一种阅读方法是适合一切文章阅读的。叶圣陶先生曾经说过："各种书籍因性质不同，阅读方法也不能一样。但是就一般说，总得像精读的时候那样，就其中的一篇或一章一节，逐句循诵，摘出不了解的处所；然后应用平时阅读的经验，试把那些不了解的处所自求解答；得到了解答，再看注释或参考书。不了解的处所都弄清楚了，又复读一遍，明了全篇全章全节的大意。最后细读一遍，把应当记忆的记忆起来，把应当体会的体会出来，把应当研究的研究出来。全书的各篇或各章各节，都该照此办法。"[1] 各种文章的阅读方法都是在特定的读书环境下产生的，文章的精读法、略读法及快读法分别反映了阅读的深度、广度和速度，这三种方法彼此配合，是阅读的基本方法。

精读法是一种传统的读书方法，它是在略读或快读的基础上为了对文章达到充分理解而进行的读书方法。它需要对某些重要篇章，包括教科书、经典理论巨著等集中精力，逐字逐句地阅读，它要求通读全文，理清思路，考察背景，领会精神，识透匠心，评价优劣，其目的在于求深求通，以期有所创造。

略读法不是"粗略的"阅读，更不是"忽略的"阅读，它是观其大意，知其梗概的阅读。从文本感知看，不必"一字不漏，纤悉不遗"，可以略去或绕过次要的语段，像雷达扫描那样掠过页面，搜寻有用信息；从文本理解看，不必"字求其训，句索其旨"，可以略"次"而抓"要"，略"小"而抓"大"；从阅读追求看，不以求甚解、求深度为宗旨，而以求广度为目标。诸葛亮的"观其大略"，陶渊明的"不求甚解"，梁启超的"鸟瞰式"阅读，鲁迅的"随便翻翻"，都是略读法的具体运用。

对于以采集材料为目的读者来说，这是一种非常好的阅读方法。采用略读的方法，可以帮助我们快速地找到自己感兴趣的材料，在较大范围内理出同一专题的材料线索，以满足我们文章写作的需求。

快读法是从文字符号中迅速提取有用信息的高效读书方法。大约从20世纪40年代起，快速阅读作为一种阅读方法在西方开始兴起，近年来，快速阅读在世界各国得到迅速发

---

[1] 叶圣陶：《叶圣陶语文教育论集》，教育科学出版社，1980年版，第27页。

展。我国虽然是从20世纪80年代开始重视快读法的研究，但是快读的历史却非常悠久，可以说，快读和精读、略读一样，也是中华民族阅读的优良传统之一。据《史记》记载，秦始皇就是一个高效阅读的能手。东汉哲学家王充"好博览而不守章句。家贫无书，常游洛阳书肆，阅所卖书，一见辄能诵忆，遂博通众流百家之言"[1]。

快读绝不是单纯追求阅读的高速度，而是在快读中获取文章的有价值信息；快读并非泛泛的浏览，而是在注意力高度集中下以获取信息为目的的积极的、创造性的理解过程；快读不是走马观花、蜻蜓点水似的略读，而是在保持理解率和记忆率不低于60%的情况下，大大提高阅读效率的一种高级的阅读能力。

由于阅读的目的、对象、环境的不同，这三种阅读方法可以单独使用，也可以交叉运用，互为补充。来源于书本的材料，记录了古今中外所发生的一切，是全人类的观察、调查采访、阅读获取的，使我们不受亲身观察、调查采访的局限，更进一步地认识了世界，扩大了材料的来源。

在今天这个信息时代，阅读也包括网络浏览。在网上阅读，对于快速捕捉有用信息，获得更多的写作材料无疑是一种高效的读书方法。通过网上搜索，可能在短时间内广泛快速地了解某一方面的大量信息。现在有不少人通过上网来查找资料，但是网上获得的信息还应进一步查验。有的网站公布的信息是真实、准确的，但不排除有的信息是虚假的。

三、材料的鉴别、选择及使用

（一）材料的鉴别

我们通过各种方法搜集到了大量的材料，但这些材料只是原始材料，并不一定都能写入文章中，要使它们成为真正的写作材料，还需要对它们进行研究、筛选，从中找出有价值的能用的材料，即对材料进行鉴别。鉴别是材料取舍的基础，取舍是鉴别材料的目的。

首先，鉴别材料要核实材料的真伪。我们通过生活和阅读搜集到了大量的材料，但这些只是原始材料，它们呈现出的是一种无序的、零散的状态，要使它们成为能写入文章中的材料，必须进行整理、筛选。例如，我们要简便快捷地获得写作材料，最直接的方法就是通过阅读，但是通过阅读所获得的材料，毕竟是第二手材料，是别人搜集的，我们在使用的时候，一定要对材料进行分析、核实，把那些加了水分的甚至是虚假的材料从我们的材料库中清除干净。有些材料尽管是我们亲眼所见、亲耳所闻即观察获得的，在使用时也应进行进一步的鉴别。因为有时候我们的眼睛、耳朵也会"欺骗"我们，也许我们所看到、听到的本身就是假象。所以，鉴别材料就是要对我们搜集到的所有材料进行去伪存真的研究。

其次，在弄清材料真伪的基础上，还需要进一步研究材料的真实度，即是客观真实，

---

[1]〔东汉〕班固著，中华书局点校：《汉书》（第18卷），中华书局，1962年版，第685页。

还是本质真实。所谓客观真实，是说材料具有客观性，与实际情况相吻合。如事件发生的时间、地点、过程、原因、结果，人物的外貌、言行，事物的原理、特点、结构、功能等，没有任何虚假的成分，完全符合客观状况。客观真实是曾经存在或正在发生的事实，但有可能只是一种个别或偶然现象，并不一定能反映人物或事件等的本质。这种材料用于文学写作是无可厚非的，但用于文章写作就可能缺乏说服力了。用于文章写作的材料应具有本质真实。

哲学上讲的本质是指事物的根本属性，是事物自身组成要素之间相对稳定的内在联系。我们借用来说材料的本质真实，是说材料能够反映事物的本质而不是现象，是主要矛盾而不是非主要矛盾，是必然而不是偶然。这就需要我们不仅要了解这一现象是否符合客观实际，还要了解这一现象能否把这一事物和其他事物区别开来，即透过现象看本质。正如列宁所说："在社会现象方面，没有比胡乱抽出一些个别事实和玩弄事例更普遍更站不住脚的方法了。罗列一般例子是毫不费劲的，但这是没有任何意义的或者完全起相反的作用。因为在具体的历史情况下，一切事情都有它个别的情况。如果从事实的全部总和、从事实的联系去掌握事实，那么，事实不仅是'胜于雄辩的东西'，而且是证据确凿的东西。"[1] 同时，列宁在这里还特别提到，如果不是从全部总和，不是从联系中去掌握事实，而是片断的和随便挑出来的，那事实只能是一种儿戏，或者甚至连儿戏也不如。这也提醒我们在鉴别材料时，应注意材料与材料之间的联系和对比，尽可能把握材料的内涵，这是正确选择和使用材料的前提。

（二）材料的选择

搜集材料、整理材料的目的，是为了更好地使用材料写好文章。选择恰当的材料是写作过程中不可缺少的一个环节。严格地说，同样是选材，不同文体的文章对材料的需求是不同的。但会有一个大致相同的选材规范，现在我们就来讨论一下材料选择的共性特点。从文章写作过程来看，材料的选择应该是在主题确立之后。那么在写文章时，选择材料的原则和要求是什么呢？

第一是根据表现主题的需要来选择材料。写文章，材料不能过少，材料少了，文章显得苍白乏力，空洞无物。材料多了也不行，材料多了就会淹没主题，成了堆砌材料。材料的选择，要以能充分表现主题为前提，凡是能有力支撑主题的材料就选用，与表现主题无关的或是联系不够紧密的材料就舍弃。文章写作中的材料要少而精，文学作品中的材料可以适当多一点。

第二是要选择新颖的材料。所谓新颖的材料，一是从时间上看，是近期出现的，富有时代特征的新事物、新动态、新思想、新信息。二是虽然不是最近发生的，但写作主体有新的感受、新的认识的材料。它可以是别人没有使用过或很少使用过的材料，也可以是别人虽然使用过，但从来没有从这个角度使用过。它可以是生活中发生的新鲜事，也可以是生活中虽司空见惯却不被人重视而你发现了它闪光点的材料。材料的新颖，不

---

[1]〔俄〕列宁：《列宁全集》（第23卷），人民出版社，1958年版，第279页。

仅使读者愿意阅读，同时也深化了文章的主题。

第三是要选择典型的材料。所谓典型的材料，就是指最具有代表性，能够反映事物的本质，能有力说明问题的材料。写事件，要选择那些有鲜明时代特征，能够反映生活主流的材料。写人物，要选择那些最能突出人物思想品质、能够展示人物精神面貌的材料。典型材料的使用，能够使文章在有限的篇幅内，传达更多的信息，具有更大的说服力。

以上几点是就一般文章写作的材料选择来说的，具体到不同的文体还会有不同的要求。如同样是典型材料，在议论性或理论性文章中，应该既是客观真实，又能反映事物本质的材料；在应用性文章中，它是在某一方面具有影响力的材料；而在记叙性或文学性作品中，它可能是把发生在不同地点、不同时间的事杂糅到一起的有虚构成分的材料。我们在实际的文章写作中，应根据文章的主题及文章的体裁选择合适的材料。

（三）材料的使用

就材料本身来说，无所谓优劣、好坏，关键是写作主体怎样使用材料，怎样发挥材料的功能，使它们能够更好地为文章写作服务。从观察、调查、阅读中获得的材料，就像从矿山采集到的各类矿石，不能直接使用，要经过提炼加工。有些材料本身就包含着多重意义，需要我们进行分析、研究，才能准确地把握材料的内涵。材料的使用，就是根据写作内容的需要、表达的需要、上下文的衔接、体裁的特点等，将已掌握的材料进行加工。对材料的加工应达到两个基本目的：一是要围绕主题或中心，符合事理，能够达意；二是要能恰当地抒发感情，写出真情实感。

材料加工的方法主要有以下几种。

1. 归纳法

从若干类似的个别事物中找出它们的共同点。多用于议论性文章的说理。如司马迁的《报任少卿书》在列举了多个著名人物著书的事实后，得出了所有传世之作都是圣贤身处逆境发愤著述的结论：

盖西伯拘，而演《周易》；仲尼厄，而作《春秋》；屈原放逐，乃赋《离骚》；左丘失明，厥有《国语》；孙子膑脚，《兵法》修列；不韦迁蜀，世传《吕览》；韩非囚秦，《说难》《孤愤》。《诗》三百篇，大氐（同"抵"，编者注）圣贤发愤之所为作也。[1]

如文章之家网站的一篇文章《诚信的价值》："曾经辉煌一时的三株集团，最终以神乎其神的虚假广告，以及其产品致消费者身亡等原因遭到法院起诉，并于1996年申请破产。那赫赫有名的秦池酒业，因1996年12月媒体一则关于秦池勾兑酒的报道，让其酒业飞转直下，一泻千里。还有那三鹿奶粉，更是让国人触目惊心，以生产、销售伪劣产品而导致公司是一败涂地。"作者在列出三个国人尽知的事实后，归纳出："诚信的重要性是不言而喻了，它关系着事业的成败，关系着人生的成败，稍不留意就会铸成让人追悔

---

[1]〔西汉〕司马迁：《报任少卿书》，见朱东润：《中国历代文学作品选》（上编第2册），上海古籍出版社，1981年版，第131页。

莫及的残局。"

2. 分析法

把客观事物的整体分解为各个部分、方面、要素,加以研究,弄清这一现象或事实产生的原因。一般说来,对客观事物,只有通过科学的分析,才能将其内部规律显露出来。毛泽东在《反对党八股》中分析了"大略的调查研究可以发现问题,提出问题,但是还不能解决问题"的原因:

> 常常问题是提出了,但还不能解决,就是因为还没有揭露事物的内部联系,就是还没有经过这种系统的周密的分析过程,因而问题的面貌还不清晰,还不能做综合工作,也就不能好好地解决问题。[1]

黄志华、张安全的文章《谨防"谦虚使人落后"》首先指出一些单位和部门在选人用人与评优评先中出现了一种不良倾向,即"谦虚使人落后",接着进行分析:"出现'谦虚使人落后'的现象,大致有以下三个方面的原因。其一,谦虚的人由于比较低调,往往'不显山不露水',其能力和业绩在一些时候便容易为人忽略;而高调的人由于整天把自己的能力和成绩挂在嘴上,所以知名度往往很高。其二,谦虚的人懂得谦让,知道与人分享或礼让他人;而高调的人不仅不会谦让,而且会索要。其三,一些领导干部或者由于对高调者的能力和业绩比较熟悉,或者迫于高调者的压力,常常把机会优先给予这些'会哭的孩子'。由于这些因素的存在,谦虚者在实际竞争中往往处于劣势、失去机会。"[2]

3. 综合法

综合指把同一类型的具体事实加以总括。综合不同于概括,概括是某个事实的浓缩,综合是某一类事实的总括。综合消息使用这种加工方法最多。如《多起网络谣言事件被查明,相关责任人和网站受处理》:"记者近日从国家互联网信息办公室网络新闻宣传局获悉,近期在网络上流传的'国家税务总局关于修订征收个人所得税问题的规定的47号公告''网传歼—10 B战机试飞坠毁'等均已查明属编造的谣言,国家互联网信息办网络新闻宣传局、公安机关已责成属地管理部门依法依规对制造和传播这些谣言的责任人和网站予以惩处。"[3]接着又具体阐述了多件网上流传的虚假信息,以及对这些传播者的处理结果。

4. 概括法

概括是对具体事实进行浓缩,即用简洁的文字来叙述或描写某一事物、某一社会现象的完整面貌的一种方法。常用于处理文章详略关系和突出文章主题。记叙文的概述、议论文的事例论证、说明文的叙述说明、应用文的概括说明都属于这种加工方法。根据写作目的和文体要求,概括的程度有别。宋代李涂在《文章精义》中说:"司马子长文字,

---

[1] 毛泽东:《毛泽东选集》(第3卷),人民出版社,1991年版,第839页。

[2] 黄志华,张安全:《谨防"谦虚使人落后"》,见《人民日报》,2011年10月26日。

[3] 《人民日报》,2011年10月26日。

一二百句作一句下。韩退之三五十句作一句下。"李涂的概括是否准确姑且不论，但他指出了两人的概括程度不同，司马迁写史，概括度要高，韩愈写的是议论和记叙文，概括程度不如司马迁高。再如何家槐的散文《亚得里亚海上的珍珠——威尼斯》："可是这个海上城市的黄金时期却早已过去，早已和中世纪以及'文艺复兴'的历史一同消逝。我们知道，在11到13世纪，即十字军东征时期，欧洲贵族、地主的生活相当奢华，他们所用的奢侈品大半来自东方，因此，当时和东方国家贸易最频繁的威尼斯也是一个最富庶、最重要的城市。在14至15世纪，即'文艺复兴'时期，威尼斯更是一个在地中海上占有特殊地位的商业城市，只有热内亚才能和它争夺海上的领导权。在威尼斯的全盛时期，它也曾经是一个强大的贵族共和国，占有许多殖民地，够得上称霸地中海的资格。但是美洲和印度航线的发现以及土耳其人的崛起，使它日益走向衰落。在1798年以后，它更失去了独立的光荣；先后被奥地利和法国所统治。直到1866年才合并于统一了的意大利。"[1] 作者抓住威尼斯历史时代的几个主要特征，高度概括了威尼斯中世纪以后的政治、历史状貌。

5. 比较法

比较是把两种或两种以上的事物放在一起进行对比，从而认识事物的不同点。比较可以是横比，即同一时间或同一时间段发生的事物进行比较。可以是纵比，即同一事物在不同时间的发展变化的比较。可以是正反对比，即将两个人物或两件事情通过对比，区分出优与劣、好与坏、美与丑。也可以是相似对比，即把同类事物或不同类事物的相同点进行比较，从而突出其不同点。这种方法可以用于各种文体的文章写作。如哲理故事《干活的马和偷懒的马》，本来两匹马各拉一辆大车，但一匹马走得好，一匹马常常停下来。于是，主人就把后一辆车上的货挪到前面一辆车上去。偷懒的马很得意，对干活的马说："你辛苦吧，流汗吧，你越是努力干，人家越是要折磨你。"[2] 最终的结果是主人将那匹偷懒的马宰了。作者通过对比告诉人们，干活的马和偷懒的马就像现实生活中的两种人，结果自然是显而易见的。

6. 预测法

根据已知的事实预测可能出现的事实。在对已经掌握的材料进行分析的基础上，预测新的结果。如，从"今年以来，四川、云南、上海等地方政府融资平台信用风险事件相继爆出"预测未来："随着越来越多的企业转向债券市场融资，债券融资对银行信贷的替代作用将不断增强，未来两年信用债券市场还将持续面临供大于求的局面，信用利差、不同评级之间的等级利差也将持续扩大。同时，随着信用债发行条件和审批程序放宽，低评级债券逐渐增多，未来债券市场发生实质性违约事件的概率明显增加。"[3]

---

[1] 何家槐：《亚得里亚海上的珍珠——威尼斯》，见《旅欧随笔》，中国青年出版社，1959年版。

[2] 李秀芹：《干活的马和偷懒的马》，见《阅读与作文》（初中版），2007年第9期。

[3] 丁丹，朱江水：《警惕债券市场的信用风险累积》，见《经济日报》，2011年版26日。

第三章 材　料

7. 转述法

即作者用自己的话将原话或原文的意思写出来。转述是为了简明，避免行文拖沓，但必须忠实于原文或原意。要注意把转述与作者自己的话分开。这种方法较多用于评论性和理论性文章中。如"弗莱所说的'移'，其含义是对于原始神话原型的改造和创新。弗莱所说的'用'，其含义是对于原始神话原型的继承和沿用"。"弗莱还认为，在一个平常的和外部客观世界的逻辑、情理都很一致的故事里加进一些神话的'移用'因素，故意使'故事'脱离和生活的外部类比，显得这样的事情只能发生在故事里，于是这个故事因怪诞的情节而获得了一个抽象的文学性质"。[1] 加工材料的方法还有如旧词新用，即反弹琵琶，在旧词的基础上，赋予新意。在文学作品的写作中还常常使用扩展法，即材料本身不够丰满，在使用时通过想象的方法，增添细节，使之更加生动感人。

【文选】

1973年的一次下乡

周同宾

现在干部下乡，都是上午去，下午回，坐小车，吃宴席。乡镇款待上级各个部门的来客，起码要开三桌、五桌，甚至十桌、八桌，主要领导总是陪不过来，不得不串桌敬酒。去年麦收前，我曾吃过一餐村级的招待饭，菜肴的丰盛，烟酒的档次，也不亚于城市。

真是时代不同了。

想起近四十年前那次下乡，仿佛是上一辈子的事。当年的事，如今的年轻人或许不会相信，认为滑稽、荒唐。然而，却是真的。

那时，我在县革委文卫组当差。照理说，这个组管全县的文化、教育、卫生。其实，什么也管不了，也无从管起。

一日，组长老张带上老李和我，要跑几个公社，看"教育革命"。当时正宣传毛泽东主席的"五七指示"，即"学生不但学文，也要学工，学农，学军，也要批判资产阶级……资产阶级知识分子统治我们学校的现象再也不能继续下去了"。老张是老干部，人好，却不得县革委领导信任，以为他"右倾"。老李是支部委员（人称李委员），上面有根儿，一言一行都透出无产阶级革命派的架势。我跟上是要写典型材料，上报，或送报纸发表。

三人都骑自行车。他们俩骑公家的自行车，我的是自己的。刚出县城，老李的车子链子断了，我的车轱辘气不足了。推到一条河边的桥头，杨树上挂几个自行车的旧胎，那是招牌，一老人守住扳手、钳子、打气筒之类等活儿。老李接了链子，要三角，我打了两个轱辘的气，要一角。老李让开票，按规矩，公家的车修车费可以报销。老张说，都是下乡办公，写一块儿吧。老李斜我一眼，眼光流露的一半是鄙夷，一半是自傲，意

---

[1] 刘俐俐：《"不传！不传！"的魅力与"最后一个"的阐释空间——老舍〈断魂枪〉的文本分析》，见《民族文学研究》，2006年第4期。

味着我这是公家的车,你那是自己的,自己的不能报销。我当即掏出一枚一角硬币扔给老人:"这一毛不要票。"

中午,到了一个公社。和革委会主任接了头。而后,领我们去食堂换饭票,吃饭。四两粮票,五角菜票,一个白面黑面各占一半的馒头,一碗玉米糁稀饭,大半碗萝卜丝炒豆腐,豆腐仅三两片。干部们都蹲食堂门外的树下吃饭。主任吩咐通讯员找来三个小凳,让我们坐下,他也端上碗和我们凑一起,刚蹲下,又回屋拿来一个玻璃瓶,内装酱豆豉,用筷子给我们每人剜一坨儿,算是尽了主人待客之谊。

下午,公社教办室汇报教育革命,说,全社共请了五十余位老贫农兼职教师,办了十几个校办工厂。老张问:"老贫农都教啥?"答:"教学工、学农嘛。"老李问:"为啥不教文化课?"答:"他们都不识字。"老李批驳道:"不识字就没文化、没知识?识字多的知识分子才最没文化,最没知识。"汇报的人一时傻了,大张嘴,无话说。

晚上,宿公社招待室。招待室没床,只在两间屋里用砖坯垒了六个长方体的台子,上铺麦秆编的稿荐,酷似医院的太平间。没被褥,通讯员去街上赁来六条,每人铺一条,盖一条。在梁上吊的十五瓦电灯泡底下看,那被子黑不黑、花不花的,一摸,又潮又腻,好似剃头匠的挡刀布。睡下就感到有小动物在身上的各个部位爬动,很容易就能够摸到一只,是虱子。而且立即就开始咬了,下口狠,是饿了多日的虱子。老张瞌睡大,盖上被子就打呼噜,鼾声如雷,又有节奏感。老李一再掀起被子,站床边又是拍,又是抖,嘟囔着:"他妈,他妈的。这么多。这个公社的卫生革命真成问题。"我翻来覆去睡不着,摸一只,又摸一只,摸出就扔远远的。全身处处都痒,搔也搔不及。挨到五更里,才朦朦胧胧入眠。第二天起床,每人都一身指头肚儿大的红点点,前胸后背都像沾满了梅花瓣儿。

上午去看学校,先看学工,校办工厂在一间教室里,其实是个木工作坊。一个老木匠,干瘦,驼背,不住咳嗽,不住擤鼻涕,擤罢就抿在鞋帮上。我们到来,他似乎并不欢迎,只顾锯一块木板,让一个学生拉下锯。十几个学生在一旁看。老张让他讲讲做木工活的经验,也就是从理论上给学生阐述一番。老木匠脖颈一直,一扭:"有啥说的,三年斧子五年锛,十年刨子学不真。木匠这碗饭不是好吃的。"老李问:"你是贫下中农吗?"老人白老李一眼:"咋不是老贫农?祖宗八代老贫农。旧社会,地没一分。全靠手艺,养活一大家子人。做三间房的屋架,八斗小麦。打一口棺材,两斗小麦。哪像这些年,干一天八个工分,值不了二毛钱。"老李说:"你这个贫农觉悟不高啊。"老人当即停下活儿,指着老李:"你撅的高,一个月不给你几十块钱,你还愿意下来走走转转,跑跑看看?"

离开校办工厂,老李说:"这个贫农是假贫农。给学校说说,换他。"老张说:"农民嘛,说话直。"

又去看学农。一个老师领我们到一块刚刚犁了一半的地,一个老农也赶着两头牛用拖车拉一架木犁进了地,后跟十几个学生。老农先犁一来回,算是示范。牛都没膘,走得慢。老人的鞭子光在牛头上空挥舞,并不打牛,只是一个劲儿骂牛:"我日你奶奶,走着踩死蚂蚁了","打你个老舅子,一步挪四指远"。牛呼呼喘气,显然已尽了力。老人狠按犁杖,额头出了汗。他身后,新翻开的泥垡子如均匀的波浪,反射着阳光。而后,教学生学犁地。女学生没一个往前站。老师指定一个高个子男生先学。他接过鞭子,手扶犁把。老农交代："弯下腰，使劲按。记住，说'哒哒'，是叫牛往外走，说'咧咧'，是叫牛往里走。"学生挥鞭，牛就是不走。老农说："你骂它呀，你骂它呀。"学生不会骂。老农就教那两句骂牛的话。老师让学生们都记住"我日你奶奶"，"打你个老舅子"。一骂，牛果然走了。看样子，在牛听来，那话不是骂它，而是命令它前进的信号，多日形成的条件反射。牛走了，可犁铧一直插不进土里，只顺着犁沟蹭。好不容易插进土里，又搅得太宽，牛拉不动。老农感叹道："你们啊，上学是学字的，学这干啥。上学学成，上去了，用不着犁地；学不成，回家种庄稼，自然就会了。"老李不满地瞪老农一眼，扭头指示那位老师："你犁一趟。"老师也犁不成。老李说："看看，资产阶级知识分子有啥能耐？脱离实际，脱离劳动，能教出革命事业接班人？"老师羞惭地低下头，满脸通红。老张说："算了，到这儿吧。"回校的路上，老李说："教育革命的任务艰巨呀。真应该把这些教师都赶下讲台，请贫下中农去上课。"老张无言。我更不敢插嘴。

第二天，去另一个公社。骑车走到一片还没收获的玉米地边，老张说："身上太痒，停下来捉捉虱子吧。"太阳很暖和，无风。我们钻进庄稼地，脱下衣服捉虱子，捉住就用两个大拇指的指甲盖挤死。连裤子也脱了。藏进衣缝里的，用牙咬，咬得恨恨的。忽听路上有人说话："这仨干部钻玉米地里干啥？偷玉米棒哩？"另一个窃窃地笑，可能是看见了我们赤身裸体的模样。赶紧穿了衣服，边系扣子边往外走。我们真像做了贼似的骑上车子匆匆离开，两个年轻人在后面大笑，似乎刚看了一出有趣的好戏。

去一所中学听文化课。这是戴帽高中，即初中也办高中班。校领导安排我们听高中班的数学课。教室是两间低矮的茅屋，无门，窗子是个正方形的窟窿。课桌是土坯支起的木板，凳子高低不一，可能是学生自己带来的。最后一排，摆放三把椅子，是特意为我们准备的。我们落座，学生都向后看，很新奇的样子。学生面前没课本，有的放几张纸，有的是卷了角的笔记本。钟声响了（其实不是钟，是挂在校革委会主任门前檐下的一块三角形的铁板），老师走进教室。是位面容清癯的老教师，穿着颇似农民，气质显然是知识分子。他拿有教本，也写有教案。讲的是二元一次方程。我上高中时，数学不好，听着似懂非懂。他们二位好像更糊涂。老张低着头，似乎在想别的事。老李趴木板上，似乎困了。老师把两道例题抄黑板上，他的粉笔字绝对一流，有颜体的风格。在读例题时候，老李立即直起了头，警觉地两眼放光。例题是，鸡兔同笼，头共多少，脚共多少，求：鸡几只，兔几只。蜗牛爬杆，日上几厘米，夜下几厘米，杆长几厘米，求：几日爬到杆顶。许是发现了老李异样的目光，老教师显得紧张，说话声音有点颤抖，语言也没了原有的逻辑性。老李严峻的目光和神情，一直持续到下课，老教师的紧张和惶恐也一直持续到下课。

随后，到办公室开会，学校的四位领导班子成员参加。老张还没说话，老李就急不可耐发难："这个老师家庭是啥成分？"校革委会主任说："成分高，是地主。不过，表现还可以。"老李当即一脸义愤："典型的没有改造好的资产阶级知识分子，啥子'鸡兔同笼''蜗牛爬杆'，鸡和兔装一个笼子里干啥？蜗牛爬杆爬上爬下有啥意思？到什么年代了，还讲这些封、资、修的东西！不能叫他再上课，要组织学生批判。毛主席说，资产阶级统治我们学校的现象再也不能继续下去了。"主任说："缺老师，全校会教代数、几何的,只他一个。"老李发火了:"你是政治挂帅还是业务挂帅?"冷场有顷,老张慢腾腾地说道:"对这类老知识分子,还是要团结、教育、改造,利用一技之长,为教育革命服务。教材嘛,老的不能用了,要发动革命师生编新的。比如,不说鸡呀兔呀蜗牛呀,说生产队的人呀牛呀行不行?说拖拉机、汽车行不行?"老李鼻孔里哼一声,斜老张一眼,不再说话。老张毕竟是组长。

晚上,住集镇上供销社办的旅社。三间石棉瓦盖顶的平房,有床铺,供应开水,每人每晚三角钱。我们进去时,已有四五个住宿者。有一个劁猪匠,一个卖老鼠药的,一个卖瓦盆瓦罐的,还有两个从安徽来的补锅匠。老张说:"哟,人还不少哩。"老李咕哝道:"都是搞资本主义的。"因为闷热,都脱了上衣,赤着脚,坐床头说闲话。屋里,脚臭味很浓,直呛人。老张说:"还早,出去走走吧。"

街上没行人,两旁的住户只几家门开着,煤油灯昏黄的灯光摇曳。月色透过薄云洒在铺一层尘土、垃圾的路上。街很短,很快走到街外,街外是农村(其实,街道两旁的住户也是农民),人家聚聚散散,村路呈叶脉状。忽听有器乐伴奏中的歌唱声,古筝、三弦弹奏的曲调是地方曲艺大调曲子里的《鼓子尾》。老张说:"这里的文娱活动搞得还不错哩。去看看。"寻声前往,绕了许多弯,终于看见村头的空地上,一棵柳树的横枝下,吊一盏便壶装柴油以麻做捻儿的冒黑烟的灯。一位老艺人手拿八角鼓,不时用手指敲击着。乐器奏的是《鼓子头》。显然,刚才那段已经结束,又重新开始。他面前坐的站的观众百余人,小媳妇抱娃娃,老太太摇蒲扇,光了上身的汉子旱烟袋明明灭灭。乐器噔的一声止住,老艺人开始唱,嗓音高亢却略带女人腔:

谯楼上打罢了三更锣,小二姐翻来覆去睡不着。

埋怨一声爹妈错,咋不找媒婆来把媒说。

二十多岁还不叫我出阁,难道说黄花女要熬成老太婆?

哎哟哟我的命真薄……

这一段叫《小二姐做梦》,说的是少女思春的故事。那唱词,那曲调,都有乡土味,我听着很受用。老李却突地吼道:"'四旧','四旧',现在还演这封资修的东西!停了,停了!谁是干部?"艺人一愣,住了声。观众都回头看老李,乱嚷嚷:"你是啥球人,碍你啥球事了?""俺们每家兑二毛钱请来的,为啥不叫演?""你是县长、省长?闲操心,管的太宽。""有本事你来唱个不是'四旧'的。"一个中年人走到老李面前,说话很冲:"我是干部。你啥意思?想撤你把我撤了,我正不想干哩。接着演,我看你能把我的球咬了!"几个年轻人也蹿到老李身边,握着拳头,满脸怒气,显然要揍他。老张拉上老李:"走吧,先别管这事儿。"我们仨急急离开,我不禁回头看,生怕那几个人追上来。四外很静,可以清晰地听到演唱在继续,小二姐已经入梦,媒婆来说媒,将一直唱到出嫁,拜天地,入洞房,而后,冷不防被打更的锣声把美梦惊醒……

回县城的路上,我问材料怎么写,老张说,没发现典型就不写。李委员说:"教育黑线回潮、文艺黑线回潮这么严重,没正面典型有反面典型,就写个批判黑线回潮的文章。写好写不好,就看你的路线觉悟高不高了。"组长没发话,我当然一直没写。

——选自《散文百家》,2013年第2期

第四章 结 构

一、结构的含义和作用

结构原是建筑学上的术语，指的是建筑物内部构造及整体布局，后来被借用于文章的编织、构造，用以表现一篇文章结撰、布局的艺术。

结构是文章内部的组织构造，它是文章安排内容材料的具体方式。如果说材料解决的是"言之有物"的问题，主题解决的是"言之有理"的问题，而结构则是把纷繁众多的材料根据表达主题的需要加以适当的编织，进而解决"言之有序"的问题。

结构是文章的一个重要表现形式，是表达思想内容的必要手段，古今中外的作家对于结构问题都给予了高度的重视。美国学者J.H.兰德尔说："结构是一切意思和意义的基础"，"没有结构，任何东西都不存在，都不可没想"。[1] 日本作家小林多喜二说："正如结构二字的字面含义是盖房子一样，不管你的材料有多么精良，不管你的目的是多么高尚，如果盖的（应为"得"，编者注）不好，摇摇晃晃，结果是毫无用场的。"[2] 这些话既实在又形象地揭示了结构对文章写作的重要意义。

因此，作者在动笔写作的时候，要对文章结构好好地谋划一番。比如，如何开头，怎样结尾，怎样衔接，分多少层次，设多少段落，何先何后，何轻何重，如何过渡，如何照应，以什么为线索，用什么点题等，都应一一想好。想好这些，也就搭好了架子，也就完成了结构布局。

结构的任务从广义上讲，是寻求一种最佳的表情达意的方式。从一篇具体文章讲，是指安排情节和组织材料的具体方法，是作者根据客观事物的内在联系，经过加工思索所形成的思路在文章中的体现。

如记叙性文章，作者根据创作意图，把人物、环境和情节组织成为一个有机的整体。它包括情节次序的安排、人物的配备、环境的布局，以及协调人与物之间的关系等就是结构。

议论性文章，作者为了阐明自己的某一思想观点，总是先提出自己的思想观点，然后摆出一系列的事实和道理来证实自己的观点。这种用事实和道理来证实自己认定的思

---

[1] 李普曼：《当代美学》，光明日报出版社，1986年版，第146页。

[2]〔日〕小林多喜二著，舒畅、李克异等译：《小林多喜二选集》，人民出版社，1959年版本，第186页。

想观点所采用的方式、方法,反映到文章中所形成的层次、顺序等就是结构。

说明性的文章,作者为了说明某一事物,总是从构成某物的本质属性方面做阐释或说明。如先说明某物的成因、构造,再阐释或说明其功能、用途等。像这样按不同的事物的不同属性展开说明的方式与方法,反映到文章中所形成的层次、顺序就是结构。

二、结构的原则

(一)要正确地反映客观事物的发展规律和内在联系

文章或作品要对现实生活和客观事物进行反映,而现实生活、客观事物不管多么曲折复杂、变化多端,实际上它是有自身的内在规律和内在联系的,对事物的条理性认识愈清楚,愈透彻,反映起来也就愈清晰,愈有层次。因此,安排文章结构必须符合事物发展的规律,能够揭示事物内部及其与其他事物之间的有机联系。作家孙犁在《谈结构》中强调:"作品的结构不单是一个形式的问题,也是内容的问题。因为一篇作品既然是指写一个事件,那事件本身就具备一个进行的规律,一个存在的规模。作者抓住这个规律,写出这个规律,使它鲜明,便是作品的基本结构。"[1] 一般来说,记叙文体记人、叙事、写景,主要以时间、空间为线索安排结构;议论文体则按照对事物的认识规律,即提出问题、分析问题、解决问题的顺序来安排结构;说明文体则按照事物的空间联系、变化过程、主次顺序来安排结构,这些都是由客观事物发展的必然规律所决定的。所以,作者安排结构,就要对客观事物进行分析、研究、综合,努力做到对事物、事理有比较透彻的认识,这样,思路才会清晰,文章结构才会有条不紊。

(二)要服从表现主题的需要

主题是文章的灵魂和统帅,文章的各个要素——材料、结构、体裁、表达方式以及语言的运用等都应服从主题的需要。因此,安排结构就是要把材料恰当地安装到主题的轴心上,把材料组织成一个严密的统一体。

张志公在《怎样锻炼思路》中指出:"要文章的结构好,除了先决定求之于思路的清晰严密之外,还要把写作的对象和目的明确起来,不能为结构而结构,结构是为写文章的目的服务的。"[2] 很显然,张志公强调了主题与结构的主从关系。反过来说,也只有抓住主题,立起纲领,才能使文章的各种材料"各得其所",布置妥帖。刘勰在《文心雕龙》中阐述道:

> 凡大体文章,类多枝派。整派者依源,理枝者循干。是以附辞会义,务总纲领,驱万途于同归,贞百虑于一致,使众理虽繁,而无倒置之乖;群言虽多,而无棼丝之乱。扶阳而出条,顺阴而藏迹;首尾周密,表里一体:此附会之术也。[3]

---

[1] 孙犁:《孙犁文集》(4),百花文艺出版社,1992年版,第106页。

[2] 张志公:《语文教学论集》,福建教育出版社,1981年版。

[3] 周振甫:《文心雕龙选译》,中华书局,1980年版,第106-107页。

在这里刘勰谈到，疏导支流要依着江河的主流，整理树枝要循着树木的主干。同样道理，写作中"附辞会义"，即修辞炼意，就应提纲挈领，把条条不同的途径汇合到一条大道上，把种种不同的思绪整理为一种思想，从而使道理虽繁而不错乱乖违，文辞虽多而不驳杂如乱丝。他还指出，文章有的部分要像伸向阳光的枝条那样突出，有的部分则要像阴暗处的枝叶那样收敛，这样就可以做到首尾完整周密，内容和形式统一、和谐。刘勰所说的"附会"，意思就是形式和内容两个方面的整理安排。他认为要抓住文章中心来"总纲领"，来运用写作材料和言语文辞，这的确揭示了写作的一条重要原则。可见，文章主题是"谋篇之主脑"，"文固要句句字字受命于主脑"（刘熙载《艺概·文概》）。因此，考虑文章结构的段落和层次、过渡和照应、开头和结尾、主次和详略等，都要服从表现主题的需要。

（三）要适应不同体裁的特点

文章体裁不同，它在表现生活时的角度、容量、形式等特点也不尽相同。如，诗歌是主情的文学样式，特点在于抒情，其结构特点表现为分行分节，音乐性、节奏感都非常强；而戏剧，其特点在于以对话展开情节、塑造人物，其结构特点表现为分幕分场，必须有贯穿全剧始末的戏剧冲突；电影是立体的表演艺术，其特点在于真实地再现生活，有直接诉诸人们视觉的生动形象，其结构特点是以"蒙太奇"连接画面，剪辑巧妙，跳动自如，不受时空限制。

即便是一般文章，文体不同，其结构特点也有区别。例如，常见的记叙文以记人叙事为主，一般都根据展开事件矛盾冲突、表现人物性格的需要来谋篇布局，文章结构层次的安排，要正确反映矛盾发展的阶段、时间地点的转换、人物性格的发展变化。论说文以议论说理的方式反映生活，一般按照提出问题、分析问题、解决问题的方式安排文章结构。可见，体裁不同，文章结构方式各异。所以，安排文章结构时应"因体"而制宜，要考虑并适应不同文体对文章结构的不同要求，这样才有利于内容与形式的完美统一。

（四）适应不同读者的审美需求

结构安排，不仅要考虑不同的文体特征，还要考虑不同读者的审美需求。不同的读者，由于其思想修养、知识水平、生活方式、工作性质及社会环境等的不同，他们的审美要求与审美趣味也必然有差异。比如，运用"东方意识流"的结构来写意识流小说，可以满足所谓"纯文学"读者阅读需求，而用"意识流"来安排通俗文学作品的结构，那就等于对牛弹琴了。同样，对于儿童文学，结构安排要尽量简单，情节发展一般一以贯之，把事件的来龙去脉交代得清清楚楚，不宜使用复杂的插叙、倒叙或多线并进等方法，这就是结构顾及到读者原则的反映。因此，在安排结构时，如果没有"读者意识"，而只凭作者的主观好恶，不考虑读者的审美要求，必定会使文章"曲高和寡"或"平淡无味"。

（五）力求创新，富于变化

大千世界变化无穷，生活丰富多彩，事物也是复杂多样、千差万别的。因此，作为反映客观事物的文章，其形式无疑也应多姿多彩，变化万千。一篇好的文章从内容到形式，都应该有自身的特点和个性，只有这样，才能准确地状写事物的特殊本质，描摹事物的独特风貌。所以，在安排结构时贵在创新，有特色，有个性，不应陈陈相因，落前人窠臼，落别人窠臼，甚至是落自己窠臼，而应该以意运法，标新立异，使每篇文章的结构都具有鲜明的特色，以便更好地反映丰富多彩的客观世界。即便是有特定格式的公文，也不能千篇一律，千人一面，而应该在段落的设置、层次的安排、详略的处理等方面有所变化，适当创新。

三、结构的要求

（一）完整统一

按照亚理士多德的说法，完整："指事之有头，有身，有尾。所谓'头'，指事之不必然上承他事，但自然引起他事发生者；所谓'尾'，恰与此相反，指事之按照必然律或常规自然的上承某事者，但无他事继其后；所谓'身'，指事之承前启后者。所以结构完美的布局不能随便起讫，而必须遵照此处所说的方式。"[1] 也就是说，文章是个有生气灌注的整体，是有机组织起来的，具有生命力，必须像生命一样头尾身俱全，并且要首尾圆合，通篇一体。

统一，正如叶圣陶在《文心》中所言："一篇文章犹如一个团体，每一节就同团体中一个人一样，都应该担任相当的职务。一篇文章犹如一所房子，每一节就同整所房子中的每一间房子一样都应该有它适当的位置"；"通体维持着一致的意见，同样的情调，这是统一"。[2] 这就是说，"篇"要有独立的内容，"节"（或段）也要有独立的内容，节与节之间相互联系，方能成为一个完整的统一体。

（二）严谨自然

严谨，指的是结构布局的精严细密，无懈可击。体现在思想上严密，没有挂一漏万、顾此失彼的情形；在组织上严密，没有颠三倒四、破绽百出的毛病。

自然，指的是结构布局的顺理成章，自然天成。没有刀砍斧削的雕琢痕迹，更不是牵强附会的生拼硬凑。应"常行于所当行，常止于不可不止"。如风行水上，自然成纹。

（三）曲折灵活

"文似看山不喜平"，文章要好看，富有艺术魅力，一方面，必须在结构安排上下功夫，力图曲折有致，富有变化，而尽量避免平板单调，否则，只能让读者兴味索然。另一方面，结构安排也要灵活多样。由于文章是反映客观现实的，而大千世界复杂多变，所以，安排文章结构时，在遵循必要的章法外，还必须根据不同的内容及表现的特殊需要，适当加以变通。

---

[1]〔古希腊〕亚理士多德：《诗学》，人民文学出版社出版，2002年版，第25页。

[2] 夏丏尊，叶圣陶：《文心》，开明书店，1934年版。

四、结构的基本内容

文章的篇章结构从客观上讲,它是客观事物的矛盾变化在文章中的体现;从主观上讲,它表现了作者对所反映的生活的理解、认识和评价。它要求组成文章的各个部分必须完整齐备、联系紧密,部分与部分之间文脉贯通、承转自然;它要求从表达主题的需要出发,理顺好文章的层次段落,安排好内容的过渡照应,处理好材料的主次详略,考虑好文章的开头结尾,这些就是结构文章的基本内容。

(一)层次与段落

1. 层次

层次是文章思想内容的表现次序。它是作者思路展开的步骤,标志事物发展的阶段性或事物的构成侧面。层次又称为"意义段""结构段"或"部分"。

作者在安排结构过程中,要把一堆散乱无序的材料围绕主题组成一篇井然有序的文章,这就需要形成层次、排列层次。层次是结构的核心,没有层次就没有次序和条理,也就无从组织结构。实际上,层次是作者在表述主题过程中形成的相对完整、相对独立的思维单位,层次的划分充分体现了作者思想认识的各种阶段和各个侧面,靠其内在的逻辑性来显示区别。作者在动笔前划分层次,实质上就是对纷繁复杂的材料进行纵向划段、横向分面和科学归类。一种类别材料的组合,就形成一个层次。划分层次一般不宜单纯地按照事物的外部标志(少数按照部件介绍产品、按照方位介绍建筑和景物的说明性文章除外),而应以事物的内部特征为主要依据。换句话说,只有按照作者对客观事物的认识,按纵的发展划分成阶段,或按横的联系划分成侧面,进而组成层次,才是科学的。

那么,如何安排层次呢?

第一,记叙性文章安排层次的方法

(1)以时间顺序安排层次。这是记叙性文章常用的一种结构形态。它是根据事物的发生、发展、变化、结束及其在时间上形成的连续过程为顺序,来安排文章结构的一种方法。比如,杨匡满的《为了下一个早晨》[1]通过一天的时间,记述了季羡林先生大半生的经历,文章从早上三四点钟写起,上午、下午,一直写到晚上。文章以一天之内这个时间段为经线,以先生大半生的所经所历为纬线,通过插叙、追叙等多种叙述方法,把先生的经历叙述得井井有条。文章内容多而不乱,繁而不杂,结构脉络清晰,主次分明。所以,用这种方法安排层次,适合于传统的阅读欣赏习惯,便于读者理解接受。但应避免平铺直叙,行文沉闷。

(2)以空间变换的顺序来安排层次。这种方法是以空间方位的变化来安排文章的层次,特别是那些记述游踪、记述建筑的文章常用这种方法。作者往往根据游踪或建筑所处的方位,移步换景,进行记述,从不同的空间角度写出自己的所见所闻。不同的空间,

---

[1]《人民日报》,1984年2月22日。

不同的角度，就会有不同的景象，能给人耳目一新的感觉，给读者留下深刻的印象。如，李乐薇的《我的空中楼阁》[1]，作者站在山上观察自己的小屋，由于大树的掩映，感觉到小屋是那么的含蓄而有风度。可当作者站在山下，远观小屋的时候，小屋在树与树之间时隐时现，像鸟像蝶，姿态翩然，显得是那么的轻灵而自由。

（3）以时空交叉的方式来安排层次。这种方式又称纵横交叉式。一般来说，它以时间顺序为经线，以空间变换为纬线，纵横交错，进行记述。把同一时间、不同地点所发生的事情紧凑而又巧妙地交织在一起，既从纵的方面注意了时间的连续性，又从横的方面体现出空间的并列性，以经穿纬，条理分明。这样安排层次，能使文章纵横捭阖，波澜起伏，曲折跌宕，引人入胜。

（4）以材料的性质分类来安排层次。这种方法是把表现主题的众多材料按照它们性质的异同加以分类，性质相同的材料归并在一起，组织到一个层次里，表现主题的一个方面。这样可以通过不同的层次，多角度、多侧面地揭示文章的主题。因此，这种方法也叫逻辑顺序法。其优点是不受时间与空间的限制，选择典型的事例以突出文章的主题。如，《人民日报》2006年2月20日的《王选同志生平》，就是采用这种方式安排结构的。文章通过王选同志的生平、举世公认的汉字激光照排技术的创始人、科学工作者的杰出代表、人民教师的优秀典范、中国共产党的亲密朋友、杰出的社会活动家等几个板块的材料，把王选同志"献身科学、追求真理"的一生，同他"勇于创新、甘于奉献、生活朴素、平易近人"的事迹紧密相连，进行记述，结构层次清楚明白，有力地突出了文章的主题。

（5）以作者的思想感情和认识发展的顺序来安排层次。社会生活纷纭复杂，矛盾斗争盘根错节，人们对社会生活中的矛盾和事物的认识，往往有一个由浅入深、渐次成熟的过程。因此，按照作者思想感情的变化和对事物认识的不断深化展开叙述，谋篇布局，也是记叙文安排层次的一种常用方法。如，鲁迅的《范爱农》就是根据作者对范爱农由憎恨到怀念的感情变化来安排层次的。读来跌宕有致，感人至深。再如，贾平凹的散文《丑石》，则是以作者对事物认识的不断深化为线索，写得波澜起伏，引人入胜。

此外，也可以按意识流的手法安排文章的层次。

以上介绍了记叙性文章安排层次常用的几种方法，这只是为了便于读者认识和理解，实际上，文章的层次安排比这要复杂得多。因为，要想准确合理地反映社会生活，并不是一种单纯的层次结构模式所能胜任的，有经验的作者往往把几种方式综合起来使用，以便找到事物最佳的表现形式。

第二，议论性文章安排层次的方法

议论性文章重在析事论理，或提出主张，或发表意见，关键是以充足的理由令读者信服作者的观点。因此，根据表述观点的需要，议论性文章整体的层次结构大致分为三部分：第一部分是绪论，以简练的文字提出作者的论点，或摆现象，树靶子，提出自己的论题；第二部分是本论，以典型的事实论据或理论论据，经过严密的逻辑推理使论点得到充分的证明；第三部分是结论，使本论部分的论述上升到理性的高度，归纳总结出

---

[1] 余光中，周梦蝶等：《中国现代文学大系·散文》（第1集），台湾巨人出版社，1972年版。

一个正确的结论。这是一般议论性文章在层次结构上常见的完整模式。还有两种变异的情况是，只有绪论和本论，或者是只有本论和结论。根据这一结构模式可以看出，议论性文章的层次可分为总分总、总分、分总三种形式。绪论部分就是"总"，本论部分就是"分"，结论部分又是"总"，构成"总—分—总"的层次结构形态。如果论题较为简单，论述的内容比较浅显，可以先提出一个基本观点，经过本论部分的推理论证，结论不言而喻，没有必要再归纳总结，那么，就可以省略结论这个结构层次，这就构成了"总—分"的层次结构形态。也可采用"篇末点题"的方法安排层次，开始不提出观点，省略绪论部分，开篇直接是本论，并在本论部分条分缕析，把问题论述得十分清楚，最后在结尾部分归纳总结出一个科学的观点，这就是"分—总"的层次结构形态。

但议论性文章的重心在本论部分，它需要大量的分析综合和复杂的逻辑推理，为了使论点得到充分的证明，必须再安排一些小的层次。

本论部分安排小层次，一般有以下三种方式：

（1）并列式。本论中的若干层次之间的横向并列关系，每个层次都有分论点，这个分论点又是证明中心论点的一个论据，体现着中心论点的一个方面，是为证明中心论点服务的。各层次之间没有主次、先后之分。因此，层次的排列顺序是一种并列关系。如，毛泽东的《中国社会各阶级的分析》，其本论部分对我国当时社会中的各个阶级进行的分析，就是一种并列关系。

（2）递进式。本论部分的若干层次之间是纵向递进关系，每个层次的分论点虽然也是证明中心论点的一个论据，为证明中心论点服务，但它们之间在逻辑推理上是一种层层递进、步步深入的关系。层次之间有主有次、有先有后，这就必须按照严格的逻辑关系排列顺序，不能随意颠倒，否则，就会纠缠紊乱，无法推理判断。如，孟子的《寡人之于国》从"不违农时，谷不可胜食"，推出结论"王道之始"；再由"五亩之宅、百亩之田"推出"王道之成"；直至"王无罪岁，斯天下之民至焉"。这里以前一个结论为前提，推出新的结论，再以新的结论为前提，推出更新的结论，层层递进，连锁推理，不仅加强了前后文之间的承接关系，而且使文章新意迭出。

（3）纵横结合式。这是并列式和递进式的结合型，其结合的具体方式又分为两大类别：其一，大多数分论点之间以递进（或并列）关系为主，少数分论点之间是并列（或递进）关系；其二，当论述的问题较为复杂时，分论点之下需要再设置小分论点，这样，当分论点之间呈现递进（或并列）关系时，小分论点之间就会呈现并列（或递进）关系。

第三，说明性文章安排层次的方法

说明性文章着重介绍事物或说明事理，目的是使读者对解说的事物或事理清楚明白，所以，文章的结构层次必须清晰而合理。说明性文章一般采用以下几种方式安排层次：

（1）按照事物的不同特征、功能、属性安排层次。不同的事物有着不同的特征、功能和属性，这是构成事物本质特点的重要因素，如果能把事物本身固有的条理解说清楚，读者就可以透彻地认识事物。如，《松——人类的益友》就是根据松树的属性、特点和功能来安排层次的。松树的属性是"常绿乔木"；松树的特点是"长寿树种之一"；其功能是"木材坚韧而富弹性，刚柔相宜而不变形"，"松木富含松脂，极耐水浸和雨淋而不朽。

松脂亦为绝妙的防腐剂和驱虫剂"。[1]这样介绍松树，不仅使文章的层次清晰而合理，而且内容上有科学依据，表述上措辞准确。

（2）按照空间位置的排列顺序安排层次。有些事物是由许多层次、侧面或分体组成的，这些层次、侧面或分体处在不同的空间位置上，解说这些事物，就必须先选定一个观察点，按照顺序，条理分明地展现出不同空间位置的不同风貌。如，周定舫的《人民英雄永垂不朽》就是先从人民英雄纪念碑的正面作总体介绍，然后又从东面到南面，从南面到西面，再从西面到北面，依次对人民英雄纪念碑的不同侧面的不同内容，作了较为详尽的介绍，使人们对其有了一个较为清晰的总体认识。

（3）按照事物发生的先后次序安排层次。许多事物的产生和发展变化，都表现出一个严格的自然时序，它们前后衔接严密，条理连贯。比如，人物的出生经历，历史的演进过程，产品生产的工艺流程，万事万物的盛衰兴灭，等等，都有一个自然的先后时序，反映这类事物的说明文的结构层次，都必须依照本来的自然顺序来安排。如叶圣陶的《景泰蓝的制作》一文就是如此。

其实，在安排文章层次的实际过程中，情况往往相当复杂，它很少单纯采用某一种方式去结构文章，常常是两种或多种方式的结合、穿插使用。而且，记叙性和议论性两大类文章的层次结构方式也会交错、融合使用，所以，结构文章时要注意巧妙的变化和运用，不要生搬硬套。

2. 段落

段落是层次的外部标志，是构成文章内容的基本单位。它是文章内容在表达时因转折、强调、间歇等情况所造成的文字上的停顿，也叫"自然段"，形式上具有换行另起的标志。

划分段落的要求：

（1）段落要单一、完整。所谓单一，是指一个段落只能有一个中心意思，不能包含几个中心意思，以免一段之内的意思杂乱、纠缠不清。

所谓完整，是要求在一段之内，必须围绕一个中心，把意思说透。不能在这一段说一点，在那一段又说一点，把本来很完整的意思弄得支离破碎，使文章显得凌乱不整。

（2）段落要连贯。段落的意思要服从于层次，而不能游离于层次大意之外。在一个大层次中的各个自然段，彼此要紧密联系，文意贯通；上段要为下段打基础，下段意思应该是上段意思的继续和发展。

（3）段落要匀称适度。段落的安排要符合内容和表达的需要，该长则长，该短则短，但一般不宜过长。各个段落的内容，分量的轻重，字数的多少，都要做适当的安排，不可畸轻畸重，忽多忽少，长短失当。

（4）段落要反映层次。安排段落是为了更好地展开文章的层次，因此，要精心地安排每一个自然段，把作者的思路有步骤地表现出来，从而帮助读者更好地领会各层意思，掌握全文的思想内容。

---

[1] 王光祖：《写作》，华东师范大学出版社，1999年版。

（5）段落的连接要自然和谐。段落与段落之间的连接要自然、和谐，尤其是在内容发生了变化、空间发生了转换、地点发生了转移时，在段落与段落的衔接处，"针线"要紧密，不可有破绽，更不可有脱节的现象。

（二）开头与结尾

1. 开头

开头，指的是文章选择角度，写下的第一笔。古人把文章开头称为"起笔"，并要求文章的开头要像"凤头"一样精美。明代谢榛在《四溟诗话》中指出："起句当如爆竹，骤响易彻。"高尔基认为："最困难的是开始，就是第一句话，如同在音乐上一样，全曲的音调都是它给予的，平常得好久地去寻找它。"由此可见，开头的作用是导入正题，有"一锤定调"的功效。好的文章开头，有"首句标其目"的作用，使读者对该文的主题、格调等趋向一目了然，并能引发读者阅读的兴趣，使读者急欲读下去。

开头的要求：

（1）从文章的全局出发，与下文衔接自然，格调一致。要服从主题的需要，紧扣题意，尽快入题。

（2）新颖生动，富有吸引力，启发读者思考。避免陈词滥调，也不要故弄玄虚。

（3）言简意赅，凝练明快。不要做文字游戏、卖关子。

（4）符合文体要求。

当然，不同文体对文章开头要求不太一样。叙述性的文章可以盘桓，而对于实用性的文体则需要直截了当，开门见山。像行政公文、司法文书等开头，一般均有定规，开头简明扼要，通俗易懂，注重实用，不允许作文学艺术的夸张、渲染和烘托。

俗话说，"良好的开端是成功的一半"。开头的写法要灵活多样，富于变化。

常见的开头方法有以下几种：

（1）开门见山。就是落笔入题，或说明缘由，提出论点；或言归正传，展开故事；或单刀直入，涉及对象。例如，韩愈的《马说》，一开篇就写道："世有伯乐，然后有千里马。千里马常有，而伯乐不常有。"[1] 这是一种直接谈"因"、直接寻"根"的方法，让读者首先认识到"识马"的重要，"识马"人的重要。如朱自清的《背影》起句："我与父亲不相见已二年余了，我最不能忘记的是他的背影。"[2] 秦牧的《花城》起句："一年一度的广州年宵花市，素来脍炙人口。"[3] 这些名篇都开门见山地点出了将要论述的主题或写作对象。

（2）提出问题。在一些议论或说明性的文章中，一开头不是直截了当地点明题意，而是提出一个问题，启发人们思考，然后在下文一步一步地分析或说明问题，最后完成解答或解决问题的任务。比如说，现在一些讨论素质教育的文章，一开头不是直接谈素

---

[1] 吕晴飞：《唐宋八大家散文鉴赏辞典》，中国妇女出版社，1991年版，第28页。

[2] 朱自清：《朱自清作品集》，华岳文艺出版社，2003年版，第12页。

[3] 王彬，范希文：《中国散文鉴赏文库·当代卷》，百花文艺出版社，1993年版，第452页。

质教育的重要或应试教育的弊病，而是提出这样的问题："什么是应试教育？什么是素质教育？应试教育有没有缺陷？为什么要提倡素质教育？"这一系列的设问，使人们开始思考教育的现状和出路。可见，设问有一种诱导、诱思的作用。

（3）烘托气氛。这种方式主要表现在记叙性文章之中。在开头或交代有关背景，或描写有关人物，或渲染有关场面，以求造成一种特定的情绪和氛围，导引读者进入作品所反映的情景世界之中。鲁迅小说《药》的开头："秋天的后半夜，月亮下去了，太阳还没出，只剩下一片乌蓝的天；除了夜游的东西，什么都睡着。"[1] 作者用写景来烘托气氛，并与华老栓一家悲惨的命运相对应。陆泰的《香雪海探梅》的开头，则是另一番景象："姑苏城南的邓尉山，梅花盛开，独具风韵，正好填补了苏州冬景之不足，'桃未芳菲杏未红，冲寒先喜笑东风'。在残冬将尽的时候，我们兴致勃勃地作了一次探梅之游。"这里写的虽然是残冬时节的景象，但给人的感觉是轻松而美好的。

（4）概括全文。就是在开头将全文的要点部分概括地介绍出来，让读者有一个总体的印象，在正文中再具体地讲述这些要点。例如，有篇题为《"开卷有益"引起的思考》的杂文的开头这样写道："'开卷有益'的说法，不能说没有道理，但'开卷'未必都'有益'。原因在于：一是要看抱着什么目的去开卷，二是要看开的是什么卷，三是要看开了卷之后怎么应用。"这个开头，分条将讨论的问题列了出来，概括性很强。

（5）引用、印证。即在开头引用某一简短的材料，然后再过渡到中心内容上。通常引用、印证的材料有诗、词、曲、谣、名言、定理、寓言、神话、历史故事、作品情节等。例如，一篇题为《谈人情世故》的文章这样开头："'世事洞明皆学问，人情练达即文章'，这是《红楼梦》中的两句诗。人情世故是一篇'大'文章，一篇'活'文章，必须要到社会生活中去'写作'。"显然，这里引用名著中的诗句来引起话题，显得自然而熨帖。

2. 结尾

结尾，是指文章内容表达的终结，一般是文章的最后一个自然段。开头是"定调"，结尾则是"收口"。俗话说，"编筐编篓，全在收口"，可见结尾与开头同等重要。文学性的作品结尾讲究含不尽之意于言外，"余音袅袅""余味无穷"等效果；实用性文书讲究平实、言简意赅。好的结尾能"以媚语摄魂，使之执卷留连，若难遽别"，如清音之有余，绵绵不绝于读者之耳，还能起到总结全文，深化主题，发人深思的效果。因此，历来的文章家，同样在"收口"处颇费周折，力图给读者留下余味。契诃夫在《给阿·谢沃波的信》中说："我有一个有趣的题材，不过还没有把结局想出来，谁发明了新的结局，谁就开辟了新纪元。"可见，收尾收得好，就能造成加深印象、发人深思的效果，而收尾收不好，就成了画蛇添足或狗尾续貂，给人味同嚼蜡的感觉。

常见的结尾方式有以下几种：

（1）总结全文，深化主题。这种结尾方法，对全文的主题思想是"点睛之笔"。例如，毛泽东《中国社会各阶级的分析》的结尾："综上所述，可知一切勾结帝国主义的军阀、官僚、买办阶级、大地主阶级以及附属于他们的一部分反动知识界，是我们的敌人。工

---

[1] 王景山：《鲁迅名作鉴赏辞典》，中国和平出版社，1991年版，第24页。

第四章 结　构

业无产阶级是我们革命的领导力量。一切半无产阶级、小资产阶级，是我们最接近的朋友。那些动摇不定的中产阶级，其右翼可能是我们的敌人，其左翼可能是我们的朋友——但我们要时常提防他们，不要让他们扰乱了我们的阵线。"[1] 文章用马克思列宁主义观点，具体分析了中国社会各阶级的经济地位及其对革命的态度后总括全文，结论斩钉截铁，鲜明突出。

（2）首尾呼应，篇尾点题。这样的结尾与开头遥相呼应，同时篇末点题，起到一种首尾环扣、深化主题的作用。如朱自清的《绿》开头说："我第二次到仙岩的时候，我惊诧于梅雨潭的绿了。"收笔处说："我第二次到仙岩的时候，我不禁惊诧于梅雨潭的绿了。"[2] 结尾回应首句，又突出了"情不自禁"的意思。茅盾的《白杨礼赞》结尾："让那些看不起民众，贱视民众，顽固的倒退的人们去赞美那贵族化的楠木（那也是直挺秀颀的），去鄙视这极常见，极易生长的白杨罢，但是我要高声赞美白杨树！"[3] 冰心的《樱花赞》的结尾："深夜回忆，暖意盈怀，欣然提笔作《樱花赞》。"[4] 这样的结尾与文章的标题、开头都有照应，篇末点了题。

（3）展望未来，鼓舞斗志。鲁迅的《灯下漫笔》结尾："这人肉的筵宴（宴席）现在还排着，有许多人还想一直摆下去。扫荡这些食人者，掀掉这筵席，毁坏这厨房，则是现在的青年的使命！"[5] 这样的结尾是号召，鼓舞青年向封建势力斗争。

又如，夏衍的《包身工》结尾："黑夜，静寂得像死一般的黑夜，但是，黎明的到来，还是终于无法抗拒的。索洛警告美国人当心枕木下的尸首，我也想警告某一些人，当心呻吟着的那些锭子上的冤魂！"[6] 文章在用典型生活事例愤怒揭露包身工制度的罪恶后，用文学手法义正词严地指出这种罪恶制度必将消亡，从而激发受压迫者起来反抗，谋求解放。形象鲜明，感染力很强。

（4）抒发情怀，卒章显志。例如，魏巍《谁是最可爱的人》在描述了志愿军战士三个动人事例后，深情地在结尾写道："朋友！你是否意识到你是在幸福之中呢？你也许很惊讶地说：'这是很平常的呀！'可是，从朝鲜归来的人，会知道你正生活在幸福中。请你意识到这是一种幸福吧，因为只有你意识到这一点，你才能更深刻了解我们的战士在朝鲜奋不顾身的原因。朋友！你是这么爱我们的祖国，爱我们的伟大领袖，你一定会深深地爱我们的战士，——他们确实是我们最可爱的人！"[7] 作者希望生活在和平环境中的祖国人民珍惜这来之不易的幸福，热爱具有国际主义精神英勇抗击美帝侵略者、保卫

---

[1] 毛泽东：《毛泽东选集》，人民出版社，1970年版，第9页。

[2] 王彬：《现代散文鉴赏辞典》，农村读物出版社，1998年版，第156页。

[3] 王彬：《现代散文鉴赏辞典》，农村读物出版社，1998年版，第818页。

[4] 王彬，范希文：《中国散文鉴赏文库·当代卷》，百花文艺出版社，1993年版，第69页。

[5] 王景山：《鲁迅名作鉴赏辞典》，中国和平出版社，1991年版，第505页。

[6] 《十月》，1978年第2期。

[7] 曾绍义：《中国散文百家谈》，四川人民出版社，1993年版，第260页。

世界和平的志愿军战士,情透纸背,意味深长,具有很强的感召力。

又如苏轼的《石钟山记》,记叙游历石钟山,探求"独以钟名"的经过,在最后来了一个反问句:"事不目见耳闻而臆断其有无,可乎?"[1]这就是篇末揭旨,卒章显志。

（5）情长意蜜,发人深思。这种结尾是在收尾处洒下浓情蜜意,给读者留下回味的韵味,并诱导读者去思考现实,思考未来。如归有光的《项脊轩志》的结尾:"庭有枇杷树,吾妻死之年所手植也,今已亭亭如盖矣。"[2]文字从容而平淡,但深情厚意尽在其中。杜牧的《阿房宫赋》的收尾:"秦人不暇自哀,而后人哀之；后人哀之而不鉴之,亦使后人复哀后人也。"[3]以古讽今,目的在于引起人们的深思。

（三）过渡与照应

1. 过渡

过渡,是指文章的层次与层次、段落与段落之间表示连接、承转的方式。它把前后层次或段落的不同内容环环紧扣地联系起来,使文章脉络清楚、连贯流畅,使读者的阅读思路得以顺利地由前者转入后者,而不感到中间有什么阻碍。

过渡的方法:

（1）过渡段。在层次或段落之间,安排一个承上启下作用的段落,表示过渡。如鲁迅的《一件小事》的第二自然段:"但有一件小事,却于我有意义,将我从坏脾气里拖开,使我至今忘记不得。"[4]这段不仅承接第一段,与"所谓国家大事"形成对比,而且为下面叙述这件小事作引子。

（2）过渡句。在层次与段落之间,安排一个承上启下作用的句子,表示过渡,这个句子叫过渡句。过渡句一般放在后段的开头,也有放在前段结尾的。

（3）过渡词语。通常用"因此""总之""可是""然而""综上所述""总而言之"等词语作为过渡语。表示过渡的词语一般放在段落的前头。

文章需要过渡的地方:

（1）文章内容由一层意思转换为另一层意思时需要过渡。如鲁迅的《从百草园到三味书屋》,作者写到"我"从百草园这个自由自在的"乐园"转到以"严厉"著称的三味书屋去读书时写了这样一段话:"我不知道为什么家里的人要将我送进书塾里去了,而且还是全城中称为最严厉的书塾。也许是因为拔何首乌毁了泥墙罢,也许是因为将砖头抛到间壁的梁家去了吧……都无从知道。总而言之:我将不能常到百草园了。Ade,我的蟋蟀们！Ade,我的覆盆子们和木莲们！"[5]这样的过渡使文章有机地联系起来了。

（2）论述问题由总到分,又由分到总时要过渡。如毛泽东《反对自由主义》一文,

---

[1] 吕晴飞:《唐宗八大家散文鉴赏辞典》,中国妇女出版社,1991年版,第1308页。

[2] 王彬:《古代散文鉴赏辞典》,农村读物出版社,1987年版,第882页。

[3] 王彬:《古代散文鉴赏辞典》,农村读物出版社,1987年版,第529页。

[4] 王景山:《鲁迅名作鉴赏辞典》,中国和平出版社,1991年版,第42页。

[5] 王景山:《鲁迅名作鉴赏辞典》,中国和平出版社,1991年版,第401页。

第一层是总论,第二层由总论转到分述自由主义的十一种表现,这中间用"自由主义有各种表现"作过渡。当分述完十一种自由主义表现之后转入总述时,又用一句话衔接:"所有这些,都是自由主义的表现。"[1] 再如《中国社会各阶段的分析》一文,提出了论题之后进行分析之前,即由总述转入分述之际,用了一个过渡句:"中国社会各阶级的情况是怎样的呢?"[2] 便自然地由总述转入分述。分述完了以后,进入综述之前,又用了"综上所述"这句话来过渡,便从分述很自然地转入综述,使文章的层次之间过渡自然。

2. 照应

照应,就是文章前后内容的关照呼应。前面写到的内容,后面要有照应;后面写到的内容,前面要有伏笔。瞻前顾后,首尾圆合,文章脉络连贯,结构缜密。正如刘勰所说:"启行之辞,逆萌中篇之意;绝笔之言,追媵前句之旨。"[3] 如果前无伏笔暗示,后面的应笔就没有根基,造成突兀之感;如果后无匹配的应笔相承,前面的伏笔就没有着落,造成未结之感。写文章就应像种地隔年下种、下棋早布埋伏一样,做到照应周密,一笔不漏。

照应的主要方式:

(1) 首尾照应。具体表现为章法上的首尾周密,语言上的首尾相援。如朱自清的《背影》开头写道:"我与父亲不相见已二年余了,我最不能忘记的是他的背影。"[4] 篇末重提"背影":"我北来后,他写了一信给我,信中说道:'身体平安,唯膀子疼痛厉害,举箸提笔,诸多不便,大约大去之期不远矣。'我读到此处,在晶莹的泪光中,又看见那肥胖的,青布棉袍,黑布马褂的背影。唉!我不知何时再能与他相见!"[5] 首尾相扣,寄托了作者对衰老的父亲的强烈思念之情,使人读来余意不尽。杨朔的《香山红叶》一文,开头写游香山去看红叶,恰好找到一位老向导。结果,没有看到红叶,结尾写道:"我却摘到一片更可贵的红叶,藏到我心里去。这不是一般的红叶,这是一片曾在人生中经过风吹雨打的红叶,越到老秋,越红得可爱。不用说,我指的是那位老向导。"[6] 把红叶和老向导联系起来,首尾遥相呼应,结构完整统一。

(2) 文中照应。对文章的结构变化来说,行文之中的前伏后应起着重要的组织作用。因为结构篇章先伏后应,来龙去脉才能清楚,给读者一个完整、深刻的印象。章法之妙,妙在一波三折;章法之平,平在平铺直叙。结构布局时巧设伏笔照应,能使篇章结构曲折多变,文脉灵动;内容丰富、线索复杂的文章,使用伏笔照应,可以使全文眉目清楚,布局巧妙,重点突出,深化主题。总之,成功的伏笔照应,可以显现情节结构的连续性、曲折性,有助于内容的表达。如茹志鹃的《百合花》就成功地运用了树枝和野菊花、两

---

[1] 毛泽东:《毛泽东选集》,人民出版社,1970年版,第331页。
[2] 毛泽东:《毛泽东选集》,人民出版社,1970年版,第3页。
[3] 〔南朝梁〕刘勰著,周振甫译:《文心雕龙选译》,中华书局,1980年版,第196页。
[4] 朱自清:《朱自清作品集》,北岳文艺出版社,2003年版,第12页。
[5] 朱自清:《朱自清作品集》,北岳文艺出版社,2003年版,第14页。
[6] 人民文学出版社编辑部:《杨朔散文选》,人民文学出版社,1986年版,第150页。

个馒头、通讯员肩上的破洞等细节描写进行了前后照应。

（3）文题照应。正文和标题相照应的目的在于点明主题，突出中心。常见的情况有两种：一是标题的含义明了，行文的反复点题，可使结构紧密，中心突出；二是标题的意义含蓄，在适当的地方点题，可形成正文与标题的照应，有助于读者理解作品的艺术内蕴。如茹志鹃的《百合花》的结尾是这样写的："'是我的——'她气势汹汹地（应为"地"，编者注）嚷了半句，就扭过脸去。在月光下，我看见她眼里晶莹发亮，我也看见那条枣红底色上洒满白色百合花的被子，这象征纯洁与感情的花，盖上了这位平常的，拖毛竹的青年人的脸。"[1] 文章最后点题，揭示了百合花的象征意义。陶铸的《松树的风格》，冰心的《樱花赞》，在行文中多次与标题照应，行文处处语不离题，对突出主题起了很好的作用。

【文选】

失序与缺钙

杨闻宇

某出版社近期出版了12卷精装的《新中国散文典藏》，包罗宏富，用力良多，序言认为："这是散文界与中国学界的一件大事，必将成为一个重要的界碑与标志。"全书收入251位作家的作品，本人也忝列其间。翻检全书，我却是有点异议，起因是排在首卷首位的是周作人。选个变节为汉奸的人在新中国散文的系列里领头，实在不是个滋味。

周作人小其兄鲁迅4岁。抗战期间，出任"华北政务委员会常务委员兼教育总署督办"等伪职，1945年以叛国罪被判刑入狱。主编者却认为"人归人，文归文"，周作人的"散文创作是如此的辉煌与壮丽"。可此书里收入的两篇作品，我是怎么也找不出什么"辉煌与壮丽"。本人弱智，无奈。

多数论者，一再推崇的是周作人的理论主张。

散文的个性化是周作人一以贯之的创作理念，他将"言志"与"载道"对立起来，尤其注重于抒发个人感情，于是便提倡"美文"，认为美文的特征是"真实简明"，从字面形式去看，这样的美文也合乎情理；问题是倡导美文而否定"载道"之际，周作人奉劝人们对岳飞、文天祥"不必去学"，认为这样的人是"徒有气节而无事功，有时亦足以误国殃民"（《关于英雄崇拜》）；继而进一步提出："秦桧的案，应该翻一下"（《再谈油炸鬼》）。有如此理论开道，几年之后，日寇入侵，周作人就水到渠成地叛国附逆，当了汉奸。

文人之无行，周作人算是走到了极致。其举动遭到文化界的强烈谴责。1938年5月，武汉文化界抗敌协会通电全国之外，其会刊《抗战文艺》刊出了《致周作人的一封公开信》，谴责他"昧却天良"，"背叛民族，屈膝事仇"，"贻文化界以叛国媚敌之羞"。

---

[1] 十六所高等院校编写组编：《中国当代文学作品选讲》，广西人民出版社，1980年版，第491页。

鲁迅先生是文学界的旗帜。巴金在《怀念鲁迅先生》一文里写道："人品和文品是分不开的。""血荐轩辕"的鲁迅享年55岁，而卖身求荣的周作人活了82岁，难道是因为周作人活得长久，就能在文学界取代鲁迅的位置吗？

周作人又名周启明，在他叛国附逆之前，鲁迅对其评价就是"周启明颇昏"。现在进入21世纪，认为鲁迅与这个"颇昏"的弟弟是双峰并峙者，倘非昏上加昏，真让人怀疑是别有用意。孙犁认为"参天者多独木，称岳者无双峰"，他在1974年秋天的《书衣文录》里怀念鲁迅先生时写道："而因缘日妇、投靠敌人之无聊作家，竟得高龄，自署遐寿。毋乃恬不知耻，敢欺天道之不公平！"沾沾自喜而自署"遐寿"者，正是这个周作人。

历史与实践反复证明，针对以抒发性灵为重的散文而言，言为心声，"文如其人"应当是一条不可移易的原则。明代严嵩有过"晚节冰霜恒自保"的诗句，奸佞阮大铖的《咏怀堂集》也不无"小慧"，将其诗文与其人品两相比照，倘非伪诈奸巧，自欺欺人，最起码也能进一步看出他们人性深处复杂微妙的变异历程。

周作人骨头软，鲁迅的骨头最硬。理论界一致认为，我们的散文创作近些年阴盛阳衰，严重缺钙。缺钙也者，也即"抽掉了文学的骨气和血性"。探究缺钙原因，却似乎难得要领。这部《典藏》将被钉在耻辱柱上的周作人列为领衔人物，或许能透露出几丝消息。

新中国成立68年了！出版《新中国散文典藏》，寓意大好，编者也下了很大的功夫。我却是怎么也想不通：这部《典藏》因为时间限于新中国成立之后，就算是没有鲁迅先生的份儿，可为什么偏要拣一顶污秽难闻的"毡帽"冠于《典藏》的头上呢？

呜呼！天如假年，鲁迅先生若能够活到新中国建立之日，在这部《典藏》里就能取代周作人的"领衔"位置吗？

——选自中国作协创研部选编：《2016年中国散文精选》，长江文艺出版社，2017年版

第五章 表达方式

表达方式是作者反映客观事物、表现思想感情的方法和手段。它是文章构成的重要因素之一。我们要想正确地反映客观事物的本来面貌，准确恰切地表情达意，就必须熟练地掌握和运用表达方式。最常见的表达方式有五种：叙述、描写、抒情、议论和说明。它们常常相互渗透，很难截然分开。从某种意义上说，不同的表达方式决定了文章的不同体裁。

一、叙 述

叙述是对人物的活动经历、事件的发展变化过程及场景、空间的转换作一般性的述说和交代的一种表达方式。它在写作中使用频率较高，不仅是记叙文的主要表达方式，议论文、说明文、应用文也都要用到它。

（一）叙述的方法

叙述有四种基本方法：顺叙、倒叙、插叙和补叙。

顺叙，就是按照人物经历或事件发展、空间移动的客观顺序进行叙述。它是一种最基本、最常见的叙述方法。运用这种方法叙述前后有序，自然清晰，便于读者把握事物发展变化的来龙去脉。但应注意详略要得当，避免平铺直叙，拖沓呆板。

倒叙，就是把事情的结局或事件发展过程中某个最突出的片段提到前边来写，然后再从事件的开头进行叙述，俗称"倒插笔"。但它并不是由"尾"而"头"的整个逆叙，而只是作局部变动。

运用倒叙，能够突出强调主要内容，还能产生悬念，引人入胜。但切不可故弄玄虚，滥用倒叙。倒叙与顺叙的转换处也要注意过渡，衔接自然。

插叙，就是在叙述的过程中，由于表达的需要，暂时中断主线而插入另外一些内容的叙述，插入的内容叙述完了，再继续按原线索叙述。如，夏衍的《包身工》主要是叙述包身工一天的悲惨生活，但中间又插进了包身工制度的由来，资本家对包身工的剥削情况，然后又继续回到包身工一天的悲惨生活的叙述上去。

运用插叙，可以使内容更充实、事件更完整、人物更丰满，也可以使文势有起伏，行文有变化。因此，古人称插叙有"添丝补锦，移针匀绣"之妙。但插叙一定要适度、巧妙、自然，以免喧宾夺主，头绪紊乱。

补叙，就是在某个故事或其主要情节叙述完之后，对事件发展过程中某个重要片段的补充叙述。其特点是某个情节、片段的位置后移。补叙可在篇末，也可在篇中，但绝对不会在开头。插叙和补叙的区别：从内容上看，插叙可以叙述与故事有关的另一件事，而补叙则只能叙述位置后移了的故事本身的某一个片段；从形式上看，插叙以后还必须接着顺序下去，而补叙之后这一故事甚至全文即告结束。

补叙的作用，主要是通过"藏"与"亮"造成叙述的曲折起伏，强化审美效果。作者将补叙的内容从它原有的顺序位置上抽出时，可能有两种情况：一是特意引起读者的审美注意，造成悬念，后面的补叙则起到释念作用，可以满足读者的审美期待；二是故意避开读者的审美注意，引起读者误解，补叙后可以使读者恍然大悟，从而产生出人意料的效果。

（二）叙述的人称

叙述的人称，实质上就是作者叙述的观察点、立足点在文章中的表现。也指作者叙述的身份和位置。叙述人称和人称不同，人称指人物的一般代称，如你、我、他，它们不能一一对应。一般来说，叙述的人称有两种，即第一人称叙述和第三人称叙述。

第一人称叙述，就是指作者（或叙述者）站在当事人的立场上，以"我""我们"的口吻叙述所见、所闻、所历、所感，把人物的经历及事件的过程告诉读者。

采用第一人称叙述，像是跟读者对面交谈，容易产生亲切真实、自然平易的感觉，也便于直接抒情议论，表达作者的思想感情。但是，这种叙述只能写"我"耳闻目睹之内的人和事，受时间、空间的局限，不便于广泛自由地反映客观生活。

第三人称叙述，是指作者（或叙述者）站在局外人（第三者）的立场上，用叙述他人事情的口吻（称文章中的人物为"他""他们"等），把人物的经历和事件的经过告诉读者。

第三人称叙述是全知视角的叙述，它假托一个无所不知、无所不晓的第三者来说话，因此，叙述起来不受时间、空间的局限，能够广泛自由地反映客观生活。但它缺乏第一人称叙述的亲切感、真实感。

一般来说，一篇文章中的叙述人称应前后一致，如果需要转换叙述人称，应在转换处交代清楚，以免头绪不清，脉络混乱。

至于有没有第二人称叙述的问题，目前学术界看法不一。我们认为，不存在第二人称叙述。因为叙述的人称，是以作者（或叙述者）的观察点、立足点来确定的，不是以当事人身份叙述，是以局外人身份叙述，没有第三种可能，所以，除第一人称叙述和第三人称叙述之外，也就不可能再有别的叙述人称。至于某些文章中运用大量的第二人称代词（"你""你们"），实际上是一种增强感染力、说服力的表现手法。只要我们认真分析一下作者（或叙述者）的观察点、立足点，就会发现这些文章用的仍然是第一人称叙述或第三人称叙述。

（三）叙述的要求

1. 清楚明白

要叙述清楚，必须抓住主要线索，处理好次要线索，把繁多的内容由主线和副线贯串起来,这样才能头绪清楚,层次井然。客观事物的发生、发展,总离不开时间、地点、人物、事件、原因、结果六个要素。要想叙述明白,就不能忽视这六个要素。当然,在不影响表达的前提下,有的要素也可省去。

2. 详略得当

叙述要主次分明,重点突出。关键处铺开陈述,浓重渲染,泼墨如水;次要处略加点染,一笔带过,惜墨如金,这样详略得当,才能避免舍本逐末、轻重倒置的毛病。

二、描 写

描写是对人物、事件和环境进行生动形象的描绘和刻画的一种表达方式。

描写是一种重要的表达方式,它可以描绘人物的外貌、言行及内心世界,刻画栩栩如生的人物形象;可以描绘时代风貌、场景气氛,再现人物活动的具体环境;可以描绘自然景物,再现自然风光,借以抒发感情。

(一)描写的种类和方法

1. 描写的种类

按照对象的不同,描写可分为人物描写和环境描写两类。

首先,谈谈人物描写。

人物描写包括肖像描写、语言描写、行动描写、心理描写等几个方面。

(1)肖像描写,就是对人物的容貌、服饰、神态、风度等外貌特征的描写。肖像描写的目的在于以形传神,形神兼备。描写肖像,不仅要惟妙惟肖地描写出人物的衣着打扮、容貌笑态等外部特点,以求得形似,而且更要表现出人物的思想性格、精神风貌、身份地位、经历遭遇等,从而达到神似的目的。外形是理解人物的一把钥匙,外表的写真一定要显现出内在的写心。成功的肖像描写大都能做到穷形尽相,传神写照。苏叶的《总是难忘》叙写了自己魂牵梦萦的初中生活,刻画了一群女学生和几位教师的艺术形象。其中对王悦雅的肖像是这样描写的:

> 我坐在方桌后面,我喜欢看她那朝气蓬勃的脸,好像老是有阳光在上面跳跃。她的头发剪成卓娅式。因为爱体育,脚上总穿一双白球鞋。夏天,也不怕人说她露大腿,爱穿一条天蓝色西装短裤,小腿圆滚滚的,皮肤像棕色缎子般发亮。她一笑一甩头发,走起路来,挺着健康的胸脯。最看不得我窝胸,每次排练,她就拣一根小棍在我后面蹲着,我一哈肩塌胸,她就在后头用小棍儿一戳。她一戳我就忘词,气得老师大叫王悦雅滚蛋!她就咯咯地笑着跳起来逃掉了。[1]

这段描写形神毕肖,内涵丰富,准确地写出了王悦雅爱美、好动、天真、好笑,又有几分顽皮的个性特点,从而刻画了一个活泼可爱的小姑娘形象。

肖像描写应注意抓住特征,画好眼睛,要为表现人物思想性格服务,切忌脸谱化、公式化、庸俗化。

---

[1] 袁鹰,谢大光:《中国当代百家散文》,花城出版社,1998年版。

（2）语言描写，是指对人物的对话、独白及其语气声态的描写。对话，就是两个人的对答，或几个人的相互交谈。独白就是一个人自言自语。语言是表达人物思想感情的工具，展示人物性格特征的镜子，袒露人物内心世界的窗户。因此，语言描写的主要作用就是刻画人物的性格。成功的语言描写还可以揭示人物身份和社会关系，反映作品主题和时代特点，预示和推动故事情节的发展。

语言描写应注意提炼出个性化的语言。个性化的语言就是指人物的语言与其身份、地位、教养、气质、习惯爱好、心理状态以及所处的特定环境相契合，让读者听其言即知其人，闻其声便明其性。例如，"我借给你一个早安"[1]，一听就知道是一个一毛不拔的吝啬鬼的语言。"窃书不能算偷……窃书！……读书人的事能算偷么？""不多不多！多乎哉？不多也。"[2] 这肯定是迂腐、穷酸的旧知识分子的语言。这样的语言虽然只是一两句话，但我们可以从说话的内容上、流露的感情中，准确无误地辨明人物的职业特点、性情爱好或性格的一个侧面。一语定性，不能互易，这就是个性化语言的魅力所在。

（3）行动描写，是指对人物在一定环境和社会关系中的行为、动作的描写。思想支配行动，而人物的行动则是人物性格、思想感情的外在表现和具体流露。因此，要想写活人物，就必须善于捕捉人物的具体行动和富有特征性的动作细节进行描写，从而展现人物性格。否则，人物就会平板干瘪，缺乏生气。试想，《红楼梦》中的晴雯如果没有"撕扇""反抄检"等行动，其刚烈的性格能表现出来吗？提起《高山下的花环》中耿直的雷军长，谁能忘记他"甩帽"骂娘的举动。因此，行动显示性格，人物借行动而永生。

行动描写应注意精心遴选最能有力地揭示人物性格特征的典型行动来加以描绘。

（4）心理描写，就是对人物在一定环境中所产生的思想活动和内心感受的描写。心理描写是人物描写的"内向化""深刻化"，是最直接地揭示人物丰富多彩的内心活动和复杂微妙的精神世界的一种方法，对表现人物的性格、品质及胸怀有重要的作用。描写人物的心理，常见的方法有以下几种：

心理剖析，就是作者对人物内心活动进行直接分析和评价。

内心独白，即通过人物的自言自语，道出人物自己的所思所想，从而揭示出人物的精神世界。

梦境，是人物思想意识的变形图像，它曲折地透露出人物对往事的深情眷恋，对现状的深沉思考，对未来的热切企盼。因此，作者可以通过对梦境的描写，真实地表现出人物的心理活动及感情变化。

幻觉，本是一种精神病态，但正常人在精神过分紧张或疲劳时，也会出现这种状态。幻觉的内容实际上就是幻觉者心理活动的曲折反映。因此，通过对幻觉的描写也能很好地揭示人物的思想活动。赵丽宏的《小鸟，你飞向何方》，开头写到"我"的一本《飞鸟集》被投入街头烧书的熊熊烈火之中时，有这样一段描写：

---

[1]〔法〕莫里哀：《悭吝人》，人民文学出版社，1958年版。

[2] 鲁迅：《孔乙己》，见《鲁迅全集》（第1卷），人民文学出版社，1981年版。

我仿佛看见老态龙钟的泰戈尔在火光里站着，烈火烧红了他的白发，烧红了他的银须，也烧红了他的朴素的白袍。他用他那严峻而又安详的目光注视着这一切，看着，看着，他的神色变了，似有几许惊恐，几许不安，也有几许愤怒，几许嘲讽……[1]

作者以幻觉的形式，表达了对"文革"焚书的复杂思想感情。

写真人真事运用心理描写时应注意：不要把作者的想象随意加给所写的人物，使人物变成作者主观意图的单纯的传声筒，否则，容易失真。

其次，谈谈环境描写。

环境描写主要包括自然环境描写、社会环境描写和场面描写。

（1）自然环境描写，是指对于山川平原、江河湖海、花鸟草虫、时令气候等自然景象的描写。自然环境描写的作用是多方面的：可以烘托人物性格，映衬人物心情，显示时代背景，预示情节发展，渲染环境气氛，展现地域风貌，等等。描写自然环境，要努力抓准特点，写出特色，使人有身临其境之感。

（2）社会环境描写，是指对特定历史时期的社会生活情景、人物生活的具体环境的描写。它既能够交代出特定的时代背景，又能够渲染气氛、烘托人物。描写社会环境，应努力表现出特定的社会风貌和时代精神。

（3）场面描写，是指对特定的时间和地点内展开的以人物活动为中心的生活画面的描写。场面描写要做到点面结合，动静相宜，这样才能反映出场面的广度和深度。方纪的《挥手之间》中机场送行的场面就是一个成功的范例。

2. 描写的方法

客观事物纷繁复杂，再现客观事物的描写方法也多种多样。从描写风格上划分，有细描和白描两种：

（1）细描，也叫工笔，它是用极细腻的笔法，对人物或事物的特征进行精雕细刻的一种方法。逼真性、繁丽性是细描的主要特征。所谓逼真性，是说再现客观物象的实际，给人以生活的真实感和立体感。所谓繁丽性，是说调动多种艺术手段和修辞手段，对描写对象进行浓墨重彩、绘声绘色的描写，让读者获得鲜明的印象和丰富的美感。如冯君莉《青海湖，梦幻般的湖》中的一段文字：

我的眼前，一片镶着露珠的绿茵茵的草滩，草滩上生长着一垄垄黄灿灿的油菜花，在这绿色和黄色的背后，又衔接着一派无边无际的蓝色的湖水。那草滩的绿，绿得娇嫩，那菜花的黄，黄得蓬勃，而那湖水的蓝，又是蓝得多么醉人啊！它蓝似海洋，可比海洋要蓝得纯正；它蓝似天空，可比天空要蓝得深沉。青海湖的蓝，蓝得纯净，蓝得深湛，也蓝得温柔恬静，那蓝锦缎似的湖面上，起伏着一层微微的涟漪，像是尚未凝固的玻璃浆液，又像是白色种族的小姑娘那水灵灵、

---

[1]《散文》，1980年第6期。

蓝晶晶的眸子。[1]

作者抓住景物特点，敷色设彩，尽情挥洒，仿佛绘制出了一幅色彩斑斓、绚丽夺目的油画。

（2）白描，也称白画，原指用墨线勾画事物形象的不着颜色的绘画技法。后借用到写作中，是指抓住对象的主要特征，以简练而又质朴的语言，寥寥几笔就勾勒出事物的形象，传达出内在精神的一种描写方法。简练、传神是白描的主要特征。所谓简练，就是以最少的文字，表现出丰富的内涵。鲁迅曾说，白描"有真意，去粉饰，少做作，勿卖弄"，因此，白描具有"村姑戴野花"的纯真美。所谓传神，是指白描要以形写神，表现对象的本质特点。正如有人概括的那样："勾勒形象重神似，寥寥几笔有白描"，它具有"豪华落尽见真淳"的自然美。如贾平凹在散文《风雨》中写道：

池塘里绒被一样厚厚的浮萍，凸起来了，再凸起来，猛地撩起一角，唰地揭开了一片；水一下子聚起来，长时间的凝固成一个锥形；啪地摔下来，砸出一个坑，浮萍冲上了四边塘岸，几条鱼儿在岸上的草窝里蹦跳。[2]

寥寥数语，似铁笔勾画，生动形象地描写出了狂风暴雨横扫一切，席卷天地的声势和淫威，使人立刻产生"君看萧萧只几笔，满堂风雨不胜寒"的感觉。

从描写角度上划分，有直接描写和间接描写。

（1）直接描写，也叫正面描写，就是从正面着笔直接刻画人物、描绘景物的方法。如鲁迅《故乡》中作者对杨二嫂肖像的描写就属于这种方法。

（2）间接描写，就是通过对相关的其他事物的描写，映衬、烘托出所要描写的主要对象的方法。它习惯上称为烘托法，也叫侧面描写。巧妙地运用间接描写，能够收到虚中见实，含蓄蕴藉，以少胜多，耐人寻味的艺术效果。如汉乐府《陌上桑》中对罗敷的描写："行者见罗敷，下担捋髭须。少年见罗敷，脱帽著帩头。耕者忘其犁，锄者忘其锄。来归相怨怒，但坐观罗敷。"[3] 就是从侧面着墨，写了各色人等对罗敷的艳羡和倾倒，让读者从他人的态度中去想象罗敷无与伦比的天生丽质，真可谓"不著一字，尽得风流"。

（二）描写的要求

1. 抓住特点

"年年岁岁花相似，岁岁年年人不同"。只有抓住景物的特点来写，才能描绘出迥然不同的地方特色、绰约迷人的风景特色；而抓住了人物的特点，才能写得个性鲜明，活灵活现。

2. 生动形象

描写是对人物、景物的具体刻画，要生动形象。写人则栩栩如生，跃然纸上，绘景则色彩斑斓，情景俱出，给人以如见其人、如闻其声、如触其物、如临其境的感受。

---

[1] 佘树森：《当代抒情散文选》，百花文艺出版社，1985年版。

[2] 贾平凹：《贾平凹散文自选集》，漓江出版社，1992年版。

[3] 白本松，华锋：《中国古代文学作品选简编》（上册），河南大学出版社，2000年版。

三、抒　情

抒情就是抒发感情。它是作者或作品中的人物把自己对生活、对事物的深切感受和强烈感情倾诉出来的一种表达方式。

"感人心者，莫先乎情"，感情充沛的文章，恰似汩汩的清泉，葳蕤的草木，使人神清气爽，赏心悦目。因此，抒情的作用不仅在于能使文章富于强烈浓郁的感情色彩，而且还能够感染读者，教育读者，从而在读者心里唤起一种持久默契的感情"共振"。

（一）抒情的方法

1. 直接抒情

直接抒情，就是直抒胸臆，即作者或作品中的人物不借助于其他事物来传情达意，而是直接表露自己感情的抒情方法。它的特点是，直截了当，痛快淋漓，感情炽烈。如丁玲《诗人应该歌颂您——献给病中的宋庆龄同志》一文中的一段文字：

> 然而您手无寸铁，无权、无钱，只是一个柔弱的女性。但您是一个伟大的、坚贞的、圣洁的女性，您的力量，可以摧毁魔窟；您的笔虽然纤细，可是力敌千军。您的声音虽是吴侬细语，可是却锋利如剑，响彻环宇。[1]

短语排句，顿挫有力，情感浓郁，气势奔放，字里行间浸润着作者对宋庆龄的盛赞之情。直接抒情不可情无所系，倏忽而来，而应该巧设铺垫，层层蓄势，这样，情动于中，势不可遏，方可喷涌而出，否则，容易空洞、过火。直接抒情不可滥用，应有节制，切忌虚张声势，无病呻吟。

2. 间接抒情

间接抒情是一种依附于事、依附于景、依附于理的抒情。也就是通过叙述、描写、议论等表达方式抒发作者的感情。它妙在含蓄蕴藉，耐人寻味。

依附于事的抒情，就是通过叙述事情来抒发感情。它的特点是，因事动情，融情于事，叙中含情。贾平凹的《静虚村记》就是这样抒发对幽静的乡村、对纯朴的村民的赞赏和眷恋之情的：

> 村人知我脾性，有了新鲜事，跑来对我叙说，说毕了，就退出让我写，写出了，嚷着要我念。我念得忘我，村人听得忘归；看着村人忘归，我一时忘乎所以，邀听者到月下树影，盘脚而坐，取清茶淡酒，饮而醉之。一醉半天不醒，村人已经睡入梦，风止月暝，露珠闪闪，一片蛐蛐鸣叫。[2]

作者在琐屑小事的记叙中濡染着自己对村人的挚爱、对艺术的沉迷和对村居生活的陶醉之情。

依附于景的抒情，就是借景抒情，即通过描写景物来抒发感情。它的特点是，情以景兴，寓情于景，情景交融。刘白羽的《翡翠城》是这样描写青岛海边的夜景的：

---

[1] 王彬，范希文：《中国散文鉴赏文库·当代卷》，百花文艺出版社，1994年版。

[2] 贾平凹：《贾平凹散文大系》（第1卷），漓江出版社，1993年版。

海边上从这一端到那一端的绿色的街灯，一盏盏灯汇成一条绿色的线，映在微微荡漾的海波之上，就如同连在一起的一串翡翠流苏发出绿的闪光。青岛在雨雾之中，就像一幅绿色的水彩画，湿漉漉，雾蒙蒙……我到青岛以来看到的碧绿的树，碧绿的山，碧绿的海和碧绿的夜，融作一片，这凝然一团浓郁的、水灵灵的绿色将永远渗透我的心灵，在我心灵中悠扬飘荡。[1]

作者突出"绿"这个主色，巧用比喻、排比等修辞手段，别具匠心地选用了一些叠词，浓墨重彩地描画出青岛绿意盎然、令人陶醉的夜景，而其中渗透着作者的独特感受和欣喜之情，正所谓"一切景语皆情语也"。

依附于理的抒情，就是寓情于理，即通过对人、事、物、景的议论、评说来表达感情。它的特点是，融情于理，理中含情，情理契合。周同宾的《天籁》通过作者对故乡的山水木石、蜂蝶虫鸟、游丝天籁的感悟，流露出他对乡土的沉迷挚爱之情。文章的结尾是这样的：

蓦地，我悟出了个道理：人生固然短暂，事业正是无穷，只要把自己的一切交付于人民的事业，又何必嗟叹生命的短暂呢？又何必计较个人的名利得失，别人的褒贬毁誉呢？我似乎一下子彻悟了。我盼望快点天亮，我有一肚子文章要写呢。[2]

作者铸情入理，情理合一，将真诚热烈的感情与朴素深刻的人生哲理有机地结合在一起，使读者既受到情之驱动，又能领悟到人生有限、事业永恒的真谛。

（二）抒情的要求

1. 抒情要健康

抒情要健康，就是要抒发人民之情、时代之情。凡是能令人追求光明和真理，激发人们积极向上，树立崇高理想，鼓舞人们奋发图强，去战胜一切困难的感情，都是健康的。而那种低级庸俗、颓废没落的情调则是我们应该摒弃的。

2. 抒情要真挚

一篇作品要想感人至深，作者就必须抒发真挚的感情。而真挚的感情来源于作者对生活的深切感受和体验，因此，只有情动于中，情出肺腑，才能感人心魄，荡气回肠。像汉乐府民歌《上邪》、孟郊的《游子吟》、朱自清的《背影》、余光中的《乡愁》等都是感情充沛、真切动人的诗文。贺拉斯在《诗艺》中说："你自己先要笑，才能引起别人脸上的笑，同样，你自己得哭，才能在别人脸上引起哭的反应。"否则，强颜欢笑，惺惺作态，为文造情，繁采寡味，只能令人嗤之以鼻和感到厌倦。

四、议　　论

议论，就是作者对客观事物进行评价，以表明自己的观点、态度和看法的一种表达方式。议论是议论文的主要表达方式，其他文体也常用到。完整的议论要具备论点、论据、

---

[1] 何增文，胡崇健：《写作技法探究》，重庆出版社，1988年版。

[2] 周同宾：《乡间小路》，黄河文艺出版社，1987年版。

论证三个要素。论点,就是作者对所论述的问题所持的观点、见解、看法或主张。它要求正确、鲜明、集中、深刻。论据,是用以证明论点的根据。它包括理论论据和事实论据,要求真实、典型、新颖。论证,是运用论据来证明论点的过程和方法。它要求合理、周密、灵活。

（一）论证的类别和方法

论证有两大类：一类是运用论据来正面证实自己观点的正确性,这叫立论或证明；另一类是用论据来驳斥错误的观点,从而树立起自己的正确观点,这叫驳论或反驳。

1. 立论的基本方法

（1）归纳法。归纳法,也叫归纳论证,它是通过若干个别事例的分析与研究,概括其共同的本质属性,得出一个具有普遍性结论的方法。简单地说,即从若干个别事例中推导出某种普遍认识的方法。

> 李贺作诗的"天才",司马迁写作的"天才",爱迪生发明的"天才",盖叫天表演的"天才",鲁迅文学创作的"天才",中国女排球艺的"天才",以及所有成功者的"天才",都证明了一条朴素的真理：没有勤奋这个伟大的母亲,成功这个骄子就绝不会诞生在世上。[1]

最后一句话即作者的论点,是在归纳了前面许多事实的基础上得出的具有普遍性的结论,因而具有很强的说服力。

（2）演绎法。演绎法,是以已知的一般原理、原则作为论据来证明一个个别性论点的方法。它通常使用的是逻辑学上的三段论式,即由大前提、小前提、结论三个部分组成。当然,由于语言环境所致,在使用的时候,可任意省去一项,并不影响说理。如,"我们是青年学生,应该把搞好学习作为首要任务"。这就是演绎法的省略形式,省去了大前提"每一个青年学生都应该把搞好学习作为首要任务"。

演绎法要求作为大前提的论据必须具备科学性,这样才能推出正确的结论。

（3）类比法。类比法,就是把本质上有相同或相似点的同类事物进行比较,通过已知的甲事物的某种属性,推导出乙事物也有这种属性的论证方法。它的特点是从个别到个别。如秦海在《"豪华"应当缓行》中就用类比法,将以为能吃上柿饼便是皇后娘娘的生活水平的村妇,同北京一家自命豪华的外观花花绿绿的旅馆相比较,从而得出了外表的堂而皇之并非真正豪华的结论。

运用类比法应注意找出同类事物之间的相似点,相似点越多,结论越可靠。

2. 驳论的基本方法

（1）反驳论点,就是设法证明对方的论点是错误的,并驳倒它。它有两种反驳方法：

一是直接反驳,就是引用大量确凿可信的事实或经实践检验过的道理来作为论据,证明对方的论点是错误的。其特点是直截了当,论证集中。

二是间接反驳,就是用"旁敲侧击""迂回曲折"的方式来进行反驳。其具体方法

---

[1] 张继云：《说勤》,见王宝大：《议论文写作技巧》,中国青年出版社,1990版。

又有归谬法和反证法两种。归谬法,又称引申法,是对对方的论点进行合乎逻辑的引申和推论,暴露出对方论点的荒谬与可笑,达到驳倒对方的目的。反证法,是通过证明与对方相对立的观点的正确,来证实对方论点错误的反驳方法。间接反驳曲折巧妙,往往能收到讽刺幽默、反驳有力的效果。

(2)反驳论据,就是用事实或道理来证明对方的论据是虚假的,从而以"釜底抽薪"的方式驳倒对方。如毛泽东的《"友谊",还是侵略》一文,对艾奇逊所说的美国对中国"友谊"的所谓"证据",一一进行了有力的批驳,从而彻底揭露了美国假友谊真侵略的可耻面目。

(3)反驳论证,就是揭露对方在论证过程中论点与论据之间逻辑关系上的错误,从而达到推翻对方论点的目的。反驳论证,就要善于透视对方的论证过程,找出它的破绽之处,诸如大前提、小前提与结论相矛盾,与自己的论点相矛盾,论点和论据相矛盾,偷换概念,循环论证等,找准了破绽,才能够有的放矢,一举破的。

(二)议论的要求

(1)正确有力。议论科学地反映了客观事物的本质及规律,准确地宣传了真理,并能经得起实践的检验,这才称得上正确。而正确的议论才具有启人心智、慑服人心的力量。当然,我们议论时要尽可能使用多种方法,从事理上征服读者,让读者心悦诚服地接受文章中的观点。

(2)以理服人。议论的终极目的是说服读者,因此,议论时应摆事实,讲道理,实事求是,分析中肯,态度平等,以有力的事实和严密的逻辑力量使人心折首肯,乐于接受。而那种以势压人,无限上纲的议论,只能引起人们的反感。

五、说　明

说明是用简明的文字把事物的形状、性质、特征、成因、关系、功能等解说清楚的一种表达方式。它是说明文的主要表达方式,而记叙文、议论文、应用文也常用到它。

(一)说明的方法

常用的说明方法有以下几种:

(1)定义说明法,就是用精练简洁的语言,对某一事物的本质属性或某一概念的内涵与外延做出确切说明的方法。如,"杂文是文艺性的社会论文"这个判断就揭示了杂文的本质属性。

运用定义说明法要注意,定义与被定义的事物的外延应相等,定义要完整地揭示概念的内涵,不能用比喻及否定形式下定义。

(2)诠释说明法,是指对事物的状况、性质、特征、成因等作简明的注释和解说的方法。如,《珠江漫话》中说:"珠江流域水色较长江黄河的清。其水较清的重要原因在于流域内分布着大量的石灰岩,流域内沿岸植物也比较茂盛,泥土不易于随水流失,因此山清水秀，风景如画。"[1] 这段文字就是用诠释法说明了珠江流域水清的原因。

运用诠释说明法要力求准确无误，明白易懂。它不要求像定义说明法那样严格，只要能揭示概念的一部分内涵就可以了。

（3）比较说明法，就是把两个以上的彼此有一定联系和相同点的事物作比较来说明其性质和特征的方法。如，《中国名花之最——牡丹》中的一段文字：

其实丹、药既相似却又不相似。……原来牡丹的茎为木质，芍药的茎为草质。正因此，芍药又有"没骨花"之称。此外，牡丹的花都是独朵顶生；而芍药花则是一朵或数朵顶生或腋生，花型也较牡丹略小。牡丹叶片表面绿色中略带黄，无毛，下表面有白粉；芍药叶片上下浓绿色且叶较密。开花期也不同，"谷雨三朝看牡丹，立夏三朝看芍药"。[2]

这段文字从茎、花、叶、开花期等方面进行比较说明，把牡丹和芍药区分得一清二楚。

（4）数字说明法，就是用确凿的数字来说明事物的方法。如柯纪《漫话水果》中的一段文字："水果的维生素C的含量很高。比如1公斤葡萄含维生素C40毫克……1公斤山楂含890毫克，而1公斤枣含量竟高达3800毫克到6000毫克。"[3] 这里通过一串数字，令人信服地说明了水果中维生素C的含量确实很高。

数字说明法要求数字来源可靠，准确无误。即便是估计数字，也要有据可查，力求近似。

（5）举例说明法，就是列举典型例子来说明事物的方法。举例说明法能够使抽象的概念、原理具体化、形象化。如茅以升的《中国石拱桥》一文，就列举了赵州桥、卢沟桥等例子，把我国石拱桥的成就、特点等说得充分、明白。

说明的方法还有很多，如引用说明法、分类说明法、图表说明法等，这里不再一一介绍。

（二）说明的要求

（1）清晰明白。我们要把事物解说清晰明白，就必须抓住事物的特点和本质进行说明。正是由于事物都有各自的特点，才使它们互不雷同，因此，我们抓住特点介绍事物，就能给人以清晰的印象。有些事物的介绍还需抓住本质，即抓住事物形成和发展的科学道理来说明，这样才能说得深刻、明白。

（2）准确客观。说明的目的是让人获得知识，因此，就必须做到概念准确，判断正确，顺序清楚，解说确切，给读者以准确、科学的知识；作者要准确介绍科学知识，就必须以冷静客观的态度，实事求是地给以解说，而不能以个人的好恶而随意解释，妄加判断。

---

[1]《广州日报》，1978年10月8日。

[2] 蒋青海：《家庭养花》，江苏科学技术出版社，1981年版。

[3]《北京日报》，1978年7月4日。

第五章 表达方式

【文选】

授业恩师

季羡林

陈寅恪先生的分析细入毫发，如剥蕉叶，愈剥愈细，愈剥愈深，然而一本实事求是的精神，不武断，不夸大，不歪曲，不断章取义。他仿佛引导我们走在山阴道上，盘旋曲折，山重水复，柳暗花明，最终豁然开朗，把我们引上阳关大道。读他的文章，听他的课，简直是一种享受，无法比拟的享受。

有一年的春天，中山公园的藤萝开满了紫色的花朵，累累垂垂，紫气弥漫，招来了众多游人和蜜蜂。我们一群弟子们，记得有周一良、王永兴、汪箋等，知道先生爱花，现在虽患目疾，迹近失明，但据先生自己说，有些东西还是能影影绰绰看到一团影子。大片藤萝花的紫光，先生或还能看到。而且在那种兵荒马乱、物价飞涨、人命微浅、朝不虑夕的情况下，我们想请先生散一散心，征询先生的意见，他怡然应允。我们真是大喜过望，在来今雨轩藤萝深处，找到一个茶桌，侍先生观赏藤萝。先生显然兴致极高。我们谈笑风生，尽欢而散。我想，这也许是先生在那样的年头里最愉快的时刻。

寅恪先生绝不是一个"闭口只读圣贤书"的书呆子，他继承了中国"士"的优良传统：天下兴亡，匹夫有责。从他的著作中也可以看出，他非常关心政治。他研究隋唐史，表面上似乎是满篇考证，骨子里谈的都是成败兴衰的政治问题，可惜难得解人。

如果我还有什么优点的话，那就是，没有真感情，我不写回忆文章。但是，在那个时代，真感情都会被归入"小资产阶级"的范畴，而一旦成了"小资产阶级"则距离"修正主义"只差毫厘了。我没有这个胆量，所以就把对锡予（汤用彤，字锡予）先生怀念感激之情，深深埋在我的心灵深处。

汤用彤先生面容端严慈祥，不苟言笑，却是即之也温，观之也诚，真蔼然仁者也。先生虽留美多年，学贯中西，可是身着灰衣长衫，脚踏圆口布鞋，望之似老农老圃，没有半点"洋气"，没有丝毫教授架子和大师威风。我心中不由自主地油然而生幸福之感，浑身感到一阵温暖。古人说："人生得一知己足矣。"我不谬托自己是锡予先生的知己，我只能说锡予先生是我的知己。

胡也频先生是有社会经历的人，他应该知道其中的利害。可是他也毫不在乎。只见他那清瘦的小个子，在校内课堂上，在那座大花园中，迈着轻盈细碎的步子，上身有点向前倾斜，匆匆忙忙，仓仓促促，满面春风，忙得不亦乐乎。他照样在课堂上宣传他的"现代文艺"，侃侃而谈，视敌人如草芥，宛如走入没有敌人的敌人阵中。

在西谛先生身上，看不到半点教授架子。他也没有一点论资排辈的恶习。他自己好像并不觉得比我们长一辈，他完全可能以平等的态度对待我们。他有时候像一个大孩子，不失其赤子之心。他说话非常坦率，有什么想法就说了出来，既不装腔作势，也不以势吓人。他从来不想教训人，任何时候都是亲切和蔼的。当时流行在社会上的那种帮派习气，在他身上也找不到。只要他认为有一技之长的，不管是老年、中年还是青年，他都一视同仁。因此，我们在背后常常说他是一个宋江式的人物。

在课堂上叶公超先生选出一些诗词，自己摇头晃脑而朗诵之，有时闭上了眼睛，仿佛完全沉浸于诗词的境界中，遗世而独立。他蓦地睁大了眼睛，连声说："好！好！好！就是好！"学生正在等他解释好在何处，他却已朗诵起第二首诗词来了。昔者晋人见好山水，便连声唤："奈何！奈何！"仔细想来，这是最好的赞美方式。因为，一落言筌，便失本意，反不如说上几句"奈何！"更具有启发意义。平伯先生的"就是好！"可以与此等量齐观。

公超先生教学法非常奇特。他几乎从不讲解，一上堂，就让坐在前排的学生，由左到右，依次朗读原文，到了一定段落，他大声一喊："stop！"问大家有问题没有。没人回答，就让学生依次朗读下去，一直到下课。学生摸出了这个规律，谁愿意朗读，就坐在前排，否则往后坐。有人偶尔提一个问题，他断喝一声："查字典去！"这一声狮子吼有大威力，从此天下太平，宇域宁静，相安无事，转瞬过了一年。

——选自《坏人是不会改好的：季羡林先生的人生隽语》，新星出版社，2013年版

第六章 语　　言

一、语言与写作的关系

文章的主题、材料及其谋篇布局，最终都要通过语言文字符号作媒介，使思维的成果物化成形。语言是作者表情达意、传递信息的工具，没有语言作为中介和载体，思想、情感就失去了依附。深刻的思想，精巧的结构，都要依靠准确、精美而生动的语言显现出来。

（一）语言表达的中介性

语言是人类交流思想的最有效的物质媒介。语言本质上是一种符号系统，写作过程，实际上就是写作主体的思想情感的语言符号化过程。语言表达在西方的语言学或语言心理学中被称为"言语的生成"，按照我国传统的写作理论来说，就是由"意"到"言"的转化。无论是"言语的生成"，还是由"意"到"言"的转化，都必须借助于语言这一中介物。

在写作的过程中，作者必须使用外部语言即通过固化的外在的文字符号，将内部语言即已经初步符号化但尚处于朦胧状态的语言固定下来。写文章不能总处于"腹稿"状态，白纸黑字才是真文章。这个语言符号转化的过程，往往是作者最头疼的阶段，也是反映作者表达能力高低的关键所在。因为外部语言是逻辑的、线性的、单向的、历时性的，而内部语言却是非逻辑的、多维的、非线性的、共时性的。没有高超的语言表达能力，是难以把握转瞬即逝的内部语言的。所以，老舍先生说："我们既然搞写作，就必须掌握语言技巧。这并非偏重，而是应当的。"[1]

作者要把自己的思想情感传递给读者，也必须以语言符号作为中介。根据现代文本理论，文章一旦形成，作者就退到了文本之外，读者只根据现有的文本进行解读。因此，语言符号的中介性就显得尤为突出了。所以，我们认为，从写作表达的角度来看，语言作为中介符号，既是作者的内部语言转化为外部语言的中介，又是沟通写作主体与写作受体的桥梁。

---

[1] 老舍：《关于文学的语言问题》，见《写作论文选》，吉林人民出版社，1980年版，第213页。

（二）写作需要丰富而精美的语言

写作能力，归根结底，就是运用语言的能力。写作对语言有很高的要求，它需要丰富而精美的语言。语言词汇是每一个写作者的最宝贵的财富，如果从信息工程这个角度讲，词语的储存量越丰富，所产生的效益也越大。因此，掌握词语的多少，就成了写作好坏的一个重要标准。我们评价别人的文章，有时说"语言贫乏"，有时说"妙语连珠"，就是从这个角度来讲的。古今中外，大凡有成就的文章大家，他们占有的词语数量都远远超过一般人。郭沫若曾给茅盾先生写了这样的条幅："胸藏万汇凭吞吐，笔有千钧任翕张。"这是称赞茅盾先生词汇丰富，用笔有力，所以，才写出那么多的好作品。朱自清的散文《绿》就用了10多个词语来传达一个绿的信息：油油的绿色，闪闪的绿色，汪汪一碧，醉人的绿，奇异的绿，平铺着、厚积着的绿，女儿绿，等等。在作者的生花妙笔之下，梅雨潭的绿意多么丰富多彩。如果没有这些生动形象的词语，是不能传达出这绿的千姿百态的信息的。

写作所需要的语言不仅要求丰富多彩，而且要求十分精美。孔子曰："言之无文，行而不远。"一部《论语》，不但是孔子的思想、学问之所在，其语言之精练、优美和含蓄，也是古今文章之典范。为什么韩愈说"李杜文章在，光芒万丈长"？很重要的一个原因，就是他们诗歌语言的工致精美，能给人们带来美的享受。

二、写作对语言的要求

写作对语言的要求是很高、很严的。语言上的高，应该是恰如其分地表达作者的思想认识水平。语言上的严，从消极意义上讲，就是没有差错，没有不合理的地方。而从积极的意义上讲，就是要符合毛泽东同志在《反对党八股》一文中提出的三个基本原则，即准确性、鲜明性、生动性。根据这些原则，我们提出如下几条具体要求：

（一）准确

所谓准确，就是语言要合乎客观事物的实际，合乎语法规范，恰如其分地表达思想感情。写文章，对语言的起码要求就是用词准确，句子通顺。因为文章的表情达意主要依赖于观点的正确，而观点的正确又必须通过准确、通顺的语言来表达。所以，作者在使用语言时，先要求把语言写通顺，把意思说得准确无误，让人一目了然。只有这样，才能说服读者，吸引读者。否则，语言不准确，不符合生活逻辑，读者就无法信服，就无法进入审美境界。

语言的准确应该包括如下三个方面的内容：

（1）合乎事实，合乎情理。有些文章的语言，从语法上看似乎没有什么毛病，但所包含的语义却是错误的。这就首先违背了准确性的原则。有一篇报道中国首次考察南极成功的文章，其中有这样的句子："这是初生婴儿迈出的第一步，这是冲破南极漫长黑夜的第一道曙光，这是中国人献给南极冰雪女神的第一件礼物。"这个排比句表达了对这一事物的极大欣喜，但三句中只有最后一句是正确的。

《人民日报》原总编辑范敬宜2003年6月在清华大学与新闻本科班的同学座谈时，谈到有些报道夸大到荒谬的地步,说以前有些报纸联合采访优秀法官谭彦。有的这样写,"一辆救护车鸣鸣叫着,从法院里开出来。路上的行人停下脚步,担心地说,恐怕是我们的谭法官又病了",真是胡说八道。还有的说他"肺部烂得像蜘蛛网一样",一点医学常识都没有,人要那样,还能活吗?还有的说他身体虚弱,"办公室在五楼,他每天上班就像爬万里长城一样"。那可见了鬼了,每天都要爬万里长城?如果真是那样,那他的领导也太不是人了,就不能给他调换到一楼来。

（2）合乎语法,合乎逻辑。语言是由一定数量的词汇按照一定的语法关系组合而成的,因此,不合乎语法要求是造成句子不准确、不通顺的主要原因。例:"我的家是一个穷乡僻壤,小时候就生活在那里,而且以调皮捣蛋出名。"第一句主谓搭配不当;第二句主语不明确;第三句没有递进关系,关联词语"而且"也用得不当。由此看来,不合语法的句子,必然不合事理,语义含混不清,难于表情达意,自然不合乎语言准确的要求。在这里,逻辑关系也很重要。不合逻辑的句子当然也是不准确的句子。例:"蓝蓝的天空,万里无云,一丝微风也没有,只见树梢轻轻地摆动着。";"这时,教室里的人都走了,只剩下两三个人在上自习。"

对于合乎语法与否,不能机械地去理解。有些作家,出于某种需要,突破了语法的藩篱,形成了一种变格,造成一种语言陌生化效果。如,对常规、常识的偏离,造成读者的陌生感,让生活中习以为常的东西赋予一种新的意义,生成了一种新的生命力的艺术形象。如著名诗歌理论家李元洛的散文集《吹箫说剑》:"几钵盆景芬芳在花架之上,翠绿在眉睫之前。"[1] 这里形容词作动词用,显得新鲜、简练而富有韵味。

（3）准确运用词汇,恰如其分地表达思想。汉语的词汇是非常丰富的,每个词代表着不同事物的概念和状貌,反映着不同的景象和感情,每个词都有它独特的个性,我们使用每一个词时,就要正确理解词义的细微差别,准确使用。这样,才能恰如其分地表达思想。如,孔乙己就知道"窃书不能算偷……窃书!……读书人的事,能算偷么?"[2] 其实,这两个字的意思是一样的,只是在用法上有差别,"偷"多用于口语,"窃"是书面语,比"偷"听起来文雅一些。如,鲁迅的《药》中有这样的描写:"喂!一手交钱,一手交货!一个浑身黑色的人,站在老栓面前,眼光正像两把刀,刺得老栓缩小了一半。那人一只大手,向他摊着;一只手却撮着一个鲜红的馒头,那红的还是一点一点地往下滴。"[3] 这里的"撮"字用得好,"撮"的本义,是用三个指头取物,"那红的还是一点一点地往下滴"的馒头,谁也不肯满手去把握。如果用拿、攥、捏等字,虽意义相近,但都不如"撮"字准确地表现了这个动作。

（二）简洁

所谓简洁,就是指用语简练、洁净,即用较少的语言表达丰富的内容,做到言简意

---

[1] 李元洛:《吹箫说剑》,湖南文艺出版社,1995年版,第213页。

[2] 鲁迅:《孔乙己》,见王景山:《鲁迅名作鉴赏辞典》,中国和平出版社,1991年版,第19页。

[3] 鲁迅:《药》,见王景山:《鲁迅名作鉴赏辞典》,中国和平出版社,1991年版,第25页。

赅，言约而义丰。我国的语言向来以简约著称。唐代著名史学家刘知几提出："叙事之工者，以简要为主。"[1] 叙事要简洁：一要省字；二要省句。就是把文章中多余的句，句中多余的字省掉。《春秋经》上记载宋国落下五块陨石，仅用了五个字："陨石于宋五。"《史通》对此评价很高，认为"闻之陨，视之石，数之五，加以一字太详，减之一字太略"。五个字，有声音，有形象，有数量，没有一个多余的字。

语言简洁，有时候甚至是能用一个字，绝不用两个字。清代文康《儿女英雄传》最精彩的地方是十三妹大闹能仁寺。其中有两句对话，达到了出神入化的境界。那能仁寺是一座凶寺，寺中僧人专干杀人越货、奸淫妇女的勾当。安公子误入能仁寺，十三妹匆匆赶来相救，与该寺的一个帮凶、40多岁的女人王八媳妇有这样一段对话：

"要提起人家大师傅来，忒好咧！……天天的肥鸡大鸭子，你想咱们配么？"

那女子（十三妹）说道："别咱们！你！"

对此，胡适有一个评论："这四个字多么响亮生动！"如果变成"你是你"，意思可能更具体清楚，但那韵味与力度却消解了许多。

写文章无病呻吟，空话连篇，是一大忌。如这段文字："我望着故乡那碧空如洗、云蒸霞蔚、像蔚蓝大海般的天空，心潮的浪花卷动翻滚，回旋起伏，奔腾澎湃。"这里用了不少的形容词，但到底故乡的天空是什么样子，作者的心情又怎么样，并没有给人留下鲜明的印象。其实一句话"我望着故乡的天空，心情难以平静"就可以了。毛泽东同志挖苦那些空话连篇的长文章是"懒婆娘的裹脚——又臭又长"；鲁迅说那无异于"谋财害命"；郭沫若把它比喻为牛粪，说太阳一晒就成了薄饼。

简洁不是简单，简洁的要求是尽量用简明的语言表达复杂而变化的客观事物，用语要少，意思还要表达得详尽完整。如南朝丘迟在《与陈伯之书》中，仅以"暮春三月，江南草长，杂花生树，群莺乱飞"十六个字，就简笔勾勒出一副江南春草图：点明了时间、地点，描绘了地上的草、树上的花、林中的莺；有静态的刻画，有动态的渲染，用语高度精练，难怪受人称誉，说它抵得上一篇"江南赋"。苏轼的《赤壁赋》中"山高月小，水落石出"八个字就完整地画出一幅山川全貌图来。中国古代有很多这样的好文章。陶渊明《陨盗》只有二十五个字："蔡裔有勇气，声若雷震，尝有一偷儿入室，裔附床一呼，二盗俱陨。"二十五个字叙事紧凑生动，写人声态并作，环境氛围也很激动人心。再如，关汉卿小令《四块玉·别情》中一句"凭栏袖拂杨花雪"，写出了人物——思妇在特定环境中的两个动作，意蕴丰赡。像这样造句简洁、短小精美的佳作，确实值得我们借鉴。

当然，简洁不是说文字越短越好。短文也可能冗繁，长文章不一定不简洁，这要看文字表达是否精练、干净，不能以篇幅长短作为衡量的标准。

（三）生动

所谓生动，是指语言新鲜活泼，具有形象性和感染力。写文章即使内容很好，但是语言不新鲜，不生动，那就难以引起读者的兴趣，内容的表达也会受到很大的限制。所以，

---

[1]〔唐〕刘知几：《史通》，上海古籍出版社，2008年版，第123页。

第六章　语　言

善于运用语言的作家，总是十分注意语言的形象性、生动性。老舍先生说："我们最好的思想，最深厚的感情，只能被最美妙的语言表达出来。若是表达不出，谁能知道那思想与感情是怎样的好呢？"

语言生动，首先要求写人状物用形象性的语言，使人读后如见其人，如闻其声，如临其境。如，明代施耐庵《水浒传》第三回写鲁智深拳打镇关西的一段描述文字："扑的只一拳，正打在鼻子上，打得鲜血迸流，鼻子歪在半边，却便似开了个油酱铺：咸的、酸的、辣的，一发都滚出来。……提起拳头来就眼眶际眉梢只一拳，打得眼棱缝裂，乌珠迸出，也似开了个彩帛铺：红的、黑的、绛的，都滚将出来。……又只一拳，太阳上正着，却似做了一个全堂水陆的道场：磬儿、钹儿、铙儿一齐响。"[1] 这段描述的特点就是作者用了形象性很强的语言，唤起了读者的感性体验。并且用了三个比喻，还调动了通感的手法，使读者的多种感觉功能参与对形象的感知，因而有如临其境的效果。

再如，《红楼梦》第四十回写刘姥姥赴宴逗笑一节，在王熙凤的安排下，宴席开始，贾母刚说声"请"，刘姥姥就站起来，高声说："老刘老刘，食量大如牛，吃个老母猪，不抬头。"说完鼓着腮帮子，两眼直视，逗得大家一齐笑了起来。下面有一段文字描写各色人等的笑容笑貌："湘云撑不住，一口茶都喷出来。黛玉笑岔了气，伏着桌子只叫'哎哟！'宝玉滚到贾母怀里，贾母笑得搂着叫'心肝'。王夫人笑得用手指着凤姐儿，却说不出话来。薛姨妈也撑不住，口里的茶喷了探春一裙子。探春的茶碗都合在迎春身上。惜春离了座位，拉着她奶母，叫'揉揉肠子'。"[2] 这段文字形象生动地描写了各人的笑态，而且展现了人们丰富的内心世界。这里笑的姿态不同，不仅表现了人们身份、地位的不同，还表现了人们之间的性格差异，同时揭示了人们内心世界的丰富内涵。

要求语言生动，还要求有深厚的感情色彩。只有作者激情满怀，才能以言传情，写出有感人力量的语句。在汉语的词汇当中，除一部分中性词外，还有一大部分词语是富于感情色彩、带有感情倾向的。这样，就很自然地分成了褒义词和贬义词。我们运用不同的词，可以鲜明地表达不同的感情；在不同的场合下，用在不同对象的身上，也应该注意不同感情色彩的词。如，形容"亮"，如果说坐在宽阔的教室里，电灯把这个学习场合照得很明亮，我们往往采用"照得雪亮"，而不采用"照得贼亮"。

《史记·外戚世家》写窦皇后与兄弟失散多年，重逢相见，倍感哀痛的场面时写道："于是窦后持之而泣，泣涕交横下。侍御左右皆伏地泣，助皇后悲哀。"[3] 这个"助"字就选得很精彩，用林纾的话来说："悲哀宁能助耶？然舍却'助'字，又似无字可以替换。苟令窦皇后见之，思及'助'字之妙，亦且破涕为笑。"此处这个"助"字，有风趣，又很传神，富于创造性，把侍御左右等奴才们献媚奉承、讨好主子的嘴脸揭示了出来，而且也透露出作者憎恶的感情色彩。

---

[1]〔明〕施耐庵：《水浒传》，人民文学出版社，1983年版，第47-48页。

[2]〔清〕曹雪芹，高鹗：《红楼梦》，人民文学出版社，1974年版，第489-490页。

[3]〔汉〕司马迁著，王利器译注：《史记注译》（第2卷），三秦出版社，1988年版，第1460页。

表达感情色彩更多的是赋物以情，使作者的情感随着对事物的描述流露出来。在《静静的顿河》中，肖洛霍夫写阿克西尼亚死后，她的情人葛利高里"看见头顶上黑沉沉的天空和一轮闪着黑色光芒的太阳"[1]。这些幻觉描写，对于表现主人公当时那种悲痛欲绝的心情具有很强的艺术魅力。

（四）平易

所谓平易，就是语言要有朴素美，就是要用真切的语言，准确地表情达意，不必刻意追求清词丽句。朴素与华丽的语言都是美的，是语言的两种不同的风格。所谓语言表达的华丽美，是指通过对语言的适度修饰所形成的一种美词佳句、华彩纷呈的"浓妆"效果。而所谓语言表达的朴素美，是指由于行文的朴实、平易、简洁，语言不尚雕饰所形成的"淡妆"效果。在写作中，这两种语言风格是并行不悖的。但朴素平易的语言以它的明白晓畅、简洁精练见长，具有清水出芙蓉的天然美、村姑戴野花的纯真美，比较起来，人们还是更喜欢朴素平易的语言。形容女孩子漂亮，用"闭月羞花之貌，沉鱼落雁之姿"固然不错，但《红楼梦》第四十六回凤姐说鸳鸯："谁叫老太太会调理人，调理的水葱似的，怎么怨得人要。"[2]水葱姿态苗条，灵秀可爱，鲜活娇嫩，充满生机。这一比喻，不仅符合人物身份，而且新颖生动，准确得体。

但是，语言朴素平易不等于词汇贫乏，文笔粗糙。相反，平易的语言也力求语言优美，力求表情达意生动形象。这就要求作者把普通的词语运用巧妙，让一些普普通通、平平常常的字词发出奇异的光彩。好的语言表达，往往并不是作者用华美或生僻的文字造就的，而恰恰是一些日常惯用的字眼，经作者的匠心独运，便产生了一种新奇的效果，令人觉得妥帖而有韵味。陶渊明的"采菊东篱下，悠然见南山"的"见"，贾岛的"鸟宿池边树，僧敲月下门"的"敲"，都可以作如是观。类似的例子可以说是不胜枚举的。贾平凹的《商州又录》中有一段话："女人从窗子里往外看，对面的山头上，孩子的爹正在那里犁地。一排儿五个山头，山头上都是地；已经犁了四个山头，犁沟全是由外往里转，转得像是指印的斗纹，五个山头就是一个手掌。女人看不到手掌外的天地。"[3]这一些极其平易的字词聚合在一起，就生动形象地揭示了商州人视野狭窄，封闭原始的生存状态，表现了作者对文明开放新生活的期盼之情。

大凡优秀的文章，往往通过遣词造句，可以把一些很平常的句式调理得有声有色，变化多端。如张越的《问题青年唐师曾》中的一段文字："走进什刹海边的唐家小院，我吓了一跳：怎么英达搬这儿住来了？仔细一看，不是英达——还不如英达呢！高、白、虚胖，大圆脸，小眯缝眼，戴眼镜（哪有战场上的英雄还戴眼镜儿的？）。倒是穿着伊拉克军队的毛衣、美国兵的裤子，系着维和部队的裤腰带，但怎么看怎么不精干，站没

---

[1]〔苏联〕肖洛霍夫：《静静的顿河》，人民文学出版社，2004年版，第1690页。

[2]〔清〕曹雪芹，高鹗：《红楼梦》（第2卷），人民文学出版社，1974年版，第578页。

[3] 贾平凹：《贾平凹散文自选集》，漓江出版社，1992年版，第400页。

第六章 语　言

站像、坐没坐像，浑身八道弯儿，脸上带着半是慈祥、半是痴傻的笑容。"[1]

由此可见，朴素的语言依然可以产生优美动人的艺术魅力，不过，这要求作者必须有更高的驾驭语言的能力。

三、锤炼语言

要做到语言准确、简洁、生动、平易，就必须对语言进行进一步的加工、锤炼。自古中国文人写文章，就讲究炼意、炼情、炼趣、炼形、炼色、炼声。

（一）炼意

炼意，就是选用准确、简明的语言，来表达深刻的思想，做到言近旨远。炼就是对词语的挑选、斟酌、安排。法国作家福楼拜说："我们不论描写什么事物，要表现它，唯有一个名词；要赋予它运动，唯有一个动词；要得到它的性质，唯有一个形容词。我们必须继续地苦心思索，非发现这唯一的名词、动词和形容词不可，仅仅发现与这些名词、动词或形容词类似的词句是不行的。"这种理论，被人称为"一词说"。大千世界，千变万化；人们的思想纷繁复杂，从词汇的汪洋大海中选择"只有一个的这一个"，谈何容易！因此，我们必须认真地锤炼词句，努力挑选精确的字词表情达意。鲁迅先生在《祝福》中写祥林嫂的肖像："只有那眼珠间或一轮，还可以表示她是一个活物。"[2] 这个"轮"字用在这里就非常准确，他没有用近似的动词"转"，因为转字显得奸诈；他也没有用近似的动词"闪"，因为闪字显得灵活。只有这一个"轮"字，活现出祥林嫂的滞重，联想到她的身世遭遇，不是言近旨远吗？

诗歌更是讲究"炼字"。臧克家有一首诗《难民》，头两句是："日头坠在鸟巢里，黄昏还没溶尽归鸦的翅膀。"前句的"坠"写出了黄昏时太阳的特点——大而显得沉。其他相近的词如"落""掉""垂"等，都很难表达这个意思，黄昏时太阳的分量也轻了许多。后一句，诗人自己说，开始时是"黄昏里扇动着归鸦的翅膀"，后来又改为"黄昏里还辨得出归鸦的翅膀"。最后才写成现在这个样子。[3] 显然，原来的句子要比现在单薄，光从"归鸦"这一面来考虑，换成"溶"字后，情景就大不一样了。不仅写出乌鸦的翅膀慢慢地、越来越模糊，更写出黄昏的颜色慢慢地、越来越暗淡。最终不可分，两者渐渐融化在一起。

动词如果选择得好，锤炼得好，还能赋静景以动态、以情感，读起来另有一番情趣。且不说我们熟悉的"红杏枝头春意闹"是怎么化静为动的，只说"云破月来花弄影"，王国维说是着一"弄"字，"境界全出"。这里是把静景写活了。它不仅衬托出月光如银、夜风轻轻，而且渲染了花的神态，给人以情深意酣、摇曳多姿的感觉。

再如张养浩的《山坡羊·潼关怀古》："峰峦如聚，波涛如怒，山河表里潼关路。望

---

[1] 张越：《问题青年唐师曾》，广西师范大学出版社，2003年版。
[2] 王景山：《鲁迅名作鉴赏辞典》，中国和平出版社，1991年版，第133页。
[3] 臧克家：《学诗过程中的点滴经验》，见《学诗断想》，四川人民出版社，1979年版，第166页。

西都，意踟蹰。伤心秦汉经行处，宫阙万间都做了土。兴，百姓苦，亡，百姓苦。"[1] 前两句"峰峦如聚，波涛如怒"，聚和怒两个动词，不但写出了潼关山势险、水流急的地理形势，而且赋予了山水以人的感情。"聚"字使本来静态的群山，有了动的感觉，好像他们有意相约，凑到一起，共商大计。"怒"把本来没有知觉的河水染上了感情色彩，怒吼奔腾，似乎要冲破堤岸，洗刷人间的不平。这一聚一怒，形神兼备，静中有动，景中有情，写出了祖国山河壮美的英姿，展现了作者豪放的情感。

（二）炼情

炼情，就是选用语言材料来表达作者的诚挚感情，做到情真语切，能打动和感染读者。例如，"战争对于人民是一种灾难"。意思很清楚、明白。但是没有情感，没有力量。是怎样的灾难呢？战争把无数妻子的丈夫杀死了，把她们变成了寡妇；把无数孩子的父亲杀死了，把他们变成了孤儿。留给他们的是眼泪，是血。"战争对于人民，是眼泪与血，是寡妇和孤儿"。这样，就不但表现出了作者的意思，同时也强烈地表现出作者对战争的憎恨的情感；不但说明战争是灾难，还具体地说明战争带给人民的是怎样的灾难。

《背影》中，作者对父亲背影的具体描述中向读者传达了一种浓郁的父子之情。郭沫若历史剧《屈原》第五幕中有婵娟斥责宋玉的一句话，剧本中本来是："你是没有骨气的文人。"后来作者只改动了一个字，变成了："你这没有骨气的文人。"就完全不同了。句子的感情就出来了，就由客观判断变成了主观抒发。这就是炼与不炼的区别。

（三）炼趣

炼趣，就是选用鲜活的语言来增加文章的趣味，做到文趣横生，能吸引读者。有趣味的语言是连接作者和读者的桥梁，也是语言富于美感的标志。用正确的哲学观去观察生活，从中发现事物内在的本质和规律，把生活中的诗意升华为一种形象的力量，常常会形成富于哲理美的语言，给人以教益、启迪和联想。"不识庐山真面目，只缘身在此山中"；"地上本没有路，走的人多了，也便成了路"，等等，就属于此类。

同时，用朴实、自然的笔墨去描绘富于生活情趣的画面，也会使语言增添情趣。有人问爱因斯坦："你能用最简单的语言来阐述一下你的相对论吗？"答："你坐在一个漂亮姑娘身边，坐了两小时，感觉上却是一会儿工夫，而当你紧挨着一个火炉时，哪怕只坐上一会儿，但仿佛已经是一小时，这里就有着相对论。"这个比喻形象、生动，富于情趣。

好的精彩的比喻，也可以使人得到一种情趣美的陶冶与享受。鲁迅先生就善于用比喻。在《故乡》中写豆腐西施"张着两脚，正像一个画图仪器里细脚伶仃的圆规"。在《祝福》中写柳妈打皱的脸笑起来"使她蹙缩得像一个核桃"。这里用的是人们日常生活中常见的东西，一经用作喻体，语言就显得极为鲜明、生动，富于情趣。

---

[1] 白本松，华锋：《中国古代文学作品选简编》（下册），河南大学出版社，1995年版，第118页。

（四）炼形

炼形，就是根据表达意、情、趣的需要，选用最佳的语言结构形式。语言结构形式灵活多样，各有其妙。凡语言都有一定的语气：陈述、疑问、祈使、感叹等，也都有一定的结构：正装、倒装、常式、变式、肯定、否定等。因此，写文章时，要根据表达意、情、趣的需要，巧妙地安排和使用，使语言生动、活泼，具有形式美。常见的形式美有以下两种：

（1）整齐美。在行文中，用组织匀称的整句，如对偶、排比等，可以形成语言的整齐美。毛泽东在《改造我们的学习》中这样写道："或作讲演，则甲乙丙丁、一二三四的一大串；或做文章，则夸夸其谈的一大篇。无实事求是之意，有哗众取宠之心。华而不实，脆而不坚。"[1] 这是对偶成文。徐开垒在《山城雾》中这样写道："在灯海里，有无数的往事可以回溯，有无穷的想象可以驰骋，有无限的情理可以探索，有无尽的力量可以汲取。"[2] 一连用了四个排比句，音节相同，整整齐齐，很好地表现了作者旧地重游，俯瞰重庆山城夜景时那种炽热的情思和丰富的感受。

（2）参差美。句子长短交替，整散结合，会形成错落有致、富于变化的参差美。如鲁迅《论雷峰塔的倒掉》的结尾："当初，白蛇娘娘压在塔底下，法海禅师躲在蟹壳里。现在却只有这位老禅师独自静坐了，非到螃蟹断种的那天出不来。莫非他造塔的时候，竟没有想到塔终究要倒的么？活该！"[3] 这段文字长短不一，错落有致，表达了感情的跌宕，形成了语言的参差美。不同的句式有不同的功能，如果选择多种句式，灵活搭配，语言就会多彩多姿。

（五）炼色

炼色，就是选用形象而明朗的语言来表现事物的色泽，做到色彩鲜明。色彩本来是绘画的基本手段，文章讲究炼色，主要是为了描绘鲜明的视觉形象，能使读者如看"彩色照片"，印象深刻鲜明。生活本身就是五光十色的，诗歌反映生活，因而常常用色彩来醒人耳目。"黄梅时节家家雨，青草池塘处处蛙。"青与黄，这是两种相邻的色彩；"接天莲叶无穷碧，映日荷花别样红。"碧与红，这是两种互补的颜色；"漠漠水田飞白鹭，阴阴夏木转黄鹂。"白鹭和黄鹂在这里构成了一幅色彩鲜明、对照强烈的画面。

散文也是常常用色彩来描绘景色。如，朱自清的《绿》中有这样一段："我曾见过北京什刹海拂地的绿杨，脱不了鹅黄的底子，似乎太淡了。我又曾见过杭州虎跑寺近旁高峻而深密的'绿壁'，丛叠着无穷的碧草与绿叶的，那又似乎太浓了。其余呢，西湖的波太明了，秦淮河的又太暗了。"[4] 作者通过五种色彩的对比，写出了梅雨潭"绿"的

---

[1] 毛泽东：《改造我们的学习》，见《毛泽东选集》，人民出版社，1970年版，第758页。

[2] 徐开垒：《山城雾》，见《人民文学》，1981年第1期。

[3] 鲁迅：《坟》，人民文学出版社，1998年版，第166页。

[4] 王彬：《现代散文鉴赏辞典》，农村读物出版社，1988年版，第156页。

温润、柔软、明亮的特点。

(六) 炼声

炼声，就是选用和谐的语言，来表现语言自身的音乐美，做到读来上口，听来悦耳。汉语是讲声韵的语言，字有四声，句有节奏和音韵，在使用语言时注意到这一点，就会使语言铿锵和谐、抑扬顿挫，富于音乐美。我国古人早就注意到了这个问题，《世说新语·文字篇》："孔兴公作天台赋成，以示范荣期，云：'卿试掷地，要作金石声。'"[1] 这是因为不仅是诗歌，所有文章都是既给别人看，又给别人读的。有的文章看着没问题，但读时就佶屈聱牙，就是因为没有注意这个问题。

老舍先生被誉为语言大师，他就多次强调这个问题，他在《出口成章》中曾具体地谈到语言的节奏和音乐美的关系："在汉语中，字分平仄。……即使是散文，平仄的排列也还该考虑。是'张三李四'好听，'张三王八'就不好听，前者是二平二仄，有起有落，后者四字皆平，缺乏抑扬。四个字尚且如此，那么连说几句话就更该好好安排一下了。"[2] 他还举了例子说，你读李白、杜甫的诗，会觉得口腔是舒服的，因为在用哪一个字时，他们便抓住了哪个字的声音之美。杜甫的"烽火连三月，家书抵万金"，"连三"二字舌头不用换位置就念下去了，很舒服，下句如果换"抵"为"值"，那就别扭了。

在具体安排方法上，他在《关于文学的语言问题》中说："比方我的报告中，上句末一个字用了一个仄声字，如'他去了'，下句我就要用个平声字，如'你也去吗？'，让句子念起来叮当地响。好文章让人家愿意念，也愿意听。"从这里我们可以看出，几句话连用要注意句尾字平仄的互相照应，这样，声音的抑扬之美就出来了。毛泽东同志在《论联合政府》中说："房子是应该经常打扫的，不打扫就会积满了灰尘；脸是应该经常洗的，不洗也就会灰尘满面。"[3] 积满灰尘和灰尘满面颠倒的目的，主要是为了语言的抑扬之美，因为"尘"是第二声（阳平），面是第四声（去声），这样一平一仄，高低相应，读起来抑扬顿挫。

除了注意句末的平仄之外，还可以运用拟声词和双声、叠韵等来增加语言的声律美、节奏感。如，鲁迅在《从百草园到三味书屋》中描写长妈妈讲的美女蛇的故事："到半夜，果然来了，沙沙沙！门外像是风雨声。他正抖作一团时，却听得豁的一声，一道金光从枕边飞出，外面便什么声音也没有了，那金光也就飞回来，敛在盒子里。"[4] 这里拟声词的作用，加强了故事恐怖、神秘的气氛，使人如闻其声，如临其境。

叠字的用法，古已有之。从《诗经》中的"关关雎鸠"到杜甫诗中的"无边落木萧萧下，不尽长江滚滚来"，再到宋代李清照词中的"寻寻觅觅，冷冷清清，凄凄惨惨戚戚"。其实，到了这里，才能称得上是真正意义上的叠字妙用。这用法，到了元代，王实甫的《西

---

[1]〔南朝宋〕刘义庆：《世说新语》，中国社会科学出版社，2003年版，第126页。

[2] 老舍：《出口成章》，作家出版社，1964年版。

[3] 毛泽东：《毛泽东选集》，人民出版社，1970年版，第997页。

[4] 王景山：《鲁迅名作鉴赏辞典》，中国和平出版社，1991年版，第400页。

厢记》又有了新的创造性的发展，从而将叠字的功能发挥得淋漓尽致。如那段广为流传的莺莺长亭送别的《叨叨令》："见安排着车儿、马儿，不由人熬熬煎煎的气；有甚么（什么）心情花儿、靥儿，打扮得娇娇滴滴的媚；准备着被儿、枕儿，则索昏昏沉沉的睡；从今后衫儿、袖儿，都搵做重重叠叠的泪。兀的不闷杀人也么哥？兀的不闷杀人也么哥？久已后书儿、信儿，索与我恓恓惶惶的寄。"[1] 这样的文字，令人读后，简直有一种美的享受。

四、学习语言的途径

（一）从生活中学习语言

学习语言的重要途径是深入生活，熟悉生活，从生活中学习人民群众的语言。人民群众中蕴藏着极为丰富的语言矿藏，需要我们去开采，去发掘。普希金曾这样呼吁："去倾听人民的语言吧，青年作家们，从它里面，你们可以学会许多在杂志上找不到的东西。"相对于官方语言、文人语言，民间语言是最生动、最原始、最具生活气息与亲和力的一种新鲜活泼、生机勃发、魅力四射的语言。自古以来那些伟大的文学家无一不是从生活中汲取丰富的营养。

从生活里学习语言，首先要多听，从活人活事里学活语，博采口语。儿童学习语言，就是从聚精会神地听大人讲话开始，一天天丰富起来的。我们也应该有意识地去做。比如，我们写文章经常用到副词"很"字："很黑""很快""很直""很香""很硬"。在生活中，却又有更精确、更简洁的口语表达："漆黑""飞快""笔直""喷香""铁硬"。丰富多彩，活泼动人。

同时，多听群众的口语，并不是直接照抄写来，而是要写什么人，什么事，什么思想感情，多运用生活中学来的语言。先学习群众语言，掌握群众语言，然后创造性地去运用它。例如，《红楼梦》第三十九回刘姥姥进大观园和贾母的一段对话：

贾母道："老亲家，你今年多大年纪了？"刘姥姥忙起身答道："我今年七十五了。"贾母向众人道："这么大年纪了，还这么硬朗。比我大好几岁呢！我要到这个年纪，还不知怎么动不得呢！"刘姥姥笑道："我们生来是受苦的人，老太太生来是享福的，我们要也这么着，那些庄稼活也没人做了。"贾母道："眼睛牙齿还好？"刘姥姥道："还都好，就是今年左边的槽牙活动了。"贾母道："我老了……"[2]

这两个老太太说的都是地道的北京话，没有雕琢，而且说的是同样的语言。作者并没有把她们的话写得一雅一俗，但是在表面的平易之中，却句句又有相对之意。两人的思想、性格、阶级地位都表现出来了。这说明作者的语言的确是从生活中来，而又能巧妙地安排，不愧为语言大师的笔墨。

---

[1]〔元〕王实甫：《西厢记》，见白本松，华锋：《中国古代文学作品选简编》（下册），河南大学出版社，1995年版，第169页。

[2]〔清〕曹雪芹，高鹗：《红楼梦》，中国长安出版社，2003年版，第363页。

（二）从阅读中学习语言

人类社会的发展是一步一步向前迈进的，人类的思想、文化、科学、艺术等也都会随之进步。每一门学问都是人类分工努力日积月累所得到的成就，这成就全靠书籍记载流传下来。所以，书籍是人类精神遗产的宝库，是人类学术文化前进的里程碑。广博的阅读是写作必不可少的条件之一。作者吸取了前人总结的知识、经验，在这个基础上进行观察，进行分析，自然会高人一筹。写起文章来自然思路开阔，内容丰富，挥洒自如。没有深厚的知识，就会"发而无力"，"行之不远"。

同时，丰富的阅读有助于作者对所写的生活进行补充。生活本身并不集中、完整，当它进入文章时，有待于作者对它进行补充和充实，综合和生发。阅读中知识的积累有助于作者对生活集中概括，促使其更完整、丰富，作者写作时尽管描写的是一点，但是必须调动其全部的知识和经验来支持这一点。

我们读著名语言学家王力的《龙虫并雕斋琐语》，虽说它是散文小品集，谈天说地，品评世事，叙说家常，但处处充满了渊博的知识，焕然的文采。其中《说话》中有一段这样的文字："会说话的人不止一种：言之有物，实为心声，一謦一欬，俱带感情，这是第一种；长江大河，源远莫寻，牛溲马勃，悉成黄金，这是第二种；科学逻辑，字字推敲，无懈可击，井井有条，这是第三种；嬉笑怒骂，旁若无人，庄谐杂出，四座皆春，这是第四种；默然端坐，以逸待劳，片言偶发，快如霜刀，这是第五种；期期艾艾，隐蕴词锋，似讷实辩，以守为攻，这是第六种。"[1]

这段妙语，不仅把各种擅长辞令的人形容得淋漓尽致，而且每一种十六个字，多是四字成语。

另外，古今中外优秀作家的作品本身就是一座丰富的语言宝库，储存着许多有生命力、有价值的语汇，值得我们认真地学习。

首先，阅读应该注意方法问题。有一个笑话说，一子喜游荡，不肯读书，父大怒，闲置一室，传送饮食，让他眼睛仔细看书，心思仔细想书，如此用功，自然明白。过了三日，父到屋内看功课，子对曰："蒙父亲教训得极妙，读书果然有益，我才看得三日书，心中就明白了。"父问："明白何事？"答道："我一向只认得这读的书是用笔写成的，仔细看了三日，才晓得一张一张的书都是印版印成的。"这个笑话告诉我们，读书要会读，否则，读三百日也不会有所得。会读书的人从一部书里得到的要比一般人得到的多得多。

其次，读书要善选择。经过数千年的创造、积累，人类的知识浩如烟海，一个活百岁的人，即使是日日披阅，也不可能穷其万分之一。要在有限的时间里获得最大的收获，就不能不慎重选择。先要多读上乘之作，有了一定的基础后，再开阔眼界。

再则，要注意思考和消化。朱熹说："读书有三到：心到，眼到，口到。三到之中，心到最要紧，心既到矣，眼口岂不到乎？"茅盾说读名著一般至少要读三遍，第一遍是"鸟瞰"式，迅速阅读，让脑子有个印象。第二遍是精读式，全力咀嚼和寻味。第三遍

---

[1] 王力：《龙虫并雕斋琐语》，商务印书馆，2002年版，第74页。

是消化式，融会贯通，化为自己的营养。用他自己的话说就是读书要有所得，必须从情感的感动到理智的感动，光有前者是不行的。

最后，对于那些优秀的诗词警句，名篇佳作，还可以背诵一些，这对于写作是很有好处的。

（三）跟上时代发展的步伐

语言是社会的一面镜子，随着社会的发展而发展。社会发生了很大的变化，语言是不可能停滞不前的。词汇是语言中最活跃的因素，社会的变革、科技的发展、人们思维的活跃和观念的更新，都会在语言词汇中很快地反映出来。突出表现是新词、新义、新用法的大量出现。据国家语委语言文字应研究所的调查，当代汉语中每年出现1000个左右的语文性新词语。这些新词语有的是新造的，如1999年底，中美两国政府发表了关于签署加入世贸组织问题双边协议的新闻公报，新华社电讯稿中，就新造了"双赢"这个词；有的是从外语中来的，如克隆（clone）；有的是从方言来的，如炒鱿鱼（粤方言）等。正因为有这么多的渠道产生新词语，才使得汉语充满生机和活力。

而当下最为活跃的是网络语言，作家徐坤就表示她正在越来越习惯于大量运用网络语言写作："网络在线书写就是越简洁越好，越出其不意越好，写出来的话，越不像个样子越好。"[1] 创新性是网络语言最大的特点。网络语言不受外来的束缚，构思更为巧妙，常常语出惊人、令人瞠目，最大限度地反映出每个人在语言上的创造力。其创新性主要体现在词汇和语法两个方面：一是对已有词语的变异使用及新词新语的创造；一是对常规语法的突破。如"灌水"，原指向容器中注水，在网络中则表示在网上发表长篇大论而又内容空洞、"水分"含量高的文章；二是在网络中使用自创的新词语，如"菜鸟"，指初上网的新手；"见死光"，指网恋后与网友初次见面感到不满意而迅速各奔东西；"东东"，意指"东西"；"偶"，是"我"的一种比较调皮的说法，等等。

出于节省上网费和上网时间的考虑，网络语言还具有明显的经济性特征。这一点与秦始皇时代出于快速书写而产生隶书极为相似。网络语言用字节俭，尽量突破传统书写符号的局限，改变词语形、音、义方面的约定俗成，创制了新的形、音、义的结合体，产生了字母词、数字词、图形符号等，并依靠这些简单的符号传达丰富的思想感情和内涵。比如，缩写拼音，GG（哥哥）、DD（弟弟）、PPMM（漂亮美眉，即漂亮的女性网民）；数字和字母的谐音，1314（一生一世）；混用英语、拼音、数字，如：u2（you too 你也是），等等。由此可见，网络语言对现有语言成分的改变主要体现在"形"上，它是用最简洁的"形"来巧设言语交际的跨度，缩短信息交际的宝贵时间，并且这种跨度的设置，在一定的语境中，人们凭借自己的知识储备，完全可以理解，甚至乐于使用，满足其刺激性。

也许是受汉语象形字的启发，网民们还充分利用键盘上的符号，象形创制了许多极为生动形象且风趣幽默的表情和动作的图形，用以表达自己的喜怒哀乐，来模拟现实交

---

[1] 徐坤：《网络是个什么东西》，见《作家》，2000年第5期。

际。这些网络符号，不仅形象传神，而且使网络聊天具有了"望文生义"的近距离交际效果，给虚拟的网络生活增添了许多生气和实在感、即时感。

诙谐性是网络语言更为吸引人主动使用并进行传播的又一特点。网络常为有闲、有情人士所光顾，网民的相对年轻化更使网络语言充满活力，他们营造出轻松幽默的阅读氛围。如，"菌男""霉女"是指相貌丑陋的男女。这两个词一方面与"俊男""美女"谐音，反其意而用之；另一方面"菌""霉"能立刻使人想到过期、变质的食物，都具有很强的反讽效果。

但是，网络上也与现实中一样，由于话不投机，就会骂人。这就出现了语言的粗俗化。像 TMD（他妈的）、WBD（王八蛋）等随处可见。如今，网络语言的粗俗化有愈演愈烈之势，并开始向传统媒体渗透，已引起人们的注意，有关部门应制定相应的管理规范，以引导网络，净化语言，形成文明、清洁的语言风气。

我们应该采取宽容的态度对待网络语言这一新生事物。语言以交流和沟通为目的，而追求交际效果的最大化永远是语言发展的原初动力。网络语言弥补了现有语言在网络交际上的不足，使之发挥出了更广泛的交际作用。"物竞天择，适者生存"，网络语言今后能否被全民接受还需要时间的检验。值得肯定的是，网络语言不仅代表了高效率，更充满着一种求新求变、不断突破陈规的潮流感，这种创新精神正是语言发展的强大力量。网络语言这一新兴的言说方式正以自身的发展和创造推动着汉语言的发展，这也是网络语言存在的真正意义。

【文选】

隐 身 衣

杨 绛

我们夫妇有时候说废话玩儿。

"给你一件仙家法宝，你要什么？"

我们都要隐身衣；各披一件，同出遨游。我们只求摆脱羁束，到处阅历，并不想为非作歹。可是玩得高兴，不免放肆淘气，于是惊动了人，隐身不住，得赶紧逃跑。

"啊呀！还得有缩地法！"

"还要护身法！"

想得越周到，要求也越多，干脆连隐身衣也不要了。

其实，如果不想干人世间所不容许的事，无须仙家法宝，凡间也有隐身衣；只是世人非但不以为宝，还唯恐穿在身上，像湿布衫一样脱不下。因为这种隐身衣的料子是卑微。身处卑微，人家就视而不见，见而无睹。我记得我国笔记小说里讲一人梦魂回家，见到了思念的家人，家里人却看不见他。他开口说话，也没人听见。家人团坐吃饭，他欣然也想入座，却没有他的位子。身居卑微的人也仿佛这个未具人身的幽灵，会有同样的感受。人家眼里没有你，当然视而不见；心上不理会你，就会瞠目无睹。你的"自我"觉得受了轻视或怠慢或侮辱，人家却未知有你；你虽然生存在人世间，却好像还未具人形，还未曾出生。这样活一辈子，不是虽生犹如未生吗？假如说，披了这种隐身衣如何受用，如何逍遥自在，听的人只会觉得这是发扬阿Q精神，或阐述"酸葡萄论"吧！

且看咱们的常言俗语，要做个"人上人"呀，"出类拔萃"呀，"出人头地"呀，"脱颖而出"呀，"出风头"或"拔尖""冒尖"呀，等等，可以想见一般人都不甘心受轻忽。他们或悒悒而怨，或愤愤而怨，只求有朝一日挣脱身上这件隐身衣，显身而露面。英美人把社会比作蛇阱（snakepit）。阱里压压挤挤的蛇，一条条都拼命钻出脑袋，探出身子，把别的蛇排挤开，压下去；一个个冒出又没入的蛇头，一条条拱起又压下的蛇身，扭结成团、难分难解的蛇尾，你上我下，你死我活，不断地挣扎斗争。钻不出头，一辈子埋没在下；钻出头，就好比大海里坐在浪尖儿上的跳珠飞沫，迎日月之光而生辉，可说是大丈夫得志了。人生短促，浪尖儿上的一刹那，也可作一生成就的标志，足以自豪。你是"窝囊废"吗？你就甘心郁郁久居人下？

但天生万物，有美有不美，有才有不才。万具枯骨，才造得一员名将；小兵小卒，岂能都成为有名的英雄。世上有坐轿的，有抬轿的；有坐席的主人和宾客，有端茶上菜的侍仆。席面上，有人坐首位，有人陪末座。厨房里，有掌勺的上灶，有烧火的灶下婢。天之生材也不齐，怎能一律均等。

人的志趣也各不相同。《儒林外史》二十六回里的王太太，津津乐道她在孙乡绅家"吃一、看二、眼观三"的席上，坐在首位，一边一个丫头为她掠开满脸黄豆大的珍珠拖挂，让她露出嘴来吃蜜饯茶。而《堂吉诃德》十一章里的桑丘，却不爱坐酒席，宁愿在自己的角落里，不装斯文，不讲礼数，吃些面包葱头。有人企求飞上高枝，有人宁愿"曳尾涂中"。人各有志，不能相强。

有人是别有怀抱，旁人强不过他。譬如他宁愿"曳尾涂中"，也只好由他。有人是有志不伸，自己强不过命运。譬如庸庸碌碌之辈，偏要做"人上人"，这可怎么办呢？常言道："烦恼皆因强出头。"猴子爬得愈高，尾部又秃又红的丑相就愈加显露；自己不知道身上只穿着"皇帝的新衣"，却忙不迭地挣脱"隐身衣"，出乖露丑。好些略具才能的人，一辈子挣扎着求在人上，虚耗了毕生精力，一事无成，真是何苦来呢。

我国古人说："彼人也，予亦人也。"西方人也有类似的话，这不过是勉人努力向上，勿自暴自弃。西班牙谚云："干什么事，成什么人。"人的尊卑，不靠地位，不由出身，只看你自己的成就。我们不妨再加上一句："是什么料，充什么用"。假如是一个萝卜，就力求做个水多肉脆的好萝卜；假如是棵白菜，就力求做一棵糙糙（应为"瓷瓷"，编者注）实实的包心好白菜。萝卜白菜是家常食用的菜蔬，不求做庙堂上供设的珍果。我乡童谣有"三月三，荠菜开花赛牡丹"的话，荠菜花怎赛得牡丹花呢！我曾见草丛里一种细小的青花，常猜测那是否西方称为"勿忘我"的草花，因为它太渺小，人家不容易看见。不过我想，野草野菜开一朵小花报答阳光雨露之恩，并不求人"勿忘我"，所谓"草木有本心，何求美人折"。

我爱读东坡"万人如海一身藏"之句，也企慕庄子所谓"陆沉"。社会可以比作"蛇阱"，但"蛇阱"之上，天空还有飞鸟；"蛇阱"之旁，池沼里也有游鱼。古往今来，自有人避开"蛇阱"而"藏身"或"陆沉"。消失于众人之中，如水珠包孕于海水之内，如细小的野花隐藏在草丛里，不求"勿忘我"，不求"赛牡丹"，安闲舒适，得其所哉。一个人不想攀高就不怕下跌，也不用倾轧排挤，可以保其天真，成其自然，潜心一志完成自己能做的事。

而且在隐身衣的掩盖下，还会另有所得，不怕旁人争夺。苏东坡说："山间之明月，江上之清风"是"造物者之无尽藏"，可以随意享用。但造物所藏之外，还有世人所创的东西呢。世态人情，比明月清风更饶有滋味；可作书读，可当戏看。书上的描摹，戏里的扮演，即使栩栩如生，究竟只是文艺作品；人情世态，都是天真自然的流露，往往超出情理之外，新奇得令人震惊，令人骇怪，给人以更深刻的效益，更奇妙的娱乐。唯有身处卑微的人，最有机缘看到世态人情的真相，而不是面对观众的艺术表演。

不过这一派胡言纯是废话罢了。急要挣脱隐身衣的人，听了未必入耳；那些不知世间也有隐身衣的人，知道了也还是不会开眼的。平心而论，隐身衣不管是仙家的或凡间的，穿上都有不便——还不止小小的不便。

英国威尔斯（H.G.Wells）的科学幻想小说《隐形人》（Invisible Man）里，写一个人使用科学方法，得以隐形。可是隐形之后，大吃苦头，例如，天冷了不能穿衣服，穿了衣服只好躲在家里，出门只好光着身子，因为穿戴着衣服鞋帽手套而没有脸的人，跑上街去，不是兴妖作怪吗？他得把必需外露的面部封闭得严严密密：上部用帽檐遮盖，下部用围巾包裹，中部架上黑眼镜，鼻子和两颊包上纱布，贴满橡皮膏。要掩饰自己的无形，还需这样煞费苦心！

当然，这是死心眼儿的科学制造，比不上仙家的隐身衣。仙家的隐身衣随时可脱，而且能把凡人的衣服一并隐掉。不过，隐身衣下的血肉之躯，终究是凡胎俗骨，耐不得严寒酷热，也经不起任何损伤。别说刀枪的袭击，或水烫火灼，就连砖头木块的磕碰，或笨重的踩上一脚，都受不了。如果没有及时逃避的法术，就需炼成金刚不坏之躯，才保得无事。

穿了凡间的隐身衣有同样不便。肉体包裹的心灵，也是经不起炎凉，受不得磕碰的。要炼成刀枪不入、水火不伤的功夫，谈何容易！如果没有这份功夫，偏偏有缘看到世态人情的真相，就难保不气破了肺，刺伤了心，哪还有闲情逸致把它当好戏看呢，况且，不是演来娱乐观众的戏，不看也罢。假如法国小说家勒萨日笔下的瘸腿魔鬼请我夜游，揭起一个个屋顶让我观看屋里的情景，我一定辞谢不去。获得人间智慧必须身经目击吗？身经目击必定获得智慧吗？人生几何！凭一己的经历，沾沾自以为独具冷眼，阅尽人间，安知不招人暗笑。因为凡间的隐身衣不比仙家法宝，到处都有，披着这种隐身衣的人多得很呢，他们都是瞎了眼的吗？

但无论如何，隐身衣总比国王的新衣好。

——选自杨绛：《杨绛散文戏剧集》，南海出版公司，2001年版

第七章 修 改

一、修改的重要意义

一般说的修改,是指从初稿写成以后,经过加工、润色到定稿的过程。修改是文章写作过程的一个重要组成部分。"玉不琢,不成器",写文章也是如此,多改才能出华章。

(一)修改的过程就是对客观事物再认识的过程,是写好文章的必要条件

客观事物是复杂的,人们对于客观事物的认识是有过程的。文章是客观事物的反映,而要反映得正确、恰当,也有个不断深化和修正的过程。这个过程中,如同工匠冶器,必几经转换而后器成,器是精雕细刻出来的,文章是不断推敲、修改、逐渐完善的。托尔斯泰对自己要求十分严格,创作态度严肃认真。他的《战争与和平》曾七易其稿。《安娜·卡列尼娜》改过十二次。在托尔斯泰手稿博物馆里,我们可以看到长篇小说《复活》的未完稿就有四种,仅它的开头,作者就修改了二十多次。我们还可以发现,有些作品的未完稿竟达到十五至二十种。为写一篇作品的序言,竟修改了一百零五次之多。托尔斯泰的儿子曾经生动地讲过他父亲写作《婀娜小传》的情形:

> 《婀娜小传》初登报纸时,底页都要寄给我父亲自己校对。他起初在纸边加印刷符号加删削句等。继而改字,继而改句,继而又大加增删,到最后,那张底页便成为百孔千疮,涂抹得不可辨识。幸好我母亲尚能认清他的习用符号以及更改增删的字迹,她终夜不眠替父亲誊清改过的底页。次晨,她便把很整洁的清稿摆在桌上,预备他拿去付邮。我父亲,把这清样拿到书房里去看"最后一遍",到晚间这清稿又重新涂改过,比原来那张底页要更加难以辨认。我母亲只好再抄一遍。他很不安地向我母亲道歉:"真对不起你,我又把你誊写的稿子弄糟了,我再不改了,明天一定发出去。"但是明天之后又有昨天,有的甚至于延迟几星期或几月。他总说:"还有一处要再看一下。"于是把稿子再拿去改,再誊清一遍,有时稿子已经发出了,他忽然想到还要改几个字,便打电报去吩咐报馆替他改。

据说,托尔斯泰写的《为克来塞尔乐章而作》的文章,全文只有五页,而手稿整整八百页。五比八百,多么可观啊!

如果把鲁迅著名作品的定稿与初稿对照一下,我们会发现一串发人深思的数字:《肥皂》修改一百五十多处,《祝福》修改一百二十多处,《长明灯》改一百多处,《在酒楼上》改六十多处,《孔乙己》改五十多处,《藤野先生》改近一百处,一篇二千余字的绝笔杂

文《因太炎先生而想起的二三事》竟修改六十多处。

曹雪芹写《红楼梦》，"披阅十载，增删五次"（第一回）。

文章是客观事物的反映。客观事物是复杂的，要真正认识一个事物，必须有一个由浅到深、由粗到细的思维过程，这就决定了写文章不可能下笔"即达胜境"。要反映恰当，就要反复修改，多一次修改，就是多一次对事物的认识。就表达来说，也有一个由朦胧到清晰，由含混到准确，由粗疏到精美的文字加工过程，"一次写成，不加点缀而自工者"的情况是极少的，多一次修改，就是多一次对表现技巧和语言形式的选择。可见，多改是一切文章家的共同主张，是提高文章质量，使文章反映客观事物更加准确的有效措施。

（二）修改也是为了对读者负责

写文章是给别人看的，是要去影响人的思想和行动的。文章反映了真理，就能给人以教育，歪曲了真理，就会毒害别人，写得不清楚，别人就无法看懂，表达得不生动，就不能吸引人。因此，写文章应当对读者负责，要考虑文章的效果。

对读者负责任的作者，对自己的文章总是要经过反复思索和修改的，有时放在修改上的时间和精力比写作时间还要多。马克思写《资本论》，从计划到草稿都经过了多年的多次的修改。《资本论》第一卷写完后，他还要作一次文体上的修饰。他在给恩格斯的信上说："这自然就像生小宝宝一样，在一阵剧痛以后用舌头去遍舔那活宝宝，多愉快呀！"德文本出第二版，马克思又改了一遍。对于法文译本，马克思为了使法国读者容易了解，又作了许多修改。这种精神，在许多作者身上都有表现。据传说，宋代大文章家欧阳修写文章，起先也写不好，后来看到韩愈文章的原稿改得一塌糊涂，才恍然大悟，从此，他就很注意文章的修改，每写一文，总改几遍，甚至写成后，还要贴在墙上，边读边改，久而久之，原稿上的字几乎不剩几个。这种认真改稿的习惯，一直坚持到他的晚年。据《晏简》记载，他晚年时为把自己的文章编成一本集子，常常修改到深更半夜。他夫人对他说："你又不是小学生，你这么认真地改文章，难道还怕先生责怪吗？"他回答："是啊！我已经这么大年纪了，自然不会有什么先生来责怪我了；可是我这个集子，是要留给后人看的，我这样认真修改，就是怕文章里有毛病，怕后生们笑我呢！"（顾元庆：《檐曝偶谈》）写文章要为读者着想，以至想到"后生""后世"，不急于动笔，不厌烦修改，"反复改正，方敢示人"。这是写作的正确态度。

这种为了读者，为了后人而认真修改文章的精神，是值得我们学习的。

（三）修改是提高写作能力的重要途径

修改的过程，就是写作能力提高的过程，不断地修改，才能不断地提高。之所以能有提高，就在于修改中能发现自己的优点和不足，优点可以发扬，缺点可以改正。清代唐彪有一段话讲得很好："作文有深造之法，为文章一次作不佳，迟数月将此题再为之，必有胜境矣。再作复不佳，迟数月又将此题为之，必有胜境出矣，盖作文如攻玉然，今日攻去石一层，而玉微见；明日又攻去石一层，而玉更见；再攻不已，石尽而玉全出矣。作文亦然，改窜旧文，重作旧题，始解深造。"（《学有专攻深造之法》，《读书作文谱》卷三）事实确实如此。

第七章 修 改

这里,我们再引作家赵树理帮助一个青年改稿子的故事加以说明。

1980年3月13日《山西日报》刊有一篇文章《耐与改》,记叙了赵树理帮助小李改文章的故事。20世纪50年代,赵树理在农村,住在一个农民家里。房东有一个17岁的高小毕业生,参加农业劳动。一天,赵树理发现有人做了一件好事,就对那个青年说:"小李,你把这件事写个稿子好不好?"小李说:"我文化水平低,怕写不好。"赵树理鼓励说:"你写吧,试试看,万一不行,有我帮忙。"第二天,小李就写了个稿子,给赵树理看,赵树理说:"你先改一改,明天让我看。"第三天,小李改好了让赵树理看,赵树理看了一遍后,"你再改一改,明天送给我"。第四天,小李改好了,送给赵树理,赵树理看了一遍,说:"小李,我看你会改,再改一遍,给我看。"第五天,小李再改好了,送给赵树理,赵树理看了微微一笑,说:"小李,你改得有门路,再改一遍可以吗?"小李应声而去,第六天,再改一次,送给赵树理,赵树理看了,夸赞说:"小李,你有写文章的耐性。好,再改一遍。"第七天,小李第五次改好了,送给赵树理,赵树理看了,满意地说:"好了,弄个信封,把它寄到《山西农民报》编辑部。"小李照办了。回来对赵树理说:"你光叫我改、改、改,你是大作家,那么多写作经验,为什么不给我讲一点呢?"赵树理笑着说:"小李,我已经把我的真经验传给你了。"小李惊讶得瞪圆了眼睛:"啊,你别开玩笑呀!"赵树理认真地说:"小李,我的真经验只有两个字:一个是耐字,一个是改字。你那稿子改了五遍,每遍我都看了,看出你会改,有耐性,这样,你不是把我的真经验学会了吗?"小李这才恍然大悟。从此,小李记住赵树理的话,耐心写稿,写好后改几遍,写了不少好稿子,他的写作水平也大大提高了。

这个例子生动地说明,通过写作实践,不断修改,是提高写作水平的一条极好的途径。

二、修改的范围

(一)修改主题

主题是文章的灵魂,是贯穿全文的一条红线。考虑修改文章,要进一步推敲它,看主题把握得准不准,提炼的深度够不够。虽然变更主题的情况不多,但它的改动,关系很大,是涉及各个方面的大问题,这种修改是根本性的,要认真对待,不可忽视。

列夫·托尔斯泰写《复活》,前后整整10年,他的几次修改,主要在主题上。

《复活》的故事原型是"科尼的故事"。托尔斯泰的朋友科尼,在担任法院检察官时,遇到了这样一件事:有个青年找科尼,表示准备同一个女犯人结婚。这犯人是个下等妓院的妓女,因为偷了醉酒的嫖客一百卢布而判了罪。科尼虽然再三劝阻,青年人仍坚持要和她结婚,女犯人也表示同意。后来因为女犯人得病死去,婚礼才没能举行。据说,女犯人的父亲是一个佃户,父亲死后,她被东家收留做了佣人。那青年是东家的亲戚,女犯人16岁时被他诱奸,怀孕后被主人家赶出,生活无着落而沦为妓女。青年人在陪审员席上,重新见到了女犯人,他要与她结婚,以此来表示忏悔。

列夫·托尔斯泰听了这故事后，受了感动，激起了创作的欲望。1889年动笔，写了《复活》的草稿，就是叙述了"科尼"的故事。青年忏悔的故事，不能表现重大的社会政治主题，作者陷入了痛苦之中，1890年，列夫·托尔斯泰的创作思想前进了一步，认为"科尼的故事应该从审讯写起"，"应该立刻把法庭的全部荒谬表现出来"。作者想把主题由道德心理方面，转向社会政治方面。主题的重大改变，必然使其他方面相应修改，为了用艺术形象表现自己的主题，《复活》的创作中断5年。直到1895年，作品初稿写成，法庭场景占了重要地位，批判了当时的社会制度，但故事用两人结婚，迁居国外结尾，给尖锐的生活悲剧加上了幸福的尾声，既不符合生活的逻辑，也削弱了主题的积极意义。虚伪的收束，使作者陷入了失望和痛苦之中。

经过痛苦的思索，列夫·托尔斯泰明确了作品的主题思想。他说："我懂得了应该从农民生活写起，他们是主体，是积极的人物，而我现在所写的，他们都是影子，是消极人物。"由于创作思想明确了，主题明确了，作者对《复活》又作了一次修改。作品主题放在批判专制制度上，也把人物重心移到喀秋莎身上。

《复活》由于主题的更改，引起了故事情节和人物性格的深刻变化。经过10年的琢磨修改，《复活》的主题更为深广，更富于教育意义。作品有力地控诉了专制制度的残暴和黑暗，形象地反映了俄国千百万农民在资产阶级革命前夕的思想和情绪。故事结局是喀秋莎拒绝了同聂赫留朵夫结婚的要求，这样就揭示了人物之间的阶级对立，使《复活》具有深广的社会意义，成为一部批判现实主义的不朽杰作。

《复活》反复修改的重大变动，虽然表现在人物性格和故事情节上，但它是属于主题方面的改动。这种变动在修改文章上说，是比较重大的，但也不是罕见的。这种修改，往往是作家深入认识生活，进一步提炼和深化主题的过程。

（二）修改材料

每篇文章，都应使主题统帅材料，材料足以说明主题，求得主题和材料的统一。如果出现不统一的情况，而主题又是正确的，就必须对材料进行推敲修改。

修改的方法是：

第一要改动。就是对表现主题不确切的、片面的、不真实的材料，必须进行改动和更换，力求做到主题与材料的一致，恰当地反映客观事物。如在一部长篇作品中，有这样一段描述：

咔嚓一声，拇指粗的篷索，一断两截。巨大的船篷，像断了线的风筝一样，"噗啦啦"地跌落下来，一半堆在船上，一半拖到海里……落了篷的船，就像陀螺似的，在浪涡里滴溜溜地旋转……"哒哒哒……"恰在这时，敌人架在"海狼二号"艇上的机枪，发狂地横扫起来……万博浪……不容分说，把断绳头叼在嘴里，两只胳膊往桅杆上一抱，双脚用力一蹬，"噌噌噌"地往上爬去。

"博浪叔——危险！"海涛争着要往上爬。

这时，万博浪已经爬到半腰了。他对海涛笑笑说："海涛，你别争了！我是共产党员，越是危险的任务，越需要我来完成！"

说完，又奋力地向上爬去。

这里描绘的是一次海战的一个小场面。作者的意图大概是想通过这样一个惊涛骇浪、枪林弹雨的危急场面，来表现万博浪这一英雄人物临危不惧的崇高精神以及他为革命甘洒热血的高贵品质。但是，由于作者思考不细，照顾不周，只顾突出"英雄"而忘记了实际环境，以致造成了材料失真的现象——既然万博浪口中叼着"拇指粗"的断绳头，他就无法对海涛喊话；既然万博浪是在敌人机枪发狂似的扫射的紧急情况下爬上桅杆修接篷索，他就不该停在桅杆半腰来争论由谁来完成这一任务。这样，顾此失彼，前后矛盾，就必然造成作品的失真，这些地方就应该改动。

第二要删削。文章中的材料不在于多，而在于精，只要能说明问题就可以了。如果材料堆砌过多，淹没了主题，臃肿、拖沓，这时就要删去多余的材料，做到辞达而理举。

陆机有句名言："离之则双美，合之则两伤。"（《文赋》）删去不应有的材料，是两全其美，把不相干的东西硬凑在一起，势必两败俱伤。

契诃夫说得明确："写作的技巧，其实并不是写作的技巧，而只是删节写得不好的技巧。"（拉扎列夫·格鲁津斯基：《安·巴·契诃夫》）

比如，魏巍的《谁是最可爱的人》，最初的题目是《自豪吧，祖国》，用了二十多个例子，好像记流水账，堆砌材料太多。后来，魏巍删去了许多不典型的材料，写成了《谁是最可爱的人》，只用了三个事例。这样，文章材料既典型而又具体，既鲜明而又突出。三个例子，从不同侧面有力地表现了文章的主题。

另外，一些材料虽然是真实的、动人的，但如果对表现人物性格，揭示文章的主题关系不大，也应该删去。

黄济人在《〈将军决战岂止在战场〉的材料处理》一文中说：

就拿杜聿明来说吧，我采访他的时间先后有半年之久，关于他的经历，知道得不可谓不多。但是真正用进作品中来的，就是与他的必然命运发生关联的那几件事情。这几件事情站得住脚，时代的必然趋势，社会的必然发展也就出来了，而作品的主题意义正在这里。

这当中有个忍痛割爱的问题。杜聿明人生经历的传奇色彩是非常浓厚的。在成为国民党头等战犯之前，他在旧时代的监狱就住进了三次，最后一次是在宁汉分裂时期，他因为反对武汉政府被关进监狱，就在武汉政府下令枪毙他的前一天晚上，他撬开铁窗上的栅栏准备逃跑，可是伸颈一看，铁窗下面的墙角落，正站着一个持枪的岗哨。杜聿明绝望之余，双腿下跪，潸然泪落道："孙中山先生若有在天之灵，就保佑我下一场大雨吧！"果不其然，一会儿窗外乌云密布，转瞬间大雨倾盆，杜聿明侥幸逃走了。这样的经历不可谓不奇特，但是在杜聿明整个经历中，它构不成概括这段历史的典型事例，也就是说，它和杜聿明最终为真理所感召的历史命运并没有什么有机的联系，所以作为这部作品的材料，它显然是没有说服力的。

由此可见，一些材料单独看来，生动、奇特，富有趣味性，但如果对揭示人物性格无益，对表现主题无用，就要坚决舍弃。

第三要增添材料。凡行文抽象空泛，枯燥干瘪，不能明确地、生动地表现主题，就必须增添具体的充实的典型材料。

例如，在《人民的好医生李月华》中那个"小黄狗"的故事，采写者在前四稿里没有采用它。后来他们又去补充采访，一到泗县就听说许多前往丁湖医院参观的人，还没到李月华家，那条小黄狗就迎上来，人们一看就知道这是李月华为病人着想才喂养的那条黄狗。睹物思人，大家很难控制自己的热泪。采访者们亲身体验到这种感情之后，觉得这是一个最能说明李月华为患者想得细致入微的典型事例，于是在第五稿中把它写进文章里，产生了非常好的效果。

总之，对材料的删、添、改动，都要以是否有利于主题的表现为依据来判定。

（三）调整结构

文章结构如果出现层次不清，线索不明，详略不当，前后照应不周，开头结尾不妥，不符合思维逻辑等情况，就必须修改。

修改结构，目的是使文章进一步条理化、系统化，构成完整的有机体。鲁迅的杂文《死》里面写了七条遗嘱，前四条是：

一、不得因为丧事，收受任何人的一文钱。——但老朋友的，不在此例。

二、赶快收敛，埋掉，拉倒。

三、不要做任何关于纪念的事情。

四、忘记我，管自己生活——倘不，那就真是糊涂虫。[1]

从手稿上看，最初写时，第二条是第三条，第三条是第二条，后来次序更动了，把第二条改为第三条，把第三条改为第二条了，并做了二者颠倒位置的记号。在结构上的这个调动，很值得我们仔细揣摩，把"收敛，埋掉"放在"关于纪念的事情"之前，这样，几条都是按时间顺序由近及远地排列，显得前后一贯，条理更清楚，层次更分明。鲁迅在手稿上的这个改动调整，是从文章内在的逻辑关系方面考虑的，反映了作者思维的精密、文章结构的严谨。

一篇文章是一个完整的统一体。内容和形式是统一的，所以，在写完一篇文章后，"须精思细改，如果文章草创已定，从头至尾一一检点。气有不顺处，须疏之使顺；机有不圆处，须炼之使圆；血脉有不贯处，须融之使贯"（唐彪：《文章全借改窜》，见《读书作文谱》卷五），这都是讲在文章结构上要进行调整。

为了使文章首尾呼应，贯通一气，作者应特别注意开头和结尾的修改。列夫·托尔斯泰写《安娜·卡列尼娜》，开头曾改了十次才定为"幸福的家庭都是相似的，不幸的家庭各有各的不幸"。这个开头富有哲理，概括性强，鲜明地揭示了作品的主题。

（四）修改语言

语言是思想的直接现实。作者要想十分准确而恰当地反映客观事物，就必须锤炼语言。要把文章中重复啰唆的字、句、段删去，毫不可惜，把那些晦涩拗口的句子改通顺，

---

[1] 王景山：《鲁迅名作鉴赏辞典》，中国和平出版社，1991年版。

第七章 修 改

把抽象呆板，表现力不强的词语改得更加准确、鲜明、生动。语言修改绝不是技术问题，它和内容直接联系，往往因为文字上的毛病，影响到内容的表达。

锤炼和修改语言，一般可以从两个方面着手：一是删繁剪秽；一是炼字炼句。前者是培养去粗取精、舍芜存菁的能力，有助于作品简洁畅达；后者是培养用词精确、造语惊人的能力，有助于作品的精深和博大。

（1）删繁剪秽。繁，是繁杂、臃肿、枝蔓，它同简洁、明朗、显豁是对立的。秽，是污秽，语言中的杂质，混浊不清，它同纯粹、明净相对立。删繁剪秽，就是要使语言简明、畅达、纯净。

司马迁在《史记·李将军列传》中说："广出猎，见草中石，以为虎而射之，中石没镞，视之石也。因复更射之，终不能复入石矣。"

金人王若虚以为不够简洁，"凡多三'石'字"（《滹南遗老集》卷十五）。后人参考他的意见，改为："广出猎，尝见草中有虎，射之，没镞，视之，石也。因复更射，终不能入矣。"

把原句三十三个字，缩减为二十六个字，剔除冗词，语言简洁，显得更富有表现力。

（2）炼字炼句。炼字，主要是炼谓语中心词。

苏轼诗句："渊明为小邑"，其中"为"曾被圈掉，改为"求"字，后定稿作"为"，这就显得质朴、明朗，符合陶渊明的性格；"求"字相差太远了。

锤炼谓语中心词的好处在于，能使文句活脱、流动、带情，可以避免板滞、凝固、枯涩等毛病。

炼字，还应该炼形容词、数量词、副词乃至名词、虚词等。

"东家之子，增之一分则太长，减之一分则太短，着粉则太白，施朱则太赤。"这是宋玉在《登徒子好色赋》中形容邻女之美时说的。但这话有毛病，金人王若虚说："夫其红白适中，故着粉太白，施朱太赤。乃若长短，则相形者也；增之一分既已太长，则先固长矣；而减之一分乃复太短，却原是短，岂不相窒乎？"因此，他认为前两个"太"字多余。这话说得很有道理。宋玉那段话乍一看把那个邻女说的美得很，但经王若虚一说，却又令人觉得前面两句话确实有问题。试想，后面两个"太"字去掉，那就成为"着粉则白，施朱则赤"，也就是说这个女子本来不白，面色黑黄，搽了粉则白糊糊一片，而脖子上或许有黑灰。本来不红，抹了胭脂才红红的，这个女郎也就不美了，因为她失去了本真的自然肤色，是用了"遮丑"的方法来蒙蔽一下人们，如果你仔细瞅瞅，正如鲁迅所说，你能从她那保护得很好的红指甲缝里发现里面残存有一道黑印，从她那粉白如玉的脖子上发现其皱褶中留有些微的汗渍。加了两个"太"字，就可以写出她"红白适中"，天生丽质，自然动人，正所谓"天然去雕饰"。着粉施朱反而显得"太"白，"太"红了，这两个"太"字缺少不得。但谈到身材却又不能加"太"字，说"增之一分则太长"，不是原来就长吗？"减之一分则太短"，不是原来就短吗？

为什么讲红、白必须加"太"字，而讲长短却不能呢？这是因为前者谈颜色，颜色只能大致感觉它适中，不能量度，而讲长短，则是可以量度的，说"增一分则长，减一分则太短"，就容易使人感到本来就长或者本来就短了。

在现代作家中，一些文章写得好的人，总注意字句的琢磨，肯在斟酌、锤炼上下功夫。鲁迅那首纪念左联五烈士的有名的七律，在日记中是这样的：

　　　　惯于长夜过春时，挈妇将雏鬓有丝。
　　　　梦里依稀慈母泪，城头变幻大王旗。
　　　　眼看朋辈成新鬼，怒向刀边觅小诗。
　　　　吟罢低眉无写处，月光如水照缁衣。

后来，鲁迅把它写入了《为了忘却的记念》中，把"眼看"改为"忍看"，"刀边"改为"刀丛"。两字之改，是经过锤炼的表现，作者把两句一般叙述的语言，改为凝聚了感情色彩的诗句。"忍"字，表现了作者的愤怒和蔑视；"刀丛"，则写出了白色恐怖的残酷和鲁迅的坚强不屈。锤炼字句，增强了文字的表现力。

炼句，也就是语句的锤炼和修饰。炼些什么？清人许印芳指出："兴酣落笔，如黄（金）白（银）合冶，大气鼓铸，成篇之后，细检瑕疵。平者易之以拗峭，板者易之以灵活，繁者易之以简约，疏者易之以缜密，哑者易之以铿锵，露者易之以浑融，此熔炼之功也。"（《与李生论诗书跋》，见《诗法萃编》卷六下）

这"平""板""繁""疏""哑""露"，即是全篇各种毛病的概括，必须加以修改，而且也是炼句的主要对象。

平，即平直，没有波澜，没有曲折；改平为"拗峭"，就是要做到曲折变化，错综见意，增强表现力。

据说，太平天国农民战争时，曾国藩组成的湘军去镇压农民军，但连连失败，于是只好向朝廷请求援兵。他的幕僚在起草奏折时，不得不承认湘军"屡战屡败"，但狡诈的曾国藩看到这一句时，却把词序颠倒了一下，改作"屡败屡战"。这一改，意义变了。"屡战屡败"，如实地反映了湘军失败的情况，流露出了无可奈何的情绪。改成"屡败屡战"，虽没有改变打败仗这一事实，但却给人一个印象，仿佛湘军顽强作战，虽败不馁。从内容上看，这是个反面例子，但从语言运用上却同样说明，锤炼语言能把作者的意思表达得更鲜明、更完美。

板，即呆板，凝滞，不活泼，缺乏生气，没有感情；改"板"为"灵活"，就是要做到生动、形象、有情、有味。

郭沫若在1942年写了一篇文章《一字之师》，叙述他的历史剧《屈原》中一句台词的修改经过。该剧第五幕第一场，屈原的女侍婵娟有一段痛斥投靠南后、背叛老师的宋玉的一段话，原稿是这样的："宋玉，我特别地恨你，你辜负了先生的教训，你是没有骨气的文人！"演出时，作者在台下听起来老是觉得"你是没有骨气的文人"这句话不够味儿。当时在该剧中饰演婵娟的著名电影演员张瑞芳也有同样的感觉。后来郭沫若想在"没有骨气的"后面加上"无耻"二字，但念来仍不够劲儿，这时，饰演钓者的张逸生建议将"你是"改成"你这"，郭沫若心里一亮，念了两遍，觉得改得好，他说："我回头考虑了一下，这两种语法，为什么有那样强弱的不同。"这是因为："你是什么"，只是单纯的叙述句。句式呆板，没有更多的含义。"你这什么"，便是坚决的判断，有强烈的感情，还含有丰富的意思在句式之中。这样一改，句子就有力得多，活跃得多，有

第七章 修　改

情得多。

繁，即繁冗，芜杂，拖沓；改繁为简约，就是要做到言简意明，语言洗练。

冯牧有一篇散文《澜沧江边的蝴蝶会》，吕叔湘作了精心的修改。

[原稿] 到处都是一片浓荫匝地，繁花似锦，到处都是一片勃勃的生气：鸟类在永不休止地啭鸣；在棕褐色的沃土上，各种植物好像是在拥挤着、争抢着向上生长。行走在村寨之间的小径上，就好像是行走在精心培植起来的公园林荫路上一样，只有从浓密的叶隙中间，才能偶尔看到烈日的点点金光。

[修改稿] 到处是浓荫匝地，繁花似锦。走在村寨之间的小径上，就好像是走在精心修建起来的林荫路上一样，只有从浓密的树叶的缝隙里洒下来太阳的点点金光。

这篇散文原文有3700字，写得还生动，就是失之繁杂，吕先生删去了许多枝蔓（几乎将近原作的一半），突出了蝴蝶盛会的情况，全文更加精练优美了。就上述片段来说，因路上所见不是文章重点，所以，也尽量将可有可无的字句删去。

疏，即疏松，不严密，不完整，有缺漏；改疏为缜密，使之连贯，张弛适宜，全面准确，成为有机的统一体。这固然是就篇章结构而言，但是也可以用到句式的锤炼上。

鲁迅在《〈坟〉的题记》初稿上写道：

其次，是因为有人厌恶我的文章。说话说到有人厌恶，比起毫无影响来，是一种幸福。

定稿时改成：

其次，自然因为还有人要看，但尤其是因为又有人厌恶我的文章。说话说到有人厌恶，比起毫无动静来，是一种幸福。

这篇文章着重讲为什么要把他的文章合成一个集子，初稿中"其次"以下所写的内容，在语句的意义上有重要的疏漏，显得不全面，因为只讲了"有人厌恶我的文章"这一个方面，还有喜欢的人的另一方面就没有讲。经过修改，意思全面而且完整了，显得极为缜密。

哑，即喑哑，不响亮，不和谐，不顺口；改哑为铿锵，就是要使文章念起来悦耳动听，郎朗上口。

老舍说："我写文章，不仅要考虑每一个字的意义，还要考虑到每个字的声音。"他举例说："上句末一个字用了一个仄声字，如'他去了'。下句我就要用个平声字，如'你也去吗'？让句子念起来叮当地响，好文章让人家愿意念，也愿意听。"（《出口成章》）这的确是经验之谈。

如叶圣陶的《啼声》中"我们只有在泥涂的水浸的风扬的沙飞的街上打滚"，1958年收入《叶圣陶文集》第1卷时，改为"我们只能在泥渍水浸风沙飞扬的街上打滚"。原句结构松散，声调不美。修改后，行文紧凑利落，节奏感强，声调也显得和谐悦耳。

露，即浅露，含义不深，内容单薄；应该改露为浑融，使之含蓄深厚。

宋代戴埴《鼠璞》记载陈辅之《诗话》云："萧楚才知溧阳，张咏作牧，有一绝云：'独恨太平无一事，江南闲杀老尚书。'萧改'恨'作'幸'。"太平景象为什么可恨呢？原句也违反人之常情，所以，非改不可，改为"幸"后，只要联系下句一读，恨无建立功名的意思仍然包含在字里行间，只是更为含蓄，更有诗味了。"幸"字改得好，张咏称萧楚才为一字师。

在曹禺的戏剧《雷雨》中，繁漪曾说："这些年喝这种苦药，我大概是喝够了。"这话看似讲鲁四凤端给她喝的药，实质上是讲繁漪在周公馆18年一直喝的是生活上的"苦药"。这正是她厌恶这种生活，反抗这种生活的真实感情的流露。这句话含而不露，耐人寻味。

涩，即生涩，语言若断若续，读起来不流畅，意思表达有阻碍，这就必须将它改得清通畅达。枯，即枯燥，缺乏丰富的词汇，颠来倒去就是那么几句话，"语言无味，像个瘪三"。必须改枯为丰富多彩，生动有趣。

（五）修改标点符号

19世纪法国台奥多尔·冯达诺当编辑时，收到一个青年寄来的诗并信："我对标点向来是不在乎的，请您用时自己填吧。"冯达诺在退稿信中写道："我对诗向来是不在乎的，下次请您只寄些标点来，诗由我自己填好了。"因此，标点符号也是文章的有机组成部分。秦牧在《标点符号——文章中的无声英雄》中说："标点符号，不但可以使文章段落分明，断句清晰，而且，它还可以表现多种多样的语气，人们朗诵作品的时候，尽管没有把逗号、句号、问号、感叹号等名称念出来，但是它对朗诵者的声调是起了作用的。称这些标点符号是文章中不声不响，埋头苦干的英雄，我想未尝不可。"[1] 因此，写文章要恰当地使用标点符号，准确地表达我们的思想感情。

雨果给出版商写信询问新做出版情况，信上仅用一个"？"，出版商回信只用一个"！"，过了不久，轰动全球的《悲惨世界》便与读者见面了，这两封信被称为"世界上最短的信"。

美国一位青年写的《自传》只有三个标点符号："——""！""。"。意为"一阵横冲直撞，落得个伤心自叹，到头来只好完蛋"。心理学家巴尔肯将其改为"、""……""？"，并鼓励青年说："青年时期是人生路上的一个小站，道路漫漫，希望无边，浪子回头金不换，难道不应该奋发努力？"这位青年深受鼓舞，振奋精神，终于成才。

报告文学《事业之树》中南通国棉二厂副厂长高树为扩建厂房和纺织部出口公司张政文司长有一段谈话：

司长："老高，你们的目的看来是要跨河东进，建个新车间，彻底改变目前生产的布局，是吗？"

"是的！"高树回答得很干脆。

"能不能气魄更大一点？"

"……"高树愕然。

"按一个配套的大工厂，使你们厂翻一番！"

"！"高树怦然心动。

---

[1] 秦牧：《语林采英》，花城出版社，1983年版。

"不过,国家不给你们人民币。"

"?"高树惊讶。

"你们可以用美元。"

"!!"高树的呼吸急促起来。[1]

自信——惊愕——激动——惊讶——急促,感情的潮水跌宕起伏,由几个标点符号完成,经济凝练,含蓄形象。

由此可见,标点符号的作用很大,我们修改文章时要仔细揣摩,认真推敲,恰当地使用每一个标点符号,切不可等闲视之。

修改标点符号要注意两种情况:

一是用错标点符号。指该用这一种标点符号却用了另一种标点符号,或者该用标点符号的地方却没用,不该用的地方却用了。习作中一逗到底的情况不少,有些只在文末点小点,不知道作者用的是什么标点符号。

二是点错位置。指该点在第一行第一格的却点在最后一格,该点在最后一格的却点在第二格了。一般说来:

、,。;:!?'")》〉等标点符号不能点在一行的第一格。

'"〈《(等标点符号不能点在一行的最后一格。

(3)——和……等占两格,可以点在一行的一、二格,也可点在最后两格,但不能把一个标点符号分为两半,前一半在最后一格,后一半在第一格。

三、修改的态度和方法

(一)作者对修改要有正确的认识,虚怀若谷,集思广益

列夫·托尔斯泰说:"写作必须不怕反复修改,必须改上十次二十次才行。"这话听起来容易懂,但做起来却很难,关键就在于"不怕"二字上。有些人就是"怕",怕改动,怕再看,怕麻烦。一些人过分相信自己,"一挥而就,文不加点",初稿就是定稿,以为自己写得绝对好,写完了事,马虎潦草,敷衍塞责。自己不改,也怕别人改。还有的人,不善于写文章,很讨厌写作,写完了事,至于写得怎样,管它呢,这都是不好的态度。写作是一个艰苦的精神劳动过程,修改文章更要付出心血。刘勰在《文心雕龙·附会》中说:"改章难于造篇,易字难于代句。"不经过艰苦劳动,文章是改不好的,也是写不好的。"为文须千斟万酌,以求一是,再三更改,无伤也。然改而善者十之七,改而谬者十之三,乖隔晦拙,反走入荆棘丛中"(郑燮:《词钞自序》)。这就说明修改文章并不一定一次可成,也有欲益反损的情况。因此,有人感到修改文章比写文章要困难得多,这就告诉我们要正确对待修改,绝不要轻率下笔,随便乱改。否则,不但不能使文章更加生色,反而会给文章带来新的毛病。

比如,一位编辑处理一篇稿子,看到引用了曹操《龟虽寿》中的诗句:"老骥伏枥,

---

[1]《新华月报》,1982年第12期。

志在千里；烈士暮年，壮心不已。"其中的"烈士"是指有志于建功立业的人，与今天所说的"烈士"一词不同。可是编辑认为，"烈士"就是已死去的人，哪有暮年，"烈"字写错了，提笔改作"壮士"，壮士才有暮年，好像说通了，但又想，两个"壮"字连用不好，又把"壮心"改成"雄心"了。因此，发表时，曹操的诗就成了："老骥伏枥，志在千里；壮士暮年，雄心不已。"[1] 这位编辑不熟悉曹操原诗，又不认真核对，随手乱改，结果改错了，闹出了笑话。

唐代杜牧写了首诗《清明》，清代纪晓岚认为语病太多。清明时节雨纷纷——纪晓岚认为清明降春雨，是牛毛细雨，不可能像夏天那样倾盆而下，所以，"纷纷"多余。路上行人欲断魂——他认为行人只能走在路上，不能上天街去走的，所以，"路上"是废话。借问酒家何处有——他认为外来旅客当然要打听，写上"借问"没用。牧童遥指杏花村——他认为打听谁都可以，因此，"牧童"先回家休息吧！

从字数上看，二十八字缩为二十字，确实简练了，但诗意却损害了。原有"纷纷"，从感情深处体察到了清明的到来。"路上"，既突出了雨中实感，又强化了清明雨给人带来的惆怅之情。"借问"，给诗增添了多少山林风味和质朴气息。"牧童"，不仅给全诗增添了浓郁的韵味，而且更是触处生辉，美不胜收。而纪晓岚改过后的诗，则变成了蹩脚僵硬的说明文。

有人曾将杜牧的《清明》重新标点，变成：

〔清明时节。雨纷纷。

〔路上

行人：（欲断魂）借问酒家何处有？

牧童：（遥指）杏花村。

不增减一字，只改标点，诗成了小剧本。有时间、场景、地点、人物、台词，还有表情说明，应有尽有，文体彻底变了，因此，修改文章一定要慎之又慎。俗话说，"旁观者清，当局者迷"。自己写的文章，常因思路陷于固有的圈子，难以自我解脱，而别人反而能找出问题所在，所以，必须不"护短"，"不藏拙"，虚心接受批评。

毛泽东写诗填词，严肃认真，虚心接受正确的意见。1957年，毛泽东的《关于诗的一封信》在《诗刊》发表不久，北京有一位学生给他写信，指出"遗误青年"的"遗"字，应改为"贻"。他接受了，还特意要求《诗刊》给予更正。在《沁园春·雪》中的"原驰蜡象"，手稿上写作"腊象"，诗人臧克家见了，认为"腊象"不好理解，改为"蜡象"（指白色的象），正可与上句中的"银蛇"相对。毛泽东欣然采纳，频频点头说："你替我改过来吧。"《七律·长征》中的"金沙水拍云崖暖"，原稿写作"金沙浪拍悬崖暖"，有两位同志给毛泽东写信说，"金沙浪拍"与上句"腾细浪"的"浪"重复，"悬崖"的"悬"字缺乏诗意，建议将"浪"改为"水"，"悬"改为"云"。毛泽东觉得这个意见不错，立即改了过来。

---

[1] 冯其庸：《文章修改难》，见《新闻业务》，1962年第1期。

（二）通过反复诵读，发现毛病，加以修改

杜甫云："新诗改罢自长吟。"（《解闷十二首》之七）清代人何绍基也说："自家作诗必高声读之。理不足，读不下去；气不盛，读不下去；情不真，读不下去；词不雅，读不下去。起处无用意，读不起来；篇终不混茫，读不了结。"（《与汪菊士论诗》）这都是讲长吟自读，从读的过程中发现毛病，及时修改，读起来流利畅通，那就很好。读起来别别扭扭，那就要琢磨修改。

诵读是修改的一道重要工序，因此，我们要重视起来，养成习惯。教育家叶圣陶说："文章改完之后，最好是念一两遍，这也是个好习惯。怎么念法呢？要跟平常说话一样地念，而不是像有些同志在会上做报告念稿子那样念法，要念起来上口，听起来顺耳。这也是对自己的考试，我看很要紧。"通过朗读可以知文病，这与我国语言文字的特点有密切关系。汉字的每一个字词，都有相应的声调和韵味，而"声""韵"本身就是一种感人的因素，所以，在朗读过程中，凡有"沾唇""拗嗓"的地方，肯定是有毛病的，就应该重新斟酌修改。例如，欧阳修作《岘山亭记》，原稿有句写道："元凯铭功于二石，一置岘山，一投汉水。"这句话读起来会感到气促不顺，说明它有毛病。后来欧阳修将其改为："元凯铭功于二石，一置岘山之上，一投汉水之渊。"虽改动不大，细读起来可就大不一样了。古文如此，现在写文章也应这样要求。我们读毛泽东的文章，会感到气如江河流水，毫无局促之感，就是这个道理。

（三）请人帮助修改

自己的认识总是有限的，听听别人的意见，会大大提高修改文章的质量。三个臭皮匠，赛过一个诸葛亮，只有躬身请教，博采他人之长，文章才能长进。所以，千万不可故步自封，也不要不好意思，为了对文章、对作者自己负责，就应该有不耻下问的精神。

清代李沂《秋星阁诗话》云："诗能自改，尚矣，但恐不能自知其病，必资师友之助，妆必待照镜者，妍媸不能自见也。特患自满，不屑就正于人，病不求医，必成痼疾矣。"

请别人修改，可以把稿子交给别人，让其直接修改，也可以念给对方听，请对方提出意见，自己动手修改。古今中外的许多名家，都是很虚心地听取别人意见的，北齐颜之推说："学为文章，先谋亲友；得其评论者，然后出手。"（《颜氏家训·文章篇》）塞万提斯说："我是《堂吉诃德》的爸爸，可是倒有点像个后爹。亲爱的读者，我不愿随从时下的风气，像别人那样含泪求你对我这个儿子大度包容，别揭他的短……你对这个故事有什么意见，不妨直说：说它不好，谁也不会责怪；说它好，也没有人感谢。"（《堂吉诃德》第一部前言）这种态度值得我们效法。

法国大作家莫里哀把自己的作品读给女仆听，每读完一个新作，女仆就称赞写得好，莫里哀以为她文化水平低，是有意讨好主人。有一次，莫里哀故意把一个写失败了的剧本念给她听，结果仆人瞪大眼睛说："这不是先生写的！"莫里哀听后非常震惊。可见，文化水平低的人，也能鉴别出文章的好坏，作者也应该听取他们的意见。这里的关键是作者要虚心，放下架子。

（四）放一放，改一改，再放一放，再改一改

文章写好后，往往一时感觉不到有什么问题，如果放一段时间，再来看时，就会发现有不妥之处，就知道什么地方需要修改了。古今中外许多作者都谈到了这方面的经验。唐子西说："初时未见可羞处，姑置之；明日取读，瑕疵百出，辄复悲吟累月，反复改正，比之前时，稍稍有加焉；复数日取出读之，疵病复出。凡如此数回，方敢示人，然终不能奇。"[1] 清代戏曲家李渔也说："凡作传奇，当于开笔之初，以至脱稿之后，隔日一删，逾月一改，始能淘沙得金，无瑕瑜互见之失矣。"[2] 俄国作家果戈理也有这方面的体验，他说得很具体：

> 一开头，必须把一切想到的潦草地写出来，尽管很坏，很散乱，但是绝对是要写出一切来，以后就把这草稿搁起。过一个月、两个月，有时也许还要久些，你再拿出你所写的东西来读一读吧，你会发现有很多不对的，很多多余的和很多没有达到的地方，你在空白上做一些订正和注解，然后再搁起来。当下次读它时，仍要在空白上添上新的注解，到那里无处可写了，就移到远一点的页边。当全部都被写成这情形时，你便亲手来把这些文字写在另一笔记本上。这时就忽然又出现了新的主意，于是，剪裁，补充，把词句重新简练一遍。在以前文字中会跳出一些新的字句，这些字句非安置在那里不可，但这些字句不知怎样却不能起初一下就现身出来。你再放下那个笔记本吧！你去旅行，去消遣，你什么也不要做，或者去另写别的东西，时间一到就想起抛开的那个笔记本了，你拿起它，读一遍，用同样的方法改一改，当又被涂抹得不堪时，你再亲自誊一遍，你到这里会发现随着文字的坚实，句子的成功和洁净而来的，是你的手似乎也坚实起来了：于是每个字也更加强硬和坚决了。应该这样做八次！有些人也许用不着这些次，但有些人也许还得多几次，我这样做八次，只在这八次的修改！必须是亲手的修改之后，工作才算完全艺术地了结，才会得到创作的真谛。[3]

文章初稿写成后，之所以不要急于修改，这是符合人的思维规律的，因为当作者刚刚草就一篇文章后，他的思想感情尚处于一种特别兴奋的状态，还沉浸在原稿的思路之中，不容易一下子跳出自制的特别的框框，如果在这种情况下修改，显然不容易发现其中的毛病。"不识庐山真面目，只缘身在此山中"。但是，文稿搁置数日之后，作者的头脑会慢慢地冷静下来，思想感情也就从原先的思路中解脱出来了，这样脱离开"此山"的羁绊，从当局者转为旁观者，就会变得清醒一些，客观一些，而且对文中反映的道理经过一番咀嚼和消化，认识就会加深一些，有些地方甚至会出现"豁然开朗"的感觉，获得新的发现，这时再去审视自己的文章，就能比较容易发现问题和解决问题了，如此几经反复，"庐山真面目"必能了然于心，文章就会修改成功。

---

[1]〔宋〕魏庆之：《诗人玉屑·锤炼》，见周伟：《传统写作论选译》，文心出版社，1989年版。

[2]〔清〕李渔《闲情偶寄》（卷三），见周伟：《传统写作论选译》，文心出版社，1989年版。

[3]〔苏联〕魏列萨耶夫著，蓝英年译：《果戈理是怎样写作的》，天津人民出版社，1980年版。

（五）既重视别人意见，更要有主见

这种主见，绝不是固执己见，而是一种产生于对客观事物透辟认识的自信。

鲁迅曾说，有一位 FD 君提出《阿Q正传》中捉拿一个无聊的阿Q而用机关枪，是"太远于事理"。鲁迅不以为然，他从反动派对手无寸铁的请愿学生尚且用机关枪，从而看到反动派的残忍和对革命力量的恐惧，因此，他说："即使在《阿Q正传》中再添上一混成旅和八尊过山炮，也不至于'言过其实'的罢。"（《忽然想到·九》）如果鲁迅按照 FD 君的意见进行修改，就不能反映半殖民地半封建社会中反动统治者的貌似强横而实际已腐朽没落的真实情况，从而也会削弱作品的思想性。

杨沫的长篇小说《青春之歌》第二版修改的失败是应该引以为戒的。

《青春之歌》第一版得到了广大读者和批评家的赞扬，是一部优秀的长篇小说。但是，当1959年社会上展开对《青春之歌》讨论的时候，一些"左"的批评意见被作者吸收了。她就修改了自己用6年时间创作的小说，重点是增加林道静"同工农相结合"的篇幅。从情节展开的情况看，林道静到深泽县"锻炼"的七章，并不是当时革命形势发展和具体斗争任务的需要，也不是人物性格发展的必然，而是作者硬性让人物去充当"知识分子同工农相结合"这一观念的"传声筒"。小说还增加了表现林道静"阶级立场转变的过程"的篇章，但也多是一些误会和不符合人物性格发展的描写。而且让20世纪30年代的林道静采用20世纪50年代末的方法，不断地进行自我批判。可以说，修改的这七章关于女主人公林道静在深泽县生活的内容，几乎完全游离于全书之外，而且对她的生活道路和性格发展差不多没有多大影响。因此，盲目修改后的作品，就很难使第二版超过第一版的水平。

这些典型事例都说明，修改稿子，不能轻易受人左右，更不能为了发表而迎合某些人的不一定正确的意见，而要根据自己对生活的深刻理解，根据作品本身的内在逻辑和艺术规律来修改，这样才会使作品精益求精。

【文选】

日 出

刘白羽

登高山看日出，这是从幼小时起就对我富有魅力的一件事。

落日有落日的妙处，古代诗人在这方面留下不少优美的诗句，像"大漠孤烟直，长河落日圆""落日照大旗，马鸣风萧萧"，可是再好，总不免有萧瑟之感。不如攀上奇峰陡壁，或是站在大海岩头，面对着弥漫的云天，在一瞬时间内，观察那伟大诞生的景象，看火、热、生命、光明怎样一起来到人间。但很长很长时间，我却没有机缘看日出，而只能从书本上去欣赏。

海涅曾记叙从布罗肯高峰看日出的情景：

我们一言不语地观看，那绯红的小球在天边升起，一片冬意朦胧的光照扩展开了，群山像是浮在一片白浪的海中，只有山尖分明突出，使人以为是站在一座小山丘上。在洪水泛滥的平原中间，只是这里或那里露出来一块块干的土壤。

善于观察大自然风貌的屠格涅夫，对于日出，却作过精辟的描绘：

朝阳初升时，并未卷起一天火云，它的四周是一片浅玫瑰色的晨曦。太阳，并不厉害，不像在令人窒息的干旱的日子里那么炽热，也不是在暴风雨之前的那种暗紫色，却带着一种明亮而柔和的光芒，从一片狭长的云层后面隐隐地浮起来，露了露面，然后就又躲进它周围淡淡的紫雾里去了。在舒展着云层的最高处的两边闪烁得有如一条条发亮的小蛇；亮得像擦得耀眼的银器。可是，瞧！那跳跃的光柱又向前移动了，带着一种肃穆的欢悦，向上飞似的拥出了一轮朝日。……

可是，太阳的初升，正如生活中的新事物一样，在它最初萌芽的瞬息，却不易被人看到。看到它，要登得高，望得远，要有一种敏锐的视觉。从我个人的经历来说，看日出的机会，曾经好几次降临到我的头上，而且眼看就要实现了。

一次是在印度。我们从德里经孟买、海德拉巴、帮格罗、科钦，到翠泛顿。然后沿着椰林密布的道路，乘三小时汽车，到了印度最南端的科摩林海角。这是出名的看日出的胜地。因为从这里到南极，就是一望无际的、碧绿的海洋，中间再没有一片陆地。因此这海角成为迎接太阳的第一位使者。人们不难想象，那雄浑的天穹，苍茫的大海，从黎明前的沉沉暗夜里升起第一线曙光，燃起第一支火炬，这该是何等壮观。我们到这里来就是为了看日出。可是听了一夜海涛，凌晨起来，一层灰蒙蒙的云雾却遮住了东方。这时，拂拂的海风吹着我们的衣襟，一卷一卷浪花拍到我们的脚下，发出柔和的音响，好像在为我们惋惜。

还有一次是登黄山。这里也确实是一个看日出的优胜之地。因为黄山狮子林，峰顶高峻。可惜人们没有那么好的目力，否则从这儿俯瞰江、浙，一直到海上，当是历历可数。这种地势，只要看看黄山泉水，怎样像一条无羁的白龙，直泄新安江、富春江，而经钱塘入海，就很显然了。我到了黄山，开始登山时，鸟语花香，天气晴朗，收听气象广播，也说二三日内无变化，谁知结果却逢到了徐霞客一样的遭遇："深雾弥漫，抵狮子林，风愈大，雾愈厚……雨大至……"只听了一夜风场雨声，至于日出当然没有看成。

但是，我却看到了一次最雄伟、最瑰丽的日出景象。不过，那既不是在高山之巅，也不是在大海之滨，而是从国外向祖国飞航的飞机飞临的万仞高空上。现在想起，我还不能不为那奇幻的景色而惊异。是在我没有一点准备、一丝预料的时刻，宇宙便把它那无与伦比的光华、丰彩，全部展现在我的眼前了。当飞机起飞时，下面还是黑沉沉的浓夜，上空却已游动着一线微明，它如同一条狭窄的暗红色长带，带子的上面露出一片清冷的淡蓝色晨曦，晨曦上面高悬着一颗明亮的启明星。飞机不断向上飞翔，愈升愈高，也不知穿过多少云层，远远抛开那黑沉沉的地面。飞机好像唯恐惊醒人们的安眠，马达声特别轻柔，两翼非常平稳。这时间，那条红带，却慢慢在扩大，像一片红云了，像一片红海了。暗红色的光发亮了，它向天穹上展开，把夜空愈抬愈远，而且把它们映红了。下面呢？却还像苍莽的大陆一样，黑色无边。这是晨光与黑夜交替的时刻，这是即将过去的世界与即将到来的世界交替的时刻。你乍看上去，黑夜还似乎强大无边，可是一转眼，

第七章 修　改

清冷的晨曦变为磁蓝色的光芒。原来的红海上簇拥出一堆堆墨蓝色云霞。一个奇迹就在这时诞生了。突然间从墨蓝色云霞里蠢起一道细细的抛物线,这线红得透亮闪着金光,如同沸腾的溶液一下抛溅上去,然后像一支箭一直向上冲,这时我才恍然大悟,原来这就是光明的白昼由夜空中迸射出来的一刹那。然后在几条墨蓝色云霞的隙缝里闪出几个更红更亮的小片。开始我很惊奇,不知这是什么?再一看,几个小片冲破云霞,密接起来,溶合起来,飞跃而出,原来是太阳出来了。它晶光耀眼,火一般鲜红,火一般强烈,不知不觉,所有暗影立刻都被它照明了,一眨眼工夫,我看见飞机的翅膀红了,窗玻璃红了,机舱座里第一个酣睡者的面孔红了。这时一切一切都宁静极了,宁静极了。整个宇宙就像刚诞生过婴儿的母亲一样温柔、安静,充满清新、幸福之感。再向下看,云层像灰色急流,在滚滚流开,好让光线投到大地上去,使整个世界大放光明。我靠在软椅上睡熟了。醒来时我们的飞机正平平稳稳,自由自在,向我的亲爱的祖国、向太阳升起的地方航行。黎明时刻的种种红色、灰色、黛色、蓝色,都不见了,只有上下天空,一碧万顷,空中的一些云朵,闪着银光,像小孩子的笑脸。这时,我深切感到这个光彩夺目的黎明,正是新中国瑰丽的景象;我忘掉了为这一次看到日出奇景而高兴,而喜悦,我却进入一种庄严的思索,我在体会着"我们是早上六点钟的太阳"这一句诗那最优美、最深刻的含意。

——选自刘白羽:《刘白羽散文选》,人民文学出版社,1984年版

第八章 消　　息

一、消息的含义和种类

(一) 消息的含义

新闻是报纸、广播电台、电视台、网络中最常用的一种文章体裁。新闻有广义、狭义两种概念。广义地说，它是消息、通讯、报告文学、调查报告等新闻体裁的总称；狭义地说，它指消息。我们这里讲的指狭义的新闻概念，即消息。新闻是真实、及时地对新近发生的有社会价值的事实进行简短报道的一种文章体裁。这个含义包括三个要素：一是报道方式直接，篇幅简短；二是报道的时间快；三是报道的内容要新鲜，要真实，而且是有价值的事实。

(二) 消息的种类

新闻（消息）的种类很多，可以从不同的角度加以分类：

按内容性质来分，可分为农业新闻、工业新闻、政治新闻、外事新闻、军事新闻、文教新闻、体育新闻、社会新闻等。

按新闻发生的地区来分，可分为国际新闻、国内新闻、地方新闻等。

按文字长短来分，可分为长新闻（又称注释性消息、解释性消息）、短新闻、简讯等。

按传播手段来分，可分为广播新闻、报纸新闻、电视录像新闻等。

按时间和事件的关系来分，可分为事件性新闻和非事件性新闻。

按题材来分，可分为会议消息、成就消息、参观消息、节日消息、新闻公报、座谈记录等。

按所报道的内容特点分，可分为动态新闻、经验新闻、综合新闻、述评新闻等。

下面依据新闻所报道的内容特点，介绍四种常见的新闻。

1. 动态新闻

动态新闻是迅速及时、直接简洁地报道国内外重大事件及社会生活中的新情况、新变化、新成就、新动向的一种主要新闻体裁。它是报纸上天天大量出现又最能体现短、快、新特点的报道形式。读者十分需要和喜欢这种体裁。如果说新闻是新近发生的事实的报道，那么，动态新闻就更强调时间性和变动性。

但动态新闻包括的题材范围却很广泛，如人物新闻、会议新闻、经济新闻、社会新闻、文体及外事新闻等，还包括大量的简洁明快的简讯（又叫短讯、简明新闻。如报纸上的"要闻简报""祖国各地""友好往来""要闻集锦""国际短波"等)。

2. 经验新闻

经验新闻又称典型报道,是介绍典型经验的新闻。它是指用新闻的形式反映某地、某单位贯彻执行党的路线、方针和政策的某个方面的典型经验。这类新闻具有很强的指导性。它要求交代情况、叙述做法、反映变化、述说成绩、总结经验,从事实中得出结论,从典型中引出规律,从而带动全面,指导一般,具有突出的"新闻性"。

3. 综合新闻

综合新闻就是围绕一个主题综合反映一个地区或一条战线在一个时期内的情况、动向、成就、问题的新闻。它既有面上情况的概括,又有典型材料作说明,做到点面结合,反映全局。这种形式适宜于宣传各条战线的形势、某项工作的成就或者反映群众活动的声势、规模、特点、趋向。它纵览全局,有事实,有分析,给人们一个完整的印象。综合新闻中,一般不介绍工作经验,但有的综合新闻在宣传动态、成就的同时,实际上也介绍了经验,但通观全篇,仍以宣传动态、成就为主。

4. 述评新闻

述评新闻又称新闻述评或记者述评,是新闻记者感到单纯地报道客观事实(即纯新闻)不能满足读者需要或不能达到目的时,对某种形势、事态、问题发表自己意见与看法,进行分析和解释的一种特殊的报道形式。一般地说,它都以报道事实为主,但又以评述事实为最终目的。从文字上说,往往述多于评;从内容上看,则是评重于述。

二、消息的特点

(一)内容真实

新闻是真人真事的报道。真实性是新闻报道的生命。新闻一定要确有其人,确有其事。新闻一旦失实,它的生命也就终止了。

我们的报纸、电台、电视台对所发的每一条新闻,都严格要求真实性。党报的威望和作用,也正在于它不是靠吓人吃饭,而是靠实事求是吃饭。新闻只有真实,才有力量。事实胜于雄辩,在事实面前,人们才信服。

新闻的真实性原则正在为多数人所承认。美国新闻学博士卡斯柏·约斯特在1924年出版的《新闻学原理》一书中就曾写道:"一切新闻的主要因素是真实……真实性就是判别真正新闻的准绳。衡量一个新闻内在的真理性,也就是衡量这个新闻的品质。"在目前美国高等学校新闻专业的新闻学基础教材上写着这样的话:"准确!准确!!准确!!!""准确性高于一切!""事实准确的重要性是不言而喻的。"因为"报道失实会使信誉受到损害"。[1]但是,有人公开反对新闻的真实性原则,希特勒的宣传大臣戈培尔曾说:"谎话重复千次会变成真理。"企图蒙骗人民,愚弄群众,这就从反面证明了维护新闻真实性是多么重要。

---

[1] 〔美〕杰克·海敦:《怎样当好新闻记者》,新华出版社,1980年版。

新闻真实性的具体内容应包括"六W"。传统意义上的消息的五要素，即何时、何地、何人、何事、何故，简称"五何"，或称"五W"（When、Where、Who、What、Why），有人认为还要加上"如何"（How），是"六W"。这些内容必须具体交代，确凿无误。只有这几个方面不出差错，才能保证新闻内容的真实性。强调一下，五个W是新闻要用事实说话的具体化，但并不是新闻的五要素。所谓要素，则是缺一不可的因素，在实践中我们会发现，报纸上好多新闻特别是一句话新闻并不都是五个W俱全的，常常缺这少那，但这并不妨碍它是新闻。新闻有三要素，即何时、何地、何事。

（二）讲究时效

新闻是有时间性的。当天的报纸，大家抢着看，隔天的报纸，就有人拿去包东西了。公审薄熙来、开除徐才厚、孙政才党籍等重大事件，当天看电视实况直播时，你看那激动人心的劲儿，有人差点儿心脏病发作；事后电视台重播，再看时，就失去了那激动的劲儿。为什么，新闻的时间性在起作用。新闻对于时间竟是这样敏感。一方面，叫作"先睹为快"，另一方面，叫作"时过境迁"。真是机不可失，失不再来啊。

迅速及时是新闻报道的一个特点，因为新闻要为当前实际工作和人民生活服务，及时指导，及时服务，才能达到最佳效果。如果拖拖拉拉，迟写迟发，就会变成旧闻，变成"马后炮"，变成"明日黄花"，失去了作用，失去了新鲜的魅力。从军事上讲，"时间就是军队"；从医学上讲，"时间就是生命"；从生产上讲，"时间就是钢、粮"。那么，在新闻报道方面，时间就是一种效益，就是一种力量，在一定意义上说，时间也就是政治，新闻是"易碎品"，错过时机，时过境迁，往往就没有多大作用了。有些政治上的问题，新闻发迟了，还会起副作用和反作用。而力求新闻报道的迅速及时，则可以在对敌斗争中争取主动权，可以对实际工作和人民生活起到立竿见影的作用，可以保持新闻内容的新鲜生动，收到更大的宣传鼓动效果。现在我们面临的情况是，世界上新闻竞争的激烈程度有增无减。这种竞争的一个突出表现是争时间、争速度。谁的新闻发得快，谁就争取了时间，争取了读者。如果说新闻竞争在早期还是时日之争，那么随着通信技术的进步和电视事业的发展，它早已进入分秒之争了。

外国有人把时效性说成新闻的生命，强调时间第一，把抢快说是"满足人类固有的天性"，这是不恰当的。新闻的发表总是有所选择、有所为而作的。首先是离不开国家利益的制约。外国也不都是"唯快主义"，不是不加区别地一概都抢。我们更要注意从政治上、经济上考虑利害得失，特别要注意必须在真实、准确和不泄密的基础上求快。

及时的新闻，一般应该是切中时弊，对当前实际生活能起推动作用；不能单纯从"今天""昨天"这些字眼上来判断新闻是否迅速及时。要善于分析形势，掌握全局，审时度势，才能切中要害。新闻报道要讲究报道时机，注意效果。

（三）寓理于事

新闻报道，必须具有倾向性、思想性。思想性是新闻的灵魂，它必须借助客观事件表现出来。

新闻是事实的报道，新闻的本源是事实，事实是新闻的基础，离开了事实，新闻就失去了存在的基础,成了空中楼阁。事实胜于雄辩。事实有独特的说服力,事实最有力量。用事实说话是新闻的特点和优势。列宁在谈到报刊宣传的时候曾指出:"不要讲空话,不要空喊,而要善于运用掌握的事实和数字。"(《社会民主党和选举协议》,见《列宁全集》第11卷)我们提倡"用事实说话",不是用事实作例证去阐明某一观点,而是完全用真实、具体、生动的事实来报道某一事件的发展,用事实本身的逻辑去影响传播对象。记者的立场、观点、倾向、感情,不是直接陈述、抒发,而是渗透在对事实的精心挑选、安排和叙述中。

似曾相识鹭归来

苏海涛 李轶

本报讯 正值暮春,几十只尖嘴长腿、褐背白胸的池鹭,又陆续从南方飞回南京市政府大院。上午,它们越过城墙,到玄武湖觅食,下午,在参天的悬铃木枝杈上筑新窝。

池鹭是一种夏季候鸟,以鱼、蛙、水生软体动物为食。市府大院里,每年都有一百多只池鹭来栖息。由于从未受过人们的滋扰,它们或在树梢上扑打翅膀,或在草坪上昂首漫步,一副悠然自得的神态。即使有人从近旁走过,它们也懒得飞起,至多稍微跳开几步。

一次,日本一个友好城市代表团拜会我市市政府。两市的市长正在客厅门外的庭院里握手时,一团鸟粪不巧落在客人笔挺的西装上,我市领导同志身上也溅到一点。主人脸上微露歉色。客人抬头望着树上那只"闯祸"的池鹭,却说:"南京有这样茂盛的大树,又有这么漂亮的大鸟,真是太美了。"宾主相视一笑,便原谅了池鹭的"过失"。[1]

这篇新闻生动有趣,全靠事实说话,记者没有讲一句环境保护作用之类的话,但看了全文,读者自然会得出结论:南京的环境保护工作很有成绩。

读者看新闻,主要是想了解新鲜事,而不太愿意听记者的说教。记者要尊重读者,给读者提供可靠的事实,客观地朴素地叙述所见所闻的事实,让读者自己去判断、下结论。而不是记者站出来大发议论,把结论硬塞给读者。每个有自尊心的人,都愿意自己从事实中做出结论,而不愿轻信别人代做的结论。记者写新闻,难道就没有自己的观点和见解吗?有。但不是直接站出来说教,而是寓观点、意见于事实之中,用客观报道的形式,来发表观点、意见。这是一种无形的意见,也是最有力量的意见,更容易被读者接受的意见。学会发表无形的意见,是新闻工作的一种艺术。

(四)简短精粹

报上的各种新闻体裁都要求简短,消息特别要简短。简短是用简洁、概括的文字,把精彩、充实的内容表现出来。短是新闻的鲜明特色。列宁把新闻称为"电报文体""电讯体裁",认为"不要重复,只需用几行"(《论我们报纸的性质》见《列宁全集》第28卷)。

---

[1]《南京日报》,1983年4月25日。

新闻要用最简练的文字，写清楚最重要的事实。让读者花费少量时间能了解到各行各业的许多新鲜事情。要做到简短，应考虑以下几个方面的问题：

首先，要在内容上下功夫，集中写最主要的事实。取其一点，突出精华，一下子抓住最有新闻价值的事实。

其次，要在文字上下功夫，文字简洁明快。郑板桥有一首诗："四十年来画竹枝，日间挥写夜间思。冗繁削尽留清瘦，画到生时是熟时。"他讲的是画竹，对我们追求简练的写法，也有启发。

再次，文字要生动活泼。新闻是写给读者看的，要吸引读者，就要生动活泼。为了做到这一点，记者在采访时，就要努力捕捉生动的事实，在写作中，要用生动的表现力强的语言来再现事实。

三、消息的写作

（一）标题

1. 标题的含义

从内容方面来说，标题是报纸的眉目，往往是消息内容的提要。它是用简明的语言来表现出消息所报道的对象、事件，概括消息的主要内容，有时还要概括出事情的本质意义或直接点明主题思想。

从形式上来说，消息的标题具有特殊性，它具有多行性和层次性的特点。一般文章通常只有一个标题，有时加个副题。消息除了单行标题外，还有双行标题，一般多用多行标题，除主题外，还常常前有引题，后有副题。

2. 标题的类型

单行标题：单行标题多数都是概括地指出消息的主要事实、主要内容、结果，一般称为"实题"。如：①少林寺僧人捍卫商标权（《晚报文萃》2003年第2期）；②萧山发现人类最早的船（《晚报文萃》2003年第1期）；③"傻吃"的孩子容易"吃傻"（《人民日报》1989年6月26日）等标题即为实题。还有的消息标题点明主旨，报道事件的本质意义，即内容抽象含蓄，或以说理为主，着重说明某个原则、道理、愿望等，称为"虚题"。如"榜上无名，脚下有路"等。

双行标题：一般有"引题+主题"或"主题+副题"或"双主题"三种。双行标题是在主题之前加引题或在主题之后加副题。主题也叫正题、主标，是主要的题目，也是标题中最受人注意的部分。一般来说，新闻中最主要的事实和思想的概括和说明，都要由它来表达。它是一个完整的句子或者偏正、动宾词组，在标题中字号最大，地位最突出，能够表达一个完整的概念和意思。没有主题，标题就不能成立。主题通常为一行，但也有多行主题。主题可虚可实，但在单独成立时，应为实题或虚实结合题，这是与评论等其他文体标题的一个区别。

引题也叫肩题、眉题或上副题。它或者不是一个完整句子，或者语义不足，放在主题的上面，只能与主题搭配才能存在，是从属于主题的"先行官"。其字号一般小于主题而大于后面要涉及的副题。它以鼓动、揭示、含蓄、抒情、讽刺等手法，来加强主题的气氛和力量，表示编报人对本条新闻的观点和立场。文字要少于副题，宜简短，以一行为宜，字号较小。

副题也叫子题、下辅题。它排在主题之后，常用于补充交代新闻的次要事实，说明主题的根据、结果和重要的新闻要素，起注释、补充、印证主题的作用。

三行标题：是引题＋主题＋副题的系列标题。其中一个必须实标，其余的可以虚标。但是副题一般是实标的。引题以虚标居多。主题可虚可实。三行标题均为实标的也不乏其例。

1985年3月30日《文汇报》有则消息的标题是这样的：

  我考古工作取得新突破（引题）
  秦皇安眠两千载 项羽不是盗墓人（主题）
  《汉书》有误：掘墓焚陵是讹传（副题）
  《史记》可信：水银江河在地宫

这则标题是《文汇报》要闻部夜班编辑组集体创作，五易其稿才渐入佳境。主题标得比较"跳"，准确而鲜明，两行副题以对比方式对《史记》和《汉书》做出判断，简洁而生动，引题则居高临下，提纲挈领，三者浑然一体，颇有文采，引人入胜。

3. 标题的要求

准确质实是对标题的最基本要求。标题要准确地反映消息中的主要事实和中心思想，给人以启示。质实，就是指标题要告诉人们实实在在的东西，有内容。

标题要力求简洁鲜明。简洁是指标题要概括、凝练，要以尽可能简练的文字概括说明消息的主要内容和观点，使人一目了然。

标题还应新鲜活泼，生动形象，引人注意。

（二）导语

1. 导语的含义

导语，是新闻特有的一个概念，是消息这种新闻文体区别于其他文体的一个重要特征。它被称作新闻的"眼睛""头面菜"、新闻的生命，特别重要。导语就是引导、诱导的意思，20世纪20年代这个概念刚引进我国时叫"撮要""冒头"。"冒头者，诱起读者欲读之饵也"，导语就是引导、导入之语。

导语是消息的开头。它要求用简洁的语言把最新鲜、最重要的事实放在前面，其他内容、细节或依时序或按问题安排，重点在前，细述在后，形成了一种"倒金字塔"结构。它有三项使命：其一，以简练的笔墨反映出新闻的要点或轮廓；其二，引出主旨以及阐述、解释这个主旨的新闻主体来；其三，唤起读者注意，使读者看了导语，就能把握消息的主要内容和精华所在，并且情不自禁地看下去。新闻导语的这些特点是一般的论文、诗歌、散文和小说的开头所不具备的。

2. 导语的分类

依据导语的表现形式分为：

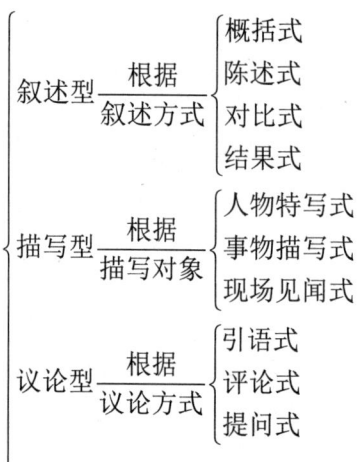

下面撮要讲一下导语的有关情况。

第一,叙述型导语。即用叙述的方法,直接把消息中最主要、最精华的内容扼要地写出来。

  1980年5月18日上午,我国向太平洋预定海域发射的第一枚运载火箭获得圆满成功。

(新华社1980年5月18日电)

第二,描写型导语。即对新闻里的主要事实,或事物的某一个有意义的侧面,或者事件发展的高潮,作简洁朴素而又有特点的具体描写。这类描写注意三点:首先,描写要简洁而传神。其次,记者要写出目击的现场情景,使读者一接触新闻,就感到真实形象,引人入胜。再次,明确描写的目的,避免陈词滥调和过分矫饰。描写型导语这里主要谈两类:一是现场见闻式导语,它一般用于记叙、描写比较大的场面,以叙事为主,穿插一些形象的描写;二是人物特写式导语,它要求抓住人物表情或一些事物的局部细加描绘,使人有身临其境、如见其人、如闻其声之感,给人留下特写镜头般的印象。如,特写式导语:

  9月28日上午8时,在胶济路北侧寿光县境内弥河上的张剑桥桥头,我寿光公安局盘查扣留了一个穿着黑色的旧棉袍,用毛巾蒙着脸,躺在一辆大车上呻吟的"商人"。这就是从济南逃出来的国民党山东省主席王耀武。

(新华社1948年10月10日电)

第三,议论型导语。新闻要用事实说话,一般不能议论。但有些记者运用得巧妙,照样能写出一些受人赞赏的好新闻。这种类型的导语又可以分为三种:

(1)首先是引语式。引用新闻中主要人物的尖锐而富有新意的语言,放在新闻导语中,既能突出新闻的主要内容,又不落俗套。它能增强新闻的生动性、真实性和权威性。

(2)其次是设问式,或曰提问式导语。在新闻的开头提出某个尖锐的、读者所关心的问题,然后加以解答,引起人们的关注和沉思。

（3）再则是评论式导语。在叙述事实的同时，立即对事情做出画龙点睛的评价，或者把事情的因果关系、现实意义明确地揭示出来。

> 1979年11月25日凌晨3点30分左右，石油部海洋石油勘探局的渤海二号钻井船，在渤海湾迁往新井位的拖船中翻沉。当时船上74人，72人死亡。直接经济损失3700多万元。这是世界海洋石油勘探史上少见的重大事故。[1]

其中最后一句话就是记者对这件事的看法。

（三）主体

主体是消息最基本的最重要的组成部分，是展开消息内容、阐述消息主旨的关键部分。一般情况下，主体在导语之后，围绕消息主旨，补充导语中未涉及的内容，提供必要的背景材料，以使消息诸要素表述得更加详尽、清晰，消息内容更为充实丰满。在一篇消息中，揭示主旨，回答导语提出的问题，阐明新闻事件的前因后果和向读者交代作者的观点，主要依靠消息主体部分去完成。主体是消息全篇的"躯干"。穆青曾说过："消息就像一个人，导语是人的脑袋，主体是身躯，脑袋精神了，身体再壮实灵活，就显出活跃劲来了。"可见主体部分在消息全篇中的重要作用。

消息主体的功能可概括为：紧扣主旨，对主旨起深化、解释作用；呼应导语，以新的事实对导语里的最吸引人的事实进行阐述；整体关照，在主旨的协调下，与导语、背景、结尾共同表现主旨。

要把主体表达得充分，应该做到：正确处理导语与主体的分工关系，导语是导读的语言，主体是主干部分，要根据所要表达的主旨的需要，必须筛选最典型最有力的新闻事实，不能以背景代替主体；主体要有一个最能表现主旨的最重要的事实，要波澜起伏，有文采，吸引读者。

主体常见的结构方法有：一是按材料重要程度顺序安排层次。这是倒金字塔式结构法，多用于事件性新闻，即动态消息。二是按时间顺序安排层次。这种顺序法适用于较为复杂但却线索单一的消息的写作。像报道节日庆典活动、一场灾祸等。三是按逻辑顺序安排层次。它适合于非事件性新闻，如经验性新闻、综合性新闻和述评新闻的写作。四是按时间与逻辑结合顺序安排层次。这样做既能使事实叙述得有条理，又能把事物各方面的逻辑关系讲清楚，更好地为表现主旨服务。

（四）背景

1. 含义

所谓背景就是指事物的历史状况和它存在的环境、条件等。从新闻人物看，总有人物的经历和社会关系；从新闻事件来看，总有它的历史条件、自然环境、前因后果与来龙去脉。有的新闻事实本身简洁明了，就不必再加背景材料；而有的新闻事实较为复杂，必须讲清人物关系与事物关系，就一定要有背景材料。

---

[1]《渤海二号钻井船在拖船中翻沉》，见《工人日报》，1980年7月23日。

2. 种类

新闻的背景按内容分有人物背景、事物背景、历史背景、地理背景等。

人们一般按作用来分，有对比性材料、说明性材料、注释性材料三类。

（1）对比性材料。即对事物进行前后、左右、正反的比照，以突出新闻事实的重要意义，或阐明一定的主题思想，表明记者观点的背景材料。

新闻要反映事实的特点，而记者对特点的认识常常是从对比中获得的，因此，对比法是记者认识事物的重要方法之一。任何事情，一经比较，就能看出问题，比出矛盾，事实的特点、意义和价值也就清楚地显露出来了。例如，荣获第二届（1991年）"中国新闻奖一等奖"的消息《武汉百里长堤巍然锁大江》，以醒目的文字进行纵向对比。标题就用对比法：

26.94米：60年前三镇尽成泽国（引题）

看今日——

武汉百里长堤巍然锁大江（主题）

导语也对比：

长江汉口水位站昨21时定时提供的水位记录说，江汉关水位此时达26.94米。

据历史记录，60年前的1931年，江汉关水位在26.94米时，汉口溃堤。

眼下，武汉三镇308公里的沿江大堤牢牢护卫着面临长江大汛的这座城市。

主体部分也对比：一位家住大夹街姓费的"老武汉"在黑色大理石标志牌前，向人们讲述民国20年（1931年）"逃水荒"的情景。他说只有共产党建造的长江大堤，"才能使武汉人在大汛面前安居乐业"。

新闻通过几处背景材料的交代，过去和现在就形成了对比，突出了人定胜天的主题思想。

（2）说明性材料。即对新闻人物、事件相互之间的关系说明清楚。介绍新闻事实的历史状况、地理环境、政治背景、发展变化以及其他种种客观条件、主观因素等，把新闻事实讲得全面透彻而又恰如其分。新闻报道要进行必要的说明和解释，这主要靠说明性背景来完成，它往往用于一些有深度的报道、非事件性新闻中。如1981年全国好新闻获奖消息《杜芸芸将十万遗产献国家》除了介绍杜芸芸的经历外，还重点介绍了十万遗产的来历："杜芸芸今年23岁，一年前刚从插队的农村调回城市，到一家工厂当艺徒。她5岁的时候，被孤独老人姑妈收为养女，住在上海，1966年"文化大革命"开始时，家中的金银、珠宝首饰和存款被查封，按当时折价，这笔财产价值约十万元。她9岁时养母病故，从此杜芸芸便寄宿在苏州的亲戚家……今年初，本市司法机关对这笔遗产的归属问题进行了调查处理，确认杜芸芸是这笔遗产的唯一法定继承人。"杜芸芸经历坎坷，而这笔钱又来之不易，在这种情况下，杜芸芸将十万遗产献国家的行为尤其显得可贵，这充分显示了她高尚的心灵和爱国的热情。

（3）注释性材料。在新闻写作中，有些内容不加注释，读者不清楚，影响到对消息内容的理解，这时就要运用一些背景材料，如科学技术项目的名称、作用、意义，产品的性能、特点、使用方法，人物的简要经历、政治面貌、文化程度以及一些名词概念的具体内容等。如，1982年新华社稿《世界八大奇观》：

新华社北京1月6日电 据报道，秦始皇兵马俑受到了法国前总理希拉克极高的赞誉。他不久前参观西安秦陵兵马俑博物馆时说："世界上有七大奇迹，现在秦俑的发现，可以说是第八个奇迹。"

他所说的"七大奇迹"，通常也称"七大奇观"。

世界七大奇观指的是：

埃及的金字塔；

巴比伦（伊拉克巴格达南部）的空中花园；

以弗所（土耳其境内）的阿苔密斯神殿；

奥林匹亚（希腊境内）的宙斯神像；

哈利卡纳苏（土耳其境内）的摩索拉斯陵墓；

地中海罗得岛上的阿波罗巨像；

亚历山大城（埃及）的灯塔。

秦始皇兵马俑博物馆自1979年开放以来，世界各国朋友倾慕而来，络绎不绝。一位86岁的日本老人参观后买了一个小型陶俑复制品。他说："我只要不死，每年都要来一次。在死的时候，让这位陶俑随我下葬。"

"七大奇观"具体包括哪些东西，一般读者不了解，这则消息中的背景材料很好地回答了读者想知道的问题，给人以知识的满足，因此，人们喜欢读。

（五）结尾

古人认为文章应当是"凤头、猪肚、豹尾"，这对新闻写作同样适用。有的记者就非常重视结尾。

新闻的结构不同，收尾的要求也不同。

1. 小结式

要报道的新闻事实描述完了，结尾要对众多事实进行概括，进一步阐明新闻的意义。它有点像论说文的结论，但不是记者外加的，而是通过事实本身体现出来的。

2. 评论式

对重大事件、重要新闻，收尾时画龙点睛地议论两句，直接指明事件的意义。但这种评论一要少而精；二要水到渠成，不能妄加议论。

3. 感召式

以赞叹或召唤收尾，在我们的新闻写作中也是常见的。它借新闻事实，直接表达记者的感情、倾向，提倡人们去学习、去行动。但这种感叹、号召，弄不好会画蛇添足，所以，一定要顺理成章，不能无病呻吟。

4. 展望式

多见于动态新闻和揭露矛盾的新闻。这种结尾能展示事物发展趋势和预期的结果，或表示决心，或指出解决矛盾的办法，能给人以希望。

5. 引语式

以引语结尾，在新闻中也常见。有的引语是借他人或群众的话来概括新闻的内容，实际上是小结式的。

当然，结尾还可以总结出其他式，不过，消息内容千变万化，结尾也不应局限这式那式，我们要敢于创新，努力创造出适合消息内容的结尾形式，要使消息自自然然地结束，不能硬加上个尾巴成为"蛇足"。

【文选】

开封发掘出我国古代都城中最早方形瓮城，填补古代都城考古史空白

桂 娟

新华社郑州1月31日电 历经5年努力，为重现开封"城摞城"奇观而进行的北宋东京城顺天门遗址考古发掘取得重大突破，发掘清理出我国古代都城中最早的方形瓮城，填补了我国古代都城考古史的一项空白。

"这一发掘为研究北宋东京城的布局、古代都城城门形制演变、八朝古都开封的城市发展史、黄河泛滥史等提供了前所未有的珍贵考古资料。"河南省文物考古研究院院长刘海旺说。

唐代以前，瓮城主要见于军事重镇。到了宋代，瓮城第一次出现在都城建设中。"北宋东京城的都城地位在全国形成引领和示范效应，这一筑城规制被写进宋代《营造法式》之中，成为后世修筑都城城池的定制。"开封市文物考古研究所副所长葛奇峰说。

北宋东京城的外城是一座城高池深、壁垒森严的军事城池，顺天门是其西墙上连接御道的正门，始建于五代后周，废弃于金代灭亡时期，共计存用277年。宋神宗时期，为了加强城门防御功能，于1075年开始修建瓮城城门以及敌楼、马面、马道、壕堑等。

此次考古揭示了五代至北宋时期顺天门主城门由单门道到三门道、瓮城从无到有的变化过程，以及其规模、形制、城门基础建筑方法等。

发掘显示，顺天门瓮城是一座方形瓮城，整个门址呈长方形，南北长约160米、东西宽约100米，为"直门两重"。城门和瓮门均为砖砌而成，整个瓮城城墙主体使用黄褐色纯净黏土夯筑而成。瓮城城墙现存宽度为18至20米，残存高度1至4米，距现地表深5至9米。

顺天门的主城门为一门三道布局，南北面宽54.2米，东西进深23.8米，由墩台、隔墙、门道组成。

古都开封地处黄河南岸，历次黄河水患使开封从战国时代到清代2000多年间的6座古城池深深淤埋于地面之下，不同时期城址上下垂直抬升、而非水平移动的"城摞城"特征，在世界城市发展史上罕见。

1982年，顺天门在宋城文物调查钻探中被发现。经国家文物局批准，开封市2012年4月启动"城摞城"顺天门遗址项目。5年来，发掘面积3500余平方米，清理出宋代至清代

房基、灰坑、窑址、水井和田地、树木遗迹，出土器物标本2900件（套）及大量陶瓷器残片。

"这是北宋东京城遗址考古史上规模最大、发掘地层最完整的一次考古发掘，也是首次对东京城城门遗址进行的考古发掘。"刘海旺说，"此次考古也是古今重叠型城址考古的一次有益探索。"

——选自新华网，2018年1月31日，http：//www.xinhuanet.com/2018-01/31/c_1122346056.htm

第九章 通　讯

一、通讯的含义和种类

（一）通讯的含义

通讯是一种以叙述、描写为主要表达方式，对典型人物、有意义的事件和新鲜经验进行具体、形象的报道，及时反映现实生活新面貌的新闻体裁。

通讯同消息一样，具有传播信息、舆论宣传、传播知识等作用。同时，通讯还具有消息不可替代的作用，主要体现在：一是弥补消息未报道过的新闻。因为有些新闻，记者未及时发现，延误了时间，当记者不能用消息形式时，就可以用通讯来代替，因为通讯在时间性上要宽容些；二是充实和深化消息已报道过的新闻。因为消息只简要报道事实或事实的一个侧面，而通讯则可以全面展开事实，同时运用叙述、描写、议论和抒情等多种手段来深化主旨，比消息报道要全面、深入；三是扩大新闻传播面，使受众从多种通讯形式中进一步获得新闻和受到教育、启发，以至陶冶情操。

（二）通讯的种类

1. 通讯按表现形式、手法分，有以下几种：

（1）一般记事通讯：通讯在记事记人方面没有独特之处，都属于一般记事通讯。报纸上应用最多、最广的就是这一类通讯。叙述时有顺叙、插叙、倒叙等手法，描写则包括了人物描写、场景描写、细节描写等。

（2）访问记：抓住当前人们普遍关心的人物或单位，有目的地走访。记者用第一人称出场的形式写，文中常用问答式向读者介绍访问的详细内容。采写访问记要注意选择适当的环境和场合，善于提出读者有共同兴趣的、欲知而未知的问题，善于穿插现场情景和背景材料。要写得富有感情。作者要眼、耳、嘴、脑并用，充分发挥主观能动性。人们常说的专访、人物专访也属访问记一类。

（3）小故事：反映现实生活中的一个片段，通常表现一人一事，线索单一而有故事情节，短小精悍，生动活泼。不能写得人物繁多，场面太大，枝节横生，否则，就失去"小"的特点。

（4）集纳：几个独立的小故事，在一个主题思想下分段编组起来，成为一篇通讯。这些小故事可以是发生在同一时间的，也可以是不同时间的；可以发生在一个单位，也可以发生在许多单位。如常见的《节日坚守岗位的人们》等。

第九章 通　讯

（5）巡礼：作者边走边看，巡游一番，很自由地把所见所闻写出来告诉读者。写作上，要有现场感、动态感、亲切感。用得较多的是抒情和议论。要在纷繁复杂的现实生活中敏锐地抓住典型的事物向读者作介绍，不能事无巨细，见到就写，啰嗦庞杂。

（6）速写：其特点是运用摄影机式的扫描，快速捕捉，简单勾勒，粗线条地把一件事情的经过或它的某个片段写出来，没有曲折的情节和细致的环境、心理描写，很少议论或抒情，只是朴实地把事物的大致轮廓和主要特征再现在读者面前。

（7）侧记：抓住事物的一个侧面，反映一个有意义的主题。取材上比较自由，没有必要反映事物、事件的全貌或全过程。但要求抓住特点，告诉读者感兴趣的事实或回答读者普遍关心的问题。

（8）散记：外出访问，把所见所闻所感随摘随录，留下有教育意义和知识性、趣味性的片段，积累成篇。选材比较自由、广阔，常常多篇连载。散记要多用散文笔调，讲究意境，力求感人，让读者在轻松愉快中开阔眼界。

（9）记者来信、采访札记：在调查研究的基础上，提出一个问题，一事一诉，针砭时弊，启发思考。可以大声疾呼，可以娓娓而谈，可以发表个人的观感和见解，也可以直接传达群众的呼声。

2. 按报道地区的不同，通讯可分为国际通讯、国内通讯和地方通讯等。

3. 按传播手段的不同，可分为报刊通讯、广播通讯、电视通讯等。

4. 按内容来分，有人物通讯、事件通讯、风貌通讯、工作通讯。

总而言之，多彩多姿的通讯家族，适应了记者和读者的需要，正为我国新闻界普遍采用着。事实上，人们是很难从写作上把各种通讯严格区分开来的，它们都以报道事实为主，只是在内容的广狭、篇幅的长短、叙述描写的鲜明和浓淡、议论抒情的多少上有所不同而已。写作时，注意从内容出发，选择形式，有时不拘形式，自然写来，"非驴非马"，也能自成一格。散文式通讯、杂文式通讯、政论式通讯这些边缘体裁就是这样产生的。

二、通讯的特点

通讯，早年又称"通信"。它是由消息直接演进而成的，它是比消息更详尽生动的新闻体裁。它具备新闻报道中各种体裁的共性。这就是一真实，二新鲜，三直接实在。

通讯和消息的不同，一般从以下几个方面可以看出来。

（一）从内容上来看

消息大都以事件为主，一事一报。消息中虽然也有专写人物的，但为数很少，而且大都只反映人物的一个重要的片段，粗勾几笔，浅描即止。通讯则以写人物活动为主。人物的活动过程，人物的思想感情，人物的性格面貌，人物的矛盾斗争，在通讯中都有所加强。事件通讯虽然写事，但事实上，它是通过事件来写人的，而且对于事件始末的记述要比消息详尽、生动得多。

（二）从结构形式上看

消息的结构，常常被组织成一标题、二导语、三主体、四背景、五结尾的格式，最基本的结构形式为倒金字塔式。通讯则不然，它的结构要自由灵活得多，可因题材而异，因内容而异，因记者水平而异。通讯有纵式、横式、纵横结合式三种基本结构。每一种基本结构方式又呈现出不同的具体形态。纵式包括时间顺序式、逻辑递进式、悬念式等结构形式；横式包括空间转换式、并列式、对比式等结构方式；纵横式包括纵横交叉式、"蒙太奇"式等结构形式。因此，消息结构形式比较稳定，通讯结构则自由灵活，姿态万千。

（三）从篇幅上看

消息是概括性的报道，也有的是随事件进展，视情况而报，所以，它往往是简短的。几十个字就可以成为消息。苏联卫国战争期间，塔斯社曾发了一条消息："强大的苏联红军已在×月×日饮马聂伯河。"十八个字报告了苏军占领了聂伯河这一重大新闻事件。交代了事件的人物、时间、地点、结果。通讯则要以丰富的事实材料，具体地告诉读者事件的全过程。最早的报纸没有通讯，只有消息，后来读者感到不满足，才出现了通讯。所以，有人称通讯是"详细的新闻""展开了的新闻""形象化的新闻"。许多有较大新闻价值的事情，常常是先发一个消息，同时或随后配一篇通讯，向读者进一步提供新闻事实的详情细节，所以通讯篇幅势必要比报道同一事件的消息长些。当然，有的长消息比短通讯还要长。

（四）从时间上看

虽然消息和通讯都要迅速及时，但消息是刻不容缓的，遇事即报；而通讯一般都作较深入的采访，写作后见报的时间略晚于消息。

（五）从表达方法上看

由于消息写作在上述四个方面的要求比通讯严许多，因而在表现手法上，就不如通讯那样自由灵活、变化多端，描写、议论、抒情等也不如通讯那样多；记者的风格，也不像通讯那样更容易得到发挥和体现。消息要求一事一报，简洁明快，主要以叙述为主；通讯要求具体性、形象性强，可以综合运用表达手法。

另外，在语言上，消息要求简洁明了，而通讯则要求细致深刻，具有一定的文学色彩。

通过比较，可以将通讯的特点归纳为容量大，范围广，样式多，写法活。

三、通讯的写作

（一）人物通讯

人物通讯以写人为主，它要求用详尽而生动的笔墨来记录新闻人物的事迹，描述新闻人物的精神面貌和性格特征，从而使读者受到教育和感染。

人物通讯在整个通讯中占有重要地位。写好人物通讯是通讯写作的一项重大课题。

人物通讯写作，要注意以下问题：

1. 正确认识典型，表现时代精神

人物通讯写作中，人物的选择尤其重要。选择人物的条件是，要具有新闻性、典型性、可读性、可写性四者统一的特质。四性具备的程度不同，通讯的可读性程度也不同。人物典型与否？有无报道价值？必须深入采访，认真分析，仔细斟酌，千万不可草率从事。

典型人物选定了，识别典型就成为一个至关重要的问题。

识别典型，就是要回答这样的问题：这是一个什么样的典型人物？人物的性格特征是什么？人物具有怎样的思想意义？这实际上是一个提炼主题的问题。人物通讯不应是人物的"事迹录"和"履历表"，也不应是某种"狭隘"思想的体现，而应该洞悉关于人物的全部材料，提炼出具有鲜明的时代精神，或具有明确"针对性"的主题。

一般说来，人物通讯的主题要求从两个方面去提炼：一是从人物本质特点出发去提炼，特别要抓住人物思想去开掘、提炼；二是结合时代本质特征去提炼。这样提炼出来的主题，既有较为深刻的思想性与现实的针对性，又是从实际出发的。

2. 注意写人，通过写事迹来表现先进人物的思想

人物通讯应以人物为中心，而且一般是以一个先进人物为主，笔墨务必集中，可以细致刻画与叙述。

人物通讯写人，不应就事论事，而应"见物、见人、又见思想"。人物的事迹应围绕人物思想而展开。先进人物的先进事迹、行为，是在某种思想支配下进行的。没有思想，人物的行为也就成了无本之木，无源之水。所以，挖掘根本，将人物的思想写出来，才会起到真正的教育作用。

3. 要在矛盾冲突中表现人物思想

现实生活中的矛盾冲突是错综复杂的，不同的环境会产生不同的矛盾，相同的环境，其矛盾激烈的程度也会有所不同。生活告诉我们，越是处在多种矛盾因素的焦点上的人，其思想性格就越容易暴露出来。许多现实生活中的人，之所以不能成为新时代的新人，就是因为他们往往没有处在矛盾的焦点上，或者即使在焦点上，他们也往往是逆来顺受，或逃之夭夭；而另外一些人则往往处在人与自然、人与社会、人与自己激烈复杂的矛盾焦点上，这些人在克服困难的过程中，常常比一般人有更多的困难、障碍、痛苦、烦恼、喜悦和欢乐；他们也往往历尽艰辛，几经周折，努力奋斗，成为时代的新人；他们的成功和失败，都是克服困难的结果。而人物通讯的任务，恰恰就是要把这些人物不断克服困难的过程，以及这个过程中反映出来的思想、性格报道出来，以教育、感染读者。

要想把通讯写得深刻、感人，就要在分析、表现这些矛盾上下功夫，吃透这些矛盾，把人物写活。《工人张杰锋的遭遇说明了什么？》的作者姜惠林等，抓住了现实生活中一个尖锐的具有普遍意义的矛盾——勇攀技术高峰的人才受到刁难、歧视和打击，将矛盾步步展开。南昌手表厂工人张杰锋在技术革新过程中，受到该厂某些领导的重重刁难：车间主任不准操作工帮张杰锋加工零件，谁要是违反，就以干"私活"论处，并给张杰锋加重任务，使他没有时间搞科研，还把他正在加工的零件从机床上强行卸下来收

走。……在张杰锋发明了"擒纵又复位精密冲裁新工艺",实现我国手表技术上一项重大突破之后,又遭到本厂某些领导人的歧视和打击,厂里某领导不论大会小会,不管厂内厂外,讲话、做报告,甚至在一些班组长会议上,总是要把张杰锋抬出来,丑化一通:什么"动机不纯"了,什么想"成名成家"了,等等。[1]这种抓住矛盾的写法,一方面烘托出张杰锋身处逆境、奋发攻关的顽强精神;另一方面又反映出该厂某些领导压制人才的横暴和卑劣。工人阶级的优秀品格,嫉贤妒能的可耻嘴脸,跃然纸上,高大和渺小,优秀和卑劣,对比何等鲜明!

"文似看山不喜平"。利用矛盾冲突来刻画人物,揭示人物思想,还容易写出波澜,写出起伏,使通讯精彩纷呈,跌宕有致,引人入胜。

4. 抓住人物特点,提炼典型言行

写通讯,首先要通过人物的行动来表现人物的性格。一位老记者在谈到写人物行动以显示人物性格时说:行动,行动,就是要使人物动起来。动起来,才能活起来。木偶本来是不会动弹的,可幕后人一牵线,它就"活"起来了。写通讯要善于描述人物的那些富于表现力的动作,使人物在读者面前活动起来。

《活着的黄继光——杨朝芬》这篇通讯为什么受到读者的好评?一个重要的原因就在于此。

你瞧,作者笔下的杨朝芬:

> 冒着敌人暗堡里机枪的疯狂扫射,"手拿爆破筒,迅速跃起,一会儿侧身跃进,一会儿匍匐前进",把那"嗤嗤冒烟的爆破筒使劲地第三次塞进了暗堡。在爆炸的瞬间,他闪电般地往下一滚,只听一声巨响,地堡飞上了天"。[2]

寥寥几笔就把杨朝芬那机智、勇敢劲儿写出来了。人们读后,就像临阵目睹了一般。作者使出了哪些"神通"呢?一是重现杨朝芬炸敌堡的一系列动作;二是尽量使用动词进行动态描写。外国记者写报道,强调一句话中至少应有一个动词,而这个动词还应是全句中最重要的词儿,其道理就在这里。

写对话,需要提炼人物的个性化语言,不能让泛泛而谈、拖泥带水的冗词赘句充斥其间。要推敲对话的语气,甚至一个助词、一个叹词、一个标点符号的运用,都要切合对话者的身份和特定的语言环境,都有助于揭示人物的性格特征和显示人物的心理状态。如《一个企业家的眼力与胆略》中贝兆汉的话:

> 从逆境中走出来的知识分子,最有本事。过去,事业的挫折,激发了他们对事业的追求;困难的环境,锻炼了他们的业务能力;生活的坎坷,又使他们勤奋。我们的用人之道,在于疑而不用,用而不疑。既然重用了,就要放手让他们去干!

这段话符合贝兆汉这个厂长的身份,富有哲理,富有个性。从这番话中可以看出,他有眼力,能识人;有胆量,敢用人。

---

[1]《工人日报》,1982年3月2日。

[2]《解放军报》,1979年2月23日。

（二）事件通讯

事件通讯是具体而形象地描写新闻事件过程的通讯。它是以报道典型的、能够影响社会进程的新闻事件为主要内容的。

写作事件通讯一般应注意以下几个方面。

1. 以人记事，以事带人

人物通讯以写人为主，事件通讯以写事为主。但是，人在事在，事在人为，人与事从来都是密不可分的。记者之所以把采访结果写成事件通讯，而不写成人物通讯，往往是由于新闻事实的人物比较分散，事件则比较集中的原因。比如，林彪集团未遂的反革命政变，抢救山西平陆县61个食物中毒的民工，第四军医大学学员华山抢险活动等新闻事实，都因为人物众多而且分散，事件则集中而且突出，才写成了事件通讯。

事件通讯既然是以事为主，人物就不应该是中心，不能喧宾夺主，以写人代替写事；而应该通过对事件发生、发展、结束过程的描述，将人物带叙出来。写人的目的也是为了写事，用"画龙点睛"式的人物描写去丰富事件的过程是必要的，它不至于使整个事件仅仅是干巴巴的几条筋。

2. 抓住事件的脉络，写好关键性情节

有些新闻事件发展过程短，内容单一，报道起来容易清楚明白。但有些新闻事件牵涉面比较大，矛盾复杂，内容多，报道时，就要在故事发生、发展、结束的全过程写完整的基础上，抓住主要线索，抓住对事件起重要作用的一个或几个关键性情节来写，这样不仅事件完整而且重点突出，脉络清晰，血肉丰满，能收到"以一斑而窥全豹"的效果。

3. 运用多种手法，组织好事件的高潮

高潮是矛盾的焦点和白热化，高潮是人的思想和行为"闪光"之处。高潮之处，要调动一切可能调动的表现手法，不惜笔墨地写活写好，特别是要"传神"。赵红军自述的《"北国之春"酒楼——一个军人遇到的冷嘲与敬重》一文客观且高度凝练地截取了一段生活镜头，并按照生活自身的内在逻辑，安排了两次冲突，一次高潮，以曲折的情节牢牢抓住读者的注意力，使读者在饶有兴味的阅读中受到震撼，得到启迪。

一开始，"我"怀着自豪感踏进酒楼，但这种自豪感由于经济的窘迫而受到打击，以至于连服务小姐都撇嘴："先生，您一共才消费10元。"这个蕴含丰富的细节反映出钱已经在一部分人的心中成为衡量人的价值的重要标准。这个细节使整个作品的情节在这里形成了第一场冲突，点明了"我"经济上处于"第三世界"的地位，使下一步更大的冲突有了"合理性"。

第二场冲突随即开始，这是由几句议论声引起的："太寒碜了，看来还是个当官的呢！"这里，作者写下了"我"的一段心理活动，奠定了"我"在即将发生冲突中在道义上的必胜地位。是啊，军人奉献，只求理解和尊重，但现实并不令人满意。一些空虚卑俗而有钱的人居然以污辱军人的尊严为乐。作者用白描的手法把这伙男男女女的丑陋嘴脸展现在读者面前："莉莉，去！把咱们吃剩下的菜端几盘赏给那位大兵，让他开开洋荤。"作者在此通过客观展示生活的一个侧面的方式，告诉读者在少数青年人那里，价值观念的错位，国防观念的淡漠已经严重到了何种程度！第二场冲突至此达到了顶点。怎么办？事实胜于雄辩。首先是"我"对这帮醉醺醺的男女义正词严的斥责，接下来酒楼前堂经理出现了，他表示要用"最好、最贵的一道菜"来款待这位军人。第三场是酒店总经理表示要尽酒楼的所有来"庆祝明天的八一建军节"，"用实际行动来慰问亲人解放军"。最后则是全楼顾客们发出的"一阵阵热烈的掌声"。这一连串令人目不暇接的"特写镜头"，使整个事件迅速发生了戏剧性的转折，并急剧推向高潮。作者通过这一组真切感人的"镜头"，把人民群众对子弟兵的无限深情表达得淋漓尽致。结尾简洁有力而又意味深长。总之，这是一篇质朴、生动、深刻的好作品。

4. 寓情于事，寓理于事

人们阅读一篇事件通讯，不单是要了解新闻事件的详细过程，往往还要在情感上、认识上获得相应的满足。这就要求记者笔下的新闻事件不是刻板的交代，枯燥的叙述，而应该是寓情于事、寓理于事，运用灵活多变的方法、富于文采的笔墨，将事、情、理融于一体，给读者更多的感受。

（三）新闻故事

新闻故事，也叫小故事，是一种记述情节曲折完整的新鲜事实的短通讯。其特点：一是短小精悍，耐人寻味。二是故事性强，有头有尾，有波澜。它取材于一人一事，情节比较单一，故事比较完整。三是内容独特，平中见奇，出人意料。四是篇幅短小。三五百字者多，长者千字左右，短者一二百字。五是故事虽小，但作用不小，它常用以宣传好人好事、新道德、新思想、新风尚、新气象。特别是以小见大，一滴水见太阳，反映出时代的风貌与精神。

小故事写作应注意以下几点：

1. 要以小见大，寓有深意

小故事有独特、生动的情节，这是胜过消息之处，但又不能就事写事，必须由小见大，体现出故事的思想性，要在细微之处见精神。

比如，1983年11月3日《人民日报》头版刊登了一则小故事：《"傻老魏"退款》。小故事上头版，本来就是稀罕事，何况只有二三百字。可是由于它揭示了深刻的主题，规格就不同了。《"傻老魏"退款》运用特写手法，一开始就先声夺人："10月的一天上午，江西彭泽县太平供销社收花站的付款窗前，围满了取款的棉农。请让一让！请让一让！随着喊声，只见太平公社平板大队社员魏南和捏着一大把钞票，急匆匆地挤进人群……"魏南和究竟要干什么？接下去通过情节展开，交代了事情原委。魏南和几次三番要求花站的会计核准钱款，退回了多得的400元钱。有的人说："真傻，到手的400元钱却不要，又不是偷的抢的。"老魏说："我不能昧着良心贪国家的钱呵！"语言朴实，思想高尚。

小故事不要就事论事地写，不仅要揭示事物本身的意义，还应把它放在一定的背景下写，反映出一定的社会面，揭示其社会意义。《"傻老魏"退款》虽然写的是一人一事，但放在农村政策落实后农业丰收、农民比较富裕的社会背景下写，读者看到的是农民的思想觉悟提高了，农村的物质文明和精神文明建设呈现出新的风貌，其意义也就不一般了。可见，小故事要以小见大，一定要写出背景，揭示意义。

2. 要有情节，有矛盾，有情趣

小故事没有情节，没有矛盾，也就没有情趣了。故事虽小，但时间、地点、人物、内容、情节等都要一目了然，围绕一件事的来龙去脉交代清楚。

3. 特别重视细节描写

在描绘现场情景时，不能仅仅写概貌，要着重描绘细节。电影中的特写镜头，把人的局部、物的细部放大，让观众看得清清楚楚。这种写法也可以运用到小故事写作中，把细节放大，具体、形象、充分地加以描写，让读者得到清晰的而不是模糊的印象，从而受到感染。

4. 故事新颖，不落俗套

小故事，不仅要有生动的情节，而且要有新鲜感。拾金不昧的故事并不是不能写，而要写得别具一格，才有滋有味，使人爱读。《浙江日报》1990年10月27日刊登的新闻故事，就非同寻常：10月6日下午，浙江省临海市双港乡荷莲地村周红军，将准备购买车辆的4000元钱装入皮包，放在朋友家中的一只纸板箱内。第二天，朋友的母亲在清理杂物时，随手将这只纸板箱当废品卖给废纸收购户。收购户又将这只纸箱连同其他废纸板一起卖到临海箱板纸厂，过磅后直接送到该厂废纸打浆车间。10月9日后半夜，打浆工吴华素将这捆废纸拆散后准备投入浆缸时，发现纸箱内有一只皮包，她捡起皮包打开一看，里面有一厚叠钱，还有身份证、驾驶证等，她立即将包交给了厂值班领导。10月12日，周红军接厂方通知，前去认领皮包和钱。这则故事，情节曲折，反映了女工在能将这笔钱放入私囊无人知晓的情况下不昧钱财的高尚风格，富有新鲜感，具有教育意义。

（四）风貌通讯

风貌通讯又叫作概貌通讯、旅途通讯、旅行通讯，它是着重描写事物发展过程中的新变化、新面貌的新闻体裁。在风貌通讯写作中，有的侧重于写自然风貌，有的侧重于写社会风貌，更多的则是把自然风貌和社会风貌结合起来一起写。它通过一个地区、一条战线、一个单位、一个点、一个方面的风貌变化，展现时代前进的步履，展现人的思想境界的变化、发展。它通过一幅幅壮丽或奇巧的"风貌画""风俗画""风土画"，开拓读者的视野，增长知识，提高素质。

1. 抓特点，写变化

风貌通讯既然是写事物发展过程中的新变化、新面貌，就要善于写出动中之变，以作者亲眼所见、亲耳所闻的事实，娓娓动听地给人们作介绍。客观事物的变化表现在各个方面、各个环节，任何人都难以做到点滴不漏地介绍给别人。这就是在变化之中找出能够充分体现这种变化的特征性的事物来。只有抓住特征，才能把风貌写活，给人们留下清晰的印象。事物的变化，本身都是可见可感的；特征性的变化，给人的感受更加深刻。

2. 缘物寓情，感同身受

风貌通讯以叙事为主，但可以较多地发表议论和抒情，使通讯叙议结合、情景交融，深深地打动人、感染人。作者要尽量进入角色，做到物我相融。一般地说，风貌通讯所介绍的风貌,是作者感兴趣的,经过实地采访的。所以在向读者介绍时,会较多地带上主观感受,感情色彩比较浓厚。

3. 知识丰富,情趣盎然

风貌通讯既然是写各地各单位风貌的,就自然要提供新鲜有益而又有趣的各种知识。生活在当代社会的人们,早已不满足于自己那个闭目塞听的小圈子了。他们迫切要求的是广闻博察,开阔眼界,丰富知识,加大信息储存量,以适应社会的需要。但是众多的读者,对于那些高深玄妙的理论,以及单调刻板的说明,同样不感兴趣,那么,寓知识于风情状貌之中,以通俗而富于文采的语言,把各种新面貌和旧材料有机地交织在一起,娓娓动听,自自然然地介绍出来,正是风貌通讯之所长。

（五）工作通讯

工作通讯是指写经验、问题的通讯。工作通讯以某一地区或单位的实际工作为报道对象,在报道实际工作中存在的普遍性问题,或者探讨实际工作中新情况、新课题等方面有特殊的功能。报纸上的"记者来信""采访札记""工作札记""工作研究"等,大体上可以归入这一类。

工作通讯写作应注意以下几点：

1. 题材要抓得准,有现实针对性

对问题抓得准不准,取决于作者对党的方针政策和对实际工作进展情况的了解程度,取决于对这个问题的判断是否正确,认识是否深刻。如果我们能够认真地学习,深入地调查,缜密地分析,抓住症结所在,那么,报道就能切中时弊,打中当前绷得最紧的那根弦,引起强烈的反响。

2. 要有新意

新,提出新问题,介绍新经验,发现新苗头,找到新点子,得到新启示。

要有"新"意,就要靠记者对党的政策的深刻领会,对实际工作的深刻剖析。这两个深刻结合在一起,才能产生新的发现、新的体会。认识上才能产生飞跃。然后,才能回过头来,高屋建瓴地透视一个地区的经验与问题的实质。

3. 力求写得生动活泼,引人入胜

工作通讯可以写得生动形象。形象,就是把具体的可以感触到的事物呈现给读者,使其有身临其境、如经其事之感,这比平平淡淡地讲道理容易使人理解,印象深刻。工作通讯中若有曲折的情节,或生动的人物,或适当的场景描写,则非常有助于打破沉闷局面。

【文选】

群众爱戴的"吃亏书记"
——记河南省濮阳县庆祖镇西辛庄村党支部书记李连成

王胜昔　吉子文

人们一进入河南省濮阳县庆祖镇西辛庄村,映入眼帘的首先是宽广的公路,整齐划

第九章 通 讯

一的居民住宅楼，笔直的胡同，高低相映的绿化带，笔直的太阳能照明灯，还有村民朴实而幸福的笑容，展现着一幅幅和谐美满的乡村美景。

也许你不知道，以前的西辛庄是远近闻名的穷村，西辛庄的沧桑巨变，源于西辛庄村党支部书记、全国优秀共产党员李连成。

李连成是最早通过勤劳致富的西辛庄人。早在20世纪80年代，他请蔬菜专家帮助建了塑料大棚，经过几年打拼，积累了不少财富，还在村里盖了一座小洋楼。而此时，多数西辛庄村民才刚刚解决温饱问题。

1991年，西辛庄人推选李连成当他们的"领头羊"，希望他能带领村民们共同致富。当上村支书后，李连成把自家的蔬菜大棚送给困难群众，把参股的纸厂也折价转让给村集体。为了改变村里的贫困面貌，李连成跑江浙，去上海，引进了多家企业到村里办企业。随着企业用工数量的增加，本村人已经远远满足不了用工需求，李连成开始将西辛庄村办企业入股权和务工权向周边村开放，到西辛庄村务工的外村、外地人最多时有1.2万余人，西辛庄村逐步走上了富裕之路。

"在李书记的带领下，我们都过上了好日子，家门口就有学校、医院，用水用电不花钱，养老不用操心，就业也有保障。"西辛庄村村民李留选告诉记者，目前村里家家户户住别墅，开轿车，门口有超市、银行，村里的生活一点都不比城里差。

庆祖镇驻西辛庄工作人员郑洪丽说，李连成喜欢考察两种企业：一种是倒闭的企业，一种是蒸蒸日上的企业，这两种企业都能给他许多启发。"我看了那么多的企业，总结出两条经验：钱再多搁不住赔，钱再少搁不住赚。你看无论多大的企业，光公款吃喝招待这一项，就糟蹋了不少钱，更不用说管理不善了。我是农民，在农村生活了大半辈子，农民喜欢啥、烦啥，都瞒不住我，给农民办事，就要交心，交底，要有透明度。你看，一个农民关心的无非是这两件事：一是钱花在哪儿了，二是自己的利益问题。"李连成说，"我当村支书的时候，就在全村人面前立下誓言：我要是喝村里一口酒，就割我的舌头；要是乱花村里一分钱，就剁我的手指头！我发了誓言，就得让群众相信，方法只有一个，就是眼见为实。所以，我在村里又定了一个铁规矩：村里不设任何吃喝招待费用。"

"当干部就应该能吃亏"，西辛庄村村委会门前立着一块石碑，上面刻着这样九个红色大字。这九个字不仅是村党支部书记李连成的座右铭，还是众多党员干部前行的指路明灯。

"要最差的宅基地，同时要让群众高自己一头！"李连成分配宅基地和"自己家的房子低于全村人的房子一砖"的做法，彻底征服了群众的心。

1998年，李连成召开村民大会，结合小康村建设要求，对全村进行新村规划，重新划定庄基。在选择庄基的时候，李连成坚持"哪儿没有人要往哪儿搬，谁有意见就跟谁换"，他舍弃了村干部为他选定的一处中心地段，选取了一处人人都不要、深达3米的一个臭水坑。为垫庄基，仅是取土填坑一项，他就花费了1.6万多元。他对不理解的妻子说："咱是村干部，要带头吃亏。"

有了李连成的带领，全村用了短短一年半的时间，实现了全村的推倒重建，新建的近百栋样式新颖的两层楼房横空而立，家家户户实现了从土坯房到楼房的转变，平均每家住房面积达到205平方米，上下三居室，楼前楼后果树绿化，街道胡同全部硬化，一改"刮风一身土，下雨两脚泥"的脏乱环境。在农村，建房子时候有"房高你一砖，人高你一头"的说法，很多地方建房时候互相攀比，甚至邻里之间因为房子高低发生矛盾。这次建房，李连成把自己家的房子建得比群众低了25厘米，他说："我要让群众过得都比我好，都要能'压我一头'！"

当李连成搬家的时候，全村400余位村民自发地组织在一起，敲锣打鼓，给李连成送来了一块匾：一身正气，甘心吃亏为百姓；两袖清风，心底无私好楷模！

——选自《光明日报》，2018年2月12日

第十章　报告文学

一、报告文学的含义和种类

（一）报告文学的含义

报告文学是一种用文学手法处理新闻题材，以真人真事为描述对象的报道性的文学体裁。报告文学是新闻与文学结合的产物。报告文学是用文学手段来表现当前现实生活中具有典型意义的真人真事，是带有新闻报道性质的一种文学样式，是处于新闻与文学之间的一种边缘文体。高尔基称它是介于调查报告与短篇小说之间的一种文体，道理就在这里。

（二）报告文学的种类

1. 根据当前研究成果，报告文学从内容上可划分为五类：

（1）以写人物为主的。这类报告文学有突出的人物形象，有贯穿始终的主要人物，常以刻画人物形象为主要目标。它是以主要人物为中心组织结构的。虽然围绕主要人物，也描写一些次要人物，但都是为了衬托、突出表现主要人物的。如，黄宗英的《小丫扛大旗》就着重表现了"铁姑娘"鲜明的性格特征。

（2）以写事件为主的。是以事件为中心组织情节结构的，即便写了人物，也不是刻画一两个主要人物，而是人物活动的群像。这类作品有较完整的故事情节，有头有尾，常有贯穿始终的戏剧冲突。比如，《在"四·五"的激流中》《震撼世界的十天》等作品都是属于这一类。

（3）写见闻的。这类报告文学多用第一人称，以报告作者的见闻，特别是以现场见闻为主。"我"是这类报告文学的重要线索，但作品绝不是以刻画"我"这个人物为其主要目标。而是通过"我"（即作者）把生活中直接观察到的生活片段，一些零散的人和事，围绕某一主题把它组织起来。比如，著名记者埃得加·斯诺写的《西行漫记》，就是一部写见闻的报告文学作品。

（4）社会问题的报告文学。这一类既不是以人物为主，也不是报道一个事件，它虽近似见闻录，但又有所区别，它是从生活的一个侧面去剖析一种生活现象。例如，夏衍的《包身工》就是这类报告文学作品。

（5）史志性报告文学。在一些历史的题材对象中，同样蕴含着对于现实生活十分有价值的内容，报告文学作家通过对它的揭秘报告，同样会使它在现实社会生活中发挥非常有益的作用。1987年第1期刊登的大鹰的《志愿军战俘记事》，是比较早地把目光投向历史生活的作品。在抗美援朝战争中，因为复杂的原因，有近万名志愿军战士成了战俘。作品以不少战俘的悲惨命运让人反省历史，引起读者对人的命运的思考和理解。

2. 从篇幅上划分，报告文学可分为短篇、中篇和长篇。在划分时，字数上也没有十分明显的界限。一般说来，长篇报告文学，大约十几万字以上；中篇报告文学，大约几万字；短篇报告文学，在两千字到万字左右。当然，用字数的多少来划分报告文学不一定妥当，但篇幅的长短和大小也反映了作品一定的容量，至少也是区分的标准之一。

3. 从艺术形式上划分，又分口头报告文学、书面报告文学、电视报告文学及电影报告文学。

二、报告文学的特点

报告文学的独特性表现在什么地方呢？就表现在边缘性、双重性上。双重特色、双重优势，使报告文学具有强大的生命力，以其特有的光辉和魅力影响着千千万万读者，震撼着人们的心灵。它吸收了新闻真实性、及时性的特色、优势，忠实地报告事实，及时地反映现实，却又比新闻的表现手法更丰富多彩，使读者感到生动活泼、兴趣盎然。它吸收了文学形象性的特色、优势，艺术地反映生活，可以灵活地运用多种文学表现手法，却又排斥文学的虚构手法，使读者感到真实可靠。

报告文学既有强烈的现实性，又有感染人的艺术性，同时它还有论辩性。在迅速反映新鲜事物的时候，作者可随时发表自己对人物、事件的评价、看法，把自己受到的情绪感染直截了当地传达给读者。因此，新闻性、文学性、政论性就是报告文学的三个主要特点。

三、报告文学的写作

（一）报告文学必须坚持真实性原则

真实，是报告文学的生命，也是报告文学创作中自始至终必须遵循的一条原则。它是区别于小说等其他文学体裁的最显著、最本质的特点，是它赖以存在的基础，是关系到它的生死存亡的大问题。真实性原则是不能动摇的。一动摇，就是拆了报告文学的台。

1. 正确认识报告文学的真实性

报告文学的真实性包括两层含义：

（1）事实要真实。报告文学中的内容必须是真人真事、真实的环境、真实的情节、真实的地点、真实的思想感情。注意五个不允许：不允许虚构事件情节，不能无中生有或道听途说，加油添醋；人物描写不允许张冠李戴，移花接木，像小说那样虚构、拼凑；不允许任意拔高或贬低人物；不允许错动时间、地点，或改变事件的原因和结果。

可以发表自己的独到见解，发表自己对生活的评价，不允许把自己的观点、见解强加在被写的人物身上。

以真服人，以真感人，以真取胜，这是报告文学的可贵本色和优良的传统，也是报告文学作者自觉遵循的真实性原则。

（2）报告文学要反映客观事物的本质的真实。报告文学的任务是认识世界，寻求真理，宣传真理，从而达到改造世界的目的。因此，就不能停留在现象上，而要深入到事物的本质，就不能满足于个别事实的真实，而要追求事物整体的真实。

报告文学既然是文学艺术品，它就应该反映出艺术的真实。我们这里说的艺术的真实，其内涵和外延主要包括三个互相联系的方面：生活的真实、艺术的真实、历史的本质的真实。生活的真实性，是指艺术生活本身的客观实在性，它是艺术表现的客观对象。艺术的真实，是作者借助一定的艺术类型的特有手段，以形象思维的方式所反映的与生活客观存在的一致性。从生活的真实到艺术的真实，是经过集中概括所达到的神形相似，不能要求它与生活的一切全部一样。历史的本质的真实性，是通过艺术的真实描写而揭示出来的包含在现实生活中的矛盾的本质与历史的发展规律。

黄钢《亚洲大陆的新崛起——从李四光走的道路看新中国地质科学的跃进》的开头写道：

> 1949年9月底的一个夜晚，英吉利海峡的朴次茅斯港口，有一个身材高大的中国人，快步踏上了一艘开往法国的渡海轮船。当他穿过英伦海峡的迷雾，迎着海风走上甲板的时候，可以看见他的脚步稳重、矫健；他每一步的跨度，总是0.85米——这是他多年从事地质工作、长期在野外考察养成的习惯：他平时迈开的每一步，实际就成了测量大地、计算岩层距离的尺子。
>
> 这个用准确尺寸走路的人，就是李四光。[1]

我们说，这个稳重、矫健、0.85米的跨度寓意很深。这个跨度是真实的，它不仅符合李四光从事野外考察的习惯，而且揭示了李四光办事认真负责的科学态度。但这个跨度又是象征的，是艺术的——此时此刻跨出的0.85米，又不同于李四光半个多世纪来跨过的亿万次0.85米，而是结束了他在旧中国旧世界半个多世纪的生活斗争历程的一步，是由旧世界跨入新世界的一步。这一步将生活的真实和艺术的真实交织在一起，既把读者的目光引向现实生活的巨大的政治舞台，又把读者带进艺术的境界。作者正是通过0.85米这个真实的材料，表现出了艺术的真实，读者在这一段字里行间，仿佛听到了历史前进的脚步声。

总之，报告文学的真实性首先是具体事实的真实，但也不仅仅是具体事实的真实。报告文学的真实性是现象和本质的有机统一，是具体事实的真实和反映事物本质的真实的有机统一，是事实的真实性和艺术的真实性的统一。

2. 维护报告文学的真实性原则，反对虚构

报告文学不允许虚构，这是报告文学的性质所决定的。报告文学是以文学手段及时地、形象地反映现实生活中具有典型意义的真人真事，是介于新闻与小说之间的一种新型的文学体裁。它追求的是以客观事实反映生活的真实。如果报告文学中所写的人物和事件不是现实中确实存在的真人真事，而是作者虚构出来的，那么就混淆了报告文学和

· [1]《人民日报》，1978年1月7日。

小说的界限，报告文学就变成小说了，这就会失去了报告文学存在的意义。

报告文学跟小说的主要区别在于是否允许虚构。谌容的小说《人到中年》和陈禹山的《为中华崛起而献身的光辉榜样——记中年光学专家蒋筑英》都是在全国有较大影响的作品，都是以我国中年知识分子为表现对象的。小说《人到中年》写的是一位女医生陆文婷。正如谌容在《从陆文婷到蒋筑英》中所说：

> 作者无权无势，只有一颗诚实的心，一颗同人民一起跳动的心。她不能改变生活于万一，只能用笔勾勒自己创造的人物的命运。陆文婷是不该死的，人民需要她；尽管生活给她以那样的重担，但生活毕竟是令人留恋的。陆文婷还有很多工作没有做完，还有很多心愿没有实现，她应该活着。于是，我让她活下来了。
>
> 然而，蒋筑英却死去了，他的妻子对着苍天哀呼："筑英，你走得是不是太仓促了？"是啊，太仓促了……他才43岁，他还有多少事情要做啊！白发人在黑发人的灵堂前哀悼，老师在学生的遗容前悲泣。啊！蒋筑英，我不认识你，可是我多么希望你是我笔下的一个名字，小说中的一个人物！如果是那样，我会让你像陆文婷一样地活着，活在路长琴的身旁，活在你一双幼小的孩子中间，活在你倾注了全部心血的长春光机所的战斗岗位上！
>
> 可惜，你不是陆文婷，不是一个"艺术生命"，你是一个活生生的人，我不能用这善良的愿望把你救活。你去了……[1]

正因为蒋筑英是社会生活中的真人、活人，所以，在他不幸以身殉职之后，中共吉林省委在1983年7月7日批准追认他为中国共产党正式党员，并于10月26日做出《关于开展向蒋筑英同志学习活动的决定》。吉林省人民政府还根据蒋筑英生前为党为人民做出的突出贡献，决定追授他为特等劳动模范。并于11月3日在长春市举行大会，把奖章、证书和纪念品颁发给他的爱人路长琴同志。假若蒋筑英跟陆文婷一样，是个虚构的艺术形象，以上举动岂不荒唐可笑。

优秀的报告文学作品具有小说所有的艺术条件——人物刻画、环境描写、气氛渲染等，但是，它的艺术魅力不在于"创造"，而在于"真实"，也就是说，报告文学是从生活中存在的具体真实的事件、人物本身为对象去再现；小说则是以生活中的真人真事为素材进行再创造。

3. 报告文学允许适度的"合理想象"

真正的报告文学作品绝不是自然主义的生活现象的模拟，即报告文学也离不开想象，应该说，报告文学的想象较之其他文学样式的想象更为困难。基希早已说过："对于不失艺术的样式和规模而同时又能正确地显示真实这件事，较之诸君所想象的是一种更困难的工作。"报告文学的想象绝对不能越出"真实"这道墙，这是报告文学的想象和其他文学样式的想象的原则区别。还有一种想象，是作者随意地驰骋自己的想象力，想象出实际并不存在的情节、细节，把可能出现的事情，想象成已经出现的事情。这种想象，作为小说创作来说，不但是可以的，而且是必需的，而对于报告文学来说，就不可以了，

---

[1]《光明日报》，1983年2月3日。

因为它不符合报告文学真实性的原则。

《痴情》中有一段关于袁运生与张兰英到苏州虎丘山中相会的描写，十分感人。我们先引几段作者介绍这一节写作过程的文字：

> 女主人公的原始叙述是简单扼要的。她说道，这是她与画家的第二次见面，那天正是"三八"妇女节，她正在学校主持文艺节目。画家突然而至，邀她去虎丘玩玩。她去了，就在这天画家告知自己曾被划为"右派"，她听了没有动摇。那天她俩回到城里时已经很晚了。
>
> "这次我们的关系就确定了。"她说。
>
> 我叹道："做出这样的选择真不容易。为什么没有动摇？"
>
> 她说："因为他诚实，我更觉得他好。"
>
> 原来的交谈大体如此。幸亏作者多年前也去过虎丘。于是面对着一张虎丘的风光照片，极力唤醒当初的记忆，展开了这一章节的描写。[1]

作者虽然到过虎丘，但没有在20世纪50年代末与袁运生、张兰英这对恋人一同上过虎丘山。关于虎丘山景色的描写，作者是根据自己的观察、感受和"面对着一张虎丘的风光照片"来下笔的，而袁运生与张兰英心中的那种"神秘的波纹"，心灵的对白，则是依据所掌握的"绝大多数"的"实际事件"的特点来确定的。用作者自己的话来说，这种"想象是对真情实景的揆情度理"（《她有多少孩子·后记》）。柯岩写《船长》之前，没有到过汉堡，也没有到过伦敦，但在《船长》中有关汉堡、伦敦的描写是那样真切感人，以至曾经到过汉堡、伦敦的人看了《船长》后，认为作者一定是去过这两个地方的。可见，只要作者"密切地沿着已知的事实"的"特点"进行"合乎逻辑的想象"，文中"不可能一一亲历"的情景是可能而且可以得到的。

（二）报告文学要反映时代精神

报告文学由于具有新闻性和文学性统一的特点，要求把现实生活中有典型意义的真人真事经过艺术加工迅速而及时地报告给读者，因此，较之其他文学样式，报告文学对时代性的要求就更为鲜明和强烈，更应当体现时代精神。

在写作中，怎样表现时代精神呢？

1. 从时代的全局出发，迅速地反映现实生活，及时地传达广大人民群众的意志、愿望和要求

报告文学反映生活及时、迅速，一向有文艺战线的"轻骑兵"之称。这种及时，并不止于报道生活中发生的事件要快，更重要的是要求报告文学作者具有强烈的政治敏感，能够抓住生活中处于萌芽状态的最新东西，及时地传达出人民群众当前的意志、愿望、情绪和要求，表现出对生活的深刻的预见性。

如胡平、张胜友的《世界大串连》，袁厚春的《省委第一书记》，李延国的《中国农民的大趋势》，一合的《黑脸》，吴海民的《新闻警示录》，钱钢的《唐山大地震》，陈廷

---

[1] 理由：《"痴情"书简》，见《青春》，1981年第4期。

一的《温家宝的平民情结》，长江的《矿难如麻》，王光明、姜良纲的《中国有座鲁西监狱》，杨黎光的《瘟疫，人类的影子——"非典"溯源》，陈晓东的《翱翔太空——中国领袖决策载人航天内幕》等作品问世时赢得了千万读者的欢迎。为什么会出现这种情况？原因当然是复杂的，关键是这些作品或回答了读者普遍关心的社会问题，或触动了读者某些心理和感情的神经。

2. 通过具体形象体现时代精神

刘白羽曾说："在文学作品中，时代精神不是通过抽象的说理，而是通过形象来表达的，主要的也就是通过人物形象、人的内心活动、精神状态来表现出来。"（《〈早晨的太阳〉序》）这是报告文学的特色和优势。具体、生动的形象，能给读者留下鲜明的深刻的印象，使读者在艺术欣赏的过程中，受到活生生的时代精神的教育。

1979年第11期《人民文学》上刊登的柯岩的报告文学《船长》，写出了一个为国争光、为"四化"尽力的远洋船长的形象，一个国家主人翁的形象，一个被誉为"邓小平式的船长"，这位受人尊敬的老船长叫贝汉廷。《船长》赞颂的是为国争光的时代精神，是通过贝汉廷的生动形象体现出来的。如果离开了具体的、活生生的形象，时代精神就成了虚无缥缈的空中楼阁了。

读者之所以对宏甲的《无极之路》发生兴趣，给予赞扬，除了作品真实生动地描绘了无极县委书记刘日这个为民造福、敢于开拓的年轻干部形象外，一个很重要的因素还在于刘日身上有不少时代生活的折光。刘日为官不以勤谨为满足，他长于思考，勇于坚持正确主张，而不甘当一个拘谨机械的、平庸的小官僚。他可以到监狱中去招聘人才；他能够在基本定案的情况下又经过自己深入的调查了解改变一个被冤枉且已判了死刑的人的命运；他对于科学的尊重和作风的民主等不少行为，都明显地区别于过去人们心目中的那种好干部形象而带有新的意识、新的做派。因此，人们从刘日的身上既看到了清廉这种传统的好官行为，又见识了一种富有创新、朝气盎然、颇具现代生活意识的新官形象。人们从刘日的身上发现了美，同时也在他的身上生出了希望，对未来产生了信心。《无极之路》的作者若是忽略了刘日身上这些鲜明的时代色彩，那么，刘日最多不过是个好官，作品对于今天的现实生活来说也就不会发生这样大的影响了。

（三）报告文学要努力刻画人物

人在生活里是中心，在文学作品里也是中心。文学是人学。报告文学和其他文学形式一样，艺术概括中最完善的形式就是典型人物的刻画。即使是以记事为主的作品，也离不开人物活动的描写。因此，努力写好人物，是报告文学写作中的一个重要课题。正如理由在《愿当小小的媒介——〈她有多少孩子〉后记》中所说："写人，写人的思想，写人与人的关系，这是报告文学的中心。"[1]

1. 在典型环境中刻画人物

典型环境是典型人物所生活的、驱使他们行动并形成其性格的特定环境。这种环境

---

[1]《芳草》，1980年第7期。

必须是能够体现时代本质和历史发展趋向的社会环境,而在作品中,又必须是具体的、独特的,不应是架空的、笼统的。如柯岩《船长》中的描写:

> 有一次汉堡港竟改变了它正常的节奏:港口、码头、装卸公司、服务公司频繁来往,电话不断;货主、代理、大小工头、理货组长和工人们都激动不已,甚至连正好停泊在港口,尊严而又自信的十几个老船长也打破常规,开了一条小舰,集体下海去了。
>
> 是什么引起了这骚动呢?台风吗?惊涛骇浪吗?都不是。一百多年的港口了,任何风浪也改变不了它的节奏。
>
> 使汉堡港变奏的,说也奇怪,是一条船。就是中国远洋公司上海分公司的这艘远洋货轮——"汉川号"。
>
> 码头上人头攒动,指指点点:"汉川""汉川"之声不绝。有的人还特地带了老婆孩子来参观,说是让他们见见世面。明媚的阳光,彩色的裙衫,童声稚气的欢笑,一下子使汉堡这支一百多年的古典,焕发出青春的明丽,奏出了奇异而动人的旋律。
>
> 这是1978年4月的一个星期天。[1]

这里安排了表现人物的才华和我们祖国在变化的社会环境——汉堡港,勾勒出汉堡一百多年来少见的欢乐景象。德国人在汉堡港对"汉川号"的赞赏,形成了外国人对中国"四化"建设赞赏的缩影。这不仅为贝汉廷的出场交代了背景,而且为表现贝汉廷是位有第一流的头脑,有精通业务的技能,有一副熟练的外交铁腕,有吃苦耐劳、认真负责的品质、精神,有一颗热爱社会主义祖国的红心的老船长,做了很好的铺垫和映衬。如果忽视了这种环境描写,必然导致人物形象的一般化。

2. 用特写手法刻画人物

特写,即摄影中"放大了的近影"。它选择典型部分,凸现其细部,以加强视觉与艺术效果。文学特写,是借用摄影特写方法,取精彩片段,或浓墨酣笔,或工笔细描,再现现场、人物、行动或表情,以增强感染效果。

黄钢在《开麦拉前的汪精卫》中运用"开麦拉"(摄影机)的移动来跟踪这个伪君子的动作、表情和语言,揭示他丑恶的汉奸灵魂。汪精卫演讲时,"两手操在后面,右脚伸向前;讲到高潮的时候,右脚换回来休息,左脚再伸向前;两手呢,便分开来运用,握成拳头,曲臂做宣誓状,或者指着遥远的上方,以示来日的光明"。作者所取的特写镜头清晰得可以看清脉管:"他那苍白、枯瘦、紫色的脉管已在手背上,像地图上的三大河流。"[2] 这些视觉形象活脱脱地描写出了一个虚弱的灵魂、装腔作势的犹大。

3. 精选细节刻画人物

要想让人物在纸上活动起来,报告文学的作者必须在细节上很下功夫。文学的细胞是细节。细节在报告文学中占有很重要的地位。细节是把作者的思想、感情与对人物的

---

[1]《人民文学》,1979年第11期。

[2] 参见尹均生:《新闻体裁写作》,湖北教育出版社,1985年版。

理解化为形象的枢纽，是人物能不能跃然纸上的关键。因此，报告文学的作者都非常重视细节描写。

柯岩的《美的追求者》中有这样一个细节，12岁的韩美林和雕塑组的同志照完相，组长叫他送到城里去冲：

"可千万不能动呵！"组长说。

"我紧紧地攥着。"小韩答应。

"现在还没有相哩，知道不？"

"你一说，我不就知道了吗。"

可从四里山到城里有四里路呢，四里路一个人走且得走一阵呢！走着走着小韩心里痒痒起来了，攥得紧紧的，手心也出汗了。"他们又逗我玩哩，没有相？哼！没有相不白照了半天？""不能看，为什么不能看？""好吧，我不看他们，光看看自己还不行？"小韩像被谁拉住了似的，停在山坡上，脚也挪不动步子了。四边看看，风吹着，太阳晒着，一个人也没有。一只小鸟歪着头冲着他唱，小韩挥挥手赶走了那只小鸟，十分敏捷地打开了包胶卷的黑纸："口得儿"拉开了一卷，真的什么也没有；"口得儿"再拉开第二卷，还是什么也没有。哼，骗人，还想让我空跑一趟哩！小韩气鼓鼓地跑回去了。[1]

作者像巨匠运斧，几下就雕琢出了韩美林的性格特征和精神面貌，将一个好奇心强，什么事都想知道都想亲自看看的既无知、淘气又可爱的小孩子，栩栩如生地呈现在读者面前。尤其是"'口得儿'拉开一卷，真的什么也没有，'口得儿'再拉开第二卷，还是什么也没有。哼，骗人"这些反映形象个性特点的细节描写赋予人物形象以神韵，读来使人捧腹大笑，久久不能忘怀。

（四）报告文学的议论

报告文学的战斗性、鼓动性不但反映在作者选取尖锐的题材，直接为现实生活服务，而且还体现在它具有强烈的政治色彩上。作者往往在形象地描绘客观事物的同时，直接抒发自己的主观感受，对人物和事件做出评价，发表议论，帮助读者加深对作品的理解和感受。

1. 议论的作用

（1）揭示本质，帮助读者认识事物的意义。一合的《罪犯与检察官》在写到侯磊这个白面书生查办了许多大案、要案，讲究斗争策略，善于打"堑壕战"时，有这样一段议论：

如果说"黑脸"最突出的特点是刚直不阿，那么他这张白面书生的"白脸"最可取的则是谋略、胆识和智慧。

"白脸"，智慧的象征，并非奸佞者的专利。

---

[1]《十月》，1980年第2期。

检察官的身份加上关于腐败和黑恶势力周旋的本领,使侯磊成了李真的天敌。[1]

这些精辟的议论,不仅揭示了侯磊的个性特点,而且一扫传统观点对"白脸"的误解,令人深思。李真案震惊全国,这个自称"河北第一秘"的人在监管所里抵抗了108天,拒不交代问题,但在第109天,他彻底交代了,为什么?因为他碰上了两个检察官:一个是"白面书生"侯磊,一个是"过目成诵"的陈晓颖。与李真这种人打交道,需要智力的较量,所以,这里作者对"白脸"的议论,揭示出了人物的本质。

(2)直抒胸臆,表明作者对事物的态度。作者通过议论,可以直接抒发自己的感受和爱憎。一部以官吏腐败为描述重点的文本——杨黎光的《没有家园的灵魂》则显示出对人的欲望及道德约束、制度规范等问题的深入思考。这部作品的独特之处在于,它以最经济的笔墨写事件过程,而以最浓重的色彩书写人物的心态、理念与情感,好似一位心理医生,通过事件的外壳层层深入人物的内心,以此探讨人物是如何在权、钱、欲方面必然遭遇的问题面前迷失心灵家园,成为没有家园的灵魂的。作者在文中的一段非叙事性话语颇有深意——

> 但是,人的心中有一个幽灵,它的名字叫欲望。欲望,作为一个人心灵深处的原始动力,它并不是一个魔鬼。……欲望是水,合理地宣泄,它就像一个风情万种的少妇,用乳汁哺育着人类的繁衍和发展;欲望是兽,闭塞理智的冲动,它就会变成一个危害社会、表现人性丑恶的魔鬼。控制欲望,靠的是文明人的理智和社会制约机制。但是欲望非理性的冲动,几乎每时每刻在与人的理智进行着搏斗,一旦人的理性和社会制约机制不能控制欲望,欲望就会变成洪水猛兽,破坏人的美好愿望,破坏社会的公平机制,破坏党的事业发展,也破坏一个家庭和一个人安宁的生活。[2]

这里,文本所表露的含义已十分明确,那就是欲望的放纵与节制,成为现代文明人类理性与非理性的分水岭。而只有遵循理性及其社会制约机制,人类主体才能获得真正意义上的自由(而不仅仅是欲望,本能层次上的自由),以理性原则为核心的社会、政治、经济、文化和法律机制才得以实现。在此,文本由对转型期人的理性失落与社会制约机制松弛的反思,达到了对现代性本义的回归。

(3)点明题意,阐发作品主题。何建明的《恐惧无爱》在对"另类孩子"即因种种原因招致父母遗弃的青少年的描述中,作者批判了在进入极度追求自我个人化生活、生存方式的物欲世界里,人类遗弃亲情、放逐家庭的唯利主义和唯欲主义的反人性、反理性时尚。在"拯救父母、拯救亲情"的理念之下,作者道出了复归现代性宗旨的拳拳之心:

> 是的,人类在万象更新、一日千里的变迁中,我们正在扬弃许多旧的和落后的东西,但无论社会发展和进步到什么程度,唯有一样东西是万万不能扬弃和丧失的,那就是血肉亲情,其道理同样非常简单,它是人类生存和发展的本体属性。所谓本体属性,就是说假如没有了这样的一些东西,人就不再是我们通常意义上的"人"

---

[1] 中国作家协会创研部:《2003年中国报告文学精选》,长江文艺出版社,2004年版。

[2] 杨黎光:《没有家园的灵魂》,中国文联出版公司,1997年版。

了。[1]

在此，作者解析的所谓人的"本体属性"，与其说是人的自然属性，倒不如将之理解成人类遵从理性原则发展自身的本质更为恰当。应该说，优秀的报告文学作家都在通过他们的文本述说对社会弱势群体的人性关怀和人生关怀，以及对社会公正和效益优先原则辩证关系的严肃思考。

（4）开阔视野，深化作品思想。徐刚在《伐木者，醒来！》中对以工业化为主导、以毁林为代价的现代化进程提出质疑，他写道：

> 这样一种近于毁灭森林资源同时也是毁灭我们自己毁灭我们子孙的速度，因为城市膨胀、人口增长、乡镇企业的不合理布局和土地——尤其是耕地面积的难以控制的减少，以及玩忽职守的官僚主义者对毁林、生态破坏的无知及漠不关心，总之，穷疯了的中国人对财富和物质文明的野蛮的追逐，使这样的毁灭还在加速之中！[2]

这里，我们不难体味出创作主体的情感倾向，即对工业化的负面效应以及人性中急剧膨胀的私欲进行理性的反思和批判。它告诉我们，以理性为基本法则、以人的主体自由为核心建构的现代性，绝不能因为人类非理性的思维与行为方式而改变其美好的初衷。

【文选】

胡风案中人与事

李洁非

一

在所谓"胡风集团"里，有一个人，重要性仅次于胡风和路翎。虽然不宜称之为"三号人物"（那样，似乎有接受"集团"说之嫌），但是，假如把胡风及其朋友们视为一个文学流派，那么，此人在这流派中的位置，是可以排在第三位的。他就是阿垅。胡风以外，他年龄最大，有如长兄。胡风诸弟子之间，路翎无疑是创作成就最高者，阿垅除了创作不俗（"要开作一枝白色花——／因为我要这样宣告，我们无罪／然后我们凋谢"，是他的名句），在理论批评方面功力颇深，解放初，正式批胡风本人之前，路翎的创作和阿垅的理论，被挑选出来列为打击胡风的两个主要靶子，可见在对手眼中阿垅在胡风派中的分量。

这里，主要讲一讲1965年他写于狱中的一份申诉材料。这份材料于1980年胡风案复查过程中流出，但未曾公开发表。直到2001年，方由《新文学史料》以《可以被压碎，决不被压服》为题披露。

阿垅首先指出，此案完全是造假。而且，绝非出于工作上的失误、失察，是从一开始就明确抱了造假的目的，彻头彻尾有意、人为、精心编织的结果：

---

[1] 中国作家协会创研部：《2001年中国报告文学精选》，长江文艺出版社，2002年版。

[2] 李炳银，周百义：《最后的疆界》，长江文艺出版社，1998年版。

所发布的"材料",不仅实质上是不真实的,而且还恰好混淆、颠倒了是非黑白,真是骇人听闻的。"材料"本身的选择、组织和利用,材料发表的方式,编者所做的按语以及制造出来的整个气氛,等等,都说明了,足以说明了"案件"是人为的。现在,我坦率地指出:"这样的做法,是为了造成假象,造成错觉,也就是说,一方面歪曲对方,迫害对方,另一方面则欺骗和愚弄全党群众和全国人民!"

从一些用词和语气上看,阿垅不知道案件的深刻背景,比如"按语"的作者是谁,他仍然以为主谋人是胡风派在文艺界的对手——"迫害对方"一语反映了他这个认识。这是当然的。第二批"材料"公布以后,阿垅很快入狱,没有可能了解"材料"的那些内幕。

下面一段话,振聋发聩,今天看来更足引起切肤之痛,且不得不说,太多的事情在不断验证阿垅1965年发出的警告:

> 谎话的寿命是不长的。一个政党,一向人民说谎,在道义上它就自己崩溃了。并且,欺骗这类错误,会发展起来,会积累起来,从数量的变化到质量的变化,从渐变到突变,通过辩证法,搬起石头打自己的脚,自我否定。它自己将承担自己所造成的历史后果,再逃避这个命运是不可能的,正像想掩盖事实真相也是不可能的一样。

以上两节引文,是这份申诉材料的精要处。概括一下,说了两点:第一,有人造假;第二,造假为什么是可怕的。

如果有人企图把胡风案仅仅定义为对知识分子的打击,那么,请结合上述两点重新考虑一下自己的看法。这个案子的伤害,故在于几十个人身陷囹圄、数千家庭饱尝痛楚,更在于它是公然造假。从当时来看,这个造假,受害者不过是若干书生而已,"何有于我哉",然正如阿垅所言"会发展起来,会积累起来",越数十年,社会最大痼疾,已是"诚信"的荡然,造假也终于从当年一小撮知识分子的"霉运"潜入今日婴幼儿服食的牛乳。其实,类似的教训根本无须到今日才去发现与记取,距胡风案仅仅三四年,就庞然出现了史无可比的登峰造极的造假——所谓亩产十余万斤的记录。

作为胡风案"骨干分子",阿垅坐牢至死,1956年以及60年代初,都有一些"分子"被释或保释出狱,阿垅不在其内。1966年8月,天津市法院曾经宣布对阿垅"予以提前释放",但并未执行,原因似乎是他的骨髓炎已病入膏肓,入监狱医院而不治,死于1967年3月17日。火化时,不具姓名只有号码,更不曾通知家属。他在世上唯余一子,自知不起,曾修书一封,希能见最后一面,却未如愿。(晓风:《丹心白花口铁骨铮铮》)

二

1955年5月13日,"第一批材料"由《人民日报》公布后,胡风就是一个人人喊打的名字。然而,5月22日,在中国文联、中国作协主席团联席扩大会议上,有一个人竟然"冒天下之大不韪",发出不同声音。

这是一个与会者多至七百的声讨胡风的大型誓师会,先后有二十余人发言,同仇敌忾,义愤填膺。忽然,一个斯斯文文、面色白皙、戴着金丝眼镜、看上去生活考究的人,

走上台去。他说话声音很轻,毫无谈锋,以至于木讷,然而大家还是被他的话惊呆了:

  胡先生不该发表舒芜的错误文章(指1945年发表在《希望》杂志上的《论主观》一文——引注),但这不是政治问题,是认识问题,不能说他是反……

  简直有如平地雷起,根本不等他把话讲完,周围立刻喊起口号,抗议的声浪拔地而起,说时迟,那时快,只见某"诗人和理论家"跳上台去,一把将"大放厥词"之人拽下了台。

  当天,新华社电讯就这一事件报道说:"会上,胡风分子吕荧在发言中为胡风集团辩护,遭到会议的一致驳斥。"

  是的,这个不识时务者名叫吕荧,美学家和翻译家。

  以上所述,是1961年初他对出狱不久的梅志先生亲口所言(见梅志:《人的花朵——记吕荧与胡风》),但梅志先生所忆,或因时间久远,未必尽合原貌。近有闻敏引述多人回忆,写成《吕荧——唯一敢为胡风申辩的人》,可资稽考。在那里面,众人所谈,相同处有四点:第一,吕荧确实说了不同意胡风为反革命的话;第二,吕荧明确表示,作为学术思想问题,胡风理论有批判的必要(舒芜的回忆甚至认为,吕荧的意思是批胡风没有批在点子上,"要批就得这么批,否则,胡风就会如何如何说",李希凡回忆亦称:"那天吕荧发言不是为胡风辩护。他是说自己早在40年代就对胡风的文艺思想提出过批评。");第三,他的发言坚持了一段时间,不是三言两语就被轰下了台;第四,带头喊口号的人是张光年,他当时的反应最强烈。把吕荧拉下台的,可能也是张光年。对此众人回忆未予明指,但梅志转述吕荧的话,说拉他下台的那个人是"诗人和理论家"——这跟张光年的情况相符。

  恐怕吕荧事件现在多少有些被人们理想化。吕荧的举动,应无"中流砥柱"的意义。否则,与吕荧本人性格以及他与胡风的关系,都不相符。梅志《人的花朵——记吕荧与胡风》,虽然有所模糊,但字里行间能够看出,吕荧与胡风固有朋友之谊,可在文艺问题上彼此并不认同。梅志说:

  胡风每次去北京接受批评时,他都会去看胡风,并且一定要请胡风吃饭,表示深切的关注,意思是他绝不是趋炎附势的小人。但胡风不愿他卷进这是非窝里,早就不同他谈自己的情况,尤其是不谈文艺思想。他也不问。彼此心照不宣。

  又说:

  胡风也不愿意对他说什么。从没有向他透露过自己写《三十万言意见书》的事,也没有和他讨论过文艺思想问题。主要是怕牵连他。

  不谈,应是谈不到一块儿去,而非"胡风不愿他卷进这是非窝里"或"怕牵连他"。"心照不宣",亦应该是对思想不一心照不宣。梅志说,两人在一起几乎总是相对无言,枯坐、吸烟、喝茶,"这样默默地相对而坐不到一个小时,他就会站起来很有礼貌地说:'我走了,改日再来看你……'胡风送他到门口,回来时总深深地叹口气。情义是感人的,但这场面也真使我们难受!"我以为,吕荧回回定要来看胡风,定要请吃饭,是传递他为人的信息:分歧归分歧、不一归不一,自己却不会跟着别人一道打击胡风,偏偏还要继续公然地认胡风为朋友,特意地标识自己绝不趋炎附势的性格。后来,这近乎成为吕荧显现个人品质的一种仪式。1954年深冬,当在"我们必须战斗"的怒吼已然发出之后,吕荧最后一次来胡家,带来一条中华烟,"取出一半放在桌上,没说什么",不久,起身,默默离去。

解读这些细节,吕荧面对胡风的方式,乃是对"爱惜羽毛""世人皆浊我独清"等文人风骨的坚守。我想,这样解释才比较符合吕荧的内心世界。综合各位现场目击者的叙述,5月22日,他执意发言(据李季说,先后给主席台递了三次条子;详闻敏《吕荧——唯一敢为胡风申辩的人》),只是试图表示:吾亦以为胡风可批,但不应批成尔等那样。也正因此,1961年他见到梅志的时候,才急于解释说:"我今天来看你,是想向你说明白,你千万不要误解,我没有说胡先生的坏话,我是被强力赶下台的。"可见那天他登台,本意并非如现在所渲染的,是拍案而起、挺身而出、舌战群儒、为被"缺席审判"的胡风代言。"在那个知识分子自相践踏的年代,吕荧的存在,为这个苦难的民族挽回了一点点尊严。"(傅国涌:《吕荧是一面镜子》)这心情我能体会,亦何尝不希望5月22日会场上有这样一个人出现,但吕荧确实不是从一个"战士"的角度站出来的,而是作为一个狷介文人站出来的。

即令如此,吕荧仍旧令人肃然。不是从"英雄"的意义上,是从知识分子独立品格的意义上。他的发言,大概谈不上替胡风一辩(彼此意见本不一致),但在那样的场合,他选择了不改己见,不人云亦云,不随风转舵,这种古来文人就有的似乎"陈腐不堪"的"书呆子气",此时此地显得弥足珍贵,大放硕彩。恐怕在场的每一个人(更不必说我们后人)心里都很清楚,这口古老的"气",即将或者已经消失于士林。历经"反右"与"文革",吕荧当日所留下的书呆子形象,五十五年来,已成绝响;尽管内秉坚孤者仍未绝迹,但像他那样且以那种方式展露于大庭广众的例子,则不复有闻。

吕荧没有成为"胡风分子"。根据他对梅志所说,事后,他被软禁在家一年,"只叫我写交代"。没有逮捕,也没有戴帽子。李希凡说,那次会后,胡乔木问:"吕荧先生是怎么回事?"(闻敏《吕荧——唯一敢为胡风申辩的人》)看来,当局确实不把他算在"集团"里。

直接看,吕荧处境比胡风其他朋友好得多,但这只是表面现象。从结局来看,他没有逃脱那种命运,甚至比有些入狱、流放者更惨。

软禁结束,吕荧恢复自由,却失去了工作。写书,则不能出版。因此,他求见周扬,周扬倒是同意让他在《人民日报》上发表文章。但是,这样的事岂可多得?从前吕荧是衣食皆很考究之人,然而只几年光景,当梅志出狱与他邂逅时,看见他,是这么一番形容:

> 他没有多大变化,只是不再衣冠楚楚,而是有点邋遢了。我奇怪,他怎么也会来买几个火烧和一碟炒素菜呢。按我过去的印象,他应该是大饭馆的客人。我引我女儿走开,离他远些,但看见他吃得很香,很满意的样儿。并且,吃完后将剩下的两个火烧用纸包起来,和书放在一起,慢悠悠地站了起来,目不斜视地走出来。

这个吕荧,从形到神,实在都很像鲁迅笔下的孔乙己。见面后,吕荧约好改日到梅志家中看望。他果然来了,开始谈话没有什么异常,后来忽然一脸神秘地说:最近周扬和林默涵到古巴去了,"那地方可是去得的?是美国的后院呀!回来的时候已经不是他们了,早已被换掉,是假的了"。这时,梅志发现,吕荧原来已经精神失常。

他的精神失常,至少已经两年(亦即从1959年起)。那年,他去上海,"找重庆时文协的秘书张梅林,希望能住到他那里。他忘了文协早撤销了,梅林的住处当然不是文协的驻地了"。显然,张梅林意识到吕荧精神不正常,打电话给上海作协领导叶以群,后者派来车,把吕荧送至精神病院。

一年后,吕荧设法从精神病院逃出来,却无法从精神病中逃出来。"文革"初,与人为房产事争吵,用水果刀比画了几下,被公安机关强制劳改。1969年3月5日,在劳改地冻饿而死。

胡风案屡见疯掉的例子(胡风本人以及路翎都如此),吕荧是又一个,而他这个例子似乎是专为告诉我们,即便未被幽闭于大墙之内,这样一个案子照样可以把人摧折至疯,因为它本来就是从精神上迫害人。

——节选自中国作家协会鲁迅文学奖评奖办公室选编:《第五届鲁迅文学奖获奖作品集·报告文学卷》,作家出版社,2010年版

第十一章 思想评论

一、思想评论的含义和特点

（一）思想评论的含义

思想评论一般是对新近产生的思想动态、思想倾向和思想问题进行分析、评判的一种评论性文体。

这个含义主要包含三点意思：第一，思想评论是一种评论性文体，属于议论文的范畴。评论性文体有多种，其中最多见的，除了思想评论外，还有政治评论、文学评论等。第二，思想评论的内容是思想领域里的问题。这里所说的"思想"，基本上或主要是指那种日常性的而非专业性的思想。我们知道，思想这个概念的覆盖面非常宽泛，包括哲学思想、政治思想、军事思想、文学思想、伦理思想等。这些思想如果是专业研究领域里的思想的话，往往是需要从专业角度进行深入探讨的，结果写成的就是学术论文了，如思想史方面的论文便是如此。而对思想评论中的"思想"绝不能进行如上所述的宽泛理解，否则，多数议论文便可以看成思想评论了。这里所说的思想，通常情况下，是非专业人员在日常生活、学习、工作中经常需要思考、议论的思想，往往涉及与很多人的人生理想、社会信仰、道德观念、风俗习惯、处世方法等有关的问题。例如，假如我们见到了很多人兴奋地观看跳楼的场面，自己的思想必然会有所触动，往往还要和家人、熟人议论这件事，谈谈自己的看法。如果以文字形式谈谈自己的看法的话，写出来的文章就是思想评论。第三，思想评论一般是对新近产生的思想现象进行评论的。对这里所说的"新近"，应该与对新闻定义中的"新近"进行大致相同的理解。这就表明，从所评对象产生的时间上看，思想评论与政治评论比较接近，与文学评论差距较大，因为很多文学评论的对象并不是近期产生的文学现象。

明白了上述三点意思很有意义，可以使我们一般不会把思想评论与其他议论文混淆在一起。

思想评论的载体大都是报纸、广播、电视等媒体，而以报纸为主。但是，多年以来，报纸上专门标明《思想评论》的栏目非常少见，它们大都是刊登在报纸的《大家谈》《群言堂》《今日观点》《今日评论》《说长道短》《该说就说》《女性立场》《众议》《意见》《言论》《时评》等栏目中的。这些栏目的名称，有的又是文体名称，如现在特别多见的时评就是这样。一部分时评就是思想评论，另一部分则不是，如不少经济时评和关于自然灾害等方面的时评，就与思想动态、思想倾向、思想问题没有什么关系。

理解了上述议论，再联系实际多方面地思考，可以得出这样一种认识：无论从哪个角度看，思想评论都可以认为是一种基础性、普及性、大众化的议论性文体，其内容、写法、目的等大都相当单纯、简单，任何受过较多时间的语文教育的人都应该会写这种文章。会写这种文章，才有可能写好其他议论文，尤其是学术论文。

（二）思想评论的特点

思想评论比较明显的特点有以下几个：

1. 时效性

时效性是思想评论的一个非常突出的特点。这具体表现为，它们要及时评论新近发生的具有一定思想含量、思想价值的事实，并使之产生应有的社会作用。时效性中最重要的是及时性。如果没有这一特点，思想评论便与其他大众化程度较高的议论文没有多大区别、就不成一种独立性较强的文体了。

近年来，思想评论的这一特点表现得更加突出了。这主要是因为，20多年以前，思想评论的评论对象大都是来自作者日常生活中的所见所闻，而且文章大都是手写稿，时效性一般自然不会太强。而随着新闻媒体的日益发达，差不多什么样的思想动态、思想倾向、思想问题随时都能从新闻媒体上见到，这就使这些年来思想评论的评论对象大都是来自新闻媒体上的新闻；而现在写思想评论的人又比较多见，各媒体、作者之间的竞争又比较激烈，这就使思想评论与新闻简直成了如影随形的关系，其时效性仅次于新闻，与新闻评论大体相当。其具体表现是，多数思想评论的评论对象都是来自头一天（极少有超过三天的）报纸上的新闻，甚至还有与新闻同时发表的现象。如《"天价"补贴机关幼儿园做法应尽快取消》是2010年6月7日发表于《大河报》上的，而所评对象则是《广州日报》当年6月6日的一篇新闻；《消过毒的餐具为啥还令人不放心》是2011年7月7日发表于《大河报》上的，所评对象则是该报当日A04—A07版上的有关新闻。这些事实起码可以说明，除了非常特殊的情况外，如果写作不及时的话，它们就很可能发表不出来了。这与新闻的有关情况大体上是一样的。

2. 针对性

如果说时效性主要决定的是思想评论的文体性质的话，那么，针对性主要决定的则是思想评论的质量和价值（主要是后者）。一般来说，针对性越强，思想评论的质量就越高，价值就越大。在这一点上，思想评论与其他评论性文章大体上是一样的。这主要是因为，思想评论的主要任务就是为了评好、解决好当下的某些思想动态、思想倾向、思想问题的，如果没有较强的针对性，就不可能较好地实现这种写作目的。

一般来说，思想评论的这一特点主要包括关系极为密切的两点内容：第一，它们都有特定、切实而且往往比较令人关注的评论对象。这一点最为重要，否则，其针对性便无从谈起。第二，能够适应广大读者当下的特定需要。如那种澄清是非、释疑解惑、指明方向性质的思想评论，大都能够贴近读者的这种阅读需要，大都体现出了针对性强的特点。

思想评论的针对性,从所用材料方面来看,不仅体现在评论对象上,而且还应该体现在所联系的材料上。很多思想评论,不但有特定的评论对象,而且往往还要联系有关的事实。这些事实虽然不是文章的评论对象,而是为了深化主题等使用的,但也应该与所评对象一样,尽可能地选取近期的例子,并使之具有"有的放矢""对症下药"等特质。如《这样的"小国之君"还有多少?》,[1] 其评论对象是,河南省原阳县某乡某村小学一位青年教师经常在上课开始时以"皇上"般的身份对待学生。文章在揭示出了这一事实的性质之后,还举了两个具有同样性质的例子,其中之一是湖北省有一家公司将《大海航行靠舵手》《学习雷锋好榜样》《社会主义好》等红色经典的歌词改为颂扬公司领导的内容:"大海航行靠舵手,宜化(公司名称)发展靠董事长""董事长的思想放光芒""鲜总好,鲜总好,鲜总是我们的好领导"。文章接着便对以那位教师的行为为主的表现进行评论,表达出了这样的中心论点:在现今的中国,思想上和行为上还存在着不少这样的"小国之君",这是我们迈向民主、法制社会必须大力、尽快排除的障碍。由于所联系的事实也是较近时间内发生的,而且与评论对象在本质上是一致的,也很能证明该文的基本观点,因而其针对性也是较强的。这便使文章的思想内容既有了深度,又有了广度,能够非常深刻地说明,我国要实现民主化、法制化,还有漫长的道路要走。这篇文章如果仅仅针对那位教师的表现进行评论,或者所联系的事实与评论对象缺乏密切的联系,上述意思就不能如此深刻、充分地表达出来,也难以较好地达到警醒世人的目的。

要使思想评论体现出针对性强的特点,需要注意并应该做到下述两点:第一,必须抓住评论对象在思想方面的特点、特质,并紧紧围绕它们行文,切忌面面俱到、泛泛而谈。第二,尽可能防止空洞抽象的议论、说教,尽人皆知的大道理要尽可能少谈。否则,就会削弱甚至淹没文章的现实针对性。

3. 平易性

思想评论的内容一般是人民内部的思想现象,面对的主要是大众读者,主要目的往往是为了肯定正确、否定错误的思想,以提高人们的思想认识、搞好思想教育。这就使思想评论应该在语言、行文风格等方面具有平易性的特点。仅就"教育"这一点来看,无论是家庭教育还是学校教育,它们的一个重要特点往往就是不但要晓之以理,而且要动之以情,因此,就应该采取和风细雨、循循善诱的态度和方法,这样才能起到应有的教育作用。而如果采取金刚怒目、剑拔弩张般的态度,或者较多地采用反语、讽刺、挖苦等手法,其效果往往会适得其反。这就需要作者与被评论者、与读者采取交流思想、平等对话的态度。这与某些杂文形成了鲜明的对比。某些杂文是匕首和投枪,往往采用曲笔和冷嘲热讽等手法,具有嬉笑怒骂式的特点。如果这种杂文像思想评论那样来写,就不可能是比较成功的作品。反之,如果思想评论这样来写,就只能作为杂文看待了。

不过,需要注意的是,如果写任何思想评论都一味地注重平易性也容易出问题。实际上,平易性主要是就批评型的思想评论而言。因为写这种文章有时很容易不负责任地说一些过头的"狠话",如那些情绪化的、攻击性的、无限上纲性的文章便是如此。

---

[1] 盛大林:《这样的"小国之君"还有多少?》,见《大河报》,2004年6月18日。

但是，写这种文章如果一味注重平易性，也很容易把文章写得四平八稳、不痛不痒，解决不了任何实际问题。因此，在注重平易性的同时，还要考虑文章的尖锐性问题，在把握好以理服人、充分说理的基本原则的前提下，使二者很好地结合起来。如《医生学武干什么？》[1]在这一点上就做得较好。该文是针对现在医患矛盾非常普遍、突出的现象而写的。较长一段时间以来，国内的医疗纠纷层出不穷，动辄就有患者及其家属打上门来，在这种情况下，有的地方医院组织医务人员天天按时练武，以防不测，使医院变成了"武院"。作者虽然明显地具有自己的思想、情感倾向，但并没有把个人的态度转化为攻击、嘲讽性的语言，而是心平气和地讲道理，准确地抓住了造成医患矛盾的原因并恰切地提出了解决这种矛盾的办法，因而其总体风格是平易的。但文内又不乏能够说明问题的实质、要害的尖锐语言。由于二者是有机地结合在一起的，以理服人的目的自然也就较好地达到了。

二、思想评论的种类

根据不同的分类标准，可以把思想评论划分为以下几组不同的类型。

（一）根据内容的性质划分，可以把思想评论分为赞扬型、批评型、明性辨质型、明理型四种类型

1. 赞扬型

这是一种以肯定、赞扬正确、先进思想为基本内容的思想评论。

对正确、先进的思想，我们不能理解得过于狭隘。无产阶级、共产主义思想固然是正确、先进的思想，而虽然不具有这些性质，却是现在值得肯定、宣传、学习的思想，也都应该归于正确、先进思想的范畴之中。《"广告婚礼"值得提倡》[2]所表达的思想就是如此。这篇文章针对当时流行的婚事大操大办、互相攀比、铺张浪费、选吉日、野蛮闹房等陋习，以两则刊登在报纸上的结婚广告为例，认为这种"广告婚礼"值得提倡。其理由是：第一，它们开了婚礼新风，革除了那种大操大办的宴席婚礼之旧习，可谓高雅清新。第二，避免了浪费，给送礼、操办者减轻了经济负担，正了风气。第三，节省了时间，不必为婚礼花费大量的时间和精力，有利于身体健康。这种"广告婚礼"体现出的虽然不是那种令人敬仰、追慕的正确、先进思想，却是现代物质文明条件下所产生的现代精神文明现象，蕴含着值得肯定、宣传、学习的思想，因而也属于正确、先进的思想。

2. 批评型

这是一种以否定、批评错误、落后思想为基本内容的思想评论。

对错误、落后思想的理解，不能狭隘。封建主义思想当然属于错误、落后的思想，而并不属于这种思想却是现在必须否定、排斥、抛弃的思想，也都应该归于错误、落后的思想范畴之中。即使举止不雅、不讲究卫生、不注重仪容等，现象中表现出来的思想

---

[1] 王力：《医生学武干什么？》，见《南方周末》，2006年11月6日。

[2] 包世华：《"广告婚礼"值得提倡》，见《中国青年报》，1989年2月21日。

也可以视为错误、落后的思想。

写这种思想评论需要特别注意的是，如果评论对象是来自日常生活中的所见所闻的话，请不要写出被批评者的姓名，以免引发矛盾甚至惹出官司。同时，不能因为允许不写出所批评的人物的姓名及相关敏感要素而进行虚构。同新闻等纪实性文章一样，思想评论的生命主要也是所评对象的真实性。

和上一种类型的思想评论联系起来，这里需要强调说明两点：第一，无论是赞扬型还是批评型的思想评论，它们的内容在不少情况下并不是那么纯粹的，即既有赞扬也有批评，或既有批评也有赞扬。判断它们属于哪一种类型的文章，主要要看它们是以赞扬为主还是以批评为主。第二，要掌握好评论的标准、分寸，防止产生简单化、绝对化、片面性的弊端。

3. 明性辨质型

这是一种以辨明所评对象的性质为基本内容的思想评论。

这种文章常常以人们思想上存在的错误、糊涂认识或行动中容易忽视、忽略的问题为评论对象，以辨明性质，澄清是非，指明方向，使读者正确对待所面对的问题。这些年来，这种文章逐渐多了起来。这主要是因为，在社会变革、经济发展等快速变动的历史转型时期，思想领域里的新观点、新问题、新矛盾在不断地涌现，而很多人对这些现象的性质、利害等存在着模糊、糊涂甚至错误的认识，不知道应该如何看待、对待它们，甚至会被某些人所误导，从而步入歧途。针对这些现象，那些有识之士便会执笔为文，以辨明性质，澄清是非，指明方向等，引导读者采取正确的态度、方法、行动。《豆腐渣高速路不只是质量问题》[1]在这一点上做得不错。该文先摆出所要"明性辨质"的对象：投资87亿多元建设的甘肃省天水至定西高速公路，通车仅半年竟出现了坑槽、裂缝、沉降等重大问题，部分路段不得不铲除重铺。当地政府有关负责人表示，初步认定出现路面问题的主要原因是原材料和施工过程、施工环境均不合格。文章接着对这种说法做了否定：当地政府虽然已经承认了存在质量问题，但对于其背后更深一步的腐败问题，却显得讳莫如深，极力回避。然后，文章以数百字的篇幅对所评问题进行辨析，最后得出结论，指出我国高速公路上出现的种种问题——如建设质量的问题，高收费多收费的问题，真正的最大的病根，并不是什么质量技术问题，而是腐败问题。不仅是某个官员的权力腐败问题，而且是高度集中垄断的权力体制本身所造成的问题。这一问题如果不能根除，高速公路上那些有形或无形的"坑槽、裂缝、沉降"的问题，势必不会有穷尽之日。通过这样的分析，也就彻底否定了高速公路出现病害仅仅是质量技术问题的说法，证明了主要是背后存在着的权力腐败问题——而这并不仅仅存在于高速公路的建设之中。这就辨明了问题的性质，澄清了是非，起码为人们以后正确认识同类性质的问题提供了借鉴，该文因此而成了一篇比较典型的明性辨质型的思想评论。

4. 明理型

这是一种以证明某种具有比较普遍意义的道理为基本内容的思想评论。

---

[1] 张贵峰：《豆腐渣高速路不只是质量问题》，见《大河报》，2011年9月28日。

这种思想评论相当少见。由于它与多数人所理解的思想评论的含义不太吻合，因而大体属于"一般"之外的一种类型。

这类文章所要证明的那个具有比较普遍意义的道理虽然也必须具有现实针对性，但有的还具有超时代甚至超民族的价值。因此，这种思想评论在思想性方面的局限性比较小些，其中那些写得好的文章有可能产生重要而长久的指导作用。主要也正是因为这样，它们在体现思想评论的主要特点之一的时效性方面才显得不那么突出。在结构方面，它们与一般性的篇幅较短的议论文也并没有多大的区别，即大都是在开头摆出论点或者论题，然后进行论证。不过，有两点倒是可以肯定：第一，它们所评的也必须是日常性的而非专业性的思想；第二，它们所举的事例一般也应该是近期产生的，否则，这种文章就完全偏离了思想评论的含义，就不便称为思想评论了。如《保持适当的心理距离——谈交友之道》[1]，一看题目大致就能判断出这是一篇明理型的思想评论。这篇文章针对很多年轻人希望多结交一些亲密无间的知心朋友的思想，指出人与人不可能做到"亲密无间""无间合一"，而只能做到"亲密有间"。以下分两层递进性地具体谈论应该保持适当的心理距离的道理，指出就一般的朋友而言是这样，就特殊的朋友即恋人而言也是这样。这篇文章写得颇有深度，其基本道理在很长的时间内都将不失其真理性，对人们尤其是年轻人如何正确交友有可能起到一些启迪、指导作用。

（二）根据内容和篇幅、表现方法划分，可以把思想评论分为思想专论、思想短论、思想杂谈三种类型

1. 思想专论

思想专论，是研究和探讨思想方面的专门问题的思想评论。

这种思想评论大都篇幅较长，理论性较强，有些还具有较强的专业性、学术性。如《环球时报》的《国际论坛》版上的文章，涉及政治、经济、军事、科技、文化等很多领域里的问题，不少都具有较强的专业性、学术性。其中有一部分文章议论的是思想领域里的问题，不少都可以视为思想专论。如《不要妖魔化民族主义》[2]，便是针对国内一些媒体上和大学课堂里充斥着民族主义被一些人描绘成了洪水猛兽、妖魔鬼怪的思想而写的。这类文章的篇幅很多都在1500字以上，个别的甚至超过了3000字。如上边这篇文章就占了半个多版面，文内还使用了几个小标题：《民族主义是一国自立于世界民族之林的根基》《几个不容忽视的问题》《中国需要什么样的民族主义》。那些写得较好的思想专论大都表现出一种很有历史、现实的深度、广度的思想认识，很能开阔读者认识中国、认识它国、认识世界、认识国与国之间关系的视野，很能提高读者对有关问题的思想认识水平。但这些文章很多都是专家、教授写的，他们对有关问题大都有透彻的理解和精深的研究，一般作者，尤其是习作者大都缺乏写出这种文章的主客观条件。而且，这种文章一般是写给文化水平较高的干部和知识分子看的，不少普通读者不会有多少阅

---

[1] 张立新：《保持适当的心理距离——谈交友之道》，见《开封日报》，1989年4月19日。

[2] 林治波：《不要妖魔化民族主义》，见《环球时报》，2005年1月19日。

读兴趣。由此看来，这类文章应该定性为广义的思想评论（当然，其中有一部分与狭义性质的思想评论也没有什么明显区别），不要求（当然也不反对）学生写这种性质的文章。尽管它与本章所讲的思想评论有一致之处，如上边这篇文章，从评论对象来看，与一般的思想评论就没有什么区别，但它的具体论证却是宏观性、探讨性、发现性的，加之篇幅又太长，只能说是广义性质的思想评论，绝大多数习作者是根本写不出来的。

2. 思想短论

思想短论，大体上就是本章所讲的狭义性质的思想评论。

现在某些报纸上常可见到的以"短论"或"短评"名义发表的文章，其中不少是思想评论。尽管思想短论与其他某些短论差异很小，往往难以区别开来，但是，除了那种学术短文外，即使区别不开一般也不会造成什么危害。这主要是因为，一般来说，会写思想短论也就会写其他多数短论，如不少大学生就把思想短论写成了较好的政治短论。正是因为这样，在大学生们写的思想评论作文里，有些虽然从内容上看是另一种性质的短论，但老师们一般也没有特意指出其不符合思想评论的文体性质。

思想短论的篇幅可以很短，甚至短到只有几十个字，可以称之为"微型思想评论"（有的报纸上的"微评"中有不少都属于这种思想评论）。不过，一般并不希望习作者写这种文章，因为写这种文章无法展开论证，不能较好地达到练习写思想评论的目的。

3. 思想杂谈

思想杂谈是杂谈（与"杂评"一般没有什么区别）的一种。多年以来，杂谈是不少报纸上的一种栏目的名称，现在的博客之中也常有以这种名义出现的文章，如《此"脊梁"非彼"脊梁"》[1]便是一篇以杂谈名义出现的博文。思想杂谈还没有普遍地作为一种文体名称看待。在这类文章中，有些与本章所讲思想评论的含义、特点等完全吻合，可以看作思想评论；有些则不是这样，其中有的完全可以看作杂文，有的可以看作议论性的随笔。这种文章的内容往往主观性很强，写法往往特别灵活自由，语言往往也具有鲜明的个性化特征。这类文章很多都是杂文家写的。因此，思想杂谈中只有一部分属于思想评论。

（三）根据文章整体的论证方式划分，可以把思想评论分为理论思辨型、事例论证型两种类型

1. 理论思辨型

这是一种注重理论性，特别讲究思辨性、逻辑性的思想评论。

这种思想评论比较少见。上述明理型的思想评论中有些属于这一类型，个别明性辨质型的思想评论也是如此。这类文章具有理论性、思辨性、逻辑性强的特点，尤其是思辨性、逻辑性往往显得更突出些。不少此类文章内容的抽象度较高，给人印象最深的往往不是所提到的事实而是所证明的道理；它们往往立论与驳论的方法并用，证明与证伪的目的并存，其较强的思辨性和逻辑性正是通过这样的论证显示出来的。但是，要写好

---

[1] 易中天：《此"脊梁"非彼"脊梁"》，见《新浪网》，2011年版18日。

这种文章需要具有广阔的理论视野，较强的逻辑思维能力，雄辩的论证功夫。

2. 事例论证型

这是一种通过对事实、事件性的评论对象进行议论，"论从事出"的思想评论。这种思想评论非常多见，在这种文章中，有些评论的是一个事件或一个事实、一个问题等，有些评论的是一类事件、事实、现象、问题等。其中"一事一议"型的文章最能体现思想评论的时效性、针对性强的特点，如果没有这类文章，思想评论也就基本上不存在了。

这类文章大都是在开头摆出评论对象，然后进行具体议论。它们不像上一种文章那样注重理论思辨、逻辑推理，而是注重评论对象的新鲜性和典型性等，从中自然地引出或讲明一个现实针对性较强的思想观点，它们所讲的道理，提出的观点、主张等则往往比较简单、单纯。如《所长长期脱岗，局长应该下岗》[1]就很典型。该文评论的是这样一件事实：陕西山阳县房管所所长张惠阳脱岗10年，在外承包工程赚钱，房管所的工作靠电话指挥。有记者就此采访该县城建局局长徐建设，徐建设连说了三个"不清楚"、一个"不知道"。文章认为徐建设的这些话"可笑"：他任城建局局长已有3年，对下属房管所所长长期脱岗竟"不清楚"，那他该清楚什么，莫非等到卸任之后才会清楚？徐建设的话也很"可叹"：局长是干什么的？首先是要管好一局之人，其中，首先是要管好一局之官。局长连下属机构的所长的去向都不清楚，这怎能说得过去？房管所搬了地方，局长竟不知道，也没有去过，这也太失职了。文章最后提出建议：在对脱岗10年的房管所所长问责的时候，必须对不作为的城建局局长一并问责，让其下岗。如果还让其待在局长的位置上，还不知道会有多少人遭殃。该文所讲的道理、提出的建议虽然比较简单，但却十分到位，无可辩驳，是一篇比较出色的事例论证型的思想评论。

有人对这种文章的结构表示不满，甚至斥之为"新八股"，这是没有多少道理的。实际上，主要由于这样写非常便于读者尽快地了解所评对象及作者的观点，合乎一般的阅读和接受规律，因而是不能轻易改变的，如同消息的倒金字塔结构不能轻易改变一样。

三、思想评论的写作

思想评论的写作涉及不少道理与问题。不过，由于它是一种比较简单的议论文，在写作方面不需要讲那么多道理。这里只谈以下两点基本写作要求。

（一）选好评论对象

不管写哪种类型的思想评论，都要首先选好评论对象。在评论对象的选择中，应该特别注意以下几个问题和要求。

1. 注意选择亟待解决的思想问题

现实生活中需要解决的思想问题是很多的，要想使思想评论产生较大的社会作用，就应该选择那些亟待或迫切需要解决的思想问题作为评论对象。如新闻媒体上有关焦点、热点问题的报道，不少涉及的便是亟待解决的思想问题，如果评论及时、准确的话，便

---

[1] 张永琪：《所长长期脱岗，局长应该下岗》，见《广州日报》，2011年10月14日。

第十一章　思想评论

会有助于问题的及时解决。现在报纸上以短评、微评名义发表的很多思想评论都是如此。如《网店收税不能稀里糊涂想收就收》[1]选择的就是亟待解决的问题进行评论的。这篇文章针对网店想收税就收税的问题发表议论，说明这样的税收征管不仅不严肃，蕴藏着严重的潜在不公，征税腐败的空间很大。文章认为，严肃的网店税收问题，如该不该征，怎么征，税率如何，有何优惠，等等，都应该经过公开的讨论，并由中央税务机关统一明确规定。通过上述中肯的议论，说明网店稀里糊涂地收税的做法是错误的，应该马上停止。

2. 注意选择具有典型性的思想问题

日常生活中，尤其是新闻媒体上可供选择的具有典型性的思想问题是不少的，选择这样的思想问题进行评论，由于能够做到以小见大、以点带面，往往能产生较大的作用和影响。如《少年白头翁，可叹又可悲》[2]在这方面就做得很好。该文的评论对象是：湖南省某县某镇的一位少年从7岁开始就有白头发了，到了11岁时已是满头白发。据称，这个孩子5年上了30个兴趣班，医生说是因其精神压力大而导致满头白发。这个孩子说："我从来没有过周末"，"我希望一个星期有8天"。该文认为，望子成龙的家长总是想让孩子天天学习不落人后，为此就要把自己的愿望与理想强加给孩子，强制性地剥夺了孩子的天性和快乐，让他们过早地背上了书包。该文所评现象在中国是相当普遍地存在着的。而这一事实在反映广大家长对孩子"强加""强制性"的行为所造成的恶果方面就非常具有典型性，读了令人感到触目惊心。也正因为这样，这篇文章对广大家长都有可能起到一定的警示作用，使他们知错就改，以免误了孩子的终身。

3. 注意选择新鲜性的思想问题

由于现在思想评论的评论对象大都是来自新闻媒体上的新闻，一般来说，其评论对象的新鲜性是较有保障的。但是，如果仅仅评论对象比较新鲜，只不过是及时地重复了一下新闻而已，文章在整体上是没有多少新鲜性的。因此，在写作中，还要使议论方面也尽可能地有点新鲜性。

要做到这一点，需要把握以下几点要求：

第一，要关注有关的思想评论。思想评论在观点方面很容易产生重复现象，这往往是难以避免的，而且有时也是有一定的必要性的。主要原因之一是，有些思想问题不是短时间内能够彻底解决的，这就使相同性质的思想评论会不断地产生，相同的思想观点也会不断地出现。但是，在不同的时期，这种相同的问题往往会有不同的表现，这就要求有关的思想观点也要有所不同。要做到这一点，有效途径之一就是应该关注已有的相关思想评论。有些以这种现象为评论对象的文章之所以还有点新意，往往就在于作者对以前的相关思想评论比较关注，了解较多，并尽量避免重复现象的产生。

第二，要留意司空见惯的思想观点。这种司空见惯的思想观点往往被多数人所认同，

---

[1] 盛翔：《网站收税不能稀里糊涂想收就收》，见《大河报》，2011年6月19日。

[2] 梁文珍：《少年白头翁，可叹又可悲》，见《大河报》，2016年12月9日。

甚至视为至理名言,但是,其中有些观点本来就基本上是错误的,有些只具有片面的深刻性,有些则随着时间的延伸而逐渐过时了。而很多人并没有认识到这一点,仍在不断地重复着它们。如果能够认识到这一点,所写的有关思想评论就很可能会使人耳目一新,受到深刻的启发,决定正确的态度和方法。如《相比之下还是盖大楼好一些》[1]就是如此。这篇文章针对的是高校扩招以后出现的众多高校比赛盖大楼的现象及有关思想认识而写的。在此之前,有关文章普遍认为:大学,应该是出学术大师的地方,而不应该是比赛盖大楼的地方,因为,有大师而无大楼还称得上是大学,而只有大楼却无大师则称不上是大学。因此,现在应该下大气力去培养或聘请大师而不是去比赛盖什么大楼。在这篇文章发表之前,上述观点几乎成了整个社会的共识,成了司空见惯的思想观点。而这篇文章则提出了针锋相对的观点。这篇文章并不是赞美盖大楼之风的,它的基本意思是,在现有的条件下,是盖大楼好一些而不是培养和聘请大师好一些。其主要理由是,现在根本就没有多少真正的大师,因而也就请不来多少真正的大师,有钱的话还是盖大楼好一些。这篇文章的基本观点是正确的(只有个别用语偏激了一些),而那些所谓培养、聘请大师之类的观点在产生之初还是颇有新意的,但很多人不断重复这一缺乏切实的现实依据的观点,就越来越显出是一句纯粹的空话、废话,甚至成了一句错话(比赛盖大楼固然存在着严重的弊端,但在校学生越来越多,在现有的经济条件下,不尽快地盖些质量较高的大楼,肯定是说不通的),针对这一司空见惯的思想观点进行评论,文章自然就有了一定的新意。

第三,要善于捕捉思想苗头。所谓思想苗头,指的是那种略微显露出的思想状况或思想趋势。既然如此,就意味着它们是特别新鲜的思想方面的现象。如果能及时抓住先进思想的苗头进行赞扬,揭示其价值和意义,就有可能促使其迅速发扬光大,蔚然成风,如果能及时抓住错误思想的苗头进行批评,揭露其实质和危害,就有可能引起人们的警觉,防止它泛滥成灾。如"安乐死""逆进城""非转农"等思想苗头在国内刚刚出现的时候,马上就有人写了思想评论,这种文章在给人耳目一新的同时,也能使人的思想受到触动,起码也能起到点开阔眼界的作用。就"安乐死"问题而言,早在好几十年前它在某些发达国家就已是很多人熟悉的概念和话题,但在国内,直到20世纪80年代中期绝大多数人还闻所未闻。1984年,中央电视台《午间半小时》节目播出了这方面的文章,马上就有人写文章进行肯定、宣传,起到了使不少读者不但耳目一新,而且长久思之的作用。由于"安乐死"在国内不但绝大多数人闻所未闻,而且即使有所了解也存在着一定的思想障碍(尽管很少有人坚决反对),因而是需要及时予以宣传,以做好思想教育工作的。实行"安乐死"是一个必然的方向,国人会随着科学技术的进步、文化素质的提高等而逐渐接受这种思想。因此,国内最早问世的这种文章虽然现在看来比较一般,但在当时,却因及时抓住了属于多数人的思想苗头的问题而能给人强烈的新鲜感。

---

[1] 谢小庆:《相比之下还是盖大楼好一些》,见《中国青年报》,2004年12月8日。

（二）恰当运用论证方法

思想评论的论证方法是很多的，与一般议论文并没有什么区别。但是，由于思想评论的内容大都比较单纯，篇幅大都比较短小，因此，绝大多数思想评论只用一两种，至多用三四种论证方法。

思想评论中比较常见的和需要重点掌握的论证方法有以下几种。

1. 就事论理法

这是一种通过具体事例引出、证明论点的论证方法。这是思想评论最常用的方法。上述事例论证型的思想评论都采用了这种方法。这是一种"自然"形态的论证方法，这种方法虽然简单，但在习作者笔下却也很容易出问题，因此，如果能够自觉地使用这种方法的话，对写好有关思想评论必然会有一定的帮助。

运用这种方法最能体现思想评论的时效性、针对性强的特点。要做到恰当运用这种论证方法，写作时应该牢记以下道理：要把叙述和议论有机、恰当地结合在一起。这也就意味着，叙述部分不能太多，否则，就不太像议论文了。而不少习作者笔下则很容易出现这种毛病，他们往往把事实写得过于具体，而议论则是点评性的，跟某些有较多议论成分的记叙文差不多。而究竟怎样才算达到有机、恰当地结合的程度了？就叙述部分而言，把需要评论的内容交代清楚就行了，不必将评论对象的各种要素都写出来。就议论部分而言，应该围绕中心论点，紧紧扣住最能突出时效性、针对性强等内容来写。否则，不仅写的文章不太符合思想评论的基本写作要求，甚至不太像一般性的议论文。

2. 比较说理法

采用这种方法的思想评论相当多见，也很容易判断。有的全文运用了这种方法，有的局部运用了这种方法。有的题目上就出现了"比较"二字，如《诺奖：王蒙和鲁迅的态度之比较》[1]就是如此。有的一看开头就知道下文要采用这种方法，如《不敢相信》就很典型。文章开头写道：意大利某市长用公车接送妻子两次，被判处有期徒刑六个月，看了这篇消息，人们都表示"不敢相信"。[2] 为什么不敢相信呢？要解答这一令人疑惑的问题，下文肯定要与国内反差极大的有关现象或思想认识进行比较。这种方法使用得恰当的话，能够起到深化主题、突出所评对象的特点、加深读者印象等良好作用。如上边这篇文章，起码可以使读者产生这样一种思想：国内公车私用的普遍化现象虽然早已被多数群众不情愿地默许了，但还是以尽快消除为好。

这种方法包括对比法和类比法两种。前者又可以分为正比法和反比法、横比法和纵比法。不管具体采用哪种方法，如果用得恰当的话，都会起到突出论点、加深读者印象的作用。如《一条宋代排水沟，羞煞当代多少官》就很好地运用了这种方法。该文开头介绍了评论对象：据2010年7月14日《中国青年报》报道，江西赣州市部分地区降水近百毫米，市区未出现明显内涝，没有一辆汽车泡水。这得益于以宋代福寿沟为代表的城

---

[1] 孙玉祥：《诺奖：王蒙和鲁迅的态度之比较》，见《南方周末》，2006年5月18日。

[2] 韩天雨：《不敢相信》，见《生活文摘报》，2004年5月29日。

市排水系统。广东相关部门曾表示：城市排水系统做得最好的是江西赣州，"这个系统也是古人留下的"。该文下边议论道：同是遭遇一场暴雨，整个赣州市安然无恙，而离赣州不远的广州、南宁、南昌等诸多城市则惨遭水浸，有的还被市民冠上"东方威尼斯"的绰号。让国人无比惊诧的是，赣州市这个良好的城市排水系统竟是宋代留下的，距今已有923年。文章接着通过对古今科技与设计水平、财力等方面的比较说明，现在的城市排水系统比不上宋代，主要原因与现在官员的"政绩观"有关，因为下水道在地下，投资再大，也不能显现官员的政绩，因而财政投入少，设计标准低，结果导致历史欠账多，防洪能力低。据报道，纽约的标准是"十至十五年一遇"，东京是"五至十年一遇"，而我国很多城市的地下管网几乎是按一年一遇的标准设计，甚至还有部分区域仅为半年一遇的标准，我国的诸多城市岂能不逢雨必涝？文章最后写道：

  100多年前，维克多·雨果在《悲惨世界》中说，下水道是"城市的良心"。与公元1087年建设赣州排水系统的刘彝相比，当代一些官员搞城市建设，差的不是钱，不是科技水平，也不是设计理念和施工工艺，而是良心。宋代排水系统——福寿沟至今发挥作用的历史奇迹，拷问着当代众多官员的良心。[1]

  这篇文章主要运用了纵比法，说明现在的某些官员连古代的某些官员还不如，关键原因是他们缺乏为官应有的良心，即为了政绩而不把市民们的切身利益放在心上，失去了起码的为政之道。这样比较，的确使人感到振聋发聩：现代科技是宋代远远不能比的，但下水道的质量却远远比不上宋代，最重要的原因当然在于有关官员的良心比不上宋代的有关官员。由于比较方法用得自然、恰当，便从思想上抓住了问题的实质、要害、症结，令人信服，无可置疑。

  3. 析因论果法

  这是一种分析所评对象的前因后果的方法。运用这种论证方法的思想评论也相当多见。主要原因是，无论什么样的思想，它们的产生、存在、变化，都是有其内在原因和外在原因的，在判断一种思想的性质、价值、影响的时候，往往要追根溯源，在挖掘原因、分析评判原因方面下功夫。如果原因抓得准而论得透的话，文章的质量就有了基本的保障。这就如同治病能找准病因并做到了对症下药，就很可能治好人的病一样。

  与运用了上一种论证方法的思想评论一样，不少思想评论题目上就出现了表明文章运用了这种方法的字样。如题目上出现了"为何""为什么"以及"说明了什么"之类词语的文章都是如此。有的全篇采用了这种方法，有的局部采用了这种方法。如《儿童玩具为何具有"双重标准"》，题目上就出现了表明采用了这种方法的字样，全篇也采用了这种方法。文章中所说的"儿童玩具具有'双重标准'"[2]是"果"（即一部分产品使用无菌害的原料和染料，标准很高；另一部分则使用低成本却有隐患的原料。前者那种安全产品用于出口，后者那种含有危害儿童健康的重金属及邻苯二甲酸酯的"毒玩具"则

---

[1] 惠铭生：《一条宋代排水沟，羞煞当代多少官》，见《大河报》，2010年7月15日。

[2] 郭之纯：《儿童玩具为何具有"双重标准"》，见《大河报》，2001年5月28日。

只用于内销），"为何"具有这种双重标准的具体理由则是"因"。作者准确地找出了国内儿童玩具生产企业生产的产品具有两套标准的原因，其主观原因是：商家为了获得更高的利润。其客观原因是：欧美等国邻苯二甲酸酯在儿童产品中已被禁止使用，我国没有相关规定；欧盟对玩具中特定重金属的限制有19种，我国只限制8种；欧盟等国对玩具产品安全性更关注的是化学元素和重金属，我国主要检验物理机械性能等，而不涉及重金属和其他化学物质。上述主客观原因都找得很准，使文章具有很强的说服力，很能启发人们对有关问题进行深入的思考，促使问题的尽快解决。

4. 引经据典法

这是一种运用名人名言、典故等证明论点的方法。使用这种方法的好处很多，主要在于可以增强思想内容的严肃性、权威性、说服力。如前边提到的《这样的"小国之君"还有多少？》引用了《孟子·万章下》的话："小国地方五十里……"《孟子》中的这句话对这篇文章的总体构思、立意、行文等都起到了关键性的制约作用，否则，这篇文章或者无从产生，或者会写成内容、文字等都很不相同的文章。

使用这种方法时应该注意，由于思想评论一般应该通俗易懂，一目了然，这就应该尽可能地使用那些比较好懂的名人名言、典故等。这是因为，同阅读新闻一样，绝大多数读者是不会拿着工具书去阅读这种文章的，也是不希望动多少脑筋就能读懂这种文章的。如果所运用的名人名言、典故等不太好懂，最好随文做点解释。如《舍"小"贪"大"》在这一点上就有值得改进之处。其第一段是这样写的：

> 中国古代的官场，很有几个拒贿宣廉的故事。例如，南朝中书顾协的棒喝送礼人，明代按察周新的悬鹅拒贿，即便大清皇帝手里，也有高官刘统勋的当众斥贿，以及巡抚于成龙的统发《严禁馈送檄》，等等。这林林总总里头，有的是真的，也有的只是做戏。"四知金"还是要纳的，不过要趁月黑风高，只是手段高明一点罢了。[1]

这段文字用了好几个典故。公开舍"小"，暗中贪"大"，这是古今贪官在"贪"的方面的一种共同性的规律。由于这些典故与该文所评的当代贪官在"贪"的行为上有深刻的内在联系和本质的一致性，便使文章的思想内容在深度和广度上超过了当时的同类文章。否则，这篇文章就很可能不会发表。但是，绝大多数读者都不清楚这些典故的出处和确切意思，甚至不知道对全文质量和价值起着最重要作用的"四知金"是个典故，这就有碍于人们对其思想内容的深刻理解，典故自然也就难以充分地起到应有的作用了。

还需要注意的是，虽然典故有时出现在文章的开头，但典故本身并不是文章的评论对象，使用它们是为了"借古论今"，深化文章的主题。文章中必须有来自新闻媒体或日常生活中的评论对象。而如果把典故作为评论对象或对典故大发议论，写成的就不是或基本上不是思想评论了。如有些对典故作解释、发议论以介绍某种知识、说明某种道理的大体上属于普及"文史知识"的文章就是如此。

5. 归谬法

---

[1] 司马心：《舍"小"贪"大"》，见《新民晚报》，1990年5月7日。

归谬法在思想评论中用得较少。不过，如果这种方法用得恰到好处的话，对文章质量和价值的提升将能起到至关重要的作用，有的思想评论就是因此而出类拔萃的。而且，这种方法一般需要经过较大难度的练习才能恰当地使用，因此，这里也需要介绍一下。

多数人的理解和解释是：归谬法是一种先假定对方的论点是正确的，然后以其为前提，引出一个荒谬的结论，以证明对方的论点是错误的论证方法。这种说法符合多数相关文章的实际。但是，如果联系实际情况来看的话，可以把归谬法的内涵相应地扩大一点。有时它针对的实际上是荒谬的事实、现象、做法等。那些事实、现象、做法等的荒谬性并不明显，如果对其进行合乎逻辑的引申，也能够使其荒谬之点放大性地暴露出来，从而达到否定它的目的。这样写也可以认为是使用了归谬法。

使用归谬法往往只有一两句话，只有个别文章进行了稍微具体点的论证。后者如《纪念"9·18"别成为数字游戏》就比较典型。该文批评的是这样一件事：长春市某糕点店的刘先生为了纪念"9·18"，便做了一块9.18公斤重的大月饼，上面写着"勿忘9·18"。这种做法虽然是荒谬的，但一般读者却不能明确地看出其荒谬性及所达到的程度。这篇文章的有关部分这样写道：

纪念"9·18"，难道把"918"这三个数字运用到相关的事物中就行了？如果把这位刘先生的思维方式推而广之，则就算纪念了"9·18"，那么全国各行各业如何纪念"9·18"的问题立刻就迎刃而解了——

比如：书法家可以在9.18米的长卷上写字，鞋厂可以生产一只91.8厘米长的大鞋，农民可以在家饲养918只鸡……实在不行，居民可以在那天早上跑步时跑918步，或者918米等，如此一来，最后大家都记得了"918"这三个数字，但是否就知道了"九一八事变"是怎么回事，是否就懂得了我们今天如何振兴中华，我觉得仍然是一个不可知之数——因为这之间没有多大联系。

制作一块重9.18公斤的月饼，其实还是很难的。如果最后生产的月饼重量是9.19公斤或者9.17公斤，则此月饼的意义就完全丧失，沦为普通月饼了。月饼要送给"九一八"历史博物馆，总不能永远陈列在那里，最后的出路，大概还应该是吃，如果吃的时候还想着"9·18"，恐怕也就失去了吃月饼的意义。[1]

上述第二段文字使用了归谬法（主要是从"比如"到"……这三个数字"，下一段则是对其荒谬性的说明），对所评事实"推而广之"、合乎逻辑地加以引申、发挥，鲜明地揭示出了这种做法的荒谬实质，深刻地说明了这种行为是没有什么实质性纪念意义的数字游戏，从而有力地达到了否定这种荒唐做法的目的。如果不使用归谬法，虽然也有可能达到这种目的，但很可能没有这么醒目、这么简洁、这么令人过目难忘。

---

[1] 殷国安：《纪念"9·18"别成为数字游戏》，见《大河报》，2005年9月19日。

第十一章 思想评论

【文选】

牵妈妈的手，也是家风传承

蔡恩泽

春节期间，国内众多主流网站纷纷发起"牵妈妈的手"主题活动，亿万网民倾情参与，给散发着浓郁亲情年味的家庭团聚又增添了十分甜蜜的滋味。

妈妈的手，不管是干瘦还是丰满，无论是粗糙或者细腻，都曾抱过我们，给我们穿过衣服，擦过眼泪，做过饭，充满着慈爱和力量，拉着我们长大。

不忘妈妈的手，习近平总书记牵着母亲的手，陪齐心老人散步的那幅照片感染了无数国人。牵妈妈的手，不忘母爱，敬老爱老，是中华民族的传统美德，也是优良家风的传承。

家风是一种无言的教育，是给后人树立的一个价值标准。

每到春节，很多人家都选择关于家风的对联，譬如"世盛千般好，家和万事兴""成事成名成伟业，立人立德立家风"等，字迹虽经风吹日晒，或有模糊，但好家风代代相传，护家护国，是一个家庭灵魂的延续，是无形的财富，是推动全家人克服磨难、铸就光环、闪耀门户的看不见的手，也是中华民族振兴的精神源泉之一。

习近平总书记说得好：家风好，就能家道兴旺、和顺美满，家风坏，难免殃及子孙，贻害社会。

古今中外，曾国藩家书、陆游示儿诗、马克思给女儿燕妮的信、毛泽东与儿子毛岸英的谈话，无不是优良家风的教诲熏陶。家风是家庭成员"三观"的基石，是融化在骨髓中的品格，是立身处世的格调。家风连着民风、社风、政风，是民风的基础，是社风的反应，是政风的体现。

当此全国人民奋进新时代、凝聚实现中华民族伟大复兴磅礴力量之时，弘扬社会主义核心价值观，传承优良家风，保持家庭和睦、民族团结，意义深远，十分必要。

好家风总是与时代合拍。家风折射时代的光芒，充盈着时代的内涵。

当年岳母在岳飞后背刺上"精忠报国"四个字，立下家规，恰逢"靖康耻""胡虏恨"国难当头之时。杨家将满门忠烈，是演绎于抗辽年代，悲情家风凝练于国家破碎、山河尚存之时。

今天我们面临决胜全面建设小康、实现中国梦的新时代，家风浸透着更为深厚的爱国情怀。从每个人做起，从每个家庭做起，践行社会主义核心价值观，政治上坚信马列，品行上忠厚老实，学习上刻苦钻研，工作上精益求精，生活上艰苦朴素，努力在平凡的岗位上为中国梦增色添辉。

好家风靠家长言传身教。平心而论，当我们做家长的满怀希望期待孩子们成长、成才、成人的时候，其实孩子们的眼睛也在盯着我们，在仰望我们的高度，在寻觅我们在他们心目中的坐标定位。有时候我们想做点什么，其实就是在做给孩子看的。因为家长是孩子的启蒙老师，家风家训再完美，家长的言传身教是第一位的。

在江西革命老区莲花县神泉乡。有一个祖孙三代20口人的大家庭，家长彭志平是县政协连续三届政协委员，作为一个普通的市场协管员，他把自家的大家庭也治理得有条有理、和和美美，靠的就是纯朴的家风，他自己率先垂范，一身正气，带动全家人长幼有序，老少互爱，婆媳、妯娌之间更是亲密无间，其最美家庭在当地传为佳话。

春节是万家团圆的好时光，也是款谈家风、建设家风的好时机。让家风厚植时代风韵，让家风为实现时代梦想增添精神动力。

——选自中国青年网，2018年2月21日，http：//news.cyol.com/content/2018-02/21/content_16961913.htm

第十二章 文学评论

一、文学评论的含义和种类

（一）文学评论的含义

文学评论的基本含义有两点：一是指根据文学理论原理对各种文学现象进行探讨、分析、研究、评价的科学研究活动，二是指反映这种研究成果的文章样式。文学理论上又叫作文学批评。文学评论的对象包括文学作品、文学家、文学思潮、文学运动、文学流派、文学史等各种文学现象，一般以评论文学作品为主，包括小说、诗歌、散文、戏剧、影视等。其任务在于揭示艺术现象中的审美价值和思想意义，探讨艺术创作的方法和规律，以提高文艺创作的水平；帮助读者正确理解作品，培养和提高读者的艺术欣赏能力和健康的艺术情趣。

文学评论不同于作品分析。从评论的角度看，文学评论自然要对作品进行分析，没有分析怎么评论？但这种为了评论的目的进行的分析和作品分析是有区别的：作品分析侧重分析作品"是这样"，而文学评论侧重分析作品"为什么是这样"。

文学评论不同于思想评论。思想评论的对象是人们在生活和工作中出现的种种思想问题和思想现象，目的在于帮助人们提高思想认识。思想评论一般篇幅短小，时效性强，常见于报刊。而文学评论的对象是文学作品和文学现象。

文学评论也不同于读后感。读后感重在写自己读后的主观感受和由"读"受到的启发、启示，一般要展开联想，联系自身或社会实际。"读"的内容和体裁也比较宽泛，包括反映思想、政治、经济等多方面内容、各类体裁的文章和文学作品。文学评论是在"读"文学作品的基础上对作品的内容、技法、语言风格等做出比较客观的分析和评价。

（二）文学评论的种类

文学评论按评论的内容和对象分，可以分为作家评论、作品评论、文学现象评论。

作家评论是以某个作家为评论对象，可以就他的所有作品做出综合评论，也可以就他的创作风格的某一侧面进行评论；作品评论是以某一部作品为主要评论对象，可以就这部作品本身的优缺点进行分析、评判，也可以和其他作品进行比较，在比较中突出该作品的特点。

作品评论有诗歌评论、小说评论、散文评论、戏剧评论、影视评论等。

文学现象评论是针对某一时期文坛上出现的文学创作风格、文学流派等进行研究，对这种现象做出的评判。

文学评论按评论的表现形式，可以分为以下几种。

（1）论文式。这是最常见的文学评论形式，具有准确严密、具体翔实、理论色彩浓、逻辑性强的特点。可以用来探讨文学创作中或其他文学现象中专题性的理论问题和学术问题，也可以对作家或作品做出具体的分析评论。

（2）随笔式。即杂谈随感，包括漫谈、漫评、赏析、短评等。具有篇幅短小、行文自由、语言生动、个性突出等特点。它切入点较小，可以就某一文学现象或作品谈自己的一点看法、一种思考等，也可以灵活运用形象化的手法议论文学问题。

（3）书信式。这是运用书信体写成的文学评论。可以是和作者交换意见的方式，也可以是回答读者提出的问题的方式。具有内容具体、针对性强、行文自然、富有情感、写法灵活等特点。没有明显的做文章的痕迹，就像两个老朋友在谈话，探讨某个文学问题，比较放松，是畅所欲言的文学评论。

（4）对话式。用一问一答的对话形式就文学现象进行评价和判断。它的特点是，在谈话的过程中逐步深入地揭示矛盾、解决矛盾。可以是两人观点一致地讨论某个问题，也可以是在辩论中树立自己的观点。

（5）序跋式。指文学作品或文学作品集前面的序、导语、前言、小引和后面的后记、跋等。可以由作家本人撰写，也可由其他名人学者来写。除介绍写作意图和交代有关情况外，还要对作家、作品进行评论。有些序跋作者常常就文学创作、文学欣赏等理论问题发表独到的看法，对读者的阅读有非常独到的指导作用。

（6）札记式。通过写读书笔记、心得体会的方式来解决文学问题的文学评论。有就一篇作品、一部著作所写的专题札记，有就许多作品所写的综合札记。

（7）点评式。是我国明清时期兴起的一种独特的评论样式，即在被评作品的首部以"序言""读法"或"总论"的方式对对象做总体的简洁评说，在作品正文中则以经济的笔墨做"夹批""眉批"。这一时期的李贽、叶昼、金圣叹、毛宗岗等小说评点家对我国的小说理论做出了突出贡献。他们在小说评点中对小说的社会作用、小说的人物塑造、生活真实与艺术真实的关系、小说的艺术表现手法等都发表了许多宝贵意见。

二、文学评论的作用

文学评论和文学创作是互相依存、互相促进的。一个时代文学评论非常活跃，文学创作也会发展迅速，整个文坛呈现出繁荣的景象。可以说文学评论在整个文学发展历程中起着非常重要的作用。

（一）对读者的指导作用

文学作品和文章在表意上不同。文章写作讲究鲜明，作者的观点直接在文章中表现出来，作者赞成什么，反对什么，读者一看就明白。而文学作品讲究含蓄，作者的思想、情感往往蕴含在作品所描绘的人物、场面、景物中，读者如果不加以分析，难以直接感悟到。文学评论通过对作品的思想意义、美学特征进行分析、阐释，把作者的思想、情感的表现清晰地展现给读者,帮助读者理解和把握作品的思想意义及艺术特色,对读者的阅读起到指导作用。

在阅读中,学术论文等理论性文章或应用文的读者大多是专业读者或特定的读者,而文学作品的读者多数是非专业的。他们在阅读文学作品时,会因个体的性情、气质、心态等的影响,对作品产生不同的理解,所谓"有一千个读者就有一千个哈姆雷特"。文学欣赏虽然允许有个人的偏好,但完全凭个人的阅读习惯、阅读口味来评价一部作品,显然很难对作品做出正确、客观的评价。长期下去,将影响到文学作品社会功能的发挥。而文学评论能够对作品给出实事求是的评价和令人信服的说明,起到为读者引路的作用,指导读者正确地欣赏和理解作品,提高读者的阅读和欣赏文学作品的能力。

有一些作品本身思想深刻、内涵丰富,超出了一般读者的理解范围。还有一些古代作品和外国作品,需要一定的背景知识才能为读者所理解。文学评论对作品的阐释,能够帮助这些读者正确、快速地解读作品。

(二)对作者的导向作用

文学评论能够激发作者的创作兴趣,使作者保持一种良好的写作状态。曾经在网上看到这样的评论:它作品在网上发表了,但是没有人评论,没人理睬,往往容易给作者心中造成一种空落落的感觉。时间长了会影响作者的情绪,对自己的文学爱好失去信心,就此搁笔。对于刚刚从事文学写作的青年作者来说,这一点尤其明显。文学评论者能及时地、满腔热情地对这些新作给予肯定或指出不足,就可能保护了一批文学家的苗子。尽管这些作品可能有这样那样的不足,正像鲁迅先生所说:"恶意的批评家在嫩苗的地上驰马,那当然是十分快意的事;然而遭殃的是嫩苗——平常的苗和天才的苗。幼稚对于老成,有如孩子对于老人,绝没有什么耻辱;作品也一样,起初幼稚,不算耻辱的。因为倘不遭了戕贼,他就会生长,成熟,老成;独有老衰和腐败,倒是无可救药的事!"[1] 即使是对于成熟的作家,评论的导向作用也不可忽视。如已故的作家高晓声,他的"陈奂生系列"小说就是在评论的引导下完成的。

文学评论能够帮助作者正确认识自己的作品。文学评论"应该永远为一定的目的服务。略言之,这一目的就是解释艺术作品和培养审美感"[2]。文学评论作者为了达到这一目的,就需要对文学作品进行客观地分析、研究,找出作品的精妙之处,提出不足或批评。由于文学评论作者有较为系统的文学知识和素养,能够站在一个较高的层面上对作品做出深入的分析。甚至能够发现作者自己还没有意识到的作品的社会价值。这种评判有助于作家正确认识自己的作品和创作水平,冷静思考自己创作的得失,不断提高创作水平,进而推动和促进文学创作的繁荣和发展。

---

[1] 鲁迅:《未有天才之前》,见《鲁迅论创作》,上海文艺出版社,1983年版,第516页。

[2] 〔英〕T.S.艾略特著,刘保端译:《批评的功能》,见《美国作家论文学》,三联书店,1984年版,第170页。

（三）对文学发展的促进作用

文学评论除了对于具体的文学家和文学作品进行分析和评价之外，还要对文学思潮、文学流派、文学史等进行研究。不仅对中国的文学家和文学作品进行评判，还对世界上其他国家的文学现象进行探讨和研究。不仅对当今文坛上的新气象进行研究，也对古代文学的发展变化进行研究。这种宏观和微观相结合的考察，所得出的结论往往具有一般的、普遍的意义。文学评论来自文学实践，又反过来指导文学实践。它通过对作家的作品分析和评判，从而影响作家的创作。

好的文学评论，不仅对和评论对象相关的读者和作者产生影响，也会对其他读者和作者产生作用，甚至对一个时代的作家的创作思想、创作倾向产生较大影响。从文学评论和文学作品的关系看，没有文学作品，就没有文学评论；没有文学评论，就没有文学作品的创新和发展。某些文学现象包括文学思潮、文学风格、新的文学表现技法等，也常常是通过文学评论的传播被人们所认可的。文学评论通过对作品的分析所表达出来的价值观和审美观更是对整个文学的发展有重要的推进作用。

三、文学评论的写作

（一）确定选题

所谓确定选题，就是选定文学评论的对象。选好评论的对象，文章就有了一个写作的范围，就为下一步的研究打下了良好的基础。要确定选题，可以从以下几方面考虑。

1. 文坛热点

信息社会，瞬息万变，人们所关注的焦点也在不断变化。文坛上不仅有"老作家"的新作品，还有大量的新人新作，由新作品带来的新观念、新问题层出不穷。文学评论的选题就要选公众所关心的，有现实意义的，甚至关系到文坛走向的热点问题。

2. 作品价值

作品价值即作品本身是否具有评论的价值。对于文学作品来说，主要是指它的美学价值，即作品的思想性和艺术性所达到的高度。文学评论的主要对象是作品，作品如果平淡，内容缺乏时代感，形式也不新颖，那就不值得评论。那些公认的文学经典之作自然值得评论，但有些经典作品评的人太多了，也不太容易写好。有的作品虽然是新人写的，但内容上写出了新意，或艺术上有可取之处，也可以进行评论。

3. 个人需求

文学评论说到底，还是要由评论者来完成。每个评论者都有自己的专业研究方向，有自己的文学价值取向，因此，应根据个人的需求，选择那些和自己的专业、自己的兴趣爱好相一致的作家或作品进行研究。选择自己熟悉的内容，写起来就会得心应手一些。如果和个人的研究方向或研究重点不同，是很难写好文学评论的。一个研究小说的人，你一定要他写一个关于剧本的评论，恐怕难以说到要点上的。

（二）研究对象

在选题确定的基础上，就要对评论对象进行进一步的研究。不同的选题，研究的内容自然不同。这里就常见的评论作品的研究过程做一说明。要写好作品评论，对评论者来说，首先要有独到的见解。这就需要对作品进行深入、细致的研究。

1. 阅读原文

认真阅读原文，占有丰富的材料，这是写好评论的基础。阅读的过程也是评论者深化认识的过程。为了评论的阅读，往往采用"总体——部分——总体"的阅读步骤。①总体，就是从头至尾通读，把自己放在普通读者的位置上，快速读完全文，获得形象的具体感受，对作品的思想、艺术的总倾向，有初步认识。②部分，是对重要部分精读，分析研究，加深对作品的认识，为评论的写作做好材料的准备工作。找出作品中画龙点睛的句子，认真揣摩、品味作品中重要的词语、句子、段落，明确文章的主旨，理清文章的思路和结构层次，力争有较深的感受和独到的发现。在读的过程中，写读书笔记，有一点心得的地方都要记下来，不管是作品的精妙之处，还是你认为的败笔。③总体，是在对各部分进行剖析之后，再回到总体的通读，以获得对作品的完整的认识，同时对作品的倾向和艺术性做出自己的判断。如果说第一遍的通读得到的是感性认识，那么这一遍的通读就上升到理性认识阶段了。

2. 搜集材料

如果说阅读原文搜集的是针对作品的"点"的材料，那么，接下来还需要"面"的材料，还要做进一步的搜集材料的工作。

首先，要了解作家。从社会历史批评的角度出发评论作品，首先就要"知人论世"（《孟子·万章下》）。作家是文学作品的创作者，作家的生活经历、思想观点、写作动机等或多或少地会反映在文学作品中。了解作家，研究作家，有助于我们从总体上把握作品的特殊个性和艺术特色。不了解作家，那只能就作品谈作品，不仅不容易谈得深刻，还可能产生曲解。研究作家，就要全面了解作家的生活经历，考察作家的世界观和写作动机，同时，浏览一下作家的其他作品，以便于和要评论的作品进行比较。

其次，要了解作品产生的时代和作品所反映的时代生活。社会在发展，每个时代都有它的特征。文学作品总是一定时代社会生活的反映，离开特定的历史环境和社会氛围，就无法对它做出公正的评价。了解作品产生的时代，我们就需要知道作家是在什么情况下写出的这部作品；了解作品所反映的时代，我们就知道作家是否准确地表现出了那个时代的特征，作品融入了多少作家对生活的感受、理解和评价。了解了这些，有助于我们正确地把握作品的内容，对作品做出客观、准确的评价。

再则，要了解别人对该作品的评价。阅读已有的评论文章，了解别人对该作品的评判。特别是一些优秀作品，可能已有不少人评论过。了解别人的意见和看法，对照自己的观点，看有无新意，如果自己想到的，别人已经谈过了，就没有必要再写。如果还没有人从这个角度谈过，或者与别人的看法又有不同，就值得一写。在阅读别人的评论文章时，也常常能够给我们一些新的启示，使我们能从一个全新的角度来看待作品，对作品做出新的评价。

(三) 找准角度

在熟读了作品的内容、搜集了必要的资料的基础上，就需要确立评论的角度，即评论的主题。好的角度不仅能反映出评论者的研究方向，同时，也反映出作品的内涵。一部文学作品的情况是复杂的，评论者可以从多个角度进行评论。

例如，可以分析作品的总倾向，即主题思想及其表现。这类角度要具体研究作品反映了什么样的社会现象（包括自然现象），作家对这些现象持什么样的观点、态度。分析作品主要运用了哪些表现手法，表现一个怎样的主题思想，指出作品所呈现出的积极意义或局限性。

分析作品形象。文学作品是以艺术形象来反映生活和表达作家的思想感情的。作品的形象是指作家在文学作品中创造出来的具体可感、具有艺术概括性、体现着作家的审美理想的自然的和人生的图画。文学作品中常指人物的精神面貌和性格特征。人物形象身上往往具有鲜明的时代特征和作家的主观情感。

分析作品的艺术手法。文学作品的艺术手法是多种多样的，如场面的布置，情节的安排，新旧技法的运用，艺术风格，意境的营造，写作技法的辩证艺术，等等，都可以作为评论的对象。需要注意的是，一篇评论不必面面俱到地进行分析，只选择其中一至两点就可以了。

分析作品的构思。作品的构思主要包括：作品的写作思路，思路的运行轨迹，是单一线索行文还是两条或两条以上线索齐头并进；采用了怎样的结构方式，是纵式结构还是横式结构，或者其他等；层次安排有什么特点，开头、结尾是否巧妙。

分析作品的语言。文学是语言的艺术。哪一类作品都可以进行作品语言分析。语言分析要具体，不能泛泛而谈，要结合作品举出实例。可以分析作品的语言特点，如准确、简练、生动、形象等；还可以品味作品的语言风格，如幽默、朴实、明快等。

不同体裁的作品，确立评论的角度也应有所不同。如，分析小说、剧本等叙事作品，评论的角度应突出人物的刻画、矛盾冲突等方面。分析人物形象，不是人物事迹的简单复述，而是通过对作品中人物的外貌、语言、行为、心理以及和其他人物的关系的分析，揭示人物的精神风貌及性格特征，同时，剖析人物塑造上的成败得失。分析抒情诗、抒情散文等抒情类的作品，就不能用这个方法了，评论的角度应偏重于艺术意境、感情抒发等方面，需要分析作品的构思是否新颖，意境是否优美等。因为意境是作家构思的结晶，是饱含着作家思想感情的画面。评论通过分析作品所展示出来的生活画面，去透视作家所抒发的是什么样的感情。

不管分析什么体裁的作品，不管从哪个方面去进行分析，最重要的是要找准评论的角度。也就是评论者应根据客观现实，根据作品的情况，根据自己对作品的理解和把握，确立合适的角度，写出有独到见解的评论文章。

评论的角度不要过大。特别对于初写评论的学生来说，喜欢角度选得大，以为这样可以有话说，许多内容都可以塞进文章。其实不然，角度选得大，就需要有更多的材料来充实，写作起来难度就大，很难驾驭。结果就造成东一下，西一下，什么问题也没说清楚，即俗话说的"贪多嚼不烂"。比如你写《论鲁迅白话小说》，题目就太大，从哪儿下手写？如果你把它缩为《评鲁迅小说中的人物形象》，范围就小一些，写起来就相对容易些。如果继续缩小角度，比如关于鲁迅的短篇小说《孔乙己》的评论文章有《〈孔乙己〉的主题思想》《谈谈孔乙己的典型性》《〈孔乙己〉的艺术构思》《〈孔乙己〉中的细节描写》《点睛传神之笔——谈〈孔乙己〉中的几个动词》《孔乙己和阿Q打酒》《孔孟之道吃人的铁证》《孔乙己论"偷"》等。从这些文题就可以看出，这些评论文章的一个共同特点就是，论题选取的角度很小，又互不相同。为初学写评论者提供了较好的学习样本。

确定评论的角度，应避免出现以下问题：为评而评，无的放矢。评论者读了某篇作品，第一感觉挺好，顺手拿过来就去写评论。虽然有了初步的阅读收获，但是并没有搜集足够的写作材料，写作目的也不明确，凭着感觉去写评论，那是一定写不好的。还有的不愿动脑子思考，这个问题写的人很多，就把别人的观点拿过来，不假思索，随意拼凑，结果整篇文章全是别人说的，自己的看法一点也没有，那不是评论了，只能是"大杂烩"。

（四）表达准确

文学评论属于议论文的范畴，应按照议论文的行文规范去写。文学评论不是随随便便谈谈对某种文学现象或某部文学作品的印象就行了，而是要对作品、作家、文学现象等做出全面的科学评判。好的评论文章应该是客观准确的，论证严密，论据充分，不能主观武断，凭感觉去写作。一定要遵循客观规律，遵循文学创作的规律去进行评论。同时要选择合适的文章样式，准确表达出评论者的写作意图。文学评论的写作样式比较多，可以说是丰富多彩的。写作者可以根据评论的内容及自己的写作习惯，选择自己比较熟悉的样式来写。下面我们就一般论文式的评论结构进行简要的说明。

一篇论文式的文学评论通常由标题、引论、本论、结论四个部分构成。

（1）标题。文学评论的标题除了应具有准确、鲜明、新颖这些标题共同特点之外，还应当尽可能地具有文采。俗话说，题好文一半。好的标题就是文章的眼睛，是文章的窗口。不少评论的作者为了省事就直接采用如《某某作品读后感》《论某某问题》或者《某某问题浅析》等标题。意思虽然明白，但千篇一律，没有新意。标题有特色才能吸引读者的目光。文学评论的标题主要有两种形式：一种是正题加上副标题，比如《巅峰对决方显创新与智慧——读〈巅峰对决〉有感》，这个标题就写得很好，把小说的名字写进评论的标题，又恰到好处地表现了评论的主题。另一种是只有一个正标题，如《〈饥饿的女儿〉：心灵的纪录片，民族的记忆史》《〈审判〉中的"审判"》等评论标题，也写得很有特点。

（2）引论。又叫引言、引题。比较长的引论也称为绪论。引论虽千变万化，但都要受制于标题和中心论点。引论或说明选题的背景、理由、目的、意义，或直接提出论点，并阐释论点所包含概念的内涵外延，对论点进行必要限定。如邵燕君的《面对网络文学：学院派的态度和方法》一文的开头："中国网络文学的强势发展已经到了不仅打破了主流文坛的一统格局，而且逼得学术界不得不正视的时候了。笔者甚至大胆地预言，如照此势头发展下去，十年之后，中国当代文学的主流很可能将是网络文学。"[1] 直截了当提出自己的论点。

(3) 本论。这是文学评论的核心部分。要有理有据，说理充分，有逻辑力量。要做到这一点，首先要注意分析和评论的关系。一般说来，对客观事物，只有通过科学的分析，才能将其内部规律显露出来。分析是人们认识事物的方法，也是文学评论写作的重要手段。在评论的写作中，分析就是对作品本身的各种因素及关系加以解剖、说明，帮助读者准确了解作品的基本面貌。只有通过客观、严谨的分析，才能得出科学的、让人信服的结论。评论，就是对作品的全部或局部的成败、优劣及特点发表明确的见解。评论虽然是评论者的见解或意见，但这种意见不是凭空而来的，不是评论者的主观感受，而是在分析的基础上得出的正确认识。一篇评论，或分析在前，评论在后，或评论在前，分析在后，总是互相配合，相得益彰。正是在这种配合中，显示出了评论的逻辑力量。其次要处理好叙和议的关系。文学评论，评论的对象是文学作品，总不免要复述作品内容。这里的"叙"就是指对作品内容的复述、介绍，"议"是指对作品的议论、评价。文学评论正是通过复述为议论提供具体的依据，要使评论有理有据，富有说服力。成功的复述是必不可少的。复述不是简单地重复原文，而是评论者的二次创造。复述既要忠实于作品的原意，又要简明扼要地转述作品的内容原貌。要做到这一点，评论者必须熟悉作品的思想内容、艺术成就等，同时有较好的概括能力，能够抓住作品的核心、要点。好的评论，叙议结合，复述作品内容和摘引作品句段都有明确目的，议论准确，水到渠成。

(4) 结论。这是文学评论的结尾部分。可以是本论的逻辑延伸，即对本论的论证结果进行科学概括，再次点明评论的主题；也可以是对论证的有关问题进行必要说明或补充。如前面提到的邵燕君的文章结尾："最后，回到文章开头笔者的大胆预言。我之所以认为照目前的态势发展下去，十年之后，中国当代文学的主流很可能将是网络文学，并不是出于媒介崇拜，而是认为这里有活的文学机制和新的文学样式。我也不认为在网络时代精英就必然要被'去'掉'化'掉，相反，越是在资本横行、大众狂欢的时代，越需要建立精英标准，而这正是学院派的义务。或者可以说，这是网络时代对当代文学研究的从业者提出的新要求。"

文学评论有其自身的特点，既要符合文学创作的规律，又要反映作品的实际面貌。要写好文学评论，作者需要具备多方面的素养，要有一定的理论素养，能够站在理论的高度来评价作品；要有丰富的生活阅历，能够真切地感受生活的酸甜苦辣，体会作品反映生活的深度和广度；要有较广的历史知识，中国的、外国的，能够从历史的角度来分析作品，对不同的作品进行纵向比较；要有较高的运用语言文字的能力，能够简洁、准确地表情达意。

---

[1] 邵燕君：《面对网络文学学院派的态度和方法》，http://www.chinawriter.com.cn.

第十二章 文学评论

【文选】

一种美学魅力，多种艺术匠心
——从《红玫瑰与白玫瑰》看张爱玲独特的美学追求

傅 华

张爱玲在《自己的文章》说："我是喜欢悲壮，更喜欢苍凉。……悲剧则如大红大绿的配角，是一种热烈的对照。但它的刺激性还是大于启发性。苍凉之所以有深长的回味，就因为它像葱绿配桃红，是一种参差的对照。"[1]当人们把"苍凉"奉为她小说风格的圭臬时，"参差的对照"就隐匿在这一风格的背后被人习焉不察，然而，作为张爱玲小说诗学的具体表征，参差的对照却以具体而细微的形式感实现了对苍凉风格的表达。只是就不同的文本而言，参差的对照有着不同的表现形态。在《红玫瑰与白玫瑰》中，张爱玲以充满世俗关怀的理性精神，以看重现实人生的旨趣与包容性赋予了参差对照以更深广的美学内涵。在这个意义上，参差对照否定了决然的对立，它亲和地接纳了诸多差异，祛除了简单的价值判断，包容了人生中种种复杂的因素，以"哀矜而勿喜"[2]的眼光来看待诸多情非得已的人生世相，让差异在富有对照性的张力结构中烘托呼应，相映成趣，让隐含的态度在正话反说，或反话正说的反讽语调中超越对思想的抽象表达，同时以重复、回旋的叙事来表达对生命的洞明与交响，实现其挽歌式的吟唱与书写。由此在《红玫瑰与白玫瑰》中形成了以人物的张力关系、反讽的语调、重复的叙事为特征的"参差美学"。然而在这一美学形态中，她一方面以别具一格的形式感创造了对中国人的生活情态的观察与领悟，体验与想象，表达了她对现实人生宽宥悲悯的透彻认知，另一方面在话语层面与经典现实主义构成意味深长的对话。《红玫瑰与白玫瑰》则以参差对照、优雅从容的叙事彰显了这一独特的伦理关怀和审美诉求。

一、富有张力的人物关系

正如水晶先生所言，《红玫瑰与白玫瑰》是"一则关于男子的欲情与负心"[3]的故事。一般的小说往往陷于狭隘的道德书写，张爱玲却举重若轻地穿越了这一泥潭，以参差对照的手法在人物关系的张力平衡中实现了对情欲和人性圆熟世故的书写。如果说红白的色彩对比还仅是视觉效果的修辞，那么红玫瑰和白玫瑰的隐喻性对照里，张爱玲既以讥诮的语调一语中的地道破了世间男子复杂微妙的心理，将情欲的张致和无奈置于人生的悖论性处境中，又从容不迫地呈现了可资比照的女性在振保生命中的不同回响：巴黎妓女使他震惊却做不了自己的主，拒绝玫瑰的示爱却使自制的他懊悔不已，二者序曲般地引出他与红白玫瑰的情欲纠葛。玫瑰的命名和玫瑰的命运无疑受制于男权话语为中心的世界，然而在这一世界中，张爱玲不仅在道德和情欲的尺度间透视女性异中有同的命运，

---

[1] 张爱玲：《张爱玲文集》（第4卷），安徽文艺出版社，1991年版，第173页。

[2]〔晋〕何晏注，〔宋〕邢昺疏：《论语注疏》，北京大学出版社，1999年版，第260页。

[3] 水晶：《替张爱玲补妆》，山东画报出版社，2004年版，第157页。

也借此裸露了男性的种种不堪,以振保在理性责任与奔突欲念间的徘徊、挣扎,在好人和浪子间的叠合、演变对男权世界做了辩证的反思。在男权话语下,女性的命运总是给予和既定的。因而在振保眼中,热烈放浪的红玫瑰是可恋而不可婚的,羞缩拘谨的白玫瑰则是可婚而不可恋的。他的选择决定玫瑰的不同身份——情人和妻子,却并未改变她们命运的实质,始乱终弃的王娇蕊与见弃于家的孟烟鹂最终都成为弃妇的表征,无论其中有无婚姻的形式。不同的是振保对王娇蕊是有欲无情的,对孟烟鹂则是无欲无情的,自私的情欲导致了玫瑰被弃的命运。不过张爱玲以异质的形象——为情痴迷的弃妇与为欲所困的浪子共呈了两性世界的迷茫与困惑,两性命运获得互文性解读。迥异于传统的浪子或负心汉形象的是,张爱玲紧俏世故地叙述了在欲念驱动下浪子的矛盾处境——选择总是无奈,情欲的冲动又是恒在的。这一内在的紧张状态在他与红、白玫瑰的参差对照、富有张力的关系中得到了细腻深入的诠释。娇蕊的出现唤醒了振保对玫瑰的记忆,或者说她使振保被压抑的情欲借尸还魂。理性强悍的振保与任性娇媚的王娇蕊上演了一出"浪子——尤物"棋逢对手的好戏。张爱玲以细节处的精致着墨既描画了娇蕊热烈放浪的动人形象,又勾勒了振保既拒且迎、微醺荡漾的心理。种种意象和细节都在挑逗、挣扎、延宕、犹疑中充满了戏剧性的张力和耐力,情欲的此消彼长、显隐张弛无不映射出颇为经典的情色本性。在这一让人玩味、充满张力的对手戏中,他们对待情欲的态度是对照呼应的:作为"对手",他们是惺惺相惜的,引为知己;在情欲的张扬与逞能上,两人在伯仲之间;而且两人都不乏游戏精神。然而在情爱的角逐里,却走向了不同的结局:振保最终被理性和责任招安,以逃逸践行了游戏的虚无性质;最好的爱匠娇蕊却从游戏走向了认真,以悲壮的行为终结了"快乐"的游戏。这一对照一方面应验了《诗经·氓》中"士之耽兮,尤可说也;女之耽兮,不可说也"[1]的古训,呈现了"浪子——怨妇"差异性的态度和命运,暗示了具有某种宿命特征的人类情感经验。另一方面情欲的火焰照亮了振保脆弱的内心。多年后两人车厢内的意外邂逅,与娇蕊的平静坦然对应的却是振保的妒忌和眼泪,错位的表情和心理微妙地昭示着振保虚假幸福中的无名懊悔和空虚。在参差对照的张力结构中情欲的放恣沉溺与荒凉虚无已初露苍凉之意。如果说王娇蕊是振保激荡情欲的表征,那么孟烟鹂则是他平庸婚姻的隐喻。在婚姻的镜像里,振保和烟鹂演绎了事实婚姻中的貌合神离。在婚姻的务实与保守上,振保和烟鹂是一致的,但在情欲倾向上却不甚和谐,它不仅导致渐次交恶的关系,也使振保的理想人生和"好人"形象的光环进一步被剥蚀,或者说它揭示了振保失落的内心与失败的婚姻。振保想要热烈,结果只是平淡地成了家,在这一张力性对照中振保又不断以娇蕊来对比烟鹂,使其进退失据的心态越演越烈:热烈与平淡,激情与乏味,甚至娇蕊的见老也使烟鹂的"空洞白净"相形见绌。同样的雨天取衣的细节里,前者在振保忧伤的回忆中化为纯情的象征,后者却让他深陷窥透奸情却又不便发作的恼怨中。因而这自私的情欲中又有着对于人生的真实的如泣如诉。当烟鹂的红杏出墙催化剂般使振保发泄不出的怨气和放纵找到了借口,于是他的自私和暴虐从隐晦到了公开,从节制收敛到无所顾忌,从珍惜"手造

---

[1] 蒋见元,程俊英:《诗经注析》(上册),中华书局,1991年版,第173页。

的世界"到砸碎中的沉沦。然而非儿戏化的婚姻着实套牢了振保,故事的终点却发生了戏剧化的颠倒:情欲的灰烬里,责任在意外中苏醒。只不过浪子的回归不是道德上的幡然悔悟,而是软弱和不彻底的人性对现实原则的无奈与妥协。由此透过这一张力关系,张爱玲裸露了振保的自毁式沉沦,也不经意地撩开了婚姻的帷幕,让人睹见其中不可测度的黑洞:"婚姻取得了习惯的意义,习惯削弱了欲望,将乐趣化为乌有。"[1] 也许婚姻的悖论正在于它既是情欲达成的唯一合法形式,也是情欲走向坟墓的标志。于是以节制与放恣、沉醉与厌倦的情欲冲突,参差错落、互映互照的人物关系,以不彻底的凡人取代了对英雄或者悲剧人物的期待与想象,张爱玲成功地塑造了一个乏"善"可陈却朴素真实的现代人形象,而且透过对人物张力关系的互文性解读,她一笔两写地洞穿了婚恋中的黑暗,机智谐趣地参透了命运的底牌:虚无的欲望、缺陷的婚姻是人类无法自由的表征,悲剧宿命的根源。因而在个人欲望的伸张和道德规范的遵循的两难间,她以参差对照的修辞术呈现了现代人复杂的生态和心态,以暧昧的立场表达了对人事与人性的悲悯体认。在背离了感时忧国的传统而转入中国现代"性"的欲望叙事中,张爱玲把写实触角伸向人性的暗流与旋涡,以参差对照的书写丰富了现实主义的表意空间。

二、充满悖论的反讽

如果说参差对照以富有张力的人物关系实现了对情欲世界的精湛再现,那么它亦以充满悖论的反讽在人物命运的悲喜剧中展开了对人性的潜深探讨。只是这一反讽的修辞是在表与里、局部与整体、价值体系本身的参差对照中展开,即从言语反讽、情境反讽、总体反讽三个层面来实现。在实际意义和字面意义的对比中张爱玲以言语反讽表达了丰富的潜台词。通过反讽她巧妙地设置了一个貌似客观的叙事人,而自己却隐身在讥诮语调中。于是在表层叙事里振保被叙述为一个志得意满、完美理想的形象,而在对其情欲行为与心理轨迹的追述中,反话正说的语调让振保承受巨大的语境压力,他的形象渐次被叙述篡改,变得似是而非,甚至走向了反面。表面上他经历了好人——浪子——好人的复归,实际上反讽不仅颠覆了读者"正题——反题——合题"式的阅读期待,同时在悖谬中确立张爱玲的真实意图:振保只是一个不彻底的好人与浪子混合的凡夫俗子而已。悲喜交织的人物命运已初见端倪。如果说言语反讽具有语言内部言义悖反的张力,而情境反讽则充斥着情节之间的参差对比。前者是站在反讽者的立场,从话语层面表达悖论式的判断,后者使张爱玲获得观察者的视角,以更为间离的效果呈现了局部与局部、局部与整体对照产生的荒诞结果,实现其中的启发性。因此反讽在张爱玲笔下从一种修辞策略延伸为理性认知。在振保的情欲经历中,情境反讽以局部的真相拆穿了整个叙事语调中的虚假层面,在人物意愿和事件发展逻辑不断发生错位中实施了反讽的解构功能。借助一系列的情欲关系的转换,叙事线索从一个女人转向另一个女人,每一次转移不仅在不同女人身上呈现了振保的不同侧面,也使人物形象在落差中逐渐走样、变形、磨损。站在高处的张爱玲纵观了这些冲突和变化,将它们置于情境反讽这一参差对照的美学形

---

[1] 〔法〕乔治·巴塔耶:《色情史》,商务印书馆,2003年版,第106页。

式中，情欲的虚张声势和人性的弱点都在此一一呈现。然而生命的好奇没有止步于暴露，僭越道德的反讽引人深入地探究了与生俱来的情欲和性格的缺陷如何实现了对人类命运的主宰和塑造。进而在细节与细节的对照互补中，情境反讽以对世故人情及动机更细腻的想象和描画表达了这一探究的热情：车厢邂逅这一富有反讽意味的情境中，张爱玲深深触及振保内心的虚弱和隐痛；两次雨天取衣的情节对应了迥异的心境却又暗示了事关的偷情种种；娇蕊、振保与艾许太太母女的街头偶遇，却以四个人的对话和自说自话的心思，在掩盖与拆穿、假象与真实、自欺与妄想的张力中彰显他们不同的身份、处境，这一闲笔不闲的插入是对不同归宿的讽喻，也婉妙地表达了对复杂的人生窥破却又不道破的理性态度。当逆反对照的美学尺度柔和地俯身于人生世相的反思时，情境反讽在悬置的价值判断中糅合各色人物不同的悲喜命运，互文见义地彰显了人性的复杂维度。于是张爱玲动用大量反讽，以不无嘲谑的口吻拆解了振保的完美形象，裸露其卑琐自私的灵魂后，又以细腻动人的笔致触摸了其强悍中的软弱、自得中的委屈与苦涩。在虚无欲望的覆盖下，他的形象就有了接近悲剧的严肃意味，亦喜亦悲中人物显得丰满而立体。因而情境反讽承载了复杂的人生况味和美学内涵：它既显示了生命的纷扰紊乱，又包孕着通达的同情与悲悯；既抗拒了概念化的武断，又以饱含张力的形象抵达对人性和命运的深透解读。这不由让人想到了克尔凯郭尔的观点："须于无所不在的反讽之下认识事物。"[1]于是，在故事的结尾，反讽通过振保的种种悖论式处境将价值体系本身不能解决的矛盾和盘托出，这使文本走向了总体反讽。"第二天起床，振保改过自新，又变了个好人。"在以逆转的叙事为振保的沉沦之旅作结时，喜剧的因素消解了我们对悲剧的猜想，因为在礼崩乐坏的乱世，价值体系的矛盾是无法用单一的主题来涵盖的，面对人类的宿命任何是非判断似乎都力有不逮。而这一讽喻也暗示凡夫俗子是无力承担残酷的人生真相，也无力承担悲剧的结果，否则就会失心发狂。回到生活轨道本身成为不彻底的小人物身不由己的选择，是非善恶似乎都不重要，重要的是，生活还要继续。由此总体反讽确立了文本的叙事基调，也将张爱玲的独到匠心凸现：她以对人物的悲喜剧命运和曲折情性的书写，昭示了道德或价值观念中不请自来的矛盾，在暧昧的思辨色彩中使人性的动机复杂共存；同时其锐利的讽喻又不乏慈悲怀柔之心，在慨然谅解人性的弱点和性格的缺陷中，反讽以智慧的方式缓解了生命的恐怖与苦难，为普通人在苍凉的乱世寻找到安身立命的所在。由是，反讽从语言层面进入伦理层面，借助反讽给予的理性反省的距离，张爱玲穿越了道德的窄门直接叩问了普遍的生存，以修辞策略实现了深刻的伦理关怀，无疑使参差美学具有本体论意义上的诗学特征。正如克尔凯郭尔所："反讽针对的是整个存在。"[2]而在诗学层面，文本的多重反讽不仅使参差的美学形态绚丽繁复，也使审美意图在语义的多重指涉中被不断地质疑和实现，在意义的危机中张爱玲以暧昧犹疑的话语、不确定的主题轻微地变更了写实表意的风格。

---

[1] 转引自赵一凡：《西方文论关键词》，外语教学与研究出版社，2006年版，第93页。

[2] 转引自南帆：《文本生产与意识形态》，暨南大学出版社，2002年版，第177页。

三、重复叙事的修辞功能

张爱玲在对这一情欲经验的书写中,错落对照、复现呼应的重复既暗含了她独特的道德视阈,又以踵事增华、锦上添花的叙事功能使文本在复合的修辞中获取了一种新异的美学向度。只是重复的叙事在《红玫瑰与白玫瑰》中不是从严格的叙事学层面展开,而是以广义的修辞来实现的。即从意象的复现、情节的相似、叙事语调的呼应等层面来实现重复的修辞功能。它不仅毕现了振保内心的峥嵘,也在回旋、变奏中具有多重美学效果:重复构成了富有张力的对照,重复也形成怪异的风格,重复还实现了反讽的意图。参差对照的重复使文本的内涵和形式都走向了繁复的维度。作为情欲的标记,"玫瑰"意象回旋般地呼应着振保的内心欲念,而且在相因相袭中,不断变幻:首先玫瑰化身为娇蕊,从英国到本土,从浪漫纯情到热烈放浪,而振保一厢情愿地认定更使玫瑰在魂兮归来中亦真亦幻,似是而非。其次玫瑰化一为二,红白玫瑰参差对照,相映成趣,重叠的意象是对殊途同归的弃妇命运的重复书写,也是对振保曲折心理的回应,同时它亦将两性的细密心思与欲望层层编织进叙事之维,于是对性别、心理、身世、人生的打量才具有了审视省思的意义,张爱玲的热肠与冷眼也在参差对照的重复中一一彰显。在"眼泪"这一意象上张爱玲做足了文章,它在不同场合、境遇下的反复出现不仅让眼泪或者哭构成重复中的对照,而且在诡异变化中对振保心理进行了多角度的展示。如果说娇蕊的痛哭和烟鹂的哭诉只是弃妇形象的叠合,柔弱的标志,那么它在反衬振保的强悍中进一步揭示了他真伪对照、强弱参半的复杂心理,眼泪从寻常变得怪异:与玫瑰吻别时,两人的眼泪在分辨不明中是绝望而执拗、纯情而虚无的;在娇蕊的琴声里,他的泪珠既真心又矫情;与娇蕊重逢时的错位流泪在不对、古怪的感受里掩饰不住他活得并不遂人愿的真相;最后的眼泪是以笑的面目出现的:"振保觉得她完全被打败了,得意之极,立在那里无声地笑着,静静的笑从他的眼里流出来,像眼泪似的流了一脸。"笑不再是胜利的表征,而是不可救药的颓败。眼泪以对立的修辞篡改了笑的初衷,既成为作家隐秘的意旨,又在悖谬中变得怪异。这似乎还不仅仅意味着笑到泪的演变,亦笑亦泪的乖张变奏才把人物命运的悲喜剧和人生的荒诞感表现出来。在眼泪的重复变奏中情节跌宕起伏、一唱三叹,重复的眼泪最终成了不彻底的、软弱的人性的最好注解。相似的情节进一步验证了重复是怪异的形式,怪异使写实的意旨幻魅丛生。雨天取衣的细节以似曾相识之感在重复中恍然若失,继而悚然失常,情欲的致命诱惑与婚姻的难堪龃龉对照性地映现出振保的张狂与感伤、世故与天真。而在振保形象的塑造上,重复的叙述使文本走向了反讽。文本一直饶有兴味地将振保定义为理想人物,并以不断的重申欲加深这一叙事的信度,最后又以相似的语调使振保返回叙事的原点,但开头好人形象的定格和结尾时好人形象的复归确认,却掩饰不住他已然荒腔走板的人生。不过重复呼应的叙述里亦隐藏着张爱玲难以被人觉察的切肤的悲悯,她以振保的回归隐喻了一种宽宥的伦理维度:在认同人类欲求的合理内核中,以更宽容的方式担待生命中的哀乐忧惧、庸懦猥琐。因而文本中的重复以不断打破又不断裹缠的叙事塑造了一个旋转、多义的形象,回旋衍生的重复无疑在主题的错落分歧中延伸了伦理内涵,因这别具意义的俗世关怀,参差对照成为令人感怀的美学形态。同时重复又与对照、怪异、反讽连属关联,使参差对照走向美学的综合形态,其中怪异和反讽以本然的现代面目使写实的文字趋近了一种现代主义的表征。

四、参差对照美学魅力的文学辐射

在《红玫瑰与白玫瑰》中,张爱玲以张力的人物关系、反讽的语调、重复的叙事,形成了自己参差对照的书写风格。绚丽铺陈、层层敷衍的参差对照既弱化了单一主题的限定,悬置了二元对立的价值判断,以"桃李不言,下自成蹊"的方式抵达启悟的玄机,又将审视与悲悯、理性与感性糅合成富有张力的美学形式。于是一个男子情欲的故事,就被诠释成一则人类情欲的现代性寓言。通过寓言说出人类生活的普遍实质,"在最自然、最堕落的官能性质上说出个人的自传式的历史性"[1]。这个"个人"作为抽象的概念,承载着人类共同的命运。张爱玲将这一理性的认知以参差对照的文学实践投射到普遍的人生观照中去,无疑是她的美学的思想法则。然而在这一参差对照的欲望叙事中她以"不彻底的人物"取代了英雄,以"欠分明的主题"置换了严重主题,以命运的悲喜剧释义了苍凉的美学内涵,以对"安稳人生"的肯定坐实了"飞扬人生"的底色,这正回应了她在《自己的文章》中表达的文艺观,只是在与经典现实主义的微妙分歧中,她既彰显了自己精致绵密的写实风格,又以繁复的形式感和不确定的语义场在坚实的人生写照中融入了现代主义的美学向度。这无疑拓展了小说美学的表现空间,凸现了二十世纪四十年代的文坛独树一帜的写作姿态。而且在文字的以虚击实中,她以日常生活的小叙事修正了宏大叙事中关于半新不旧时代下的中国人及其生活的想象和书写,在感时忧国、启蒙救亡等主流话语之外,以饮食男女朴素见性的生活情态构建了现代中国的另一套表意系统。进而在这一洞悉欲望的书写中,张爱玲以人性和道德间的暧昧立场、写实而虚构的文学形式拓宽了理解人性的疆域,彰显了一种更为体贴人心的叙事伦理。最终使参差对照成为张爱玲别具一格的修辞风格和写作哲学。当我们在借助《红玫瑰与白玫瑰》对其小说诗学进行理论阐释的同时,也不难发现素不喜欢理论的张爱玲虽以理性的直觉概括了自我的表现观,但其创作并非亦步亦趋地践行了这一理论。不过这一理论的揭示却是不无必要的,作为20世纪40年代小说的重镇,张爱玲不仅承续了晚清狎邪小说和鸳蝴派对情色本相世俗化书写的精髓,而且她独异的美学追求和伦理承担成为此后的中国现当代小说创作的重要资源和参照。随后东方蝃蝀的《牡丹花与蒲公英》以最贴近的时代命意进行了重复性的书写,而王安忆、朱天心等人则将被压抑的现代"性"作为欲望的旗帜书写在历史的远景里与之遥相呼应。因而她颓废精致、醒世警喻的情欲叙事在填充书写的匮乏、提升美学的情趣、拓展人性的维度中薪火相传,瓜瓞绵延。当书里与书外、虚构与真实、他者与自我的命运俱已化身为苍凉传奇,张爱玲参差对照、低回叹惋的叙事将不绝如缕地回旋、衍生于历史与审美之维。

——选自《名作欣赏》,2007年第8期

---

[1]〔德〕本雅明著,张旭东、魏文生译:《发达资本主义时代的抒情诗人》,三联书店,1989年版,第26页。

第十三章 学术论文

一、学术论文的含义和特点

（一）学术论文的含义

学术论文是各类学术性论文的总称，又叫科学论文、研究论文、简称论文。

国家标准局《科学技术报告、学位论文和学术论文的编写格式》中给学术论文的定义是："学术论文是某一学术课题在实验性、理论性或观测性上具有新的科学研究成果或创新见解和知识的科学记录；或是某种已知原理应用于实际中取得新进展的科学总结，用以提供学术会议上宣读、交流或讨论；或在学术刊物上发表；或作其他用途的书面文件。"[1]

从文体角度看，学术论文属于议论文体。它是指对某一学科领域中的问题做比较系统专门的研究和探讨后，表达科研成果的议论文体。学术论文是用来论述科学研究成果的一种文章体裁。它是对哲学、社会科学和自然科学领域中某些现象和问题进行比较系统的研究，以探讨某些本质特征以及发展规律的理论性文章。因此，学术论文又称科学论文，简称论文。

学术论文不同于一般的议论文，它是议论文中的高级形态。首先，学术论文是对某种科研成果的表述，它是在进行了系统研究的基础上所发表的创造性论说，而不是一般的心得或随想。其次，学术论文有相当的容量和厚度，同一般即兴式、随笔式的短论有明显的差异。

（二）学术论文的特点

1. 学术性

学术是指较为专门的、有系统的学问。所谓学术性，就是指研究、探讨的内容具有专门性和系统性。学术论文，顾名思义就是有学术性的论文。没有学术性，就不是学术论文。学术性首先表现在它是对某一学科领域做深入的、系统的、专门的研究、探讨，而不是点滴的心得和肤浅的说教。其次，这种学术性还表现在论文本身所具有的理论价

---

[1]《科学技术报告、学位论文和学术论文的编写格式》，国家标准局发布，1987年版5日发布，1988年版1日实施。

值。即对任何一个问题的探讨都上升到理论的高度,最终得出科学的结论。这就要求作者不仅有深厚的专业功底和对课题的全面了解,而且还要有相应的理论素养。

2. 科学性

科学性是指作者以实事求是的治学态度,用科学的思想方法对论题进行客观的分析和研究,最终得出科学的结论。科学性主要表现在立论上,就是从客观实际出发,提出的论点要有科学依据,不得主观臆造,不得带有个人的好恶偏见。表现在论据上,就要求真实可靠,典型充足,能反映客观事物的本质。表现在论证上,就要经过周密的思考,论据推理严密,观点与材料统一,富有逻辑性。

3. 创新性

学术论文的价值就在于新鲜、独到的创造性发现,具体说,首先就是在前人没有涉足的领域里进行探索、发现问题并予以解决,填补空白,立一家之言,这种研究价值最大。然后就是在前人已经涉足的领域里取得新的突破。或者对前人的观点进行修正、补充;或者进行争鸣,在许多观点中成一家之言。最后就是用新的方法、新的角度对前人研究过的问题进行重新审视,从而发现新的问题,得出新的结论。

学术论文贵在有新意、有创见。因为它的任务就是通过科学研究提出新的见解,探讨新的方法,发表新的成果。这是衡量学术论文价值的根本标准。如,中国第一部研究救荒史的专著《中国救荒史》,就是邓拓同志在河南大学经济系读书时所写的研究专著。1935年,黄河、长江同时在秋季泛滥,中原、江南大地灾民达数千万人,此书不仅记载了灾荒的实况和救济政策,而且还揭示灾荒的一般性规律,分析具体形成原因,探求防治途径,填补了这一学术领域的一项空白。

当然,我们可以、也应该在综合前人或者别人的成就、经验、认识的基础上进行创新。不是每一个人都能提出别人没有涉及的问题,但也要在论文中有自己的见解,或综述前人的研究成果,加以分析比较,指出争论热点,提示争论方向;或披露新事实,证明新的材料。不用去重复已有定论的问题,否则,论文就没有价值。

4. 专业性

科学研究的对象十分广泛,内容十分丰富,但各个学科之间的内涵有明显区别。因此,作为表述科研成果的学术论文便具有很强的专业性。在论文的语言表述方面,也常用专门的科学术语。但是,论文作者也要考虑到论文是进行学术交流的重要工具,语言应该尽量深入浅出,平易通俗。

二、学术论文的种类和作用

(一)学术论文的种类

学术论文是一个总概念,由于它的内容、结构、功用等不相同,因此,从不同角度可以划分出不同类的学术论文。

1. 按科学分类

科学是反映自然、社会、思维等的客观规律的分科的知识体系。学术论文作为表达科学研究成果的文体，也相应地划分为自然科学论文、社会科学论文和思维科学论文三大类。

（1）自然科学论文。自然科学论文是指表达自然科学和技术科学的研究成果的学术论文。习惯上称为理工科论文或科技论文。自然科学包括理、工、农、医、林等学科。一般说来，自然科学论文更重科学性、实验性和应用性。从国外情况看，自然科学论文的格式正趋于统一化、规范化和标准化。

（2）社会科学论文。社会科学论文是指表达社会科学领域研究成果的学术论文。习惯上称为文科论文。社会科学范围广泛，其研究领域有政治学、教育学、语言学、文艺学、哲学、宗教学、法学、经济学、军事学等。一般来说，社会科学论文的格式不如自然科学论文那么规范，写法更为灵活多样。

（3）思维科学论文。思维科学论文是指表达思维科学领域研究成果的学术论文。比如，由钱学森主编，上海人民出版社出版的《关于思维科学》就是一部学术水平很高的思维科学论文集，共收有24篇思维科学论文。随着人类文明的发展和研究手段的现代化，思维科学研究越来越深入，表达思维科学研究成果的学术论文也越来越多。思维科学论文的格式有的像自然科学论文，有的像社会科学论文。到目前为止，还没有发现自成一格的思维科学论文的特有的格式。

2. 按写作功用分类

按照学术论文的写作功用，可以分为传播性论文和水平检测性论文两大类。

（1）传播性论文。传播性论文是指在学术刊物上发表或在学术会议上宣读的学术论文。这类学术论文的写作功用在于借助公共传播媒介，使作者的研究成果得以受到社会承认，起交流、推广、普及等作用，以丰富人类的科学知识，促进科学的繁荣和发展，使科学知识为人类所共有。特别是当前科学技术情报工作高度发达，将论文存储于情报中心的电子计算机，就能为全世界的读者所共有。

（2）水平检测性论文。水平检测性论文是指为检测水平而写的学术论文。如学年论文、毕业论文、学位论文等。这类论文虽不排除发表交流的可能性，但其主要功用在于通过考核。水平检测性论文又分为以下几类：

第一，学年论文。学年论文是指高等院校在校学生年度所写的考查学习成果和科研能力的论文。学年论文通常在大学三年级撰写，大学三年级学生通过学习两年多的基础课，掌握了一定的知识之后，在老师的具体指导下，尝试运用自己的专业知识去分析和解决学术问题，了解学术论文写作的全过程，培养和锻炼学术研究能力。学年论文是学习撰写学术论文的初级阶段，选题不宜过大过难，篇幅不宜过长，一般要求在5000字左右。论文写成后，一般不进行论文答辩。由论文指导教师审核，写出评语评定成绩。

第二，毕业论文。毕业论文是高等学校应届毕业生的总结性的独立作业。这是高校包括函授、自考等办学形式教学过程中的一个重要环节。其目的在于总结学生的专业学习成果。是本、专科学生完成所学专业并圆满毕业的重要标志。毕业论文完成后，还要进行论文答辩，并由指导老师评定成绩。这一般是在四年级时进行。

第三，学位论文。学位论文是学位申请者为申请学位而提交的学术论文，是考核申请者能否授予学位的重要依据。1980年2月12日,第五届全国人大常委会第三次会议通过的《中华人民共和国学位条例》自1981年1月1日起实行。学位共分三级,学位论文也分三级。按论文写作的有关国家标准规定,学位论文是表明作者从事科学研究取得创造性的结果或有了新的见解,并以此为内容撰写而成,作为提出申请授予相应的学位时评审用的学术论文。

学位论文包括学士学位论文、硕士学位论文、博士学位论文。学士学位论文就是写得合乎要求的大学毕业论文。由大学本科生毕业前在限定时间内完成。根据《中华人民共和国学位条例》及其《暂行实施办法》规定:"学士论文应能表明作者确已较好地掌握了本门学科的基础理论、专门知识和基本技能;并且有从事科学研究工作或担负专门技术工作的初步能力。"学士学位论文的写作,需在讲师以上职称的教师指导下进行。学士学位论文的字数通常要求在六千到一万字。论文完成后,还要进行论文答辩,由答辩小组(通常由三到四位讲师以上职称的教师组成)评定成绩,写出审核意见。硕士学位论文通常要求字数在二万到四万左右,博士论文一般要五万字以上,甚至多达一二十万字。

这三种学位论文在写作目的、研究方法和写作方法上是一脉相承的。这三种学位论文,写法与传播性论文相同,有些学位论文也同样公开发表。学位论文在学术界有一定的地位,历来受同行重视。国际图书情报工作中都把学位论文作为重要文献之一加以搜集。有些国家还专门出版《学位论文国家目录》。

(二)学术论文的作用

学术论文是科学研究过程中的一种手段,它具有传播效用,是进行学术交流的工具。凡新发明、新成果或新发现都要以论文形式公之于众。同时,它又具有储存价值,将人们在各阶段的科研成果储存下来,世代相传。学术论文对于推动科学技术、人文科学的发展,促进人类文明的进步具有十分重要的意义。

1. 学术论文是用来探讨学术问题,进行学术研究的重要手段

撰写学术论文绝不仅仅是文字表达问题。一篇论文质量的高低,也绝不仅仅取决于行文阶段的工作做得如何。可以说,完整的论文写作过程同整个科学研究工程是相重合、相一致的。论文写作的过程也就是科学研究的过程。论文题目的确定也就是研究课题的选择,论文内容的形成也是研究成果的取得,而研究成果的取得是离不开课题研究的。可以说,课题研究是论文写作过程中的关键环节,也是科学研究的主要步骤。论文的执笔写作,也不是研究成果的机械反映,而是研究成果的深化和整理,是科学研究的继续。正因为论文写作同科学研究是密不可分的,所以人们常把论文写作作为培养和考察一个人的科研能力的重要手段。

2. 学术论文是描述科学研究成果、传播学术信息的主要工具

要使科学研究的社会效益得以实现,就必须凭借一定的外在形式将其反映出来,科学研究成果,特别是社会科学研究成果大都是以文献的形式反映出来的,而在所有的学术文献中,可以说学术论文又是反映研究成果的最简便、最适用的工具。

从社会发展的角度来说，撰写学术论文，记录科研成果的意义主要就体现在知识积累和学术交流两个方面；从论文作者个人的角度来说，通过撰写、发表学术论文，把科学研究成果公之于世，作者个人的劳动成果才能得到社会的承认，也才能使科学研究的社会价值得以实现。同时，学术论文也是考察一个人的学术水平的依据。一个人的知识积累、思维能力等都能在学术论文中体现出来，看学术论文，最容易看出作者的实际学术水平的高低。在现实生活中，人们也确实常常把学术论文作为衡量一个人的专业水平高低的标尺。可见，无论是从社会发展还是从研究者个人发展的角度来说，都不能忽视学术论文的写作。

三、学术论文的写作

（一）选题

学术论文的选题，就是确定一篇文章的主攻方向，明确文章要阐明或解决的主要问题。爱因斯坦曾经说过，在科学面前，提出问题往往比解决问题更重要。能否在复杂纷繁的科学和社会现象面前发现问题，能否在研究资料的基础上提出问题，是衡量一个作者的思想、学术水平高低的标志。确立选题不仅是写作的第一步，也是论文能否成功、能否具有科学价值的关键。如果没有研究课题，就像打靶没有靶子，是无法迈开科研第一步的。具体而言，学术论文选题的重要性和意义主要体现在以下几个方面。

1. 可以规划文章的方向、角度和规模

学术论文是作者自己长期对一个问题或现象研究的总结。确定选题就是对某一研究方向的确定，并且也确定某种研究角度，在这样的基础上，文章的规模大小也可以做到心中有数了。

2. 可以预测文章的成果与价值

俗话说，"题好文一半"，这是说，选了一个好的科研课题，等于完成了一半的论文工作。选题可以说是对自己的论文的成果与价值的预测，必须在这个问题上慎之又慎，把自己的艰辛努力化为有科学价值的成果。

3. 主观能动性的再调动

选题是对学术方向和课题的确定，它并不是研究的终结，而是研究的继续深入，可以调动自己的主观能动性。

从表现形态上看，论文的选题常常以标题的形式出现。例如，《论〈诗经〉的浪漫主义因素》《论小说非情节因素的审美意义》《论报告文学的文学性》这些标题就是选题。但是，选题与标题还是有区别的。标题是论文写成之后所取的名字，选题则是自己主观上所确定的研究对象和目标；随着研究的深入，作者有可能保持原有的选题，也有可能改为其他更合适的选题；至于成文阶段作者给论文定什么题目，那就更具有灵活性。

从本质上看，选题也就是选准所要研究的某一个问题。最好的选题是发现问题，因为任何科学研究都是从发现问题开始的。比如，你发现教科书中有什么问题：材料和观点自相矛盾，在某些方面语焉不详，某个观点我不赞成；某一个问题该研究而没有人研究；发现某一个通说存在错误需要纠正；发现某一个问题前人的论述还不够完善；发现某一个理论和实践存在着脱节……在这种基础上，才有可能导致进一步的研究。比如前面说的《论报告文学的文学性》，只是人云亦云，从构思的文学性、表现手法的文学性、语言的文学性三个方面去论证，是不行的。如果你发现现有的内容对报告文学文学性的论述还不够准确、完整、深入，就可以把它作为研究课题。如果提不出问题，你就找不到题目。如果一时提不出问题，也可以暂时确定一个研究对象，但随着研究的深入，同样是需要提出问题的，如果你思想上提不出问题，研究也就无法深入。

论文选题，通常会涉及范围、层次和类型三个要素。

学术论文选题最好在自己所学专业范围之内。在本专业范围内选题，每一个学科又有一个层次问题。大致说来，每个学科研究的问题都可以分属于三个不同的层次：一是基本理论、基本原理的研究；二是发展史的研究；三是实践问题的研究。例如，语言学有基础语言学、历史语言学和应用语言学之分。文学有文学理论、文学史、文学批评之分。不同层次对研究者的要求是不同的。基本理论的研究对思维抽象程度要求高一些，要有比较好的理论修养和理论思维能力。发展史的研究要求作者有比较好的古文阅读能力，对该学科的发展有比较深入透彻的了解。而实践问题的研究则要求对当前实践运用方面存在的一些现象、问题有敏锐、及时的洞察，并能及时地提出问题。

不论哪个层次上的选题，又可以划分为不同的类型。根据选题的外延，题有大小之分。大题属于宏观方面的问题，它涉及的面广，研究的头绪多，需要时间做充分的准备。写论文靠论点的突破，靠深度的挖掘，研究的题目大，容易泛泛而谈，所以，有经验的作者一般都强调写小题目。所谓小题目，就是研究时不去面面俱到、全面铺开，而是只研究某一个具体的问题，或问题的某一方面。强调写小题目也不是无原则的小。题目选得太小，时间倒够用，也易于分析，但常常流于简单。文章要有一定的深度，又要有一定的宽度，这样便于集中精力深入研究。

学术论文选题应遵循的原则。

1. 具有科学价值

能促进科技发展，能推动社会文明进步，能联系生产和生活领域中的理论和实践的课题就具有科学价值。这价值又分为实际应用价值和科学理论价值。科学理论价值是指一些课题还不能直接运用于生产和社会实践中，但它对于学科基础理论的建设，对于促进科学文化的发展，对于解决理论上的一些疑难和困惑仍具有重要的意义，它们的价值会逐渐凸显出来，对这类课题不能忽视。

2. 具有新意

（1）标新立异。发表具有开创意识的观点，这种观点是作者首次提出的，给人耳目一新之感，这是创新的上乘境界。

（2）填补空白。在前人未曾涉足的领域，自己有研究探索所得，它有一种"先入为主"的优势，容易得到认可。

（3）旧说出新。对已成定论或别人研究过的问题发表自己不同的见解和解释，在原有的基础上有所超越和前进。

（4）用新的角度、新的思维方法、新的知识对前人的结论做新的论证，使原有的研究水平大大提升一步，或给人一片认知的新视野，如电脑写作。以多学科交叉的研究方法切入研究领域，也可以找到许多课题，如文化人类学，旅游经济学，等等。

（5）纠偏补正。能够以自己的研究所得去纠正前人论述的错误之处，以正视听；以新的发现弥补前人的疏漏之处也是一种创新。

3. 大小适中

题目大小要适中，难易要适当。题目选得太大，时间不够用，分析也跟不上去，往往会弄得很被动。题目选得太小，时间倒够用，也易于分析，但常常过于简单，也不见得好。所以，要根据自己的时间和能力，选取大小适中的题目。

（二）资料的搜集与整理

撰写学术论文必须详尽地占有资料，写成一篇五千字左右的论文，可能要搜集到几万字，甚至几十万字的资料。资料是学术论文写作的基础，没有资料，"巧妇难为无米之炊"，研究无从着手，观点无法成立，论文不可能形成。所以，详尽地占有资料是学术论文写作之前的另一项重要的工作。

1. 确定搜集资料的范围

（1）研究对象本身的资料。选题确定之后，研究对象就已经确定，关于研究对象本身的情况，作者首先要下功夫弄清楚。这是进行学术研究和论文写作最基本的素材，没有这些素材，撰写论文就成了纸上谈兵。例如，准备研究《红楼梦》中的某个问题，就要把《红楼梦》找来认真地研读一番。《红楼梦》有许多版本，还要确定自己需要的是哪一种。又如，准备研究老舍的《骆驼祥子》，就不能到图书馆随便找一本就去研读，因为《骆驼祥子》也有不同的版本。中华人民共和国成立后的版本与中华人民共和国成立前相比，作家删去了小说结尾部分的第二十三章后半章和第二十四章，如果不了解《骆驼祥子》一书的真实面貌，信手拈来一本就大谈特谈，是不可能准确、全面地论证《骆驼祥子》的有关问题的。

（2）研究对象产生的背景及相关问题。了解研究对象产生的背景与相关问题，对于论文的写作是非常必要的，它有助于开阔思路，使论文作者的认识更加全面而清晰。例如，要研究李白的诗歌，就要熟悉李白所处的时代——唐朝的政治、经济、文化等背景，还要熟悉与李白创作相关的唐朝诗歌流派，熟悉与李白同时代的其他著名诗人如杜甫、白居易等的创作情况。再拿研究《骆驼祥子》为例，要想真正了解《骆驼祥子》，光读原著显然远远不够。还应该了解《骆驼祥子》产生于一个什么样的社会背景下，它的出现在中国现代文学史上具有什么意义，与老舍同时期的作家中还有谁写过以人力车夫为题材的作品，这些与老舍的作品有什么不同等。

（3）研究对象的沿革与现状。当我们选定一个课题进行专题研究时，要对研究对象的概念、内容了如指掌，任何事物都是在不断地发展变化着的，若不能透彻了解研究对象的沿革史，不能及时迅速地熟悉研究对象发展的现状，便不能准确把握研究对象的实质，研究就容易出现偏颇，甚至得出错误的结论。

（4）研究对象的研究史。要了解研究对象研究的缘起，知道为什么要研究这个问题；要了解前人在这个领域已经做了哪些研究，有了哪些成果，等等。对一些名家学者的有关论述，一些权威性的材料，要特别留意。撰写学术论文和进行科学研究多是在他人研究成果的基础上进行的，不管是国外的还是国内的，历史的还是现实的，有关的事实还是理论，正面的还是反面的，都要兼收并蓄，认真研究。

（5）研究对象的最新研究成果。我们应该快速、准确地获得并熟悉最新的研究成果，让我们的知识结构适应时代的要求，才能写出有新意、有现实价值的优秀论文来。获取最新的研究成果，应该主要从最新的报刊资料和数据库中获取。

（6）研究对象与边缘学科有关的资料。随着社会的发展，科学技术日新月异，边缘学科不断涌现。现在学科之间相互交叉、相互渗透，没有独立存在的单一学科。因此，努力掌握研究对象与边缘学科有关的资料，对于要研究的课题是非常必要的。比如，研究对象如果是白居易的《长恨歌》，除了从文学的角度研究外，还要去了解一下唐代的社会风俗、历史状况、婚姻状况，这就牵涉到了历史学、社会学、心理学等方面的内容。要研究《长恨歌》的艺术特色，还要了解一些美学知识，才能谈透《长恨歌》的艺术魅力从何而来，还要对唐代的歌伎表演、声乐艺术有所了解，才能了解《长恨歌》所产生的音乐美。当然，你还要非常熟悉唐明皇与杨贵妃的爱情故事以及白居易的生活经历和情感世界。大量研究工作的实践证明，不懂得一点边缘学科知识，是很难撰写出高质量的论文来的。

2. 怎样搜集和整理资料

材料的搜集途径主要有社会调查、科学实验和检索文献资料。撰写汉语言文学专业的学术论文主要是后者。如全国报刊索引、报刊复印资料等；检索到后可以用复印机复印，用U盘下载，用手抄，但要注明原文标题、作者姓名、出版时间、出版单位或报刊名称，以便写作时加注。材料要真实可靠。尽可能地掌握第一手资料，引用他人的资料要认真核对，不能有断章取义或有错漏的现象发生。

整理资料就是对资料进行分类和优选。可以按观点分类，也可以按项目分类，也可以按属性分类。然后在分类的基础上进行优选。优选就是对资料的研究、鉴定和审定。对材料的取舍、筛选过程就是一种去粗取精、剔除谬误的分析综合过程。

（三）提炼论点，形成论点提纲

在整理、分析和研究资料的过程中，论文的构思也就开始了。而构思中的关键环节就是提炼中心论点，形成全文的论点提纲。学术论文不同于一般的短篇思想评论，只需打个腹稿即可动笔了，它常常需要作者根据自己的研究所得，提炼出论文的标题及中心论点，然后大致勾勒出围绕中心论点而进行论证的不同层次的纲目，以及各个层次对材料的运用和编排。

论点是一篇论文的灵魂。论文作者在选题、研究材料之后要琢磨、仔细推敲的就是中心论点。它是依据材料，通过分析、提炼而抽象出来的一种理性认识，关系到论文的价值和水平。但是，如果只有中心论点而没有若干与之相联系的从属论点，中心论点就会显得苍白无力，不能令人信服。因此，在确立文章的中心论点之后，还必须形成若干从属论点，通过这些从属论点把中心论点加以展开，使之得到充分的论证和说明。围绕中心论点形成论点提纲，即形成一个论点系统。论点提纲应列出从属于中心论点之下的若干分论点，从属分论点之下又可以由若干小论点构成。中心论点统领全文，为全篇之纲领。如下图

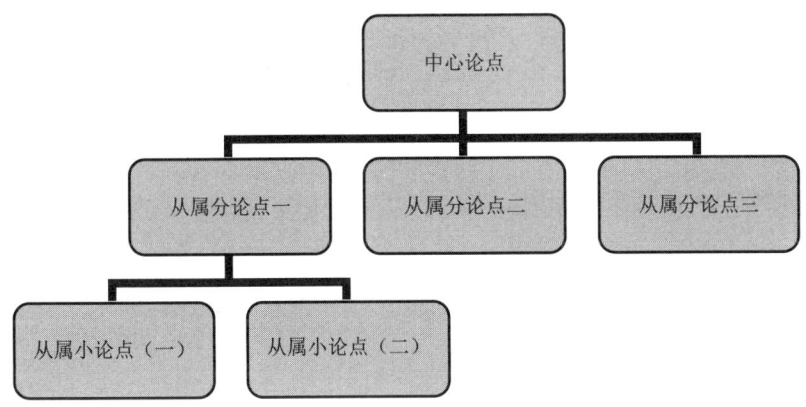

论点提纲形成，学术论文的总体设计蓝图就完成了。有了这个总体设计，作者就思路顺畅，全局在胸，行文就有所依据、有所规范了。

（四）按基本型进行写作

人们在长期的写作实践过程中，对某些文体文章的写作逐步形成了一些特定规范，即结构的基本型。学术论文的基本型就是引论——本论——结论。由于人们在思考问题时总是先提出问题，然后分析问题，最后得出结论。所以，这种基本型的结构顺序符合人的思维规律。

第一部分：引论

引论，又叫绪论或序论，是学术论文的开头，有统领全文的作用。一般包括以下内容：（1）交代研究对象及范围，说明研究的理由和意义。（2）提出问题。问题要明确、具体，不能模糊不清。（3）说明研究的方法和角度，提出论文的预期目标，也可以概述本论部分的内容，提出自己的基本观点。以上内容可以有所侧重，不必面面俱到。文字力求简明扼要，重点突出。例如，徐宏力的《艺术也是生产力因素》的引论部分：

"'科学技术是第一生产力'已经成为中国当代发展主旋律的热门话题。它可以散发式地启动许多新的学术思路，'艺术也是生产力因素'便滋生于这一理论土壤。经济主战场召唤艺术的参与，有使命感的艺术家和理论家都不能漠视这一现实。"[1]

在这里，作者明确提出了"艺术也是生产力因素"这一新观点，并简要说明了这一观点的由来，为下面的阐述奠定了基础。

第二部分：本论

---

[1] 徐宏力：《艺术也是生产力因素》，见《文艺研究》，1993年第1期。

本论，是学术论文的主体所在，是展开论题，表达作者个人研究成果的部分。本论部分进行论证要注意：第一，忌论点不明。论点是学术论文的思想灵魂，没有一个明白、确切的论点，其他就无从谈起。论点若含糊不清，就犯了"论题不明"的逻辑错误。论点不明还存在中心论点和分论点关系混乱的问题，它同样也会让人不知所云。第二，忌偷换论点。论点必须贯穿全文，前后要保持高度一致。在论证过程中，要围绕同一论点证明，不能任意扩大或缩小论点范围，更不能偷梁换柱，顾左右而言他。第三，忌论据虚假。论据必须是真实可靠的，绝不能为论证而不加鉴别地乱用，假论据得不到真结论。尤其要警惕有些作者歪曲、篡改名人经典言论，甚至杜撰论据来唬人。第四，忌循环论证。循环论证就是用论据证明论点的同时，又用论点来证明论据的可靠性，这种论证不过是绕圈子，捉迷藏，什么也不能证明。

第三部分：结论

结论，是学术论文的结尾部分，是本论部分论证的必然结果。结论归结全文，对全文做概括综合。结尾要公允、干净、有力，与引论相呼应。结论可以写成总结式，即得出答案或得出结论性意见。也可以写成设想式，即提出看法或建议。还可以写成对策式，即提出相应的对策和措施。

（五）学术论文的构成形式

学术论文由于内容千差万别，构成形式也是多种多样的。但一般来说，学术论文是由标题、内容摘要、关键词、正文、附注等几个部分构成的。

1. 标题

学术论文的标题，一要明确。要能够揭示论题范围或论点，使人看了标题便知晓文章的大体轮廓、所论述的重要内容以及作者的写作意图，而不能似是而非。二要简练。论文的标题不宜过长，过长了容易使人产生烦琐和累赘的感觉，得不到鲜明的印象，从而影响对文章的总体评价。标题也不能过于抽象、空洞，标题中不能采用非常用的或生造的词汇，以免使读者不得其解。三要新颖。标题和文章的内容和形式一样，应有自己的独特之处。做到既不标新立异，又不落窠臼，能激起读者的阅读兴趣。

2. 内容摘要

内容摘要是对论文基本内容不加注释和评论的简短陈述，要突出论文的新发现、新观点、新成果等引人注目的内容。其作用是帮助读者在阅读全文之前就能掌握学术论文的要点，还可以为文摘、索引、出版物转载提供方便。内容摘要一般放在文章标题和署名的下面，以"内容摘要"或"摘要"标明。应写成短文形式，具有独立性、简洁性，一般不超过300字。应注意，摘要是对论文内容的客观反映，要避免主观评价，避免使用诸如"本文论述了……，对……具有重要意义"之类的词句。

3. 关键词

关键词是最能说明问题和揭示论文主旨、出现频率较高的关键性的、名词性术语或词组，位置在内容摘要下面。其作用是为了制作文献索引和计算机自动检索的方便。一般以3-8个为宜，关键词之间用分号隔开。

4. 选文（略）

5. 附注

附注是对引文出处的说明或对文中某些文字的解释。学术论文在写作时应注意正确使用引文和加注。引文要忠实于原文，加注方法有三种：夹注，即段中注，在要注释的文字后加注；脚注，即注在本页的下端；尾注，在全文的末尾统一加注。

【文选】

两首唐人绝句之关系考辨

周欣展

唐宪宗元和十二年（公元817年）四月，以盲事贬为江州（今江西省九江）司马的白居易与友人游庐山，在大林寺观察到因山高地深而与平地聚落不同的物候景色，触景生情，口占一绝：

人间四月芳菲尽，山寺桃花始盛开。

长恨春归无觅处，不知转入此中来。

这首《大林寺桃花》脍炙人口，并对后人的创作产生了直接的影响。近人刘永济先生指出：

> 苏轼《望江南》词有"百舌无言桃李尽，柘林深处鹁鸪鸣，春色属芜菁"之句。辛弃疾《鹧鸪天》词亦有"城中桃李愁风雨，春在溪头荠菜花"之句，与白氏此诗用意相同，可以互参。[1]

刘永济先生虽然没有明言苏轼、辛弃疾的词句受到白居易《大林寺桃花》诗的影响。但苏、辛二人以大词人的身份写出了与前朝大诗人流传甚广的诗篇用意相同的词句，这样的证据似可证明他们对白诗有所模仿。

本文所要指出的是，不仅仅是苏、辛在创作上学习了白居易的这首诗，与白居易交往甚密的刘禹锡在作《再游玄都观》这首同样脍炙人口的诗篇时，就已经更为用心地学习过这首诗的创作技巧。

这是在唐文宗大和二年（公元828年）三月，刘禹锡因宰相裴度等人的援手，终于结束了14年的第二次贬谪，重返京城长安任职。正当春暖花开之际，刘禹锡再游玄都观，目睹当年桃花之繁盛已沦变为今日庭园之荒芜，联想起自己由于参与王叔文集团永贞革新而导致的宦海沉浮，不胜感慨。于是在观内墙壁上题诗一首，这就是著名的《再游玄都观》：

百亩庭中半是苔，桃花净尽菜花开。

种桃道士归何处，前度刘郎今又来。

刘禹锡这首诗对于《大林寺桃花》创作技巧的学习表现在如下三个方面：

---

[1] 刘永济：《唐人绝句精华》，人民文学出版社，1981年版，第179页。

第一，构思方式相同。《大林寺桃花》的构思方式是运用两个对比构成全篇的结构骨架。其前两句是一个相对独立的意义单位，描述在高山上游览得到的一个经验。第一句说，孟夏之际，一般平地上的春花已经开尽落净；第二句说，而此时高山上的桃花才开始盛开。一尽一开构成第一个对比。后两句是又一个相对独立的意义单位，通过拟人化的想象表达了自己再次看到春天的惊喜。第一句说，正在为不知春天回到哪里去了而惆怅不已；第二句紧接着说，没想到春天从平地转到高山上来了。一归一来构成第二个对比，两个对比相结合，把全篇结合成为一个整体。

刘禹锡作《再游玄都观》也是用两个对比构成全篇的骨架，只是两个对比在句子中的安排稍有不同。刘诗在第一句描述了玄都观中的一般景象，没有像白诗那样表达出第一个对比中的一个方面，只是为第一个对比做了铺垫。他把第一个对比浓缩进第二句了：桃花已经落尽而菜花正在开放。后面两句的句法与白诗就完全一样了：第三句先问种桃道士到什么地方去了，第四句表示以前来过的我——刘郎现在又回来了。用两句话表达了第二个对比。

刘诗表述这两个对比的词语，竟也与白诗几乎一样。白诗用的两对词语是"尽"与"开"，"归"与"来"；刘诗用的两对词语是"净尽"与"开"，"归"与"来"。

第二，韵脚相同。由于两诗对比用词中的"开""来"都处于韵脚位置，刘诗的韵脚与白诗的韵脚完全一样，也就是十分自然的了。

第三，思路一致。白诗的四句之间在思路上是典型的"起、承、转、合"关系，刘诗也是如此；白诗的前两句是铺垫性的景象描述，后两句是主题所在的抒情，刘诗并无不同。

由于有如上所述的多处相似，我们似乎不能说这些相似的方面仅仅是巧合而已。又由于白诗早于刘诗十一年，所以我们只能说是刘学白，而不是白学刘。不过，要证明刘禹锡有意识地学习白居易，我们还应该举出更多的理由来。

首先，由于刘、白交往十分密切，刘禹锡在创作《再游玄都观》之前，有机会从白居易那里得知《大林寺桃花》。

白居易元和十二年在江州庐山作《大林寺桃花》时，刘禹锡正在连州刺史任上，两人虽然不在一处，但他们在元和初年就已有交往了。相聚之时，便联句唱和，远隔一方，则寄诗赠物，这是唐文人交往中的惯例，更何况两位文豪级的朋友呢？而且，随着时间的推移，刘、白关系发展得越来越密切，以致在元白并称之后又出现刘白并称。所以，在白居易作《大林寺桃花》之后，当时不在一处的刘禹锡可以通过白的寄赠得知这首诗。

在白居易作《大林寺桃花》九年后，即唐敬宗宝历二年（公元826年）秋天，也就是距刘禹锡作《再游玄都观》约一年半的时间，刘禹锡、白居易在扬州重逢并结伴游览，互相唱和为乐。随后刘、白二人又千里同途，于唐文宗大和元年（公元827年）春一起返回洛阳。回到洛阳后，刘禹锡留在洛阳任职，白居易则先赴长安，后又在当年底奉使洛阳。次年春，白、刘先后调往长安。在此期间，两人交游唱和甚繁，进入了两人交往的高峰期。这都发生在刘禹锡返回长安约一个月后作《再游玄都观》之前。因此，通过这段时间的交往，即使刘禹锡以前不知道白居易的《大林寺桃花》，现在也可以在与白居易的直接交往中了解到这首诗了。

其次,白居易的诗篇在当时流传甚广,即使刘、白不是好友,没有间接或直接的交往,刘也可能从其他友人处或民间流传中了解到《大林寺桃花》这首诗。

最后,刘禹锡是一位博学多才的诗人,善于学习是他创作上的一个突出特色。唐宪宗永贞元年(公元805年),王叔文集团革新夭折之后,刘禹锡与柳宗元等八人被贬出长安,此后在边远州郡迁谪长达二十多年。在此期间,刘禹锡虽然在政治上备受打击,但在诗歌创作上却取得了巨大成就。他的创作不仅在数量上大大超过以往,而且在艺术质量上也达到崭新的高度,创作出众多的传世名篇,如律诗《西塞山怀古》《酬乐天扬州初逢席上见赠》,绝句《金陵五题》,民歌体《竹枝词》九首、《杨柳枝词》九首等。刘禹锡在诗歌创作中积极吸取多方面的创作经验,既向古人学习,又向同时代人学习,而且还积极向民间学习。在学习中,既有在创作原则、创作风格等方面的"宏观"学习,又有借鉴某些具体诗篇诗句的"微观"学习。在他的作品中,这样的例子实在是很多的。例如,刘禹锡继承屈原《九歌》传统,学习夔州民歌的风格,创作了多种民歌体乐府小章,这是"宏观"学习的例子。他的一些具体诗篇的诗句脱胎于前人,如《酬郑州权舍人见寄二十韵》中的"学堂青玉案,彩服紫罗囊"源于杜甫的"试吟青玉案,莫羡紫罗囊"(《又示宗武》),《庭梅咏寄友人》中的"早花常犯寒,繁实常苦酸"脱胎于鲍照的"食梅常苦酸,衣葛常苦寒"(《代东门行》),这是"微观"学习的例子。从这些诗作来看,刘禹锡在广泛吸取创作营养的过程中,很注意分析众家之特色,总结他人之经验,把自己的学习心得运用到自己的创作实践中来;而且,在实践中积极进行新的探索和创造,形成高超的创作技能,以抒发自己独特的情思,而不是仅仅满足于相似而已。因此,我们说刘禹锡不是一位囿于模仿的庸才,而是一位善于学习的大家。所以,这样一位诗人在作《再游玄都观》时学习亲密诗友的创作技巧,就是很自然的事情了。

将文学作品放入文学创作的历史发展过程中进行考察,通过与其他作品的比较,研究其与过去作品的关系及其对后来作品的影响,这种"推源寻流"法是中国文学批评的一个基本方法,对于刘禹锡的这首《再游玄都观》的研究,这种方法也同样起了作用。即使没有该诗序中的关于其前篇的提示,研究者也一定会发现这首诗是十三年前唐宪宗元和十年(公元815年)春,刘禹锡奉诏回到长安,初游玄都观时所做的《元和十年自朗州至京,戏赠看花诸君子》一诗的续篇[1]。但这首《再游玄都观》与白居易的《大林寺桃花》之间的密切关系却不见诸记载。研究白诗的人,如前述刘永济先生曾发现白诗对苏、辛的影响,但也没有发现白诗对刘诗的影响。这是什么原因呢?本文认为,这大概是由于苏、辛二人的词句虽有较大变化,但表达的意思却与白诗相近,模仿的痕迹较为明显;而刘诗虽然关键用词与白诗完全一致,但表达的却是自己的独特情思,并且其内容和形

---

[1] 该诗云:"紫陌红尘拂面来,无人不道看花回。玄都观里桃千树,尽是刘郎去后栽。"前篇和续篇之联系如沈祖棻先生所言:"刘禹锡玄都观两诗,都是以比拟的方法,对当时的人物和事件加以讽刺,除了寄托的意思之外,仍然体现了一个独立而完整的意象。"见《唐诗鉴赏辞典》,上海辞书出版社,1983年版,第845页。

式的结合已臻浑然天成的程度。所以说，刘诗已超越模仿，成为创造性的学习。因而虽然它与白诗有那么多的相同之处，但却一再躲过了专家们的慧眼。

至于刘禹锡为什么要学习白居易这首诗的创作技巧（主要是构思方式），本文认为，这大概有三点原因：第一，《大林寺桃花》和《再游玄都观》两诗都是以桃花为题材的，这使刘禹锡在构思时很容易联想到亲密诗友同题材的作品。第二，刘禹锡在遭受到第二次贬谪后，对于那些政治对手的轻蔑态度更加强烈，斗争精神也更加坚定，他有意识地要将这首诗作成《元和十年自朗州至京，戏赠看花诸君子》一诗的续篇。因此，他需要用相同的平仄（前篇和后篇都是仄起平收式的七绝）、韵脚等手段与前篇保持语言形式上的一致。而白诗的韵脚正符合这一要求（"回""栽""开""来"皆属平声调咍韵）。第三，对比性的结构模式恰恰适合表现刘禹锡与其政治对手之间的对立感情。因此，刘禹锡便借用了《大林寺桃花》的构思方式，而不是其他的某种结构。

第十四章 杂　　文

一、杂文的含义、发展史和作用

（一）杂文的含义

刘勰在《文心雕龙·总术》篇写道："今之常言，有文有笔，以为无韵者笔也，有韵者文也。"[1] 杂文则既可以有文，也可以有笔。如此说来，似乎杂文也就没有了可以区别于其他文体的特质了。那么，究竟什么样的文章是杂文呢？

杂文有广义与狭义之分。广义的杂文可以泛指一切短小的、具有直接现实意义的针砭时弊的文章。狭义的杂文仅指篇幅短小的文艺性社会评论。杂文不仅体现了人类认识社会生活时所具有的理性思辨的力量，而且也是一朵闪耀着瑰丽光芒的文学奇葩。它通过富有论辩性的严密逻辑，在无情的批判中包蕴一种彻悟的大悲悯。同时也因其驳杂的内容、丰厚的文化底蕴以及深刻的思想性、生动的形象性、强烈的情感性等特质而具有鲜活的生命力。

（二）杂文的发展史

我们这个早慧的民族，在深沉的"忧患意识"中诞生了太多犀利、尖锐而富有论辩色彩与思想性的瑰丽篇章。从这个角度来说，杂文早在先秦时期诸子散文中已见萌芽。而从殷商、西周到春秋、战国，文章也渐渐由简而繁，由简单记事到鸿篇巨制，呈现出的是一个由质而文的发展过程。秦汉时期又有复归于质的倾向，如《商君书》《韩非子》等皆有尚质倾向。魏晋南北朝时期，文章表现出通脱与清俊的时代风格。初唐时期杂文渐趋发达。中晚唐时期，韩愈、柳宗元等尤其是罗隐、皮日休、陆龟蒙等的小品文更是兴起一时。韩愈"破题为文"以很多应用性文体来写具有严谨逻辑的论说文，如《师说》《马说》等，以及柳宗元的《捕蛇者说》《蝜蝂传》等都颇具社会针对性的议论成分。宋代更有苏洵、王安石、苏轼等的文章。苏洵《六国论》："六国破灭，非兵不利，战不善，弊在赂秦；赂秦而力亏，破灭之道也。"[2] 文中直指时弊，有纵横家风范；王安石的政论文《答司马谏议书》剖析司马光对新法的指责，言简意赅，措辞委婉而坚决，表现了他

---

[1]〔南朝梁〕刘勰著，周振甫注释：《文心雕龙注释》，人民文学出版社，1981年版，第469页。

[2] 朱东润：《中国历代文学作品选》（中编第2册），上海古籍出版社，1980年版，第268页。

坚持原则的政治态度。

　　明清时期，刘基、方孝孺、李贽、龚自珍等都写有富有一定现实意义的作品，这些文章因其独特的论辩力量与审美追求而初具现代杂文特色。其中笔记小品这种文体就更接近现代杂文的文体特征，也产生了很多经典名篇。比如，龚自珍在《病梅馆记》中说："文人画士之祸之烈至此哉！"[1] 对于歪曲性灵的科举体制发出了尖锐的批判；而刘基在《卖柑者言》中说："观其坐高堂，骑大马，醉醇醴而饫肥鲜者，孰不巍巍乎可畏，赫赫乎可象也？又何往而不金玉其外，败絮其中哉？"[2] 更是对于社会生活中那些"金玉其外，败絮其中"的各方人士进行了辛辣的反讽，具有深刻的社会认识价值与针砭时弊的思想性和批判性。鸦片战争以后，作为具有明显特征的独立文体，杂文在近代开始有了更大的发展，梁启超、严复、秋瑾等多有实论，开现代杂文之先河。可以说，杂文走向文体自觉是在新文化运动时期。鲁迅在开拓、造就杂文文体的自觉意识方面起了巨大的作用。因此有人说，鲁迅之于杂文，比起荷马之于史诗，莎士比亚之于戏剧，托尔斯泰之于小说，毫不逊色。鲁迅自己也曾在回应别人对其杂文进行攻击时说："杂文这东西，我却恐怕要侵入高尚的文学楼台去的"，"我还更乐观于杂文的开展，日见其斑斓"。[3] 同一时期时，周作人、梁实秋、胡适等人的杂文也各有特色。当然以鲁迅为先导和主力先锋的现代杂文的兴起，也是我国古代杂文传统与"五四"新文化精神和时代精神相碰撞相融合的产物，因此，杂文是"古已有之"的文体在特定的时代背景与社会环境中逐渐演变而成的一种新文体。

　　而今我们半个多世纪的杂文创作，大致可以按照刘成信《中国当代杂文精品文库·序》中的分法，把当代的杂文分为三代创作时期：20世纪50年代到"文革"前的杂文作家为第一代；"文革"前即开始杂文创作但直到80年代才蜚声"杂坛"者为第二代；80年代末至90年代初崭露头角而活跃至今的杂文作家为第三代。[4]

　　第一代如郭沫若、茅盾、叶圣陶、邓拓、吴晗、廖沫沙、胡风、艾青、巴人、聂绀弩、柯灵、徐懋庸、吴祖光等，还有冯雪峰、袁水拍、萧乾、孔罗荪、林放、黄秋耘等。他们有的大力创作杂文，有的只是业余练笔，却组成了浩浩荡荡的杂文作家队伍。杂文的第二代队伍中影响较大者有舒展、蓝翎、何满子、陈泽群、虞丹等。他们承上启下，不仅继承了鲁迅和第一代杂文家革故鼎新、激浊扬清的社会批判精神，而且有强烈的忧患意识、超前意识、现代意识和独立思考意识，从而成为中国杂文继往开来的中坚。20世纪80年代以来以陈四益、吴非、章采、冯日乾、鄢烈山、朱铁志、张津温、朱健国、安立志、何龙、曹亚瑟、杨庆春、刘洪波等为代表的青年杂文作家，以其积极的写作姿态必将成为跨世纪的中国杂文界的脊梁。而一批小说家、剧作家、诗人如王蒙、李国文、

---

[1]〔清〕龚自珍：《龚自珍全集》，上海人民出版社，1975年版，第186页。

[2] 朱东润：《中国历代文学作品选》（下编第1册），上海古籍出版社，1980年版，第169页。

[3] 鲁迅：《鲁迅杂文全集·且介亭杂文二集》，河南人民文学出版社，1994年版，第794-795页。

[4] 刘成信：《中国当代杂文精品文库·序》，长春出版社，1997年版。

蒋子龙、谌容、戴厚英、马识途、吴祖光、魏明伦、邵燕祥、刘征、公刘、叶延滨等因融入其他文体的养料，更是嫁接出了具有特殊杂文味的佳作。这是我国杂文发展的基本脉络。

杂文是特定年代产生的特殊文体，其实也是我国社会在长期的历史过程中积淀的社会心理和思想文化性格发展的必然产物，它为中华民族提供了特殊时期民族屈辱的心路历程和灵魂自剖的历史。

（三）杂文的作用

杂文内容丰富，主要是通过针砭时弊对社会生活的方方面面进行剖析、讽刺、揭露与批判等以求在心灵深处濡养社会大众。杂文可以对"社会病"进行剖析；也可以解剖民族劣根性以彰显人性、解读人生；可演绎寻常巷陌间的"百姓故事"，于"平常"中展示民众的生存状态；也可以新的视角解读历史，联系现实，从而以史为鉴，借古讽今；还可以通过描摹事物的特性借以警示人类在认识和改造自然的过程中违背自然规律的行为，等等。总之，杂文是人类进行内省、拷问、审视自身行为及深层社会心理、文化精神的文字载体，这一深省过程彰显出的是人类对自身与自然和谐一体的理想所寄寓的希冀与努力。

二、杂文的特点

（一）思想性

杂文之所以能够具有"匕首"一样的批判力量，首先在于杂文中饱含了作者深刻的社会理解力和敏锐的判断力。面对社会中方方面面的不合理性进行艰苦的思索。透过现象深入本质，审视人间百态，反思历史、文明；审视蝇营狗苟，反思自由、人性；审视国家大政，反思现实、理想；无论含泪的无情鞭挞，还是曲折的原因揭示；无论是层层深入的剖析，还是严密逻辑的推进，都艺术性地彰显了人们思想的深刻与厚度。因此，杂文善于在点滴的感受、片断的思想、鳞爪的观察中寄寓大哲思；在大至宇宙、小到微尘，天南海北、古今中外、新闻时事、奇谈趣闻中包蕴大人生；在评人、议事、说理、录言、记闻中寓托大智慧；在谈笑风生、举重若轻时内含大悲悯。因而文风精巧凝练，深邃蕴藉，辛辣幽默。这些都是杂文思想性的具体体现。

在当代杂文中，"蒋子龙以其小说家的独特视角和圆熟练达的艺术功力创作了为数不多但却刚柔相济、引人入胜的上乘杂文。章明俏皮得体的语言、精巧奇特的艺术构思使其作品意味深长，引人掩卷深思。虞丹以其老报人的敏锐眼光和学者、作家的渊博知识创作了一系列言简意赅、见解独到，具有深刻思想内涵的杂文。"[1] 而吴祖光的《相府门前七品官》、萧乾的《"上人"回家》、夏衍的《"废名论"存疑》等文章或单刀直入，或借题发挥，讽刺、批评高高在上、脱离群众、形式主义等错误倾向。邓拓的《燕山夜

---

[1] 刘成信，李君选：《中国当代杂文八大家·总序》，时代文艺出版社，1997年版。

话》、吴（晗）南（邓拓）星（廖沫沙）的《三家村札记》及《人民日报》的《长短录》等融知识性、思想性于一体，亲切明快，精练流畅，为当时的社会吹进了一缕智慧和真理的新鲜空气。秦牧的《鬣狗的风格》直刺"四人帮"及其一切鬣狗式人物，强劲刚烈，直击要害，入木三分。上海的虞丹激愤于年轻的女共产党员张志新由于说真话而被割喉，创作了《缚舌、断舌和断喉》，具有强烈的抨击力量。可以说，杂文所具有的深刻思想性是其批判力量的源泉。这思想源于人类的忧患意识与强烈的社会责任感，古已有之：《国语·邵公谏弭谤》中说，"夫民虑之于心而宣之于口，成而行之，胡可壅也？若壅其口，其与能几何"[1]是民本思想的基本体现；《韩非子·五蠹》"是以圣人不期修古，不法常可，论世之事，因为之备。……今欲以先王之政，治当世之民，皆守株之类也"[2]，是发展思想的体现；现代梁实秋曰"谚云：'树大自直'，意思是说孩子不需管教，小时恣肆些，大了自然会好。可是弯曲的小树，长大是否会直呢？我不敢说"[3]，是现代教育思想的启发，等等。可以说，比较其他文体，杂文是作家对社会存在进行直接对话并予以批判地、审美地表达的最好载体。因而，杂文的思想性并非纯粹的、乏味的说教，有着丰赡的文学韵味，其现实意义在生动鲜活的形象中层层延宕。

（二）批判性

鲁迅在《小品文的危机》中说："生存的小品文，必须是匕首，是投枪，能和读者一同杀出一条生存的血路的东西；但自然，它也能给人愉快和休息，然而这并不是'小摆设'，更不是抚慰和麻痹，它给人的愉快和休息是休养，是劳作和战斗之前的准备。"[4]无论人类的发展走向多远，人类必然不能达到真正的完美，因此，社会、人生、人性必然像人类渴求完美一样同时存在着丑陋与缺憾。而杂文的"投枪"与"匕首"便是医治人类精神疾病的手术刀。也正如教育需要颂扬，也需要善意的批评一样，杂文是人类自我反省的一种利器。杂文也是在解蔽人类、社会、生活、人性、家国等的真实性，借以使我们在体悟人生、追寻自由灵性、追求现代家国管理的民主进程中渐渐自省而澄明。

鲁迅在《做杂文也不易》中将杂文比喻为"也照秽水，也看浓汁，有时研究淋菌，有时解剖苍蝇"的"小小的显微镜"。[5]这也是讲杂文要具有深刻的批判性。杂文的批判性根源于人类敢于面对真实，敢于思索，敢于照见自己的病处以清除病灶进一步激发生命力的本性。

杂文的批判性体现在以下四个方面：首先，来自对于真实事实中所隐含的本质与规律的探寻与挖掘。鲁迅说："讽刺的生命是真实，不必是曾有的实事，但必是会有的实

---

[1] 朱东润：《中国历代文学作品选》（上编第1册），上海古籍出版社，1980年版，第102页。

[2] 朱东润：《中国历代文学作品选》（下编第1册），上海古籍出版社，1980年版，第209页。

[3] 梁实秋：《雅舍菁华》，湖南文艺出版社，1990年版，第15页。

[4] 鲁迅：《鲁迅全集》（第5卷），人民文学出版社，1973年版，第173页。

[5] 鲁迅：《鲁迅全集》（第8卷），人民文学出版社，2005年版，第418页。

情。"[1] 其次，来自人类科学认识的严密逻辑性。无论是由此及彼、由表及里的逐层深入，还是正反对比、归纳演绎，乃至三段论式的逻辑形式，都造就了杂文严密的逻辑结构，在与事物内在逻辑的呼应中呈现出其真实的存在样态。因为逻辑思维本身就是深刻勾勒事物抽象形态，同时，也可以还原事物本来面貌的思维工具。再次，在于杂文有强烈的情感倾向，在对社会百态的嬉笑怒骂之中而成文。无论是辛辣的讽刺，含泪的批判，还是悲悯的解剖，都显示了作者心怀大爱、关注社会人生的赤诚与热情。最后，源于作者强烈的社会责任感，源于一份真心，源于对于自然生命的热爱，如此方能不平则鸣。

诚如刘成信所言："邵燕祥洞若观火的眼力和深邃明智的思维，使其作品汪洋恣肆，鞭辟入里，具有无可质驳的论辩力量和思辨之美；舒展疾恶如仇、爱憎分明的品格和真正杂文家的素养使其作品一语中的，入木三分，老辣尖刻，发聋振聩；牧惠丰富的文史知识含量使其杂文深入浅出，庄谐杂陈，熔历史文化、社会现实于一炉；刘征虽已年近古稀，却始终保有一颗宝贵的童心，他的杂文常借助大胆的想象，多姿多彩的形式来嘲讽、揭露恶人丑事，并将流光溢彩的诗意引入杂文，他还借用各种艺术手段，创作出许多脍炙人口的荒诞杂文；何满子强志博闻、学养丰厚，其杂文看似不动声色，实则绵里藏针，见微知著。"[2] 这些当代作者用蕴含赤子之心的笔法勾勒了当代社会生活众生相，无论是鞭辟入里，老辣尖刻，还是嘲讽揭露恶人丑事等都以自己的心灵书写着对假丑恶的鞭挞，呼唤真善美的黎明。

邓拓有一篇杂文叫《一块瓦片》。作者像一位饱经阅历的长者，带领我们追溯烧瓦的历史，有北京故宫色彩斑斓的"琉璃瓦"，有明代庐山天池寺的"铁瓦"，有西域泥婆罗宫的"铜瓦"，以及古代统治者用来显示他们奢侈生活的"银瓦""金瓦"。接着，作者又由历代统治阶级的豪华建筑联想到我国劳动人民居住的简陋，既有对我国北方农民和手工业者在旧社会"上无片瓦，下无寸土"的悲惨生活的深情关注，也有对今天与他们一样的劳动者卑微生活的真实再现，悲悯中饱含着激愤，令人警醒，令人心痛。

正如鲁迅所说，杂文"是感应的神经，是攻守的手足"[3]，从此意义上而言，杂文不是用柔润的笔法去温情地抚慰人们受伤的心灵，而是用大悲悯的眼光犀利地洞彻人间不平、揭示人性劣根乃至家国弊病等，以引起人们疗伤的猛醒。

（三）形象性

何凝在《鲁迅杂感选集·序言》中说："杂感这种文体，将因鲁迅而变成文艺性的论文的代名词。"[4] 何凝认为，"说理性和形象"是杂文的两个最根本的特征。其实，杂文严密的逻辑需要附着于丰富的内容，因此，也往往通过具体的生活画面来显示。可以说，杂文的批判性愈强，其概括性、普遍性也愈强，而形象则是杂文作者在创作时能够穿透

---

[1] 鲁迅：《鲁迅杂文全集》，河南人民出版社，1994年版，第805页。

[2] 刘成信，李君：《中国当代杂文八大家·序言》，时代文艺出版社，1997年版。

[3] 鲁迅：《鲁迅杂文全集》，河南人民出版社，1994年版，第705页。

[4] 鲁迅：《鲁迅杂感选集》，解放军文艺出版社，2000年版，第2页。

生活现象，抓住事物的本质特征的对应物。勾勒形象，并形成特定的"这一个"，是杂文对于生活、社会本质的挖掘与概括的切入点。

需要注意的是，虽然杂文通过勾勒形象来寄寓思辨，然而杂文的形象性与小说、戏剧的形象性有着很大的不同。主要表现在：其一，小说、戏剧要求通过一系列完整的故事、情节、矛盾冲突和人物描写来塑造完整的形象；而杂文则是对形象作"一鼻一嘴一毛"的勾画，以期显现出生活的"活态"来。其二，小说、戏剧的形象是要反映出性格差异的，若千人一面则失却其艺术性，因此展示出来的是共性化的个性；而杂文则是要能够找出千人不同的形象中所内蕴的共性，是个性化的共性。其三，小说、戏剧是演绎世相百态，从一个个不同形象中体验百味人生；杂文是归纳百态世相，从众生相中开掘出相同的社会性，从中找出病因以对症下药，治病救人于心魂。

如，鲁迅在《论"费厄泼赖"应该缓行》中以"叭儿狗"比喻专事谄媚的奴才相，正是大量国民"狗相"人生的讽刺与折射，直刺此类国人灵魂深处的奴性病。"我看见过不少的孩子，鼓噪起来能像一营兵；动起武来能像械斗；吃起东西来能像饿虎扑食；对于尊长宾客有如生番；不如意时撒泼打滚有如羊痫，玩得高兴时能把家具什物狼藉满室，有如惨遭洗劫。"[1]这是梁实秋笔下"孩子"的新鲜写照，也是中国相当长时间中不当教育的"结晶"。

因此，杂文最基本的表达形式是形象化的说理。例如，"对奴隶的定义就是——不仅不反对在自己的脖子上套绳索，反而伸出舌头去吻那双套绳索的手那一类人"，这便是茨威格对奴隶的生动画像。再请看聂绀弩的名篇《我若为王》：

> 我若为王，我的姓名就会改作"万岁"，我的每一句话都成为"圣旨"。我的意欲，我的贪念，乃至每一个幻想，都可竭尽全体臣民的力量去实现，即使是无法实现的。我将没有任何过失，因为没有人敢说它是过失；我将没有任何罪行，因为没有人敢说它是罪行。没有人敢呵斥我，指摘我，除非把我从王位上赶下来。但是赶下来，就是我不为王了。我将看见所有的人们在我面前低头、鞠躬、匍匐，连同我的尊长，我的师友，和从前曾在我面前昂首阔步耀武扬威的人们。我将看不见一个人的脸，所看见的只是他们的头顶或帽盔。或者所能够看见的脸都是谄媚的，乞求的，快乐的时候不敢笑，不快乐的时候不敢不笑，悲戚的时候不敢哭，不悲戚的时候不敢不哭的脸。我将听不见人们的真正的声音，所能听见的都是低微的，柔婉的，畏葸和娇痴的，唱小旦的声音："万岁，万岁！万万岁！"这是他们的全部语言："有道明君！伟大的主上啊！"这就是那语言的全部内容。没有在我之上的人了，没有和我同等的人了，我甚至会感到单调、寂寞和孤独。[2]

这篇杂文就是从反面切入，设想"我若为王"的种种情形，使人们在阅读中直观到一个个形象丰满的艺术形象，并在其中隐含了对于王权观念和奴才意识的尖锐批判。当

---

[1] 梁实秋：《雅舍精华》，湖南文艺出版社，1990年版，第13页。

[2] 聂绀弩：《聂绀弩杂文选》，三联书店，1981年版。

然，有目共睹的是，奴性的发展历程早已由肉体上的为奴转变为精神、思想上的为奴，而奴性的存在是对人的本性的扼杀，也对社会前进有极大的遏制作用。聂绀弩针对这一国人劣根性进行了形象而有力的批判，对我们每一个人都有深刻的警醒作用。

三、杂文的写作

（一）培养敏锐的社会洞察力

敏锐的嗅觉，深刻的洞察力是杂文创作者必备的基本素养。沉潜地思考并对人、事、物深刻地剖析，然后做出一份理性的判断，这一过程需要一种锐利目光的深邃穿越。

邵燕祥在《大题小做》中说："我们要政治家而不要政客；要能'管理众人之事'的现代管理人才而不要官僚。清官总比贪官好，'好人政府总比坏人政府'强。关于人和制度的关系，请问政治学家，而关于官之怎么叫好，怎么叫坏，请问选民。"[1] 这是看似极普通极浅显的道理，但很少有人去琢磨，经作家提炼和升华，升腾出现代意识下现代国家管理的民本意识。而他在《切不可巴望"好皇帝"》一文中说："我们不是要在'好皇帝'和'坏皇帝'之间做选择，我们是要在真正的社会主义与封建主义之间，在民主与法制、法治与人治之间做选择。"[2] 这是几千年来中华民族对政治生活渴盼的总结，也是前人为之奋斗乃至牺牲的理想，更昭示着今人清醒的人生价值追求，也显示了作者对于多年来被遗忘的专制与愚昧这种中国最主要、最不容易彻底消灭的思想弊病进行重新认识的胆识与力量。

杂文关注社会现实，展望历史发展走势，昭示观念嬗变，激励人们珍重生命价值，彰显人生意义，启迪人们进行人性拷问与思索。因而，真正的杂文作家不仅具有机敏的嗅觉，具有深沉的忧国忧民之心，还有高度的社会责任感与历史使命感。重要的是，还要有能够通过现象看本质的敏锐洞察力。否则，只能停留于生活的表面，写出一些隔靴搔痒的文章。杂文也只有通过严谨、审慎的选题，通过典型事件的描摹以及典型形象的勾勒，才能生动有力地针砭时弊，揭露丑恶，在有价值、有力度、有针对性的社会人生考察之中，从不同的角度深刻地表现主题，展示丰富的思想内涵与生命意蕴。

（二）运用多种思维方式

目前，有很多杂文创新少，模仿多。主要在于对社会生活没有进行认真的观察与深刻的分析。相反，如果杂文创作能够运用多种思维方式来从更多的角度找寻生活的本质，发现隐蔽于常人视角之下的存在本相，必然会使杂文具有深刻的哲理。从逆向思维、辩证思维、发散性思维、统摄思维等逻辑思维入手，必然能够得出新颖而合理的精辟论断。

逆向思维就是沿着与原来或规定的方向相反的方式思考问题的一种思维方式。例如，《杂文选刊》2003年第5期中《"民工冒雪"为何不能上新闻》便是对于时下新闻媒体的常

---

[1]《人民日报》，1988年9月。

[2] 刘成信，李君：《中国当代杂文八大家·序言》，时代文艺出版社，1997年版。

用语词，即领导干部的"重要讲话""重要指示"或"×书记轻车简从深入基层……""×局长不顾辛苦冒着严寒……""领导干部冒雪干"式用语提出反意：最苦的民工终日辛劳在一线，却没有高收入、高消费，为何不能得到应有的宣传呢？不仅如此，却在反映民意上惜墨如金，吞吞吐吐。这是对现在伪新闻进行的有力批判。另外，有些常用的古语、成语，或者大家习以为常的事情等，往往可以从逆向角度解析出新的立意，比如，有人针对现在"教师节""妇女节"等渐为流于形式等现象出发，建议取消"教师节""三八节"，从而对于现实中很多"中国特色"的形式主义给予及时的剖析与疗治。

辩证思维就是站在客观的角度从事物正反两个方面更为全面地认识事物的思维方法，是较为客观地认识事物的一种基本素养。例如，鲁迅在《华盖集·忽然想到七》中说，"中国人但对于羊显凶兽相，而对于凶兽则显羊相"[1]就是运用辩证思维挖掘出了深藏于中国人内心的两面性，正所谓"欺软怕硬"的劣根性。并且鲁迅没有简单地停留在第一个层面上的展示，而是又深入一层说："所以即便是显着凶兽相，也还是卑怯的国民。"从而对于现代社会上那些耀武扬威、作威作福的人进行了有力的辛辣讽刺。

发散性思维就是由某一个切入点出发向四周散开以寻求更多角度的思维方式，主要是运用由此及彼、由近及远、由内及外、由表及里等方式进行宏观的考察，揭示事物的本质。鄢烈山《论陈丹青的"出走"》一文即是从"陈丹青出走的原因""当前'学术行政化'教育体制""真有志于做艺术家何必去考劳什子博士"以及"总想占尽天下便宜的'通吃'派"等多种视角，对陈丹青的"出走"问题进行了深度的思考。

统摄思维也叫"求同求是"式思维，就是由一点入手把方方面面的世态百相抽取出相同的质，或者把众说纷纭的问题归纳出明确的结论等。换言之，就是高瞻远瞩地对社会生活进行振聋发聩、击中要害式鞭挞的一种思考方式。

（三）大中取小，小中见大

"大中取小"，就是要从重大的、广泛的社会问题中抓取最尖锐、最具有代表性的一点，从而揭示出事物的本质，也就是常说的"大处着眼，小处落笔"。小中见大，就是从一粒沙中看出整个世界，从一朵浪花中见到整个大海的运思方式，也就是能够从小的问题中窥见其所蕴含的本质的大意义。那么，"小"是具有典型意义的"小"，是承载"大"意义的"小"；"大"是在"小"中折射出来的"大"，"大"与"小"是同质而异形的虚理与具象的关系。因此，无论是大中取小，还是小中见大，都需要作者心中必须先有一个"大"，即站在时代的高度，审时度势，从现象中看到本质，如此方能去拨动七弦琴中那根最紧要的琴弦，进入"小大由之"的境界。如，胡适的名篇《差不多先生传》从人们的日常口头语"差不多"出发，阿英《吃茶文学论》从"吃茶"这件日常小事着眼，徐懋庸的《说打》从小学生挨打说起，陈独秀的《偶像破坏论》则是从"一声不作，二目无光，三餐不吃，四肢无力，五官不全，六亲无靠，七窍不通，八面威风，九（音同久）坐不动，十（音同实）是无用"几句形容偶像的俗语入手进行分析、辩理，等等，皆在

---

[1] 金隐铭：《鲁迅杂文精编》，漓江出版社，1998年版，第224页。

选材立意上使用了大中取小、小中见大的笔法，并从中显露出了"时代的眉目"。

（四）理化入象，虚实结合

杂文属于议论文范畴，但是又具有独特的艺术美。从根本上说，杂文的说理不是干巴巴的逻辑，不是空洞的大道理，而是寓理于文，寓理于趣，是在鲜活生动的形象中寄寓逻辑思辨的一种艺术表达方式。

具体来讲，象中寓理既可以从生活中选取典型形象，也可以从文史典故中借用形象，还可以通过联想类比虚拟形象，通过形象的本质抽象借以加强杂文的逻辑力量，并用形象寄寓丰富的思想，使杂文的思辨在形象中折射出来丰富的内涵，从而使杂文具有丰富的知识性与严密的逻辑性。

鲁迅说，"我的杂文，所写的常是一鼻、一嘴、一毛，但合起来，已几乎是一形象的全体"[1] 就是常说的杂文"论时事不留面子，砭痼弊常取类型"。"取类型"就是勾勒形象，使某一个鲜活的形象代表某一类型的人，在其中包蕴丰厚的哲理。这也要求杂文在写作时要善于创造典型，勾勒形象，以使思想性在形象中层层延宕而出，令人回味。

1. 从实入手，找好由头

杂文是社会现实感强烈的论说文，它切中时弊，有很强的针对性。因此，杂文写作时，就要根据现实生活先找到问题的出发点、突破口，也就是先从那些令作者"不吐不快"的各种现象出发，再进行分析与说理。杂文在说理时一般由事实入手，然后针对事实所反映出来的社会弊病进行剖析、分解，最后得出思辨性的认识与判断。比如，鲁迅在《无花的蔷薇之二》中的开头"英国勃尔根贵族曰：'中国学生只知阅英文报纸，而忘却孔子之教。英国之大敌，即此种极力诅咒帝国而幸灾乐祸之学生。中国为过激党之最好活动场'（1925年6月30日伦敦路透电）"[2] 便是根据一则新闻而来，并由此生发出对于段祺瑞政府在国务院门前包围虐杀徒手请愿的学生这一惨烈事件的强烈抨击。

2. 以虚带实，亦虚亦实

写作杂文时，作者对社会生活的思考与批判不能空泛，要能够找到充分具体的典型事实来作论据，以实现"事实胜于雄辩"的论辩力量。《战国策·苏秦始将连横》一文就是虚实结合的范例："将说楚王，路过洛阳，父母闻之，清宫除道，张乐设饮，郊迎三十里。妻侧目而视，倾耳而听。嫂蛇行匍伏，四拜自跪而谢。苏秦曰：'嫂何前倨而后卑也？'嫂曰：'以季子之位尊而多金。'苏秦曰：'嗟乎，贫穷则父母不子，富贵则亲戚畏惧。人生世上，势位富贵，盍可忽乎哉？'"[3] 该文就是使用对比的手法，一边叙事，一边议论，以夹叙夹议的表达方式揭示事实中所内蕴的情理。叙事就是事实的具体述写，议论就是虚化的哲理或认识，杂文就是在事实的基础上水到渠成，生发出某种抽象的逻辑认知。因此，"嗟乎，贫穷则父母不子，富贵则亲戚畏惧。人生世上，势位富贵，盍

---

[1] 鲁迅：《鲁迅杂文全集》，河南人民出版社，1994年版，第634页。

[2] 金隐铭：《鲁迅杂文精编》，漓江出版社，1998年版，第341页。

[3] 朱东润：《中国历代文学作品选》（上编第1册），上海：上海古籍出版社，1979年版，第113页。

可忽乎哉？"，便是从个体的一般体验上升到一种对于普遍社会现象的批判，有理有据，启人深思。

（五）笔法灵活

1. 巧用曲笔，绵里藏针

杂文的曲笔是指在杂文创作中迫于某种社会政治等原因而不能直陈其事，往往使语言在此而意在彼的方式来委婉地表达。曲笔融合了杂文作者的审美体悟和逻辑思辨力，但也有其两重性：

（1）杂文曲笔具有审美性。杂文是思想和文采俱胜的论说文，用这个标准衡量，鲁迅杂文里有许多精致而深邃的佳作，像《我之节烈观》《论"费厄泼赖"应该缓行》《春末闲谈》《看镜有感》等。这些佳作中不乏曲笔的精当使用，从而使文章犀利幽默、曲折有致地反映了许多重大现实问题。

（2）在某种意义，上杂文的曲笔也使其失去了一定的论辩力量。曲笔往往是迫于某种力量的委婉表达，因此，曲笔形成的同时就是杂文失去其批判力量的明证。所以，在杂文写作中，不能一味妥协于时政压力而处处使用曲笔，那样的杂文不但不具备战斗力，而且会失去杂文的文体特征与美学意义。

2. 善用反讽、假托等修辞方法

反讽是一种幽默的讽刺，一种黑色幽默。具体是指在表面庄重严肃、不苟言笑的表达中以反话正说，或正话反说，将被讽刺对象的伪装，由外及里层层剥去，把原本的客观真实从复杂的关系中解蔽出来，从而引发、调动读者的阅读兴趣与审美体验。讽刺主要是运用比喻、夸张等手法对人、事、物进行揭露、批评或嘲笑。假托是借用事物之间相同的质，而用形象生动的事物或其他鲜活的表现形式来揭示所抨击事物的本质的表现方法。无论哪一种修辞方法，只要运用恰当，都能使杂文富有独特的审美品质。比如，鲁迅的《论雷峰塔的倒掉》就是巧借法海逃到蟹壳里避难的故事，揭示作恶多端者没有真正的容身之地，表现出一种打破封建思想束缚的渴望，还有对于弱小势力的"白娘子"的同情与拯救，以及对本真人性的张扬等。再如鄢烈山的杂文，有短兵相接之气势，而无模棱两可吞吞吐吐的温良恭谦；有引经据典毋庸置疑的雄辩威慑力，而无捉襟见肘浅尝辄止的平庸习气等。他的《孩子，你怎么能这样想》《哪个魔王更可爱》《神不灭论》《人妖》《冒血腥气的佳话》《痴人说梦》等，往往跟踪奇闻，通过扫描现实，对腐败和丑恶现象迎头痛击，颇具爆发力。

3. 多方取譬

杂文写作的形象性往往通过使用贴切的比喻，或者类比、讲故事、成语典故等来增强文章的生动性、趣味性，使抽象的道理形象化，以便于读者接受。例如，鲁迅将杂文比喻为"也照秽水，也看浓汁，有时研究淋菌，有时解剖苍蝇"的"小小的显微镜"就生动形象地展示出杂文短小精悍的特点和针砭时弊的战斗力量。

第十四章 杂　文

【文选】

我观北大人之狂妄

潘多拉

20年前毕业于北京大学哲学系的朱铁志先生，因为看到两则新闻（一则说，一家美国公司驻北京代表处在人才招聘会上公开贴出"北大、清华毕业生一概免谈"的告示；另一则说，某女士针对当前注重形式的教育理念和虚荣的社会风气，写了一本名叫《拒绝北大》的书），原本"通常不愿谈论母校"的他，也"禁不住要唠叨几句"，于是在5月9日的《南方周末》上发表了一封《致北大校友的公开信》，认为像那家美国公司和那位写《拒绝北大》的女士那样"出于各种动机或赞美或批评北大的人……都以独特的方式为北大的成长贡献了自己的力量。作为北大人，我们应该脱帽向他们表示敬意"。接着，朱铁志沿着"北大不仅以其在中国学界的重要地位让人敬仰，也以其中某些人的不可一世让人反感"的思路，反省了北大人的"自负""狂妄""好高骛远""眼高手低""不善合作"等特征。作为一个10年前毕业于北大的"北大人"，我读了铁志校友的这番肺腑之言，也禁不住想发几句议论。

我没看到那本标榜要"拒绝北大"的书，作者到底是不是因为想达到"轰动"和"畅销"的效果，当然最好拿北大开刀，只有这样，才能"吸引眼球""一夜成名"，我不得而知。但我确知道，那家声称"北大、清华毕业生一概免谈"的所谓美国公司，其实不过是美国俄勒冈州一个狭窄、拥挤的居民区里的一家连招牌都没好意思挂上的夫妻店。它的所谓驻北京代表处，在北京科技会展中心租了一两间普普通通的办公室，一直从事着非法移民活动，在随后几天的招聘中，别说北大、清华的毕业生，就是普通院校的毕业生，也一个都没招上（《生活时报》2002年3月22日）。当记者前去追踪采访时，竟遭到该代表处10多名员工的围攻，照相机也被强行抢走后失却（《生活时报》4月9日）。如此水平的"国际一流企业"及其驻北京代表处，怀着如此卑下而可笑的动机借北大之名大肆自我炒作，即便一个与北大无关痛痒的人，大约也会嗤之以鼻；而一个北大人再怎么"兼收并蓄"，恐怕也是很难向这种"批评"脱帽表示"敬意"的。

人的自负、狂妄一般有两种情形：一种是"无知者无畏"，肚子里没装几滴墨水，却时时处处自诩伟大、正确、老子天下第一；另一种读书破万卷，胸中藏有雄兵百万，如隆中俊杰诸葛亮自比于管仲、乐毅，如台湾怪才李敖慨叹"上帝所造皆鼠子，抬头我欲笑天公。冷眼白尽世间相，漠然无语傲群生"。北大肇始于戊戌变法，催生了五四运动，既是中国变革与开放的产物，更是变革与开放的推动者。如果不否认这些，就应当承认，北大不但"以其在中国学界的重要地位让人敬仰"，更以其培育、传承了民主与科学的精神魅力而令人神往。就整体素质而言，北大（及清华等著名大学的）学生和毕业生一直在同龄中国人当中属于佼佼者。如果不否认这些，就应当承认，北大学生的自负、狂妄属于上面分析的第二种情形，是一种"有知者"的"大无畏"、恃才放旷。

一个健康、宽松、充满活力的社会，应该能够为形形色色的性格、禀赋各异的公民提供适合的发展空间；而一个僵化、狭小、死气沉沉的社会，往往既容不得"无知者"如井底之蛙一般的不知天高地厚，更容不得精英人物的"书生意气，挥斥方遒，指点江山，激扬文字，粪土当年万户侯"，不但不让他们"鹰击长空，鱼翔浅底，万类霜天竞自由"，反而要刻意刁难、打压他们，将他们发配到热火朝天的现实生活中接受"再教育"，让他们明白"卑贱者最聪明，高贵者最愚蠢"的硬道理。正如前几年某地有关人士曾执意安排一名大学毕业生看守公共厕所，一家自己什么都不是的皮包公司，也敢于在招聘会上"偏偏"歧视北大、清华毕业生，就是某种"你能啊，你牛啊，看老子怎么恶心你"的变态心理使然。照这种趋势，北大、清华的学生就得一个个整天点头哈腰诚惶诚恐装得比孙子还孙子，毕业后二话不说背起铺盖就奔赴社会最底层，从掏大粪看厕所到车工木工搬运工煤矿工，从在办公室扫地擦桌子打开水到给七品芝麻官捶背捏脚挤牙膏什么都抢着干，我们的某些"主流人士"才能心满意足，"天下英雄，皆入吾彀中"的征服感才能油然而生。

"主流人士"对北大的侧目远非始于今日。1925年，北大27周年校庆之际，应北大学生会邀请，鲁迅先生写了一篇《我观北大》。针对段祺瑞执政府的"整顿学风"措施和以总长章士钊为首的教育部一再打压北大（如散布解散北大的谣言，决定停发北大经费）的举动，鲁迅写道："第一，北大是常为新的，改进的运动的先锋，要使中国向着好的，往上的道路走。虽然很中了许多暗箭，背了许多谣言；教授和学生也都逐年地有些改换了，而那向上的精神还是始终一贯，不见得弛懈"；"第二，北大是常与黑暗势力抗战的，即使只有自己"；"北大究竟还是活的，而且还在生长的。凡活的而且在生长着，总有着希望的前途"。对于投向北大的"暗箭"，北大人向来有反省的自觉（朱铁志校友的《公开信》即为一例），但更不乏坚守的勇气。北大教授陈平原先生在《曾经北大书系·总序》（新世界出版社2001年9月版）中说：北大学生的"忧国忧民""野心勃勃""特立独行""眼高手低"其实是一种与众不同的"气质"，有人激赏，也有人不以为然，更有好心人不时地提醒：为避免不必要的摩擦和牺牲，最好能守中庸（中行）。就具体言论和举止而言，确实没有必要故作惊人之论或骇世之举，但忠实于自家的学术／艺术感觉，不想因利益考虑而过分委屈自己，这种理想主义情怀，即便在现实生活中很不讨好，我以为还是值得保留。有个性但不张扬，守规则而能发挥，这种境界，只能令人心向往之。今天重温当年鲁迅先生对北大的观感，联系陈平原教授对北大人理想主义情怀的期许，再看朱铁志校友从北大人"自我评价与外在评价不甚协调"中生发出的几多忧虑，我反倒隐隐地愈加有些狂妄起来。

如果有朝一日，连一向以自负、狂妄为能事的北大人也被外在的压力与评价磨炼得俯首帖耳唯唯诺诺了，真不知是中国的幸事还是悲哀。

——选自王蒙主编、朱铁志选编：《2002中国最佳杂文》，辽宁人民出版社，2003年版

第十五章 公　　文

一、公文的含义和特点

(一) 公文的含义

公文也叫公务文书，有广义与狭义两种解释。

广义的公文，是党政军机关、社会团体、企业事业单位等在处理公务活动时使用的具有法定效力和规范格式的文字材料。也是传达和贯彻党和国家的方针、政策，发布法规和规章，实施管理，规范行为，商洽工作，记载和传递公务信息等的重要工具。主要包括三大类：法定公文、规章文书和事务文书。法定公文是国家有关部门正式规定的公文文种，包括党的机关公文、行政公文、军队机关公文。规章文书是指由机关、组织、社会团体制定的，要求其成员在活动、工作等方面严格遵守的行为规范。它是一种兼有政策性和法规性的公文，有较强的规范性和强制性。例如，办法、细则、章程、规则等。事务文书是机关、单位、团体为处理工作而普遍使用的法定公文之外的文书，如，计划、总结、简报、调查报告等。

狭义的公文，主要是指由党中央、国务院与中央军委分别批准颁布的党的机关公文、行政机关公文和军队机关公文，它们是法定公文。具体是指中共中央办公厅1996年5月3日印发的《中国共产党机关公文处理条例》、国务院办公厅2000年8月24日修订发布的《国家行政机关公文处理办法》，2005年10月8日由时任中央军委主席胡锦涛签署命令发布的新修订的《中国人民解放军机关公文处理条例》中所规定的文书。

本章以狭义的公文为主要内容。

(二) 公文的特点

公文是在机关公务活动中形成的，是各级党政军机关与组织行使法定职权、实施有效管理的重要工具，具有很强的现实效用。它有如下特点。

1. 政治性

公文是集中体现党和国家的根本利益的，同时，也是代表党和国家行使职权，管理国家事务的重要文字载体。可以说，党和国家的方针、政策是各项具体工作的指针，也是各级组织、机关单位开展工作的基本依据。因此，公文就是实现党和国家与各级组织、机关单位一起管理国家事务，推动党和国家各项工作沿着更为科学的道路发展的文字工具。

2. 法定性

公文是由我国法定的组织、机关制发的，体现着法定组织、机关的意图，在法定组织或机关的权限范围内具有法定约束力和权威性。所谓法定机关或组织，主要是指根据《中华人民共和国宪法》和《中华人民共和国地方各级人民代表大会和地方各级人民政府组织法》等有关规定而设立的党和国家各级组织、机关、团体、机构以及各企事业单位等，只有这些法定机构及其代表人才有权制发法定文件。当然，也只有这些法定机构及其代表人制发的文件才具有相应的法定效力。然而，管理有层次，职权有分工，制发公文的法定组织、机关必须在自己法定的职权范围内制发文件，行使职权，超越自己职权范围而制发的公文不具备法律效力。因此，有些公文需要以特定组织或机关领导人的名义行文时，并不代表领导人个人的行为、意志，而是领导人法定职权的体现，也是领导人所在机关或组织的集体意图的反映。此类公文的真正作者是领导人所代表的法定组织或机关。

3. 权威性

权威性就是指公文所具有的法定效力，也是公文强制力的体现。公文是代行党、国家、军队管理职能的工具，代表着党和国家的权利和意志，传达各级党、政、军组织或机关的决策和意图，也是法定组织或机关为完成某项具体工作或针对公务活动中的某个具体问题而制发的，目的是为了解决实际问题，推动工作的顺利进展。每一份公文都有因其具体的制发目的而具有特定的法定职能。因此，公文对其主要受文机关在法定的时空范围内具有特定的强制性，同时，也体现出其功能的权威性。公文的针对性越强，内容越明确、具体，其权威性就越能得到具体的体现，越能得到受文机关的重视，也就能更好地实现公文的法定效力。通过一定法定程序产生的公文具有特定的法定效力，受到国家法律的保护，若有违背，要依法给予行政制裁或移送司法机关追究其法律责任。

公文的权威性由以下几个方面决定：其一，公文的权威性由执法机关的职权决定，制发机关职权的大小决定着公文权威性的差异。我国党和国家至各级党政军机关、组织按垂直管理体制下的不同权限来制发公文，按照其法定职权而制发的公文因其职权权限而有不同的法定效力。其二，公文的权威性受公文制发的时间、内容和形式的制约，超过公文法定生效时间的公文只具备档案材料、依据凭证作用，不具备法定效力；公文的内容必须符合党和国家各级组织机关的权力和意志，违背党和国家各级组织、机关的方针、政策、法律、法规等而制发的公文不具备法定效力；公文的形式必须符合党和国家所规定的法定形式，其生效标志主要有：首先，要有法定作者即制发公文的党政军机关、组织名称并于版头、标题、落款中作必要的显示；其次，要有公章和领导人的签署，且印章上的名称与落款上法定作者的名称要保持一致；最后，要明确标署成文日期等。如此公文才能具有法定效力，从而具备权威性的功能。

4. 规范性

公文不仅具有法定规范的体式，而且从制发到办理都必须经过法定的处理程序。可以说，公文的规范性主要体现在其体式以及制发和办理程序等两个方面。具体来讲，就是为了维护公文的权威性和严肃性，公文从文种名称到行文关系，从制发程序到构成体式，国家有关部门发布了一系列关于公文处理的规范性文件，以对公文的撰制、办理等都做过严格的规定和统一要求。各级党政军机关、组织、社会团体、企事业单位制发公文时都要严格遵循法定的体式和要求进行具体的管理工作，不能随心所欲。否则，不仅会影响公文的正常运转和效用的切实发挥，甚至会使公文丧失其法定效力而带来一系列行政或法律责任问题。只有严格遵循公文的法定体式和法定的制发、办理程序，才能更好地维护公文的政治性和权威性，才能使我国党政军机关、组织在各项具体工作中逐步实现科学化、规范化、制度化管理，以实现更高效、优质地为社会服务、为民众服务的宗旨。

5. 时效性

时效性是确保公文实现其法定效力的基本要素之一。制发公文是为了处理国家管理中各种公务活动所遇到的实际问题，迅速、及时地处理不仅是国家管理现代化、科学化、规范化的体现，而且也是国家党政军机关、组织实现其功能的本质要求。因此，就对公文的制发和办理有着严格的时间性要求。而公文的效用也常常是有时间限制的。当然，由于各类公文的内容和用途具有不同的特点，其时效性的具体体现也常常不同。

二、公文的种类和作用

（一）公文的种类

1. 按照公文内容的性质和特点，可以将公文分为指挥性公文、知照性公文、报请性公文、记录性公文等

指挥性公文是指上级领导机关对下级机关或群众发出的用以领导和指导工作的规定性文书。它需要下级机关单位和有关人员认真学习和贯彻执行，是下级机关或单位进行决策和工作活动的依据。例如，命令、通令、决议、决定、指示、意见、批复和政策性通知等。知照性公文是指机关、单位发布的需要周知或遵守，以及各机关单位之间联系工作、通报情况时所使用的告晓性公文。例如，公报、公告、通告、通知、通报、函等。报请性公文是下级机关向上级机关汇报工作、反映情况、请示问题时所使用的陈述性、祈请性文书。这类公文主要有报告、请示、上行意见等。记录性公文是指各组织、机关用以记载公务活动以备存档或查考的公文，如会议纪要等。

2. 从公文的行文关系上来划分，公文可分为上行文、平行文和下行文三类

上行文是指下级机关、业务部门向它所属的上级领导机关或业务主管部门所发送的公文。一般可分为逐级行文、多级行文和越级行文三种。由于下级机关要对自己的直接上级机关负责，因此，逐级行文最为普遍。只有在特殊情况下才可采用多级行文和越级行文的方式。上行文包括报告、请示、上行意见和议案等四种公文类型。

平行文是指互相没有隶属关系或业务指导关系，同级机关或者不属同一系统的机关部门之间的行文。比如，中共中央各个部之间，国务院各个部、委之间，各个省委、省人民政府之间，各个县委、县人民政府之间都是平级平行机关。平行文多采用公函文件。

下行文就是指上级领导机关对所属的下级机关制发的文件。一般可分为逐级行文、

多级行文、直到基层行文三种。比如，党中央、国务院给各个省、自治区、直辖市党委或各级人民政府的文件就是下行文。下行文是上级机关对下级机关、上级业务主管部门对下级业务部门实施领导与业务指导的重要工具。下行文的文种较多，有命令、通令、决议、决定、指示、意见（下行）、通报、批复、会议纪要等。一些面向群众的公告、通知、通告等文件，也是下行文。

3. 按照职能机关的性质来划分，公文可分为党的机关公文、行政公文和军队机关公文

党的机关公文是党的机关实施领导、处理公务的具有特定效力和规范格式的文书是传达贯彻党的路线、方针、政策，指导、布置和商洽工作，请示和答复问题，报告和交流情况的工具。中共中央办公厅于1996年5月发布了《中国共产党机关公文处理条例》，规定了党的机关公文种类主要有14种，即决议、决定、指示、意见、通知、通报、公报、报告、请示、批复、条例、规定、函、会议纪要。

决议：用于经会议讨论通过的重要决策事项；决定：用于对重要事项做出决策和安排；指示：用于对下级机关布置工作，提出开展工作的原则和要求；意见：用于对重要问题提出见解和处理办法；通知：用于发布党内法规、任免干部、传达上级机关的指示、转发上级机关和不相隶属机关的公文、批转下级机关的公文、发布要求下级机关办理和有关单位共同执行或者周知的事项；通报：用于表彰先进、批评错误、传达重要精神、交流重要情况；公报：用于公开发布重要决定或者重大事件；报告：用于向上级机关汇报工作、反映情况、提出建议，答复上级机关的询问；请示：用于向上级机关请求指示、批准；批复：用于答复下级机关的请示；条例：用于党的中央组织制定规范党组织的工作、活动和党员行为的规章制度；规定：用于对特定范围内的工作和事务制定具有约束力的行为规范；函：用于机关之间商洽工作、询问和答复问题，向无隶属关系的有关主管部门请求批准等；会议纪要：用于记载会议主要精神和议定事项。

行政公文就是我国各级行政机关在管理具体事务中所使用的公务文书。它是指具有法定效力和规范体式的公务文书，是传达贯彻党和国家的方针、政策，发布行政法规和规章，施行行政措施，请示和答复问题，指导、布置、商洽工作，报告情况，交流经验等的重要文字载体。

2000年8月24日，国务院办公厅经修订后重新发布了《国家行政机关公文处理办法》（自2001年1月1日起施行），修订后的《国家行政机关公文处理办法》将公文文种调整为现行的13种：命令（令）、决定、公告、通告、通知、通报、议案、报告、请示、批复、意见、函、会议纪要。命令（令）：适用于依照有关法律公布行政法规和规章；宣布施行重大强制性行政措施；嘉奖有关单位及人员。公告：用于向国内外宣布重要事项或者法定事项。通告：适用于公布社会各有关方面应当遵守或者周知的事项。通知：适用于批转下级机关的公文，转发上级机关和不相隶属机关的公文，传达要求下级机关办理和需要有关单位周知或者执行的事项，任免人员。通报：适用于表彰先进，批评错误，传达重要精神或者情况。议案：适用于各级人民政府按照法律程序向同级人民代表大会或人民代表大会常务委员会提请审议事项。报告：适用于向上级机关汇报工作，反映情况，

答复上级机关的询问。请示：适用于向上级机关请求指示、批准。批复：适用于答复下级机关的请示事项。意见：适用于对重要问题提出见解和处理办法。函：适用于不相隶属机关之间商洽工作，询问和答复问题，请求批准和答复审批事项。会议纪要：用于记载、传达会议情况和议定事项。

军队机关公文是指中国人民解放军在具体的军队管理事务中所使用的公务文书，是军队机关处理公务中形成的具有法定效力和规范体式的文书，是军队机关履行职能的重要工具。2005年10月8日，时任中央军委主席胡锦涛签署命令发布新修订的《中国人民解放军机关公文处理条例》，自2006年1月1日起在全军施行。军队机关公文种类分为命令、通令、决定、指示、通知、通报、报告、请示、批复、函、通告、会议纪要等12种。命令：用于发布军事法规、军事规章，确定和调整体制编制，部署军事行动，调动部队，授予、变更和撤销部队番号，调配武器装备，任免干部，授予和晋升军衔，选取士官，授予荣誉称号等。通令：用于依据《中国人民解放军纪律条令》宣布奖惩事项（不含授予荣誉称号）。决定：用于对重要事项做出决策或者安排，变更或者撤销下级不适当的决定事项。指示：用于向下级布置工作，明确工作原则和要求。通知：用于传达需要下级执行和有关单位周知或者办理的事项，转发上级机关和不相隶属机关的公文，批转下级机关的公文。通报：用于表彰先进，批评错误，传达重要精神或者重要情况。报告：用于向上级机关汇报工作，反映情况和意见建议，回复询问。请示：用于请求上级机关指示、批准事项。批复：用于答复下级机关请示事项。函：用于无隶属关系的机关之间商洽工作，询问、答复问题，通报情况。通告：用于向社会公布应当遵守或者周知的事项。会议纪要：用于记载会议主要情况和议定事项。

新条例首次配套制定了国家军用标准《军队机关公文格式》，明确了军队机关公文格式的技术标准和要素的具体标识规则，提高了军队机关公文格式的标准化程度，一定程度上增强了可操作性。为更好地使军队机关公文处理工作走向规范化、制度化、科学化，提高公文处理工作的质量和效率奠定了基础。

以上是党、政、军机关通过法定形式发布的主要的公文文种，都具有法规、规章的严肃性，各级组织、机关在行文时都需严格遵守。因而党的机关公文、行政公文、军队机关公文又被称为法定公文。这些法定公文的文种都具有独立对外行文的资格，可以用套红的文件版头行文，通常被称为"红头文件"。

（二）公文的作用

公文的具体作用主要体现在以下几方面。

1. 法规规范作用

为使国家机器正常运转，维护社会生活的正常秩序，党和国家在具体的管理事务中通过公文把自己的决策、意图，把党和国家的方针、政策以公文的形式传递给它的下层组织、机关及广大干部、群众，在所属的职权范围内规范人们的行为，并要求人们必须坚决贯彻执行，不得违反。与此同时，国家则以强制力保证它的权威性，以统一思想、统一行动，从而达到治理国家、建设国家之目的。

2. 指挥管理作用

首先是指导控制作用。党和国家将计划和决策制订之后，公文便是实现党和国家意志，进行组织活动，并使之付诸实施，化为具体的执行举措的一个重要工具。因此，公文具有直接生效的指导作用，即上级机关制订和发布的各项方针政策、指示、决议等，给下级机关和广大群众指明方向，阐明措施和做法。下级机关和广大群众按照上级的部署、意见和决策进行工作。当然，要使党和国家的管理活动顺利进行并取得预想效果，对管理活动的进程和结果必须加以监督、检查和规范等。其次是商洽、协调具体工作作用。主要指在工作中下级机关经常会遇到一些问题、情况或产生一些意见、要求，需要上级机关了解或给予具体批示；上级机关为了能够根据实际情况制定正确的工作方针，做出合理的工作部署，也需要经常了解基层单位的情况。情况的反映、工作的请示，通常都要借助公文。再者是沟通管理信息作用。利用公文通报情况，交流信息，有利于工作的顺利进行和完成。有些工作需要几个平行机关合作完成，有些公务问题需要几个部门协同处理，合作完成工作或协同处理问题，就必须取得联系或进行商洽。而联系工作，商洽公务，是离不开公文的制发的。总之，公文在具体管理事务中不仅可以起到法规规范作用，还可以使上下、左右的机关、部门联系起来，互通信息，互通情报，交流情况，共同协商，解决问题。

3. 告晓宣传作用

为保证党和国家的路线及各项方针、政策的顺利贯彻实施，各级党政军机关要经常制发一些着眼于对干部、群众进行思想教育的公文，以提高人们的思想认识，调动人们建设国家的积极性。而党和国家的方针政策，只有被广大群众所了解，所领会，才会被贯彻、落实到各行各业的具体工作中去，才会对国家的政治生活、经济生活及文化生活等各个领域产生重要的影响。因此，公文通过明确的政治观点和主张的告晓与宣传，可以发挥其说服群众，教育群众的作用，达到使群众了解党和国家的意图，掌握方针政策，提高思想认识，统一协调行动的目的。

4. 依据凭证

公文是法定制发机关的意图和要求的体现，收文机关办事时以此为依据和凭证。另外，公文也是党和国家各级组织和机关、单位、部门在各个时期公务活动情况的真实记载，在完成它现行的使命以后，将立卷归档，成为档案，具有史料价值，对今后的工作起着记载、凭证和查考的作用。从而为以后各项工作的顺利开展提供示范和经验、教训的借鉴，避免非正规化工作方式的滋生，也可防止在工作中犯错误、走弯路。

三、公文的结构

公文有严格的格式，这是公文在形式上区别于一般文章的重要标志。统一和规范公文格式，是为了准确、有效地拟制、搜集、传递和存贮公文信息，提高公文处理的效率，以适应现代化管理工作的需要。

公文的格式一般包括公文的书面格式、公文的排版形式、公文的印装要求等三个方面。

（一）公文的书面格式

公文的书面格式是指公文构成的项目、数据在公文文面上所处的位置和书写的样式。《中国共产党机关公文处理条例》第八条规定："党的机关公文由版头、份号、密级、紧急程度、发文字号、签发人、标题、主送机关、正文、附件、发文机关署名、成文日期、印章、印发传达范围、主题词、抄送机关、印制版记组成。"《国家行政机关公文处理办法》第十条规定："公文一般由发文机关、秘密等级、紧急程度、发文字号、签发人、标题、主送机关、正文、附件、印章、成文时间、附注、主题词、抄送机关、印发机关和时间等部分组成。"《中国人民解放军机关公文处理条例》第九条规定："军队机关公文，一般由发文机关标识、密级、份号、发文字号、签发人和已阅人、标题、主送机关、正文和无正文说明、署名、成文日期、印章、发文（传达）说明、主题词、抄送机关、印发（承办）说明和页码等要素组成。"本书以行政公文的规范格式为例进行介绍。

公文的书面格式一般包括公文的眉首、主体和版记三个部分，置于公文首页红色反线（宽度同版心，即156mm）以上的各要素统称眉首；置于红色反线（不含）以下至主题词（不含）之间的各要素统称主体；置于主题词以下的各要素统称版记。现分述如。

1. 眉首部分

眉首部分包括公文份数序号、秘密等级、保密期限、紧急程度、版头、发文字号、签发人等七项内容。

（1）公文份数序号，也叫份号，是将同一文稿印制若干份时每份公文的顺序编号。公文份数序号一般用六位阿拉伯数字标识在发文机关版头左上角文件检索代码下方的位置，前面有"NO："符号。

（2）秘密等级和保密期限。秘密等级是指公文秘密程度的等级，简称密级，由公文制发机关根据公文内容所涉及的党、国家、军队秘密的程度来划定。时任中华人民共和国主席胡锦涛于2010年4月29日发布命令通过新修订的《中华人民共和国保守国家秘密法》（自2010年10月1日起施行）第十条规定：国家秘密的密级分为绝密、机密、秘密三级。保密期限就是在国家秘密信息载体上标明的发生法律效力的时间。标识秘密等级，须用3号黑体字，顶格标识在版心右上角第一行，两字之间空一字；如需同时标识秘密等级和保密期限，用3号黑体字，顶格标识在版心右上角第一行，秘密等级和保密期限之间用"★"隔开。

（3）紧急程度，是对公文送达和办理的时间和要求，又称缓急时限或处理时限。标识紧急程度用3号黑体字，顶格标识在版心右上角第一行，两字之间空一字；如需同时标识秘密等级与紧急程度，秘密等级顶格标识在版心右上角第一行，紧急程度顶格标识在版心右上角第二行。公文根据紧急的程度可有"特急""急件"两种。紧急文件应当分别标明"特急""加急"，紧急电报应当分别标明"特急""加急""平急"。紧急程度中没有"紧急"这一级，但可以在标题中出现，以示文件的特殊处理要求。

（4）版头，也叫发文机关标识，就是公文的发文机关，是指制发公文的国家党、政、军机关或组织用来制发文件时使用的具有固定版式的发文机关名称。一般由发文机关全称或规范化简称加"文件"二字组成。如《中共中央文件》《国务院文件》《中央××省委文件》《××省人民政府文件》等。发文机关标识以大字居中套红印在公文首页的上端，约占图文区的三分之一或五分之二。发文机关标识下面有一间隔横线，作为文头区域和行文区域的分界线。党的文件在间隔线中间印上一颗五角星。间隔线与版头一样套红印制，表现出公文的严肃性与权威性。发文机关标识上边缘至版心上边缘为25mm。对于上报的公文，发文机关标识上边缘至版心上边缘为80mm。发文机关标识推荐使用小标宋体字，用红色标识。字号由发文机关以醒目美观为原则酌定，但最大不能等于或大于22mm×15mm。联合行文时应使主办机关名称在前，"文件"二字置于发文机关名称右侧，上下居中排布；如联合行文机关过多，必须保证公文首页显示正文。在民族区域自治地区，发文机关名称可以并用自治民族的文字和汉字两种文字印刷，将自治民族的文字排在上面或前面。

（5）发文字号，也称文号，是指由发文机关编排的文件代号。便于发文机关统计掌握该年度发文的数量等文件管理工作，并且可以在查找或引用该文件时作为该文件的代号使用。发文字号由发文机关代字、年份和序号三部分组成。例如，"中发〔2018〕20号"代表中共中央2018年第20号发文，"国发〔2018〕3号"代表国务院2018年第3号发文。机关代字是机关名称最具代表性、最精练和集中的简缩与概括。如中共中央发文的机关代字是"中发"，国务院发文的机关代字是"国发"，卫生部办公厅发文的机关代字是"卫办发"，等等。一般由机关的办公厅（室）统一编排。尤其要注意的是，名称相近的单位机关代字不能重复和雷同。发文年份是该文件制发的年度，要用阿拉伯数字写全，括入六角括号内，置于机关代字之后。序号即发文顺序号，一般是指机关发文的流水号。发文机关标识下空两行，用3号仿宋体字，居中排布；年份、序号用阿拉伯数码标识；年份应标全称，用六角括号"〔〕"括入；序号不编虚位（即1不编为001），除了"命令（令）"之外，其他文种的发文序号一般不必加"第"字，可直接写序号的阿拉伯数字。

（6）签发人，是指上行文中发文机关的负责人签署姓名。如果只有一个发文机关，由该机关负责人签署；如果是联合行文，则每个单位的负责人都应签署姓名，称为会签。《中国共产党机关公文处理条例》第十条规定："上报的公文，应当在首页注明签发人姓名。"《国家行政机关公文处理办法》第八条也规定："上报公文应当在发文字号右侧标注'签发人'，'签发人'后面标注签发人姓名。"因此，上报的公文需标识签发人姓名，平行排列于发文字号右侧。发文字号居左空一字，签发人姓名居右空一字；签发人用3号仿宋体字，签发人后标全角冒号，冒号后用3号楷体字标识签发人姓名。如有多个签发人，主办单位签发人姓名置于第一行，其他签发人姓名从第二行起在主办单位签发人姓名之下按发文机关顺序依次顺排，下移红色反线，应使发文字号与最后一个签发人姓名处在同一行并使红色反线与之的距离为4mm。

2. 主体部分

公文的主体部分包括公文标题、主送机关、公文正文、附件、成文时间、公文生效标识、附注等七项内容。

（1）公文标题，就是公文的名称，一般是对于文件主要内容准确、简要的概括。一个完整的公文标题一般由发文机关名称、事由、文种三部分组成。例如,《国务院关于进一步加大财政教育投入的意见》(国发〔2011〕22号),其中"国务院"是发文机关;"关于进一步加大财政教育投入"是事由,也是该文件的主旨;而"意见"则是文种。公文标题的三个部分,一般要求写全,但也可以省略。其一,可以省略发文机关名称。如,《出版物汉字使用管理规定》等;其二,可以省略事由。有些文件内容单一,正文部分文字较少,这种情况下,标题中的"事由"部分可以省略,以示庄重、简练。如《中华人民共和国主席令》《中华人民共和国国务院令》《中华人民共和国全国人民代表大会公告》等。其三,机关名称和事由可同时省略。这种情况通常适用于公布性的公文,如机关的公告、通知、通告等,单以文种为标题,可以使张贴时更为醒目,利于扩大传播范围。标题一般在红色反线下空二行,用2号小标宋体字,可分一行或多行居中排布;回行时,要做到词意完整,排列对称,间距恰当。

(2) 主送机关,也叫抬头、上款、收文机关或受文机关,是指主要受理公文的机关。也就是发文机关要求对公文予以办理或答复的对方机关。一般说来,哪个机关负有收受、办理公文的责任,哪个机关就是主送机关。主送机关标识时一般于标题下空一行,左侧顶格用3号仿宋体字标识,回行时仍顶格;最后一个主送机关名称后标全角冒号。如主送机关名称过多而使公文首页不能显示正文时,应将主送机关名称移至版记中的主题词之下、抄送之上,标识方法同抄送。一般情况下政府各部门应根据本级政府授权和职权规定,方可对下一级人民政府直接行文。

(3) 公文正文,是文件的主体部分,是公文的具体内容和主旨所在,也是公文的核心部分,体现了发文机关的意图。正文的结构一般分为开头、主体与结束语三个部分。正文部分充分体现了公文内在结构的"凭——事——断"模式。

开头部分,一般是制发该文件的依据、目的或理由,简单讲就是凭什么行文,即"凭"。可有依据式、目的式、理由式和依据目的式、理由目的式等多种写法。依据式就是简要地说明发文的依据。通常使用"根据"或"遵照"等介词和宾语组成介词结构开头。常常根据事实、国家的方针、政策和法令、法规等来行文。目的式就是直接说明发文的目的。通常使用"为了""为""为使"等介词与它的宾语组成介词结构开头。理由式就是简要概括地述说发文的事实情况。通常使用简洁的语言,以叙述、说明或夹叙夹议的方式开头。当然在具体行文过程中,开头有时候并不单单是根据单一的依据、目的或理由来发文,往往是依据、目的或理由交互融合在一起。总之,开头部分要为下文的行文做充分的理据基础。

正文的主体,是写好公文的关键和难点所在。由于文种的不同,引文目的不同,其写作的要求也不同。也就是公文内在模式的"事"这一部分,就是具体事项或具体事实情况。若是具体规定、要求等事项,要符合党的路线、方针、政策和有关规定,符合国家的法律、法规,新的政策规定要注意保持连续性,提法要同已公布的文件相衔接;若是所反映的事实情况、问题、数据等要真实可靠,具体的措施和办法要切实可行;若是内容涉及多个组织、机关部门的,要经过协调会商,取得一致意见后再行文。在具体行文中还要注意具体事项的内在逻辑性和具体事实情况的层次性等问题。

结束语，就是正文的结尾，也是正文内在结构的"断"这一部分。结束语部分总体上要做到意尽言止，自然终结。当然，由于公文的文种不同，行文目的不同，以及行文关系等因素，结束语应有不同的写法。如上行文的结束语一般用"以上意见当否，请批示""妥否，请批复""以上意见如无不妥，请批准"或"以上报告，请审阅"等；平行文的结束语一般用"敬希函复""特此函达""专此函告"等。下行文的结束语一般为"此令""此复""希遵照办理""特此通知，望遵照执行""敬请留意"等。也有一些公文不使用上述较为规范的结束语，如一些下行公文以及法规类公文等，往往是顺理成章，意尽言止；或分条列项，自然终结。有的则提出希望或号召结束全文。

当然，公文正文的内在结构模式在具体文种使用时不一定界限分明，有时可"凭""事"合一，有时可"事""断"合一，也有极短小的公文则可"凭""事""断"合一。从而简洁明了，言简意赅。正文位于主送机关名称下一行，每自然段左空二字，回行顶格。数字、年份不能回行。

（4）附件，是用以标注附属在公文正件之后的相关文件材料的名称及件数的说明性、印证性或附带性材料。附件对正文中的有关部分问题起补充说明、具体交代或参考作用。从形式上讲，附件是公文的一个组成部分，有附件的公文，附件就同正文一起组成一份完整的公文。公文附件的形式一般有图表、目录、名单、简介以及其他相关文件材料等。公文如有附件，在正文下一行左空两个字，用3号仿宋体字标识"附件"，后标全角冒号和名称。附件如有序号，使用阿拉伯数码（如"附件：1.×××××"）；附件名称后不加标点符号。附件应与公文正文一起装订，并在附件左上角第1行顶格标识"附件"，有序号时标识序号；附件的序号和名称前后标识应一致。如附件与公文正文不能一起装订，应在附件左上角第一行顶格标识公文的发文序号并在其后标识附件（或带序号）。

（5）成文时间，是文件生效及日后对文件档案进行查考的重要依据之一。应用汉字将年、月、日标全；"零"写为"〇"。一般署会议通过或者领导人签发日期；联合行文，署最后签发机关领导人的签发日期；特殊情况署印发日期。位于发文机关署名右下方，要注意两者的左右距离的相称。决议、决定、条例、规定等不标明主送机关的公文，成文日期加括号标注于标题下方居中位置。

（6）公文生效标识，是指发文机关印章或签署人姓名。加盖印章有两种情况：单一发文印章和联合行文发文印章。单一机关制发的公文在落款处不署发文机关名称，只标识成文时间。成文时间右空四个字；加盖印章应上距正文 2mm-4mm，端正、居中下压成文时间，印章用红色。印章下弧无文字时，采用下套方式，即仅以下弧压在成文时间上；当印章下弧有文字时，采用中套方式，即印章中心线压在成文时间上。联合行文印章，当联合行文需加盖两个印章时，应将成文时间拉开，左右各空七个字；主办机关印章在前；两个印章均压成文时间，印章用红色。只能采用同种加盖印章方式，以保证印章排列整齐。两印章之间不相交或相切，相距不超过3mm。需要特殊说明的是，当公文排版后所剩空白处不能容下印章位置时，应采取调整行距、字距的措施加以解决，务使印章与正文同处一面，不得采取标识"此页无正文"的方法解决。印章，是文件制发机关对文件生效负责的凭证。机关印章是由上级机关颁发的，表示授予它以法定的职权。公文除会议纪要和印制有特定版头的普发性公文外，应当加盖印章。印章的位置在成文日期的上侧，要求上不压正文，下要骑年盖月，一般视印章大小压成文日期四至七个字。在文件上端正、清晰地盖好机关印章，可以体现公文的严肃性和权威性。

（7）附注，是指需要说明的其他事项。公文如有附注，用3号仿宋体字，居左空2字加圆括号标识在成文时间下一行。

3. 版记

公文的版记部分包括主题词、抄送机关、印发标识等项。

（1）主题词，是指能够准确表达公文主题内容的规范化名词或名词性词组。公文标注主题词，是为了实现办公自动化的需要，它不仅有利于文件管理的规范化、系统化、科学化，而且有利于提高计算机公文检索和查询的速度和准确性，从而充分发挥各类公文的信息效益，以提高整个机关的办事效率。主题词一般分为类别词、类属词、文种等，一份文件主题词的标引应根据其具体内容和特点，从其内容范畴、主题内容、特征和文种等方面入手，而不能简单地从公文标题中提取。选用三至五个主题词，最多不超过七个。主题词用3号黑体字，居左顶格标识，后标全角冒号，词目用3号小标宋体字；词目之间空一个字。具体标注主题词时，可参考国务院办公厅秘书局于1997年12月修订出版的《国务院公文主题词表》和中共中央办公厅秘书局于1998年8月修订发布的《公文主题词表》。

（2）抄送机关，是指除主送机关以外的其他需要报送或告知该公文内容的有关机关。也就是说，公文的内容除了主送机关之外，还有哪些机关需要了解或请哪些机关协助办理的，可以将公文以抄送的形式送达。同一性质或同一级别的机关之间的停顿用顿号，不同性质或不同级别的机关之间的停顿用逗号，以示区别。公文如有抄送，在主题词下一行左空一个字用3号仿宋体字标识"抄送"，后标全角冒号；回行时与冒号后的抄送机关对齐；在最后一个抄送机关后标句号。如主送机关移至主题词之下，标识方法同抄送机关。

（3）印发标识，又叫印发说明、印制版记，是指文件制发情况的说明记载，包括印发机关、印发时间和印制份数等。印发机关一般是各级机关的办公厅（室），可使用全称或规范化简称；印发时间是秘书部门起印文件的时间，要完整写出年月日；印制份数是该份文件所印的数量。印发标识位于抄送机关之下（无抄送机关在主题词之下）占一行位置；用3号仿宋体字。印发机关左空一字，印发时间右空一个字。印发时间以公文付印的日期为准，用阿拉伯数码标识。

（二）公文的排版形式与印装要求

1. 公文的排版形式

公文的排版形式，是指公文数据项目在文件版面上的标印格式，是指公文的外观形式。包括版头设计、版面安排、字体字号、字行字距、天地页边、用纸规格等。中共中央办公厅1996年5月发布的《中国共产党机关公文处理条例》、国家技术监督局1999年12月发布的《国家行政机关公文格式》、2005年10月发布的新修订的《中国人民解放军机关公文处理条例》首次配套制定的国家军用标准《军队机关公文格式》，规定了党政军机关公文通用的纸张尺寸、规格、书写形式和公文各组成部分的排列顺序、区域划分、排版形式与字体字号的选用等。它们分别适用于我国党政军机关的正式发布的公文，其他公文亦可参照执行。下文主要以行政公文为例进行介绍。

（1）公文用纸的尺寸和规格。公文用纸一般使用纸张定量为$60g/m^2$-$80g/m^2$的胶版印刷纸或复印纸。公文用纸采用GB/T148中规定的A4型纸，其成品幅面尺寸为：210mm×297mm。公文用纸天头（上白边）为：37mm±1mm；公文用纸订口（左白边）为：28mm±1mm；版心尺寸为：156mm×225mm（不含页码）。

（2）公文的书写形式。公文中的文字符号一律采用从上至下、自左向右横写横排（少数民族文字除外）。标识公文中横向距离的长度单位：一个字指一个汉字所占空间。标识公文中纵向距离的长度单位：以3号字高度加3号字高度7/8倍的距离为一基准行；公文标准以2号字高度加2号字高度7/8倍的距离为一基准行。正文中用数字表示多层次结构时，其标识方法如下：第一级用：一、二、三……；第二级用：（一）、（二）、（三）……；第三级用：1、2、3……；第四级用：（1）、（2）、（3）……。

（3）公文的字体要求。公文正文用3号仿宋字，一般每面排22行，每行排28个字。公文中的数字，除发文字号、统计表、计划表、序号、百分比和其他必须用阿拉伯数字者外，一般用汉字标识。在同一公文中，数字的使用应保持前后一致。公文中的标点符号，应符合1990年3月国家语言文字工作委员会、中华人民共和国新闻出版署修订发布的《标点符号用法》的规定。

2. 装订要求

公文应左侧装订，不掉页。包本公文的封面与书芯不脱落，后背平整、不空。两页页码之间误差不超过4mm。骑马订或平订的订位为两钉钉锯外订眼距书芯上下各1/4处，允许误差±4mm。平订钉锯与书脊间的距离为3mm-5mm；无坏钉、漏钉、重钉，钉脚平伏牢固；后背不可散页明订。裁切成品尺寸误差±1mm，四角成90°，无毛茬或缺损。

四、公文的写作要求

公文有其自身的内在结构和外在结构，外在结构在以上行文中已做了具体的说明和解说，公文内在结构则主要是符合"凭——事——断"的逻辑结构。刘勰《文心雕龙·章表》中说："言必贞明，义则弘伟。肃恭节文，条理首尾。君子秉文，辞令有斐。"[1]①说的就是以"章表"为例的公务文书主旨宜"弘伟"，语言应"贞明"，风格要"肃恭"，结构要有"条理"等讲究辞章建构、格式规范等的总体要求。对现代公文而言，则有以下几个方面要加以注意。

（一）内容要符合党和国家的方针、政策等政治性意旨

公文是党和国家进行组织、公务活动，使之付诸实施，化为具体的执行行动的一个

---

[1]〔南朝梁〕刘勰著，周振甫注释：《文心雕龙注释》，人民文学出版社，1981年版。

重要工具。因此，公文的内容必然要与党和国家的各项方针、政策保持高度的一致。也只有如此，才能借助于公文这一有力的工具，把党和国家的政治、政策、精神切实贯彻、落实到具体的工作实践中去。

（二）要严谨、庄重，逻辑性强

公文的正文一般体现着制发公文的严谨逻辑性。其内容要注意做到主旨明确，层次分明，观点与材料相统一。就是在"凭——事——断"结构中，做到行文依据明确，理由充足，原因合理。具体讲，就是叙事要完整清晰，所反映的情况、问题、数据等材料必须真实可靠；说理明白透彻，条理清楚，层次分明，运用概念、判断、推理要合乎逻辑。既符合政策、方针，又有的放矢，实事求是；目的明确、具体，公文中所提出的措施和办法，要考虑到实际工作的需要，切实可行。从而在字里行间体现出公文的权威性和政策性，充分实现公文法规规范、指挥管理以及告晓宣传、依据凭证等功用。

（三）格式适宜、规范

刘勰在《文心雕龙·章表》中说："章以谢恩，奏以按劾，表以陈情，议以执异。"就是讲，不同的文种要有不同的适用规范。因为公文体现的是不同的发文机关的权限范围，以及行文机关之间的不同关系，从而反映了不同的发文目的。因此，公文写作时就要注意使公文的外在格式和内在逻辑结构都要以适合制发机关的行文目的为旨归，以保证法定公文的完整性、准确性和程序性，从而便于公文的处理，提高办公的工作效率。

具体说来，首先要考虑选择好适宜的文种，并根据文种特点严格按照该文种的法定格式要求进行规范行文。在具体文种的写作时要注意使用该文种的规范词语。内在结构注意逻辑严密，用语恰切。在具体行文过程中或在做批转和转发公文时，其标题中尽量不要出现介词和文种的重叠，如"关于"的"关于"，"通知"的"通知"。另外，除了书名号的使用等有明确的规定外，一般不加标点符号。若需引用公文时，应先引标题，后引发文字号，并加圆括号。若需要转行，尽量不要把人名、地名、机关名称等专用名词、词组拆开。在使用简称时，一般应先用全称，并注明简称等。

（四）语言确切、简明、适体

公文作为传达政令、沟通信息、推动公务活动开展的重要工具，在词语的运用上有非常严格的要求，而用词的恰切与否也直接关系到公文内容的表达是否到位，影响到公文的质量和效力，哪怕是一个小小的文字或标点错误，都有可能影响对公文的理解和执行。一般而言，公文的语言要做到确切、简明、适体。

确切，是指准确、贴切。公文的语言要求准确，是指公文的用字用词要恰当，语句段落要通顺，数字标点要规范。贴切，是指公文语言要合乎文种需要和语法规范，既重视文种的特定要求，又要注意从篇章结构到具体词语使用的语法和逻辑规范，从而实现主旨的彰显。只有确切地使用公文语言，才能在如实地反映客观事物和情况的基础上明晰地传达发文意图，使公文所传达的党和国家各级组织或机关的管理意图得以更好地理解和执行。

简明,是指简洁、明确。古人云,"立片言以居要,乃一篇之警策"。这是对文章语言简明特点的最好诠释。现代公文是现代社会高效地管理国家事务、传递信息的文字载体。因此,若公文冗长、乏味,不仅会让人望而生厌,而且不利于文件主旨的彰显,当然也会对阅读者把握文件的要领造成障碍。因此,简明扼要是公文写作的一项基本要求。

适体的要求正如刘勰所言:"盖奏议宜雅,书论宜理。"刘勰在《文心雕龙·诏策》中认为:"誓以训戒,诰以敷政,命喻自天,故授官锡胤。"就是说在制作公文时要能够根据不同的内容确定不同的要求,因为公文写作总要受行文目的、对象以及不同文种对于形式和内容等的制约。如指挥性公文要庄严、果断,即如周振甫对《文心雕龙·诏策》所做的注释说明中所言"指切事理,不得依违两可",以显示此类公文所具有的法定约束力和权威性;请示、报告等呈送性、祈请性文种宜语气平缓、委婉,态度诚恳、谦和、肃恭等,以利于公文的妥善处理;公告、通告、通报等告晓性公文宜明晰、合理,即"详约明断,理得而词中",以实现其告知、明示公众需要周知的各种具体事项和规定。

【文选】

"书香三八——智慧女性·书香家庭"读书征文活动通知

吴明师

局机关工会女职工委员会:

为深入实施"培育好家风——女职工在行动"主题实践活动,进一步引导广大女职工自觉践行社会主义核心价值观,大力弘扬中华民族优秀传统文化和自尊自信自立自强精神,发扬中华民族传统家庭美德,带头弘扬主旋律,树立新风尚,建设幸福家庭;贯彻落实党中央、国务院关于"倡导全民阅读,建设书香社会"的战略部署,深入推进全民阅读,促进家庭文化建设,树立良好家风,让阅读成为一种生活方式,让书香浸染每一个家庭。由红旗出版社、中国妇女报社、人民网主办,中华全国总工会女职工委员会、中央直属机关妇工委、中央国家机关妇工委等单位支持举办的第四届"书香三八——智慧女性·书香家庭"读书活动已于2017年12月1日正式启动,省总工会女职工委员会结合我省实际,联合《劳动关系》杂志编辑部开展以"培育好家风——女职工在行动"为主题的系列征文活动。请机关工会女职工委员会号召和组织女干部、女职工积极踊跃参加。具体事宜通知如下。

一、征文内容

以培育好家风,建设幸福家庭为主线,内容包括家庭和睦、尊老爱幼、科学教子、邻里互助等内容,讲述自己及身边的家庭风尚好故事,以体现女职工在社会生活和家庭生活中的独特作用,展示女职工的巾帼风采。

二、征文要求

(一)作者必须是女职工。

(二)所报送的征文必须为原创作品,严禁抄袭和网络下载,每篇字数1000字(最好配有图片,并单独存为JPG格式文件)。

（三）文章体裁不限（小说、散文、诗歌、演讲稿等），在征文中要注明作者所属单位、姓名及联系方式。

三、奖项设置

本次征文，省煤矿工会将择优推选10至20篇征文到省总参评。省总设置一等奖2名、二等奖3名、三等奖5名、优秀奖若干。一、二、三等奖奖金分别为1000元、800元、500元，并颁发获奖证书（含优秀奖）。凡被省总评选获奖的征文，省煤矿工会将按照省总的奖励给予相同的奖金。

各级工会女职工委员会请于2018年8月10日前将活动总结报省煤矿工会，并于2018年9月26日前择优推选2至3篇征文（电子文档），报送省煤矿工会办公室。

联系人：王主任

——选自文秘网 www.91wenmi.com

第十六章　调查报告

一、调查报告的含义和种类

（一）调查报告的含义

调查报告是对社会上某一问题、事件、经验等基本情况进行有目的的、细致的调查研究后，将所得的材料和结论加以整理而写成的书面报告。调查报告的使用范围很广，是机关工作中实用性较强、使用频率较高的事务公文。不少部门都有专业调查报告。如经济部门的市场调查报告，公交部门的事故调查报告，司法部门的专案调查报告，等等。调查报告也叫"考察报告""调查汇报"，或"关于……的调查"。

调查报告在工作中的作用是多方面的，概括起来有以下几点：

（1）为党的方针、政策的制定和修改提供有价值的第一手材料。为领导机关掌握情况、研究问题、进行科学决策提供依据。领导阶层在制定政策或做出决策时，必须掌握情况，了解民情。调查报告可以帮助领导全面系统地认识事物，为各级领导机关制定政策、做出决策提供可靠的依据。

（2）扶持新生事物，传播、推广先进典型经验。要支持新生事物，推广先进经验，必须造一定的舆论。调查报告介绍新事物，宣扬新经验，为扶持新生事物，推广先进经验造舆论。

（3）有利于克服官僚主义，培养干部的求实精神，提高干部的素质和水平。

（4）调查报告虽然是一种报告性文体，但与行政公文中的上行文"报告"不同，调查报告可作为公文附件，上呈或下达，供领导决策参考，或为同级机关提供信息、经验。

（二）调查报告的种类

根据调查报告所反映的内容和性质的不同，可以分为以下几种。

1. 反映情况的调查报告

反映情况的调查报告是指针对某一地区、某一行业、某一单位或某一方面的历史、现状和发展变化等情况，进行比较系统、周密的调查研究之后写出的调查报告。这类调查报告涉及政治、经济、军事、文化、生活等诸多方面的内容，以便弄清现实情况，根据所反映出的普遍性规律，做出符合实际的正确估计与判断，提出可供借鉴的意见和建议，为有关领导机关处理问题、制定方针政策和科学决策提供参考依据。如中共北京市委统战部调查组在1988年10月赴清华大学、北京大学、中国科学院九三学社和北京市民工党、致公党部分成员学习班就当前国家改革形势问题向民主党派成员和非党知识分子进行了一次问卷调查。调查的结果，76%的人把党风不正问题摆到了七个群众普遍不满意问题的首位，表明了党外人士对党风不正和腐败现象深恶痛绝，同时也表明他们所关注的是党和国家的命运和前途，而把对自己生活待遇问题的关注摆到了次要位置上。这对党中央了解民主人士对改革形势的看法与群众最不满意的问题有了初步的了解，对党中央做出反腐倡廉的决策起到了极好的参谋作用。

这类调查报告因调查目的、范围和用途的差异而有两种区别：一种是反映具体情况的专题性调查报告。其调研目的是为了把某一个具体问题界定清楚，调研范围单一、具体，报告的内容一般用来作为处理某一具体问题的依据或重要参考。另一种是反映基本情况的综合性调查报告，调研的目的是为了掌握某一领域或某一方面的概貌，调研范围相对宽广，涉及的对象较多，报告的内容主要用作宏观决策参考，或者用于说明某种客观现象、某一学术观点。

2. 推广典型经验的调查报告

推广典型经验的调查报告是指针对某一地区、某一行业、某一单位或部门具有典型性的成功做法进行调查，并从理论的高度进行分析，所写出的具有代表性、科学性、政策性的经验报告。这是推广先进经验、指导工作的一种有效方法。这种调查报告经常在报刊上发表。典型经验是具有一定的代表性和具有普遍指导意义的经验，把它写成调查报告，发表出来，可以给本系统、本地区或全社会带来积极的影响。典型经验可以反映先进人物的事迹，也可以反映实践中总结出来的一些有推广价值的经验做法。如孔繁森、徐虎等先进人物的事迹是调查报告写作的极好题材；又如企业走出困境、扭亏为盈的经验、反腐倡廉的经验等，都是总结经验类调查报告应该反映的内容。

3. 反映新生事物的调查报告

反映新生事物的调查报告是指针对现实社会中涌现出来的新人、新事、新创造、新风尚进行深入细致的调查研究，旨在揭示新生事物产生、发展、成长规律的报告。这类调查报告能够反映出新生事物的背景、情况和特点，有利于促进其迅速成长与发展。改革开放以来，新生事物层出不穷，尽管开始时并不完善，但它们体现着时代精神，预示着未来的发展方向，具有强大的生命力。因此，我们一定要及时地发现新生事物并进行调查研究，揭示新生事物的发展规律，阐明重要意义，使人们对新生事物具有正确的认识和积极的态度，以促进新生事物不断完善，健康成长。

对新生事物，调查报告的最终意见可以是肯定性的。例如，1985年1月15日《人民日报》刊登的《"中关村电子一条街"调查报告》，在对被人称为"中国的硅谷"中关村电子市场进行调查以后，认为它为科技、教育、经济体制的改革提供了新的思路，是值得充分肯定的。但对一些新生事物目前的状况，也可以持一种质疑或探讨的态度，如，1999年12月9日《人民日报》刊登的社会调查《个人住房贷款缘何发展缓慢》，所调查的个人住房贷款在中国是一个新生事物，但是，它的发展状况并不理想，原因在哪里？作者揭示了形成障碍的几个因素。

4. 揭露问题的调查报告

揭露问题的调查报告是指针对社会中存在的某一问题进行调查，重在揭示问题的弊端及其产生的原因，并指出其危害性的报告。对一些危害国家和人民利益的人和事，以及我们工作中存在的问题、不良倾向、不正之风，用调查报告的形式予以充分的披露和曝光，这样的调查报告具有普遍的教育意义。它对于帮助有关领导部门改进工作作风，提高认识，提高管理水平，抵制不良风气的侵蚀，及时解决存在的问题具有很重要的作用。如，中央党校原副校长吴黎平和南京大学原校长匡亚明写的《古老美丽的苏州园林名胜亟待抢救》[1]的调查报告披露了苏州园林自1949年10月以来，尤其是在1966年至1976年中所遭受的严重破坏，提出为抢救苏州园林，把苏州建设成为全国著名的风景旅游城市，必须明确苏州市的性质、方针、政策和发展目标，根据苏州城市发展的根本任务，有计划、有步骤地进行经济的调整；对已经建成而破坏景观、影响环境的建筑物要坚决拆除。这篇调查报告所披露的问题引起了苏州市委和国家旅游局的充分重视，苏州市在进行城市建设总体规划时充分吸收了这篇调查报告所提出的一些有价值的建议。这就是说，这类调查报告不仅揭露问题，还为问题的解决提供思路和方法。

二、调查报告的特点

调查报告要求把经过调查研究所获得的结果变成书面文字，客观真实地报道事物发生、发展的全过程，科学地分析事物的本质和特点，表明作者的立场，从而使读者了解报告的具体内容，接受作者的分析和提出的观点。调查报告具有以下特点。

（一）真实性

调查报告所反映的必须是调查研究的结果，是经过调查所了解到的情况，不能道听途说，东拼西凑，更不能故意歪曲事实真相。调查报告不能带着事先定好的框框去写，而要在对事实资料进行科学的实事求是的分析研究的基础上得出某些规律性的认识和符合客观实际的结论。写进调查报告的事实必须确凿，材料必须真实，不能夸大，也不能缩小，更不能无中生有。调查报告如若失去了真实性，就失去了它赖以存在的科学价值。

（二）针对性

调查报告是根据党和国家的有关方针、政策，从工作实际出发，配合当时的形势，有针对性地对现实生活中的典型事物或工作中急需解决的问题，进行深入的了解、系统的剖析，揭示出它的本质、规律和矛盾，概括出可行的经验和办法，加以推广。进行调查研究，撰写调查报告，就是为了解决问题，因此，调查报告具有明确的针对性。而且针对性越强，其指导性也就越强，也就越能发挥积极作用。这就要求我们在对某一个问题进行调查时必须深入，那种走马观花式的泛泛调查是难以有收获的。例如，高考是农村青年的一条重要出路，可是我国教育现状还比较落后，考生众多而录取人数有限，于

---

[1] 吴黎平，匡亚明：《古老美丽的苏州园林名胜亟待抢救》，见《新华文摘》，1982年第1期。

是造成了大量的高考落榜生,他们不甘心重新被捆绑在土地上,可是又找不到出路在哪里,这就形成了严重的社会问题。有人专门就此作了充分调查,写出了题为《独木桥下的思索——关于农村高考青年的报告》。这显然是一个很有针对性的写作实例。

(三)典型性

调查报告往往是从全局出发提出问题,通过对典型材料的分析研究,找出全局性、规律性的东西,用"点"上的经验带动"面"上的工作。因此,调查报告所选择的对象必须具有典型意义、普遍意义或带有关键性的问题。

(四)灵活性

调查报告主要通过叙述的方式,把某一问题调查研究的经过、收获、经验、做法等表述出来。有时,也可以用议论的方式总结规律,用说明的方式解说事物。

(五)完整性

调查报告要求结构形式完整,一般由提出问题、分析问题、解决问题等部分组成。它要求对某一事物作系统、完整的调查研究,要求在对某一事物的起因、发展和结果整个过程了解的基础上形成观点,提出建议。

三、调查报告的写作

(一)调查报告的写作要求

1. 在政策上下功夫,确保材料的方向性

调查报告是反映执行党的方针政策的情况和问题的,必须用党的方针政策、有关的理论知识去观察问题、分析问题。因而,调查报告的撰写者必须钻研、熟悉与调查题目有关的党的方针政策和理论,提高思想水平与政策水平,提高对问题的分析综合能力,还要紧密结合并顺应社会和时代发展潮流。既不能与社会发展脱节或比其滞后,更不能逆潮流而动。要落实科学发展观,不仅要紧跟时代发展步伐,还要努力使文章站在时代和社会发展的前沿,使所表达的观点具有前瞻性和引领性。

2. 在调查上下功夫,确保材料的真实性

在写作之前,必须对调查对象进行深入、细致的了解,力求获取全面材料。撰写调查报告,必须以认真、细致、周密的调查活动作为坚实的基础。只有这样,才能保证其所用材料的真实性,也才能使之具有说服力。否则,不下苦功夫进行调查,就往往容易导致报告内容的失真,或者以偏概全,或者挂一漏万,而这又势必影响通篇调查报告的质量,这种调查报告不会对实际工作具有任何指导作用。因此,要写作调查报告,必须对调查对象进行深入、细致的了解,力求获取全面材料,包括正面的、反面的、现实的、历史的、上层的、下层的,等等。只有这样,作者使用材料时才会得心应手,左右逢源;也才能对大量的事实材料进行分析比较,从而得出正确结论。在调查之中,要运用辩证唯物主义和科学发展观的立场、观点和方法来观察问题、认识问题和解决问题,它们是使调查活动趋于正确的思想基础和理论基础。

3. 在研究上下功夫，确保调查报告的指导性

研究首先是对调查所得材料的深化，这也是写好调查报告的关键所在。要在辩证唯物主义和历史唯物主义的指导下，通过对调查对象的精心比对和分析，将全部情况和材料进行"去粗取精，去伪存真，由此及彼，由表及里"的改造制作，扬弃表面的、支流的东西，抓住事物的主要矛盾和矛盾的主要方面。没有这个环节，所撰写的调查报告只能是事实现象的堆砌和罗列，不具有任何实用价值。

同时，要侧重于对事物内部联系和规律的研究，努力寻觅和挖掘出其深层意义，找出规律性，然后将其上升到理论的高度，实现认识的升华。在此基础上所得出的结论及提炼出的主旨，必然是新鲜的，具有时代特色和实际的指导意义。

4. 在框架上下功夫，确保材料的条理性

调查报告文种所涉及的内容十分广泛，它要反映出事物或事件发展的全过程，又要进行恰当有力的分析，找出根源，提出下一步工作意见。既要提出问题，又要解决问题；既要摆事实，又要讲道理；既要以材料说明观点，又要用观点统率材料。因此，在撰写时必须精心设计其框架结构的安排方式，以便合理地使用所获取的材料，更好地突出全文的主旨。

5. 在准确性上下功夫，确保材料的严密性

调查报告的准确性主要表现为引用的事实要准确，进行的表述要准确，阐述的观点要准确。所谓事实要准确，就是要引用通过调查所获得的、经得起历史和实践检验的客观存在的事实，不能杜撰和编写；所谓表述要准确，是指文章的表述要尊重事实，简洁明了，既不夸大，也不隐瞒，更不能靠想象用想当然或模棱两可的语言进行表述；所谓观点要准确，是指对复杂的事物要通过实际调查，做出全面的分析，提出精辟的见解，以此制定出正确的方针政策。

6. 在表述上下功夫，确保材料的公文性

调查报告要用事实说话，反映事物发生、发展和变化的过程，并对其进行分析，找出规律性的东西，用以指导工作。同时，调查报告又是一种公文文体，这就要求撰写调查报告的过程中，一定要在表述上下功夫，确保材料的公文性。由于调查报告是通过对相关事实进行调查研究的基础上表述自己观点和见解的一种文体，在写作时就势必既有对事实的叙述，又有发表见解、阐述观点的议论，所以，调查报告的表达必须是叙述和议论的有机结合。优秀的调查报告无一不是两种表达方式的高度统一体。

同时，公文语言的一般要求是平淡、朴素，尽量不用描写和抒情。但是调查报告由于其特有的功能和作用，决定了其在语言运用上尽量做到简洁明了的同时，还应力求生动活泼，以通过富于表现力、影响力和感染力的表述，引起阅读者的重视。所以，在写调查报告的时候，要善用比喻、排比、引用等修辞手法，这些均有助于语言表达的生动、形象。但是，这个尺度要把握好，不能把调查报告写成抒情散文。

（二）调查报告的写作步骤

撰写调查报告要把握三个环节：一是调查。深入调查，获取材料。二是研究。认真分析研究，揭示客观规律，确定主旨。三是写作。精心谋篇布局，写出调查报告。

1. 调查

（1）调查的含义与特点。调查是作者为了了解某一方面的情况、解决某一方面的问题而进行的、有明确目的的专门性考察。调查是有目的、有计划地搜集写作材料，感知写作信息的一种手段，也是作者直接感知生活的一种方式。生活中发生的许多情况，我们不可能都亲身经历。有许多事情只能在发生之后，再到现场向当事人、知情者去调查。所以，调查并进行研究是一种完全自觉的认识活动，是摄取写作材料的又一条重要途径，也是作者必须掌握的一项基本功。如果说观察是文学作品和记叙文材料的重要来源，那么，调查则是新闻类、应用类文章材料的重要来源。尤其是调查报告、消息、通讯等文体，更是离不开调查。毛泽东的《湖南农民运动考察报告》就是用了32天，实地调查了湘潭等5个县，召开了各种调查会，掌握了许多"见所未见、闻所未闻"的材料才写出来的。魏巍在谈到自己的创作经验时说："创作当然可以想象，但有些是不可能想象到的。比如我调查访问了一个朝鲜妇女，李承晚的自卫队活埋了她的孩子，对她说：'你这个孩子到明年我就叫他发芽了。'像这种语言，作者很难创作出来。"[1]

调查具有以下几个特点：

①明确的目的性。调查都是有明确的目的的。或是为了反映基本情况，或是揭露现实生活中的某一问题，或是介绍典型经验，或是为了澄清某一重大事件，或是为了做出某一重大决定，等等，作者总是通过调查，获得丰富的第一手材料，然后在这些材料的基础上，经过认真的分析、研究，把握事情的真相、实质、趋势，得出正确的结论，用以指导实践。

②综合运用观察、查询、阅读等手段。调查任务要在一定的时间内完成，有一定的时效性。为了在比较短的时间内完成任务，有效地获得自己所需要的材料，它总是综合运用观察、查询、阅读等手段，以保障任务的完成。

③具有双向交流的特点。观察基本上是单向的。调查获得材料，不只依靠作者，还要依靠调查对象的配合。如果离开调查对象的配合，调查很难顺利进行。

（2）调查的方式和方法。按照调查对象的范围大小，我们通常把调查分为普遍调查和非普遍调查两大类。普遍调查是对调查对象总体内所有单位无一例外地进行调查。这是了解某一个问题全面情况的最可靠的方式，可以获得系统、完整、多项目的数据和资料，获得的信息最准确，最权威。但工作量大，难度高，一般多用于重大项目，如工业普查、国有资产普查等。非普遍调查是对调查对象总体中一部分单位所进行的调查。根据选择"一部分单位"的标准、方法和数量，非普遍调查又可分为下列四种：

---

[1] 魏巍：《我是怎样写〈东方〉的——在解放军文艺社军事题材短篇小说读书班的谈话》，见《解放军文艺》，1980年10月。

①典型调查。典型调查是在一定的调查总体范围里，选择有代表性的典型样本为对象进行调查。这是一种"解剖麻雀"的方式。它的特点是范围小，单位少，能够对被调查的对象做深入、细致的了解，同时又节省人力、物力和时间，能以较小的代价获取较大的利益。但是，由于典型样本是根据调查者主观判断决定的，所以，难免带有某种程度的主观性。在对总体情况了解得不够的情况下，往往难于选好典型，这样就难免对调查结果的准确性产生一定影响。因此，在使用典型调查时，尽可能在对调查对象总体情况有大致了解的基础上进行。

②重点调查。重点调查是在一定的调查总体范围里，选取重点样本为对象进行调查。重点样本是指统计总体中各单位所共同具有的特征，因此，重点调查的样本虽然为数不多，在数量上却占整个调查总体的绝大部分比重。通过重点样本的调查，可以对总体有个基本的了解。我们的调查如果只是为了掌握基本情况，可以采取这种比较简便的形式。重点调查的关键是准确恰当地选取重点样本。一般采取系统分析、综合比较的方法，选择对总体能起主要或决定作用的因素。如对国有纺织行业不景气的调查，就可以选取"不景气"的原因作为重点样本进行调查。

③个别调查。个别调查是对某个特殊单位进行的全面、深入调查。由于调查对象单一，调查必须讲究深度和广度。如对某个先进典型单位或对某个落后典型单位的调查，都属于个别调查。个别调查应注意挖掘现象背后的本质原因，总结经验教训，提供给人们理性的思考。如，《销售与市场》2001年第10期发表的《透视脑白金的营销策略》，就是对脑白金产品的营销策略展开的个别调查。

④抽样调查。抽样调查是在一定的总体调查范围里，抽出部分样本作为调查对象进行调查。抽样调查，可以进行大规模调查，它是非普遍调查方式中用来推算全面情况的最完善、最科学的方式。它有三个特点：一是样本按随机原则抽取，不加任何选择；二是抽取的全部样本，用来代表总体，而不是以个别样本代表总体；三是抽样误差和总体各单位之间的差异程度成正比，和抽样数目成反比。即样本差异越大，抽样误差越大；抽样数目越大，抽样误差越小。当然，怎样选择调查对象，以何种方式进行调查，要根据调查的内容、对象、时间、条件等来决定，不能一律采取某种方式来进行。

调查方法主要有以下几种：

①观察访问。观察访问是一种亲自获得第一手资料的调查方式。调查者亲自深入调查对象中，主动与调查对象接触，亲身体察实际情况。这种方式适合单一、小规模的调查。在调查前，应拟好详细的调查提纲，有的放矢地深入一线，得到自己想搜集的情况资料。

②问卷调查。问卷调查是一种书面调查的方式，以问卷形式提出若干固定问题来询问调查对象。问卷的设计一般多采用客观题的形式，便于调查对象回答和选择，也有利于统计结果。问卷的设计还要注意科学性，与调查目的紧密结合，问题设计应简明清楚，不致引起歧义或令被调查者无从作答。除客观题外，也可配合少量主观题，让调查对象畅谈自己的看法。由于问卷调查可避免调查者与被调查者之间的直接接触，可减少被调查者的疑虑，表达出自己的真实想法和实际情况。特别是现在有了电子计算机等先进的统计手段，提高了问卷调查的效率，有利于节省时间，节约开支。而且问卷调查可通过

邮件、网络等方式进行，不受时间地点的限制，是大型调查的常用有效方式。

第三，实验调查。实验调查是在事先确定调查的问题中，选择影响这些问题的诸多因素中的一个或几个因素，将其置于一定的条件下，进行小规模实验的方法。如在推行某种经销方法前，可先通过试点进行小规模的实验，对实验结果进行分析研究，再决定是否应该大规模推广；要改变某种产品的生产工艺、质量、包装设计、价格、广告等，也可以预先进行小规模的实验，调查用户和有关人员的反映，预测产品未来销售的潜力和趋势，然后决定这种产品的生产规模和产量。我国常见的展销、试销、试用、品尝、演示等活动都属于这种调查法。

总之，调查的方法很多，对于一项具体的社会调查到底应采用什么方法，应以能最有效地达到调查目的和要求为依据进行选定。

2. 研究

通过调查研究获得的材料是比较纷乱的。它们不能直接地、集中地、明确地说明事物的本质规律。只有通过辨析整理，分门别类地分析研究，逐层归纳出一个个分论点，才能最后找出规律性的东西。所以，调查之后，还需对获得的材料进行分析研究。要运用科学的方法对材料进行分析、综合、比较、归纳，以找出成功的经验，发现存在的问题，探求事物的本质和规律。这是一个十分关键的环节，它直接关系到调查报告的高下优劣及其写作目的的实现，一定要认真对待，绝不可敷衍了事。

3. 写作

调查报告的结构一般由标题和正文两部分组成。

（1）标题。调查报告的标题比较灵活，通常有两种构成方式：

①单行标题。单行标题又有两种构成方式：一种是公文式标题，由事由和文种构成，如《关于独生子女教育问题的调查报告》；另一种是内容概括式标题，这种方式相当灵活：可以直接揭示主题，如《联合之路就是生财之路》；可以提出问题，说明调查的目的，如《究竟应该如何认识这一代青年》；可以概述调查对象所取得的成绩，如《深圳市在改革开放中迅速发展》，等等。

②双行标题，即主副式标题。由主标题和副标题构成，与新闻标题相似。主标题揭示调查报告的基本观点，副标题说明调查的对象、文体的性质和补充说明调查的内容。如《亏损企业的现状不容忽视——关于南京市亏损企业的调查报告》《改革的硕果——云南大理白族农民观念变革调查》等。无论采取哪种形式拟制标题，都要求做到简洁醒目，观点鲜明。

（2）正文。调查报告正文的结构一般由前言、主体和结尾三部分组成。

①前言。着重介绍基本情况并提出问题。一般要求概括说明三方面内容：

一是调查工作本身的基本情况，其中包括调查的目的和起因，调查的地点和时间，调查的对象、范围和方法等。

二是调查对象的基本情况，其中包括有关背景、成绩和问题，产生的效果及其影响等。如，1982年4月4日《人民日报》上刊登的调查报告《他们为什么能在智力竞赛中得奖——北京市中学生智力竞赛情况分析》的开头："去年暑假，在中央电视台举办的北京市中学生智力竞赛中,101中、和平街1中和26中三所学校获得了团体优胜。我们同这三所学校的领导、部分教师以及参加竞赛的19位同学进行了座谈。"

三是调查研究结论的提示。如,《湖南涟源钢铁厂实行上缴利润递增包干的调查》的开头:"湖南涟源钢铁厂实行上缴利润递增包干的办法已经七年多了。七年来的实践证明,这是一种实现所有权与经营权分离,搞活大中型企业的有效形式。"[1]

这三方面内容并非每一篇调查报告的前言中都要具备。不同的调查报告,前言内容的基本事项不完全相同。有的重在介绍调查工作本身的基本情况,同时对结论作一提示。有的侧重概述被调查的事物的基本的基本情况。也有的调查报告根本就没有前言部分,起笔就直接进入主体部分。如《南京鼓楼医院一起严重医疗事故的调查报告》就属于这种情况。总之,前言的写法因其内容的不同以及表现主旨的需要而有所不同,但其共同要求是,以概括的文字为主体部分的展开作必要的交代,务求言简意赅。

②主体。是调查报告的核心内容、主干部分,也是对调查研究结果的具体引证、说明部分。对调查研究的具体叙述要在这里进行,作者在调查中所掌握的大量材料也要在这里使用。因此,这一部分内容的安排应做到先后有序,主次分明,详略得当,结构严密。为了把问题说清楚,可以根据具体内容的性质分成几个小部分,每个小部分加一个小标题。

主体常见的安排方法有以下三种情况:

一是按照调查的顺序逐点去写。例如,为研究发展农业集约式生产的情况,调查了三个乡,而三个乡搞集约式生产的方式、方法又各有自己的特点和经验。调查报告就可以逐个地写出三个乡的情况,并从它们各自的特点中总结出共同的规律来。这样,文章对每一个调查点的叙写是集中的,交代是清楚的,重点材料也是突出的。

二是按照事物发展的阶段依次去写。有的是调查了一个单位或一件事情的产生、发展、变化的过程。如果这个过程本身就能体现出一些规律性的东西,能给人以较大的启发,就可以按照事物发展的阶段来安排内容。这样的安排可以看出事物的发展变化,并由此阐明事物发展的规律。采用这种写法,要注意把事物的发展过程大致划分为几个阶段,逐段地予以叙述、交代,以使文章层次清楚。同时,对于重点部分,要通过典型事例的介绍予以突出,并可以进行分析、综合,指出其意义和作用。这样就会避免写成流水账。

三是根据内容特点给材料分类,逐个去写。这种结构形式比较常见。就是把调查得来的材料按照内容性质的不同分成几个部分,从几个方面去写。用这种方法,往往要使用小标题。这种安排应特别注意各部分要始终围绕一个中心。另外,各部分之间还要有逻辑关系。例如,可以是并列关系、主次关系、因果关系等。比如,《党政机关如何适应

---

[1] 中共湖南省委政策研究室:《湖南涟源钢铁厂实行上缴利润递增包干的调查》,见《新华月报》,1987年第6期。

四个现代化的要求——对咸阳市党政机关工作情况的调查》,[1] 就分别从"机构重叠""人浮于事""会议成灾""公文泛滥"几个方面入手,反映了咸阳市党政机关工作中存在的问题,虽然各部分内容独立列段,但都是围绕"党政机关如何适应四个现代化"这一中心展开,这几个部分之间又有并列的逻辑关系,所以,结构严谨,重点突出。

③结尾。调查报告常在结尾部分显示作者的观点,对主体部分的内容进行概括、升华,因此,它的结尾往往是比较重要的一个部分。常见的写法有下述三种:

一是概括全文,明确主旨。在文章结束的时候将全文归结到一个思想的立足点上。例如,《关于邯郸钢铁总厂管理经验的调查报告》的结尾:"邯钢的实践证明,国有企业适应建立社会主义市场经济体制要求,必须在转换经营机制的基础上转换经营方式,切实转变经济增长方式,这样才能充分挖掘企业的内部潜力,提高企业的整体素质和市场竞争力。邯钢的作法为国有企业实行从传统的计划经济体制向社会主义市场经济体制,从粗放经营向集约经营两个具有全局意义的根本性转变提供了借鉴的经验。"[2] 这样的结尾,提供了清醒的理性认识。

二是指出问题,启发思考。如果一些存在的问题还没有引起人们的注意,或者限于各种因素的制约,作者也不可能提出解决问题的办法,那么,只要把问题指出来,引起有关方面的注意,或者启发人们对这一问题的思考,也是很有价值的。例如,《暗访北京站前发票非法交易》一文的结尾:"记者随后又转了几个地方,16时10分从北京站前离开。在这40分钟里,碰见了大约20名卖发票的不法人员。听口音他们大都是外地人。从言谈举止可以感觉到他们知道自己的行为是违法的。在广场、路口维持秩序的公安、保安人员不少,也许是司空见惯了吧,记者没有看到他们出面制止这种不法行为。"[3] 对发票非法交易的现象,到底该由谁来管,怎么管?作者指出这一问题,相信能引起有关部门的重视。

三是针对问题,提出建议。在揭示有关问题之后,对解决问题提供一些可行性的建议。例如,1999年11月23日《人民日报》刊登的专题调查《人情消费,让人如何承受你!》就写了一个建议性的结尾:"在人情消费已成为一种风气的情况下,制止大操大办单靠哪一个人、哪一个单位很难从根本上奏效,如喝喜酒,往往是通知范围大了人们反感,范围小了没接到通知的人也有意见。遏制人情消费,建立新型的人际关系,倡导社会新风,是一项社会系统工程,需要各级各部门共同努力。首先要加强宣传和教育。提倡新事新办,勤俭持家,厉行节约,建立新型的社会主义人际关系。节日期间,报纸、电台、电视台可举办专题栏目、节目进行宣传,文化部门应挑选一批优秀的影片(主要是婚丧嫁娶新事新办方面的)在各乡镇、村巡回播放。通过广泛深入的宣传教育,使人们树立正

---

[1] 新华社:《党政机关如何适应四个现代化的要求——对咸阳市党政机关工作情况的调查》,见《人民日报》,1979年1月19日。

[2] 《关于邯郸钢铁总厂管理经验的调查报告》,见《人民日报》,1996年1月25日。

[3] 李忠辉:《暗访北京站前发票非法交易》,见《人民日报》,1999年12月16日。

确的人情消费观。其次要制定社会规范。在政府机关和企事业单位建立红白理事会，推行节俭办红白喜事。建立约束机制，对人情消费进行引导、规范、管理。再则要严格稽查。对大操大办甚至借机敛财的干部要严肃处理，直至在新闻媒体上曝光。"提出了三条建议来解决人情消费的严重问题，其中不乏切实可行的措施。

【文选】

高校更名趋势调查，至少有65所高校去掉"职业"二字

田文生

看上去，又一轮高校改名的浪潮呼之欲出。

1月20日，教育部官方网站上发布了发展规划司《关于2017年度申报设置列入专家考察高等学校的公示》，46所高校入选该份名单，其中包括21所"新设本科学校"、16所"更名大学"、6所"独立学院转设为独立设置民办本科学校"和3所"同层次更名"的学校。

引人瞩目的是，在21所"新设本科学校"中，有16所学校的"建校基础（即拟更改前的现有校名——记者注）"中包括"职业"或"职业技术"字样，其"申请建校名称（即拟改成的新校名——记者注）"中，将"职业"或"职业技术"抹去。

大学校名是学校的招牌，是学校对外的"名片"，也是承载其历史传统、文化理念、精神气质、品牌形象的最重要的载体之一。根据现行的《普通本科学校设置暂行规定》，高校实行一校一名制，为了有更心仪的"名头"，部分高校似乎已经决定不再"行不更名，坐不改姓"。

《中国青年报·中青在线》记者搜集到10多年来高校更名的消息，试图去找寻其规律。

《中国青年报·中青在线》记者查询相关高校更名的信息发现，在20世纪末高校大合并的浪潮期间，校名大多是"大鱼吃小鱼"，另有一部分推出了全新的校名。而进入21世纪后，中国高校的改名则出现了几个主要动向：

一是，将涉及的地域越改越大。较为典型的案例是，1978年，"泸州医学院"由原校名"泸州医学专科学校"更名而来，2015年，该校更名为"四川医科大学"，同年年底，再度更名为"西南医科大学"。

二是，改变学校的性质类别。实现了高等专科学校——学院——大学的更迭，看上去"办学层次"越来越"高端"，这种情形最为普遍。

三是，界定学科类型的用词越来越时尚、综合。比如，用"金融"取代"财政税务"，用"工学院"取代"机电"，用"交通"取代"铁道""铁路"，用"工程"取代"地质"，用"科技"取代"钢铁"，等等。

四是，摘掉"职业"的帽子。去掉校名中的"职业"或"职业技术"字样。《中国青年报·中青在线》记者根据公开信息进行汇总统计后发现，迄今至少有65所高校已完成了上述第四种情形的更名，而这一数据并不包括前述刚公示的、极有可能最终完成更名的16所。

根据《中国青年报·中青在线》记者所掌握的信息，早在2005年3月，就有学校试水

第十六章 调查报告

"校名去'职业'化"。当时,西北地区的一所民办高校将校名由8个字压缩为6个字,去掉的两个字便是"职业"。当年5月,同城的另一所民办高校也成功地完成了同样的选择。

他们当时的选择看上去显得"前卫"也"富于远见"。在那个时段,职业教育方兴未艾,尚有不少学校将校名中加入"职业"或者"职业技术"字样。

比如,2008年,教育部教发函〔2008〕165号文同意对9所高等职业技术学校予以备案。其中的4所学校,原来的校名中并没有"职业"或"职业技术"字样,新校名中添了上去;另5所新建的学校,启用的校名中都有"职业"字样。

但是,总体上看,已经入围高等教育的学校中,"校名去'职业'化"趋势显得更为常见,很多学校都热衷于这样"做减法"。

2008年,第一波高潮袭来。当年,至少有12所高校将校名中的"职业"或"职业技术"字样挪走。而这些高校在更名后,均升为民办本科。其中的一所,名列几天前教育部发布的"列入专家考察"的"同层次更名"名单之中,换言之,该校致力于再度改名。

此后的2010年,1所公办高校将校名去掉了"职业",也罕见地出现了同时将"大学"改为了"学院"。

2011年,迎来第二波高潮。当年,18所学校将校名中的"职业"或"职业技术"字样"抠掉"。和前述情形一样,这些学校改名后均为本科层次的民办普通高校。

2012年,又有1所学校成功仿效。

2014年,出现了第三波也是迄今为止最大的一波高潮。当年,24所学校在校名中"摘掉"了"职业"或"职业技术"的"帽子"。和前几次一样,24所学校在更名后系本科层次的民办普通高校。

2015年,华南地区的两所高校达到了同样的目标;同年,公办的一所职业技术学院升格为普通本科高校,并改名为某特殊教育师范学院,同样去掉了"职业"字样。

此后,成功走出这条路的高校并不太多:2016年,位于华北的一所高校抹掉了校名中的"职业技术"字样;2017年,某公办的职业学院升格为本科层次,并去掉了校名中的"职业"字样。

如果教育部最新公示的名单中的10多所学校能如愿以偿,这将是一年内有超过10所高校校名"去'职业'化"的第四个年份。

记者发现,并非所有高校都会选择"做'职业'减法"。比如,2009年,2所高等职业学校同层次更名;2010年,12所高等职业学校同层次更名;2011年,2所高等职业学校合并、14所高等职业学校同层次更名,他们在改名时都保留了原有的"职业"或"职业技术"字样。

此间,也曾出现过大学在校名中添加上"职业"字样的情况,不过,该做法异常罕见。记者仅仅查询到天津工程师范学院更名为天津职业技术师范大学一个案例——当然,由中专、中职等"中等学校"改为属于高等教育范畴的"高等专科学校"或"学院"不在此列,它们在改名前并非高校。

总体上看,在校名中去掉"职业"字样的高校不在少数,这已成为值得关注的新现象。在有的学校心目中,这和"水往低处流、人往高处走"一样,毋庸置疑。

除了争取获得官方文件同意后改名，还有高校（公办或民办——编者注）更为隐秘地干着殊途同归的事：在对外宣传时所使用的校名，有意无意地"忽略"掉"职业"或者"职业技术"字样。

校名决定了层次？

高校更名时为何频频选择去掉"职业"两个字？《中国青年报·中青在线》记者注意到，校名并不单是一个名称，其中的每个字眼，都可能为学校带来不同的社会评价。

看来，校名"大有讲究"，使用不同的字眼，往往会被部分人士贴上意味深长的标签。

比如，普通本科学校的名称，分为"学院"和"大学"。根据现行规则，称为学院的，全日制在校生规模应在5000人以上。称为大学的，全日制在校生规模应在8000人以上，在校研究生数不低于全日制在校生总数的5%。

在学科与专业方面，称为学院的，应该在人文学科（哲学、文学、历史学）、社会学科（经济学、法学、教育学）、理学、工学、农学、医学、管理学等学科门类中，拥有1个以上学科门类作为主要学科；而称为大学的，应拥有3个以上学科门类作为主要学科。

在师资队伍方面，称为学院的在建校初期专任教师总数不少于280人。专任教师中具有研究生学历的教师数占专任教师总数的比例应不低于30%，具有副高级专业技术职务以上的专任教师人数一般应不低于专任教师总数的30%，其中具有正教授职务的专任教师应不少于10人。称为大学的专任教师中具有研究生学位的人员比例一般应达到50%以上，其中具有博士学位的专任教师占专任教师总数的比例一般应达到20%以上；具有高级专业技术职务的专任教师数一般应不低于400人，其中具有正教授职务的专任教师一般应不低于100人。

此外，在教学与科研水平方面，称为大学的，要求也相对更高。

但是，是否升为本科院校时就必然应该去掉"职业"或"职业技术"等字眼？记者并未查询到这方面的规定。在现行《高等职业学校设置标准》（暂行）中，也完全没有这方面的内容。

毫无疑问，社会上一部分人对有"职业"字眼的学校或许存在一些偏见，但在职业教育越来越受到重视、职业教育创下极高的就业率和口碑的背景下，一所本科层次的学校，有没有"职业"之名，真有想象的那么重要吗？

或许，答案在风中飘。

——选自《中国青年报》，2018年2月5日

第十七章 总 结

一、总结的含义和特点

（一）总结的含义

总结是机关单位或个人对过去一个时期的工作、学习、生活等实践活动进行系统的回顾与归纳、分析与评价，从中得出一定的规律性的认识，用以指导以后学习和工作的事务性文书。

生活中，我们在很多情况下已经使用了总结，比如，我们平时使用的总结形式：自查性质的评估及汇报、回顾，学生每学年要认真书写用于入档的个人小结，申报更高一级职称，申请某一职位，等等，都具有总结的性质。

总结一般作为我国党政军机关或组织以及各基层单位在具体工作中所使用的事务文书，与法定公文一起共同担负管理国家事务的责任，常常用法定公文"报告"的形式呈送给上级机关，以接受上级机关的管理与监督。比如，《关于呈送〈开封市工商局2017年工作总结和2018年工作思路〉的报告》等。

（二）总结的特点

1. 自述性

总结是机关单位或个人对过去工作、学习、生活等实践活动进行的自我回顾与评价，是作者或者述写者在述写经历时所做的自我审视，并对过去一个阶段的实践行为等进行规律性的把握和认识。主要采用第一人称，站在机关单位或个人自身角度品评自己在一段时间内的"功过得失"，也是古人"三省吾身"的自我认知行为。

2. 过程性

总结主要是机关单位或个人对过去一段时间内行为活动所取得的成绩与存在的问题所做的自我审视与自我评价。因此，总结就要有个叙写的时间过程，在特定的这段时间中总结主体有什么样的具体实践活动，有什么样的理性认识，有什么样的思想提升，还存在着什么样的问题，等等，一切成绩、教训、思考、借鉴等都是具体过程中具体实践的结果。因此，总结就是要从具体的实践过程中找寻到事物的规律性并进行理性的把握。实际上，在总结的同时，也是总结者的思想由感性认识上升到理性认识的升华和深化过程。

3. 认识性

总结就是要选择叙述主体或自述人在一定时期内的实践活动中具有典型性的事件进行分析与评价，揭示出其中所包蕴的基本的、突出的、本质的、规律性的东西，从而不仅要深知过去在工作、学习等方面有哪些成绩与失误，还要有针对性地找到问题产生的原因，并努力针对原因进行分析，以吸取经验教训，力求今后少犯错误，少走弯路，并取得更大的成绩。当然，自述人在选取典型性事件的时候，不仅要尊重客观事实，以事实为依据，而且要善于把握事件中所反映出来的党政军机关、组织，社会团体等的工作作风、行政力度、务实创新、风范等整体风格，以及自我在德行操守、文化修养、工作态度与能力、人文素养与创新潜能等方面所彰显的性格情分、修养境界以及发展空间等。

4. 呈示性

总结主要是用叙述主体或自述人实践活动中的真实的、典型的材料来证明叙述主体或自述人对自身所做的各种判断。一方面呈示给叙述主体或自述人的监管部门以保存或存档，另一方面呈示给对叙述主体或自述人进行职务、职称评定的上级、领导或所在单位、部门，以接受评定、监督或管理、批评。

二、总结的种类

根据不同的分类标准，总结有很多类型。

按性质划分，有综合性总结和专题性总结等。

按内容划分，有学习总结、工作总结、科研总结、思想总结、生产总结、劳动总结、会议总结等。

按使用范围划分，有全国性总结、系统总结、部门总结、单位总结、个人总结等。

按时间划分，有月份总结、季度总结、年度总结、阶段总结、任期总结等。

按言说方式可分为口头总结、书面总结等。

按表达方式划分则有陈述性总结与论述性总结之别。

常见的总结主要有综合性总结、专题总结、工作总结、会议总结等。

综合性总结，又叫全面总结，是指各级社会组织、机构等对自己在一定时间内各项工作所做的整体性、全面性回顾、概括、归纳与总结。一般具有内容广泛、篇幅较长等特点。常常既有纵向的、系统性的把握，又要有横断面式的共性分析，力求综合、全貌地反映工作成败得失。

专题总结，也叫单项总结，是指各级社会组织、机构等对在一定时间内所做的某一项工作或是一个具体问题做出相对集中透彻、深入细致地分析的总结。一般具有内容单一、集中，针对性、典型性、理论性强等特点，往往在以后的同类工作中起到示范引导作用。

工作总结，则可做全面总结，也可做专题总结，可有月份、季度、阶段等不同时间段的总结。

会议总结，一般是对某一会议的基本情况与经过进行概括，以归纳梳理出会议中所研究、讨论的问题、不同的意见以及会议的决定、今后如何贯彻执行等内容的总结。

第十七章　总　　结

本章主要讲一般总结和述职报告的写作。

三、一般总结的写作

（一）一般总结的结构

总结的结构就是指总结组织和安排材料的具体表现形式。总结一般是由标题、前言、正文、署名和日期等四部分构成。

1. 标题

标题就是总结的名称。在具体写作中，总结的标题可以有多种不同的形式，常见的有文件式标题、文章式标题和多行标题等。

（1）文件式标题就是指套用公文标题的模式而形成的总结标题。一般包括叙述主体或自述人的单位名称、总结时限、事由、文种名称等四部分。比如，《开封市文明办2018年度工作总结》《南阳市公安局2018年精神文明建设工作总结》《某某大学植物科学技术学院"三下乡"活动工作总结》等。在《北京高校图书馆期刊工作研究会2018年工作总结》这一标题中，"北京高校图书馆期刊工作研究会"是"单位名称"，"2018年"是"时限"，"工作"是"事由"，"总结"是"文种名称"。具体行文中这四个部分不一定标注完全，可以只写文种名称，比如，"个人总结""总结""个人小结"等；也可以只写事由与文种名称，如，"工作总结""教学总结""思想总结""销售总结""学习总结"等。

（2）文章式标题指使用简洁概括的语言直接揭示出总结主要内容或基本观点的总结名称。标题中一般不出现总结字样，只而是对总结的内容有所提示。例如，某高学校在建设素质高、有科学管理方法的辅导员队伍工作时所做的总结《运用激励机制，加强辅导员队伍建设》等。

（3）多行标题就是糅合文章式标题和文件式标题为一体，形成总结的正副标题。正标题揭示观点或概括内容，副标题点明总结的单位、时间、事由和文种名称。如，班级的年度工作总结《同心共筑文明班，搏击青春展风姿——河南大学文学院5班2011－2012学年度工作总结》等。

2. 前言

前言，是用最精练的文字，概括地交代总结的基本内容，如总结的主要内容、时间、地点、背景、事件经过等。前言也可以将总结出来的规律性认识、主要的经验或教训、主要的成绩或存在的问题用简短概括的文字写出来。这样，读者在读这篇总结之前就会对其全貌有一个大致的了解，也能够统领全篇，激发读者的阅读兴趣，引导读者在以后的阅读中积极思考。

3. 正文

总结的正文一般分为三个部分：开头、主体和结尾。

（1）开头，主要是介绍相关背景、基本情况等，也可交代总结的主旨并做出基本评价，或者把所取得的成绩简明扼要地写出来，或者概括说明指导思想以及在什么形势下做的总结等。不管以何种方式开头，都要力求简洁，开宗明义，简明扼要地概述基本情况，并使总结很快过渡到主体部分的翔实述写。

（2）主体，是总结的主要部分，也是总结的重点与核心。应包括主要工作内容、成绩及评价、经验和体会、问题或教训等。具体说，就是在实践活动中所取得的成绩和具体做法，以及获得的经验和应汲取的教训，根据对上文所述写的经验与教训做出的合理分析，指出今后工作、学习的发展方向等。这部分内容多，篇幅大，写作时要特别注意层次分明，条理清楚，并力求在行文中做到逻辑性与系统性相结合，以实现对存在问题的清晰的、总体性的把握。

总结主体从外在结构看，可有条文式、三段式、主题式和标题式等不同类型。

条文式，也就是条款式，首先把总结内容分为几个问题，然后按内容性质和主次轻重逐条用序数词给每一问题所形成的自然段编号，接着按问题述写具体情况和体会的文章格式。通过给每个自然段编号，使这种格式有灵活、方便的特点。

三段式，是按照"事实——评析——结语"为思维逻辑线索来行文的总结主体形式。就是从所做的工作、方法、成绩、经验、教训等实践活动自身发展过程所折射出来的意义进行总结。具体说，"事实"，是指总结的叙述主体或自述人在一定时期所进行实践活动中典型事件的述写；"评析"，是指总结的叙述主体或自述人对所述写的实践活动事实进行客观中肯的自我审视与评价，从而发现经验、教训中所折射的规律性认识；"结语"，是指总结的叙述主体或自述人在对自我有了客观中肯的审视之后，对以后工作、学习等实践活动所做的简要的方向性、前瞻性规划与判断，从而由对具体社会实践活动的感性把握上升到找寻隐藏在其中的本质与规律的理性认识。

主题式，是指围绕某个确定的主题对一定阶段内某项工作情况进行的全方位、全过程的总体梳理，然后做出的具有贯通一致思想的总结。比如，某个单位在共同学习了某一位见义勇为英雄人物的先进事迹后，在写《关于认真开展学习某某同志见义勇为先进事迹活动的总结》时，可以依据对于先进人物见义勇为事迹和精神的学习为主题，对下设的每个小单位的具体学习情况进行总结，并得出各自的学习体会感受及精神影响，从而昭示出该单位在学习过程中所取得的宣传教育效果。这种形式的总结既可以按时间顺序写，也可以按单位的具体排序来写，总之，是围绕学习事迹和精神的效果这一主题进行写作，从而使总结具有结构严谨、主题鲜明的特点。主题式总结适用于篇幅短小、内容单纯的专题性总结。

标题式，就是根据具体实践所具有的规律性内容把总结的主旨分成若干并列或递进的层次，每一层次各有自己相对独立的又有共同之处的小层次，并可以提炼出各自的小标题，分别进行阐述和评析，最后反映出各部分之间的内在联系。比如，中学素质教育的经验总结就可以分成"文化素质""审美素质"等并列的层次进行总结；也可以分为"素质教育取得的成功""素质教育成功的原因""对素质教育的深层理解"以及"现阶段素质教育存在的问题"等递进的层次进行总结；也可以两种层次结构相结合进行总结等。例如，《北京高校图书馆期刊工作研究会2018年工作总结》一文中四个部分：①研究会组织工作；②推选全国高校图书馆期刊专业委员会代表及先进个人；③开展学术研究；④举办学术讲座。它们之间便体现了具体工作的并列关系。这种形式的总结可以收到层次分明、重点突出的效果。标题式总结适宜于深层分析某一具体工作举措成败得失的综合性总结。

当然，总结也可以按具体实践活动内在的发展逻辑进行谋篇布局。具体说，有纵式结构、横式结构和纵横交错式结构等。

纵式结构，也叫开展式结构，是指按具体实践活动的历时性过程进行总结。比如，大学生毕业前夕所做的四年在校学习总结，就可以按照四年中每一年的具体情况进行总结。横式结构，是指按材料的逻辑关系进行横面剖析式的总结。纵横交错式结构，就是在安排总结内容时，既考虑到时间顺序，体现出具体事件或事务的发展过程，又注意内容的逻辑联系，从几个方面总结出经验教训。这种写法，多数是先采用纵式结构，写出事件或事务发展各个阶段的情况或问题，然后用横式结构总结经验或教训。

另外，主体部分的行文之中，可用有贯通式、小标题式、序数式等外部形式进行明确的标注，以便总结的内容更为清晰、明了。具体说，贯通式可使总结更像一篇紧凑凝练的短文，小标题式可使总结重心突出，条理清楚。序数式可使总结层次分明，一目了然。

其实，无论按总结的外在结构还是实践活动的发展逻辑进行组织，从表达方式角度来讲，都可以简单概括为陈述性和论述性总结两种，以上几种结构都是这两种结构的变化形式。总之，一篇总结究竟采用哪一种结构形式来组织和安排材料，是由内容和事务本身的内在联系决定的，具有某种本质规律的事务，必须找到与之相适应的逻辑形式，这样才能对该事务做出相对客观的、科学的总结。

（3）结尾，就是总结的结束语，也是正文的收束，结束语要言简意赅。可以再次归纳重申总结的中心主旨，也可以针对工作中存在的缺点和问题提出改进意见或指出努力方向，还可以表示决心信心等。一般与开头遥相呼应，篇幅简短，言约事丰。当然，也可以做无独立结尾，意尽言止，自然收束全篇。

4. 署名

署名可根据具体情况标注。如果总结的标题中没有标明叙述主体或自述人的名称，可在结尾之后右下方空三至五行标署。

5. 日期

如果有的总结没有在标题下面标注日期，可在署名之后标明日期，置于署名下方与其相对应。

（二）一般总结的写作要求

一般总结的写作应注意以下几个方面。

1. 材料充足，叙述清楚

总结的目的是通过回顾过去一个阶段的实践活动而找出其中所蕴藏的基本经验和应吸取的教训，以便更好地指导今后的工作。因此，对于规律性的把握和认识往往是从大量事实中归纳出一定的结论，可以说，事实就是总结的直接依据。总结就是要述写者努力搜集在过去一段时期内所做工作的真实材料，全面而典型地展示在行文中，除此之外，还要有丰富的背景材料和可靠的数字材料等，使材料在整体上呈现出点面结合、正反结合的逻辑线索，从而在充足材料的基础上水到渠成地得出合理的自我审视与评析。当然，事件材料必须翔实可信，数字要准确可靠。背景材料要具有逻辑延伸性等辅助性作用，能对典型事实形成明确的印证作用，或者烘托出主要材料中凸显出来的中心意思。除此之外，在对基本事实情况进行具体叙述时，要注意适时地使用概述、描述与详述等叙述方法，使总结逻辑清晰、层次分明。

2. 实事求是，认识独到

有人认为总结不过是"三分工作七分吹"，在写总结时往往存在着夸大成绩，隐瞒缺点，报喜不报忧的通病。然而，好的总结都是源于实践又高于实践的理性认识与概括，一定要符合实际情况，对于具体实践活动中所取得的成绩要给予充分的肯定，并继续发扬；对于存在的问题与不足，也要敢于面对，实事求是，既不夸大，也不缩小。这样，不仅有利于述写主体或自述人的自我审视，而且能够真正总结经验，汲取教训，从而在对于规律性的问题进行认识和把握的同时，更好地进行自我鞭策，以便对今后的工作有借鉴、督促等作用。

比如，我国政府总理每年在全国人民代表大会上所做的《政府工作报告》在回顾过去一年或一个时期工作时，都会指出当时存在的突出困难和问题。若对2011年3月5日温家宝总理在十一届全国人民代表大会第四次会议中所做的《政府工作报告》进行解读，我们可以看出，报告首先态度诚恳而又直言不讳地指出现阶段政府工作中所存在的核心问题："我国发展中不平衡、不协调、不可持续的问题依然突出。主要是：经济增长的资源环境约束强化，投资与消费关系失衡，收入分配差距较大，科技创新能力不强，产业结构不合理，农业基础仍然薄弱，城乡区域发展不协调，就业总量压力和结构性矛盾并存，制约科学发展的体制机制障碍依然较多；服务业增加值和就业比重、研究与试验发展经费支出占，国内生产总值比重没有完成'十一五'规划目标。一些群众反映强烈的问题没有根本解决，主要是：优质教育、医疗资源总量不足、分布不均；物价上涨压力加大，部分城市房价涨幅过高；违法征地拆迁等引发的社会矛盾增多；食品安全问题比较突出；一些领域腐败现象严重。"这就是本着求真务实的要求和对人民高度负责的态度，从全国发展角度对社会主义建设事业中存在的问题进行规律性、科学性的高级形态的认识，从而为今后的发展做指导与借鉴。

总结是一种具有约定俗成格式的常用事务文书，往往在具体写作中有例行公事之嫌。因此，总结很容易写得千篇一律，缺乏个性，失却了其应有的独特的咨议性价值。当然，由于总结的实用性特征，写作时不宜过于讲究文章的文饰性，也无须刻意追求凸显个性特色。这就要求写作总结时，要能够对所做的具体实践活动有独到的发现和体会，从不同的角度对材料进行分析，从而得出符合客观事实的认识和见解，以便从中吸取经验教训，在今后的工作中做到举一反三，并为工作中进一步的开拓创新提供积极的示范作用。

3. 详略得当，重点突出

总结具有自述自评性特点，在具体写作时，述写者很容易失去选材的标尺，往往把众多显示成绩的材料都罗列进去，结果使文章臃肿拖沓，主次不分。因此，总结的选材不宜贪多求全，要根据实际情况和总结的主旨，把那些既具有独特价值又有一定普遍性意义的材料作为重点,并做详细、具体的述写、交代。而对于主旨表达无益的一般性、次要材料则可略写或者干脆舍弃。如此方能使总结主旨明确,逻辑严谨,以使其更好地实现自我评估及接受上级机关、领导的管理与监督等。

4. 虚实结合,平实自然

总结是一种叙议结合、夹叙夹议的应用性文体。在写作中要注意叙议的有机结合。叙是议的基础,是对典型事件的具体述写;议是叙的升华,由一般现象问题上升为理性的抽象,最后找出规律性的认识以指导此后的工作实践。另外,作为自我评价的呈示性文种,总结不能仅仅停留于具体事件的陈列上,如此容易流于琐屑;也不能只有大道理的宣讲,如此则有失空泛;而是要做到虚实结合,这样,才能使总结顺畅地实现其直接或间接的目的。当然,无论是事实的叙写,还是规律的归纳,都要保持一种自然平实的文风,既不哗众取宠,也不空话连篇,这样,才能使总结这种常用事务文种保持其鲜活的生命力。

四、述职报告的写作

(一)述职报告的含义和种类

1. 述职报告的含义

随着我国进行干部体制改革,实行岗位责任制和干部聘任制等一系列工作的开展,受聘的干部或由选举出任的干部,需要在一定时期内,向有关部门报告其在任职期内的工作实绩。在这一体制改革的实际运作中逐步形成了一种新的应用文体——述职报告。述职报告是党政军机关,人民团体、企事业单位的领导干部向其主管领导部门、人事部门或选区的选民或本单位的职工群众陈述自己任职期限内履行职责的能力、工作实绩、存在问题等的一种自我评述性的总结报告。这是我国人事制度改革过程中促进和监督干部忠于职守,组织、人事部门正确选拔任用干部,考核干部,克服用人上、看人上的主观主义、官僚主义,提高干部的政策、思想水平的有效工具。

因此,中共中央办公厅于2005年12月19日印发了中央纪委、中央组织部《关于对党员领导干部进行诫勉谈话和函询的暂行办法》《关于党员领导干部述职述廉的暂行规定》的通知。在《关于党员领导干部述职述廉的暂行规定》中指出:"本规定适用于中央各部门的领导班子成员,全国人大常委会、国务院、全国政协工作部门的党组(党委)成员,最高人民法院、最高人民检察院党组成员;地方各级党委、纪委及党委工作部门的领导班子成员,人大常委会、政府、政协、人民法院、人民检察院及政府工作部门的党组(党委)成员;县级以上党委、政府派出机关、直属机构、办事机构、直属事业单位和工会、共青团、妇联等人民团体的领导班子中的党员干部。相当于上述级别的党组(党委)的领导班子成员。"而述职述廉的主要内容是:学习贯彻邓小平理论、"三个代表"重要思想、科学发展观和党的路线方针政策情况,执行民主集中制情况,履行岗位职责和党风廉政建设责任情况,遵守廉洁从政规定情况,存在的突出问题和改正措施,其他需要说明的情况。

一般总结和述职报告的相同处主要表现在：二者都具有总结性，都是自述性文体，都是对自身的工作实践所做的回顾和陈述，都具有评述性特点等几个方面。

由于述职报告是一种新兴的具有特定用途的综合性文种，它与一般总结也存在着明显的差异：其一，叙述主体有差异。一般总结的叙述主体可以是单位的、集体的，也可以是个人的；而述职报告的叙述主体只能是报告者本人。其二，使用范围不同。一般总结的使用范围很为广泛，可以涉及人们社会实践活动的方方面面；而述职报告一般只在接受上级主管领导部门、人事部门或选区的选民或本单位的相关领导、职工群众监督与考察时使用。其三，内容侧重点不同。一般总结的写作角度是全方位的，具体实践活动中所取得的成绩、存在的问题、应吸取的经验教训以及对以后工作的借鉴意义等都可以作为着眼点，内容较为全面；而述职报告则一般侧重于任职者履行该职责的能力与实绩的考察，岗位职责是由国家、主管部门、单位人事部门等统一制定的，述职报告依此为依据，当然这也应该是写作内容的重点，而与职责无关的，即使做得再出色，也不是写作重点，甚至可以略去不写。其四，引起的客观效果不同。一般总结主要是一种自我认识和自我评估的手段，目的是总结成绩，发现问题，寻找具体实践活动中具有普遍性的、规律性的认识，以指导、推动今后工作的顺利开展和进行；而述职报告则是上级主管领导部门和有关评审组织以及相关的职工群众等对述职者任职期间履行职责的能力和取得的实绩进行考核与评估的基本依据之一，具有评议、监督、考核等鉴定性功能与意义。

在具体使用中，述职报告有泛化考核范围倾向，比如，某单位在《关于2005年处科干部、专业技术人员、一般干部和工勤人员年度考核工作的通知》规定：参加考核人员：①处科干部（含组织员、调研员、助理调研员、主任科员、副主任科员）；②已聘任的专业技术人员（含在读定向或委培研究生、在职申请学位、外出进修、学校批准出国未超期人员）；③2005年新录用、本年度未参加考核人员（含全日制院校毕业尚未确定专业技术职务人员、人事代理人员）；④一般干部；⑤工勤人员。而考核内容为"德、能、勤、绩、廉"五个方面。

2. 述职报告的种类

述职报告的分类，可以从几个不同的角度进行划分，具体使用中没有严格的界限。

从内容上看，可分为综合性述职报告、专题性述职报告、单项工作述职报告等。综合性述职报告指报告内容是述职人在一个时期所做工作的全面、综合的反映。专题性述职报告指报告内容是对某一方面工作所做的专题性反映。单项工作述职报告，是述职人对某项具体工作的汇报。这往往既是临时性的工作，又是专项性的工作。

从时间上划分，则有任期述职报告、年度述职报告、临时性述职报告等。任期述职报告，是指对从任现职以来的总体工作进行的报告。一般来说，时间较长，涉及面较广，要写出一届任期的情况。年度述职报告，是一年一度的述职报告，侧重于本年度的履职情况。临时性述职报告，是指为所的担任某一项临时性的职务而写出的任职情况。比如，负责了一期的招生工作，或主持一项科学实验，或组织了一项体育竞赛等，在该项工作结束前所写出的履职情况。

从表达形式上划分，则有口头述职报告和书面述职报告等。

（二）述职报告的特点

述职报告总体上还是体现了总结的写作与风格特征，但也有自身在独立使用时所具备的特质，一般表现在其自述性、鉴定性、规律性、报告性和文饰性等特点上。

1. 自述性

自述性，就是指由报告人使用第一人称，自己述说自己在一定时期内履行职责的实绩、能力与存在的不足和问题以及对于今后工作的借鉴指导与打算。实绩是指报告人在一定时期内，按照国家岗位职责考核的内容、规范等要求，在具体职责、岗位上为国家做出的贡献、成就等。并且，在自述的同时述职者还要对自己所做的实绩以及自我工作能力与责任心做整体性自我审视与评估等。不仅如此，还要按照法规规定通过一定的程序，在一定时间（立法会议或者上级开会期间和工作任期之后）接受由上级领导机关、部门以及职工群众的鉴定与考核。因此，述职报告特别强调个人性。个人对履行职责的能力与责任心以及对未来工作的设想与打算等志向，主要通过亲身经历或者督查的具体事实材料进行论证与彰显。以此为基础，述职报告的自述性就特别要求述职者注意实事求是，客观公正。当然，在具体使用过程中，作为自述、自评性的考核依据，述职报告相应地也出现了许多有失客观的弊病。

2. 鉴定性

鉴定性，是指述职报告在对自己任职期间的"德、能、勤、绩、廉"等方面的情况进行报告之时，依据一定的岗位规范和职责目标，做自我评估，自我鉴定，并接受监督与考核评定等。述职者必须持严肃、认真、慎重的态度，既要对自己负责，也要对组织负责，对群众负责。对工作的走向，前因后果，要叙述清楚，评价恰当；所叙述的事情，要具体真实，所引用的数据等材料要翔实可靠，以便得出较为客观的自我评价。文风忌说理浮泛、空洞，忌旁征博引，忌为达到某种效果而过度渲染等，宜在定量材料证明的基础上做出恰切、科学的定性分析。

3. 规律性

总结，就是作者对自身实际经历的真实事件的回顾、归纳，从而把感性的事实上升到理性的规律性认识。而述职报告的写作就不是仅仅要对已经发生过的事实做简单的罗列，而是要具备对搜集来的事实、数据、背景等材料进行认真的归类、整理、分析、研究的理性思维能力。通过这一过程，从中找出某种带有普遍性的规律，得出较为客观的结论。因此，述职报告是否具有理论性、规律性，也是对其进行评价的重要标准。此外，述职报告的规律性还源于其在行文中所体现出来的对于今后工作进行初步打算的策略性。策略性一定程度上也是在继承性与创新性相结合的基础上对特定问题所采取的一种科学性的认识。因为述职报告不仅是简单的总结，而且还要述职者对自己是否具有胜任该职的能力做出客观的判断。

4. 报告性和文饰性

述职报告不仅要对自己的工作实绩与履行职责的能力进行自述性展示，而且还要呈示给相关的上级领导部门以接受评议、监督等考核。那么，这些特殊的目的与用途就决定了述职报告的报告性和文饰性特质。它既不同于文学作品的审美性，又不同于一般实用文的规范模式性与直接功利性，而是在总体上呈现出一种雅俗共赏、文质彬彬的实用美。因而，对于述职者而言，也拥有一定的自由写作空间。

（三）述职报告的结构

述职报告一般由首部、正文、落款和日期四个部分组成。

1. 首部

首部主要由标题和主送机关（或抬头）组成。

（1）标题。述职报告的标题主要有两种：公文式标题和新闻式标题。

公文式标题，包括姓名、时限、事由、文种名称四部分。可全标注，如《×××2017—2018年度试聘期述职报告》《×××2016年至2018年任公安局长职务的述职报告》；也可只写"述职报告"四字。

新闻式标题，又有有单标题和双标题之分。单标题，一般用正标题显示述职报告的主要内容，可在"述职报告"前面标注任职时间和所任职务，如《2018年度述职报告》等。双标题，可采用正副标题配合的形式，如《铸就金盾之锋——某市某区检察院检察长章××的述职报告》。

（2）主送机关。主送机关，也叫抬头，可根据述职报告不同的呈送对象或者根据其表述方式来写，若呈送给上级主管领导部门作为考核依据，可标注主送机关名称，如"××党委""××组织部"或"××人事处"等。若是直接面对进行考核的领导、职工群众代表等所做的口头述职报告，可标注出对受众的称谓，如"各位代表""各位委员""各位同志"，或"各位领导，同志们"等。

2. 正文

（1）正文，是述职报告的核心内容。由导言、主体和结尾三个部分组成。

导言，是任职情况概述和总体述职评估，包括何时任职、工作变动情况、背景情况、岗位职责、目标及对个人尽职的总体评估、确定述职范围和基调。

（2）主体，主要写工作实绩、经验以及是否具有履行该职责的能力以及履行职责过程出现的问题等。可按并列式和递进式的结构来写，也可按时间顺序或主题贯通式等不同的结构方式来写。这一部分是最能显示述职者业绩与能力的部分，也是能充分展示述职者志向抱负、胸襟气骨的内容，往往在行文中可以显示述职者的工作作风与魄力。述职者对工作具有的游刃有余，且有创见、有思想，以及洞彻事物本质与规律的理性思考与判断能力等都可以在这一部分得到恰当的彰显。

在具体行文中，一般也多按性质把核心内容分成几个方面（可列小标题）来写，从而做到叙议结合，以实现材料思想相得益彰的表达效果。具体到每一个方面则可先写取得的实绩，然后再作具体的分析论说，并列举典型事例加以印证。不能只作事实材料的堆积，也不能只讲空洞的理论。尤其是在敏感、棘手问题的处理以及突发事件或重大事件的处理与自我评价上，更要谨慎行文，不仅要在文字中体现出妥善及时处理的机智，而且还要能够通过合理运用先进管理理念表现出新时期干部所具有的思辨的头脑、深厚的学养、厚德载物的济世理想与独特的个人气质风范等。从而使述职报告做到既能够呈现出述职者落实部署党和国家方针政策的执行力度，也能够充分表现出述职者对于国家、民族、民众所具有的特殊情怀与使命感、责任感等胸襟志趣。

（3）结尾，是述职者对于今后工作的设想和决心，一般要从实际出发，在科学分析的基础上做出战略性规划，既是述职者具有前瞻性眼光的体现，也是述职者强烈社会责任感的表现。结尾可以自然收束，也可以引用一两句郎朗上口的名言、诗句等对以上部分做形象化升华，使读者在虚化为美的情感空间中加深对述职者实绩、能力、志向、气质的人文性理解与把握。结尾还可以采用有张力的思辨性语言做出总体性、本质性的结论，既首尾呼应，又掷地有声，给人启示。也可以借用公文的程式性用语严谨作结，比如，"以上报告，请审阅""特此报告，请审查""以上报告，请审查""以上报告，请领导、同志们批评指正"等。也可以提出希望，感谢合作与监督等。

3. 落款

述职报告的落款，一般在正文结束三至五行右下方标注述职人的姓名。落款有时也可以直接标注在标题之下。

4. 日期

述职报告的日期一般可标注两种情况：或者是述职者述职的日期，或者是述职报告的成文日期。

（四）述职报告的写作要求

1. 突出岗位要求，重在职责履行

述职报告内容的重点在述职者履行职责的实绩与能力的自我评估。一般要参照我国相关部门出台的《关于对党员领导干部进行诫勉谈话和函询的暂行办法》《关于党员领导干部述职述廉的暂行规定》等，根据岗位职责要求从"德、能、勤、绩、廉"等方面入手，有针对性地进行选材和分析写作。比如，一份《公司总经理述职报告》就是首先对自己履行职责的情况予以总评："2010年，在集团公司的正确领导下，经过全体员工的共同努力，我们在企业管理、投标揽活、项目管理、文化建设、稳定发展等方面都取得了可喜的成绩，完成企业总产值5亿元；招揽任务6亿元；全年人均劳动生产率达到30万元；员工年均收入8万元。公司的综合实力增强，社会信誉提高。回顾一年多来的工作，主要有以下几方面。"作为公司经理这一职务，其职责重点在于对企业的"企业管理、投标揽活、项目管理、文化建设、稳定发展"等方面所投入的工作精力与热情，因此，在述职报告中这几个方面就要重点写，并对每一方面做具体而翔实的事实征引和恰切的自我评估等。

2. 材料充分具体，典型生动

述职报告中所选用的材料不仅要真实可靠，还要充分而具体，规律是在具体的事件中隐含的，述职者在任职期间肯定做了很多事情，然而篇幅所限，不可能把每一件事都搬过来。因此，要选择具有典型意义的事实材料，以在具体的个别性材料中找出共性，从而找到具体实践活动中所包蕴的规律性。

在具体材料的使用中，还要注意表达的形象生动性。述职报告是要呈示给上级主管领导部门或职工群众的，同时，也要接受他们的考核监督。因而，无论是上级主管领导部门，还是职工群众，他们都是活生生的读者，在写作时就要特别考虑到材料的表述方法，如果写得干瘪乏味，面目可憎，必然不受读者的欢迎。

3. 评析客观真实，中肯雅正

述职报告是一种自述自评性文种，但还要以自述自评的文字载体对上级主管领导部门作严肃的、庄重的、正式的汇报或呈送，以接受组织和群众的评审与监督。因此，评析时首先要做到客观真实。具体说，就是要实事求是，不夸大，不缩小，准确恰当，掌握分寸。当然，对成绩和失误都不要回避，不能把集体之功全都归于个人。当然，也不要过于谦虚而抹杀自己的特殊贡献等。语言要得体，保持礼貌、谦逊、诚恳、朴实的态度。力争中肯雅正地评述自己的实绩，展示自己的能力。

4. 行文辞清志显，华实相胜

述职报告是我国人事制度改革中渐渐形成的一种新兴文种。它的自述自评性使其具有相对自由的言志空间，可以较为充分地体现述职者更深层面的文化修养、人文素养以及较高层面上的思辨能力与亲善的民本思想等，那么，面对上级的考核，面对会议听众，要想尽可能地展示出个性，表达抱负与志向等就要有一定的艺术性。从规律性的把握来讲，语言宜精谨严密，从规范的制度考核上讲，语言宜准确、明晰、简练；从人与人之间的传播互动方面来说，语言宜具有亲和力，雅俗共赏；从述职报告发挥的作用来看，语言宜平实自然。因此，述职者力求自我完善并在今后躬身实践的心志可以在字里行间一点点呈现出来，这也是述职报告艺术性的具体体现。

【文选】

清华附中语文组教师述职报告

杜 珂

我1999年7月毕业于江苏省扬州大学，取得现当代文学硕士学位，同年8月到清华附中报到，正式走上了工作岗位，成为一名中学语文教师。

也许是性格使然，我并不是一个善于和学生较劲的老师，更没有控制他们的意愿，无论是课堂教学还是对班级的管理，我都更愿意跟学生平等共处，在一种温和宽松的氛围中求得相互的进步与发展。尊重学生的需要，相信他们的能力，不轻易抹杀、扭曲、置换学生的积极性，也无意于树立一面唯老师论的大旗，这些是我自为人师以来时时提醒自己，并且时时实践着的。我希望多年以后我的学生在回眸高中生活时，不至于抛出诸如暗无天日之类的断语；我希望他们倾向于以合作的方式来解决问题；我还希望他们每个人都勇于坚持、敢于言说自己合理的意见，同时并不吝惜向他人展露求同存异的宽容笑颜；我更希望每当他们提笔为文时，心中仍然会对语文保有一份温情的怀念。

第十七章 总　　结

教学部分

　　大概是因为很想对自己刻苦的学生时代有个交代，我把教学看得很重，如何备好课、上好课一直是我心里的重头戏，任何时候，都不懈怠。一堂课上下来，感觉好的话，整整一天，我都会欢欣鼓舞，反之，则萌生羞见江东父老的沮丧。细细想来，我最在意的是课堂上学生对我的呼应程度。因此，我竭力回避那种自说自话的讲课方式，对唤醒学生积极参与的意识，启发他们独立思考的自觉，从而点燃他们对语文的兴趣，表现出了由衷的热情：

　　一曰，文本参读。

　　文本参读即是以课文为本，据其内容、体裁选出与之相关的其他篇目，作为导入语，或者作为开阔学生视野的一扇窗户，引入教学过程中。通常在两种情形下，我比较偏向此种方式：一是文章中有些说不清、道不明的东西，分析式的语言又往往表现得力不从心；二是一些老话套话，不说不行，直说又淡而无味，不如用其他文本来诠释，反倒能酝酿一种此时无声胜有声的效果，同时也颇符合中国文学含蓄的风度。我个人以为，仅在给学生一个自己看书的由头这一点上，文本参读就很有意义，再往深里说，文本参读一方面可以省却教师生硬的讲述，转而倚重于学生自在的感悟；另一方面又可以帮助学生准确把握作者的人生境界，理解文章包含的思想感情。我相信坚持这种方式将打破课内与课外的严重隔阂，让学生嗅到来自外界的驳杂声音，而不只是在经典的背景上辗转反侧。值得欣慰的是，一段时间下来，学生看书的积极性果然在逐步提升，校图书馆借不到的，还请我帮忙到大学图书馆去借。

　　二曰，减少概念化内容，拉大想象空间。

　　很偶然的一次，我讲徐志摩，临时改变计划，把其人生颇具人性化色彩的一面和盘端给了学生，没想到，学生反响强烈，还希望我以后多讲这样的内容。我当时很受触动，以前我虽然对言必称考试的课文解析语言，以及据高考模式分向考查课文，一一拷问出所谓终极结论的课文处理办法，不以为然，但毕竟没有明确的反驳办法，关键时刻，是学生提示了我，可以柔情似水，为什么要冷若冰霜？李白的很多诗，是在抒发对壮丽河山的无限热爱，但这绝不是说诗中蕴含着的只有热爱一种感情，或者还有失意，有失意下的"三百六十日，日日醉如泥"。再说人，李白生性不同凡响，但这并不妨碍他受到前辈夸奖即飘飘然如在云端。无论是分析诗文还是了解作者，从感知人性的角度切入，不是更容易引起同样有喜怒哀乐的学生的共鸣吗？高一学年期末考试，我教的一个班文言文阅读一项在全年级普通班中名列前茅，这更坚定了我前进的勇气。

　　三曰，组织小组活动。

　　所谓动静相宜，一味高蹈，也会产生审美疲惫感，适当地安排一些小组活动，就好像饱读诗书后的下笔为文，是一种很好的练兵方式。一方面可以在组内培养合作学习的精神；另一方面又能在组与组之间产生竞争意识；再一方面还大大活跃了课堂气氛，并且暗喻着自主学习的生机。我通常会把全班分成几个小组，每两个组作为一个单元，接受一项工作，比如，一个单元找典讲古，一个单元画出写景层次，一个单元品味词语的形象色彩。如此，单元之间，各个不同，又互相补充；单元之内，两个小组各显神通，都试图让全班大多数同学接受自己的意见。既有民主又有集中，既讲效率也重节奏。尤其是学生在其间表现出的非凡的创造力令人振奋。

四曰，语言能力训练。

从长远的意义上说，学语文就是为了写文章，而文章的好坏与语言关系很大，因为人人的生活大同小异，能出彩，也就是在语言上。目前，我对学生语言能力的训练是从这几个方面展开的：其一，根据文意提炼词语。一句诗，或一段文字，讲课中，我会要求学生仔细地涵咏，然后选择合适的词语来描述其中蕴含的感情；其二，填词。我选择了几个素来讲究语言的作家，比如萧红，比如阎连科、蒋韵，从他们的作品（主要是小说）中摘取一些段落，碰到出人意料而又理直气壮的用词，我就留出空白，让学生来补充。等每人都有个大致的想法后，我再推出作者的用词，在激烈的碰撞诱发的欣喜的惊诧中，引发学生的思考。其三，仿句练习。要求学生仿照例句的格式，写自己的话，最终从模仿走向创新。我的这些努力正在唤起学生语言的新生，我带的两名99级学生，她们的同题文章已经发表，两名00级学生也在海淀春蕾杯征文竞赛中分获二等奖、三等奖，虽然现实总是以它的反复无常时不时地打击着我的信心和热情，我还是愿意相信时间的魔力，相信日积月累、水滴石穿。

管理话题

我是2000年8月接手美术班的。在此之前，我没有任何管理经验，又听多了小班（美术班只有21人）难管的说法，心里那种愁肠百结、忐忑不安的滋味，实在不是语言所能表述的。文、理两极分化，平均学习成绩偏低，相当一部分人与团员称号无缘，这就是班里学生最初给我的全部印象了。

第一步该怎样迈出去呢？前辈们说选拔得力的班干部很重要，可真正选起来，我才感到真是难，班里几乎没有人有为官的经历，一切都得从头做起，我最后把标准定在是否热心上，提拔了一拨人，现在看来，在尽职尽责这一点上，还都不错。

软性环境稍有起色后，第二步，我试图注入一些硬朗的东西。具体来说，就是在班级里营造一种你追我赶、力争上游的气氛。在数学科代表的提议下，我们建立了分项考察制，以表格的形式直观地评估学习品德。总表张贴在教室墙壁上，分表由各科的科代表持有，分列交作业情况、课上主动回答提问、给人讲题、不懂即问、课上表现、抄袭作业几栏，每一栏都有议定的打分标准，最后的总成绩将作为平时成绩参与各科学期成绩的评定。大张旗鼓地实行了一段时间以后，还真有种大浪淘沙的效果，个别我行我素的，我观察了好久，发现他们的问题不是在学习上，而是在整个做人的思路上，他们普遍表现是过高估计自己，不谦逊，不善于吸收他人好的建议，缺乏自我反省力。

我接下来的第三步就是处理这些"问题人物"。一招，严打严办。二招，旁敲侧击。把求进步的主动权交给他们，让他们感到来自老师的信任的目光。三招，怒目金刚。所谓"该出手时要出手"，对于屡教不改、感情麻木、神情慵懒的学生，不妨冷处理一段时间，让他在一种风刀霜剑的压力下，先是被迫，然后自觉地反省自己。四招，促膝谈心。在我为数不多的几次成功谈话中，我深深感到，适当的鼓励以及营造感同身受的氛围对良性谈话非常关键。除了这些"单打独斗"的场面，我还接受心理老师的建议，以班会为阵地，开展系列的团体咨询活动。每次活动都是以五六个人为一组，团团围坐的方式展开的，"戴高帽子"，学生要真诚地说出站在圈中间的人的优点；"我是谁"，每个人在纸条上写一句关于自己的话，打乱之后，让拿到纸条的人猜猜是谁写的；"自画像"，每个人给自己画一幅像，可以是抽象的、写实的、动物的、植物的，但一定是最能代表自己的；还有火口余生，假设宿舍失火了，你有机会冲进去取一样东西，你会拿什么呢？让学生谈谈他们的意见。所有这些活动的目的，一方面，意在促成班级成员之间的深度沟通；一方面，是促进班级成员自我探索的意识，增强他们自觉的能力，以形成健康的自我形象；再一方面，则是帮助学生树立正确的价值观。

总而言之，我觉得对学生不能一味地压制，还是应从尊重他们出发，讲究刚柔相济。我现在来到班里，感觉到舒服、自在，那些我"管教"过的学生反倒成了我身边最铁的朋友，连我自己都感到惊奇。

回想来到清华附中后的点点滴滴，在自己人生的流水账簿上，我该记下这样几笔：教过两年高一，其中做过一年班主任，目前正在高二辗转。教学上力求寓教于乐，对语言很在意。班级管理上向往松紧适度，一直把抓学生的养成教育作为自己的工作重心。

——节选自《ASP 教育基地》，http：//www.asp265.com/Article

第十八章 演 讲 稿

一、演讲稿的含义和特点

（一）演讲稿的含义

演讲稿也叫演说辞，它是在较为隆重的仪式上和某些公众场所发表的讲话文稿，是人们在工作和社会生活中经常使用的一种文体。

演讲稿是进行演讲的依据，是对演讲内容和形式的规范和提示，它体现着演讲的目的和手段，演讲的内容和形式。它可以用来交流思想、感情，表达主张、见解，也可以用来介绍自己的学习、工作情况和经验等。

演讲稿主要有三个方面的作用：其一，通过对思路的精心梳理，对材料的精心组织，使演讲内容更加深刻和富有条理。其二，可帮助演讲者消除临场紧张、恐惧的心理，增强演讲者的自信心。其三，具有宣传、鼓动、教育和欣赏等作用。它可以把演讲者的观点、主张与思想感情传达给听众以及读者，使他们信服并在思想感情上产生共鸣。

演讲稿像议论文一样要论点鲜明、逻辑性强，但它又不是一般的议论文。它是一种带有宣传性和鼓动性的应用文体，经常使用各种修辞手法和艺术手法，具有较强的感染力。

演讲和表演、作文的区别。首先，演讲是演讲者（具有一定社会角色的现实的人，而不是演员）就人们普遍关注的某种有意义的事物或问题，通过口头语言面对一定场合（不是舞台）的听众（不是观看艺术表演的观众），直接发表意见的一种社会活动（不是艺术表演）。其次，作文是作者通过文章向读者单方面的输出信息，演讲则是演讲者在现场与听众双向交流信息。严格地讲，演讲是演讲者与听众、听众与听众的三角信息交流，演讲者不能以传达自己的思想和情感、情绪为满足，他必须能控制住自己与听众、听众与听众情绪的应和与交流。

（二）演讲稿的特点

演讲稿具有以下三个特点：

第一，针对性。演讲稿并不能独立地完成演讲任务，它只是演讲的一个文字依据，是整个演讲活动的一个组成部分。演讲主体、听众对象、特定的时空条件，共同构成了演讲活动的整体。撰写演讲稿时，不能将它从整体中剥离出来。演讲是一种社会活动，是用于公众场合的宣传形式。它为了以思想、感情、事例和理论来晓喻听众，打动听众，

"征服"听众，必须要有现实的针对性。所谓针对性，首先是作者提出的问题是听众所关心的问题，评论和辩论要有雄辩的逻辑力量，要能为听众心悦诚服地接受，这样，才能起到应有的社会效果。其次是要懂得听众有不同的对象和不同的层次，而"公众场合"也有不同的类型，如党团集会、专业性会议、服务性俱乐部、学校、社会团体、宗教团体、各类竞赛场合，写作时要根据不同场合和不同对象，为听众设计不同的演讲内容。

第二，可讲性。演讲的本质在于"讲"，而不在于"演"，它以"讲"为主、以"演"为辅。由于演讲要诉诸口头，拟稿时必须以易说能讲为前提。如果说有些文章和作品主要通过阅读欣赏领略其中意义和情味，那么，演讲稿的要求则是"上口入耳"。一篇好的演讲稿对演讲者来说要可讲，对听讲者来说应好听。因此，演讲稿写成之后，作者最好能通过试讲或默念加以检查，凡是讲不顺口或听不清楚之处（如句子过长），均应修改与调整。

第三，鼓动性。演讲是一门艺术。好的演讲自有一种激发听众情绪、赢得好感的鼓动性。要做到这一点，首先要依靠演讲稿思想内容的丰富、深刻，见解精辟，有独到之处，发人深思，语言表达要形象、生动，富有感染力。如果演讲稿写得平淡无味，毫无新意，即使在现场"演"得再卖力，效果也不会好。

二、演讲稿的种类

演讲稿按不同的分类标准，可以分成很多种类型，根据其内容性质的不同，演讲稿可分为以下几种类型：

政治演讲稿，包括竞选演说、就职演说、述职演说、政治动员、开（闭）幕词、祝酒词等。

学术演讲稿，包括科研报告、学术讲座等。

社会生活问题演讲稿，包括演讲赛、巡回报告等。

教学演讲稿，教师用的有开场白、收束语、介绍作家作品以及进行思想教育的讲稿；学生用的有读书报告、问题辩论、专题演讲、论文答辩等。

法律演讲稿，律师常用。

常用的演讲稿有以下三类。

（一）政治类演讲稿

政治类演讲稿，是指政治家或代表某一权力机构的要员阐述政治主张和见解的演讲稿。各级领导的施政演说、新当选的领导人的就职演说、政治家的竞选演说等，都属于这一类型。著名的范例有《林肯在葛底斯堡的演讲》《丘吉尔在美国圣诞节的即兴演讲》以及马丁·路德·金的《我有一个梦》等。

政治类演讲稿特点：

一是话题的政治性。这类演讲涉及的往往是重大的政治问题，关系到国家、政党、民族以及改革、和平与进步等。演讲者要表明自己的政治倾向，宣传自己的政治观点，力求正确把握历史的发展方向。二是内容的鼓动性。这类演讲是为一定的政治目的服务的，通过演讲，让听众了解自己的施政纲领或政治观点，从而获得理解和支持，这是最基本的演讲目的。因此，这类演讲，都要具备强烈的鼓动性、感召力和说服力。三是严谨的逻辑性。政治类演讲稿在提出问题、分析问题、解决问题的过程中，要显示出无懈可击的逻辑力量，只有这样才能使听众口服心服，才能赢得听众的理解和支持。

（二）学术交流类演讲稿

学术交流类演讲稿，是指传播、交流科学知识、学术见解及研究成果的演讲文稿。随着科学事业的发展，国内外学术交流活动的日益增多，学术演讲或学术报告的活动也越来越多。不仅专业科学技术工作者要参加各种各样的学术活动，进行学术演讲，而且一些机关、企事业单位的领导也要经常参加学术类的活动。因此，学术交流类演讲稿具有广阔的应用范围。

学术交流类演讲稿具有下列特点：

一是学术性。所谓学术性，首先是指讨论的问题是科学性的，而不是社会性的。其次是对某一学科领域中的现象或问题的系统剖析和阐述，能够揭示事物的本质及发展规律。

二是创造性。所谓创造性，就是对科学问题有独特的发现和见解。要在前人研究的基础上有所前进，而不是原地踏步。因此，学术交流类演讲不能泛泛地讲一般的知识，而要有自己的新材料、新方法、新见解。

三是通俗性。学术交流类演讲具有很强的专业性，它要涉及许多有关复杂抽象的科学道理和不易被一般人所理解的专业术语，这样就给听众对演讲的内容的理解造成了一定的困难。另外，演讲这种口头传播方式稍纵即逝，不能像阅读文章那样反复咀嚼，这样也影响传播的效果。因此，撰稿时要对某些专业知识进行必要的注解，要把抽象深奥的科学道理表达得深入浅出，通俗易懂。

（三）思想教育类演讲稿

思想教育类演讲稿，是针对现实生活中人们的思想动态、思想倾向和思想问题，以真实的事实、有力的论证、充沛的感情来讴歌真善美，鞭挞假恶丑。引导听众树立正确的人生观、世界观，激励听众为崇高的理想、事业而奋斗。这类演讲稿适用于演讲比赛、主题演讲会、巡回报告等。

思想教育类演讲稿有以下特点：

一是时代性。思想教育类演讲稿所涉及的内容大都是现实生活中比较突出的问题，都具有浓郁的时代气息。撰写这类演讲稿时，要把握时代精神，如实宣传现实生活中的新人、新事、新思想、新风尚。

二是劝导性。思想教育类演讲的目的是劝说、引导、警示，让人们在人生的道路上走好每一步。为此，演讲者要站在特定的立场上，通过大量翔实的材料，具体生动地阐明自己的观点，使听众在不知不觉中受到感染，并引起思想上的共鸣。

三是生动性。思想教育类的演讲，并不是用抽象的说教方式把自己的观点强加于人，而是运用具体生动的事例和形象直观的表达，去打动听众，使之自觉自愿地接受演讲者的观点。

三、演讲稿的写作

（一）确定主题，选择材料

1. 根据演讲活动的性质与目的来确立主题

演讲稿的撰写必须在一个有社会价值或科学价值、有现实意义或学术意义的特定问题中展开，否则，将无的放矢。

演讲者总是根据演讲的性质、目的来确定选题的。若被邀请作学术演讲，就应该介绍自己最新的研究成果或自己掌握的最新的学术信息，这样的话题才最具学术性。如果是在思想教育性的演讲活动上作演讲，就应该针对现实中最新的现象和听众最关心的问题发表见解。就连竞选演说和就职演说，也要能把握住听众的思想和愿望来选题。

2. 根据演讲主题与听众情况来选择材料

材料是演讲稿的血肉，所以，材料的选择和使用在演讲稿的写作过程中是一个重要的环节。

首先，要围绕主题筛选材料。主题是演讲稿的思想观点，是演讲的宗旨所在。材料是主题形成的基础，又是表现主题的支柱。演讲稿的思想观点必须靠材料来支撑，材料也必须能充分地表现主题，有力地支持主题。所以，凡是能充分说明、突出、烘托主题的材料就应选用，否则就舍弃，要做到材料与观点的统一。另外，还要选择那些新颖的、典型的、真实的材料，使主题表现得更深刻、更有力。

其次，材料的选择还要考虑听众的情况。听众的政治素质、社会地位、文化教养以及心理需求等，都对演讲有制约作用。因而，选用的材料要尽量贴近听众的生活，这样，不仅容易使他们心领神会，而且听起来也会饶有兴味。一般而言，对青少年的演讲，应形象有趣，寓理于事，举例要尽量选择他们所崇拜的人和有轰动效应的事；对工人、农民的演讲，要生动风趣、通俗浅显，尽可能列举他们周围的人和发生在他们中间的事作例子。而对知识分子的演讲，使用材料则必须讲究文化层次。

（二）精心安排好开头、主体和结尾

不同类型、不同内容的演讲稿，其结构方式也各不相同，但结构的基本形态都是由开头、主体、结尾三部分构成。

1. 开头

演讲稿的开头，也叫开场白。它在演讲稿的结构中处于显要的地位，具有重要的作用。瑞士作家温克勒说："开场白有二项任务：一是建立说者与听者的同感；二是如字义所释，打开场面，引入正题。"好的演讲稿，一开头就应该用最简洁的语言、最短的时间，把听众的注意力和兴奋点吸引过来，这样，才能达到出奇制胜的效果。

演讲稿的开头有多种方法，通常用的主要有：

（1）开门见山，提示主题。这种开头是不绕弯子，直接进入正题，开宗明义地提出自己的观点。例如，宋庆龄《在接受加拿大维多利亚大学荣誉法学博士学位仪式上的讲话》的开头:"我为接受加拿大维多利亚大学荣誉法学博士学位感到荣幸。"[1] 运用这种方法,必须先明晰地把握演讲的中心,把要向听众提示的论点摆出来,使听众一听就知道讲的中心是什么,注意力马上集中起来。

（2）介绍情况,说明根由。开头向听众报告一些新发生的事实,可以迅速缩短与听众的距离,容易引起人们的注意,使听众急于倾听下文。如,1941年7月3日斯大林《广播演说》的开头:"希特勒德国违背信义,从6月22日向我们祖国举行的军事袭击,仍然继续着。虽然有红军英勇抵抗,虽然敌人的精锐的师团及其最好的空军部队已被击溃,并被埋葬于战场之上了,可是敌人又调动生力军到前线来,继续向前闯进。……我们的祖国已处在严重的危险关头。"[2] 又如,恩格斯在1881年12月5日发表的《在燕妮·马克思墓前的讲话》的开头:"我们现在安葬的这位品德崇高的女性,在1814年生于萨尔茨维德尔。她的父亲冯·威斯特华伦男爵在特利尔城时和马克思一家很亲近;两家人的孩子在一块长大。当马克思进大学的时候,他和自己未来的妻子已经知道他们的生命将永远地连接在一起了。"[3] 这样的开头对发生的事情、人物对象做出必要的介绍和说明,为进一步向听众提示论题做了铺垫。

（3）提出问题,引起关注。这种方法是根据听众的特点和演讲的内容,提出一些激发听众思考的问题,以引起听众的注意。通过提问,引导听众思考问题,并由此造成悬念,引起听众欲知答案的期待。如,曲啸的《人生·理想·追求》就是这样开头的:"一个人应该怎样对待自己青春的时光呢？我想在这里同大家谈谈我的情况。"[4] 又如,弗雷德里克·道格拉斯1854年7月4日在美国纽约州罗彻斯特市举行的国庆大会上发表的《谴责奴隶制的演说》,一开讲就能引发听众的积极思考,把人们带到一个愤怒而深沉的情境中去:"公民们,请恕我问一问,今天为什么邀我在这儿发言？我,或者我所代表的奴隶们,同你们的国庆节有什么相干？《独立宣言》中阐明的政治自由和生来平等的原则难道也普降到我们的头上？因而要我来向国家的祭坛奉献上我们卑微的贡品,承认我们得利并为你们的独立带给我们的恩典而表达虔诚的谢意吗？"[5]

（4）引用警句,引出下文。引用内涵深刻、发人深省的警句,引出下面的内容来。如,一个大学生的演讲稿,标题叫《我的思考与奋起》,开头就很精彩:"一个人如果一辈子都不曾混乱过,那么他从来就没有思考过。"

除了以上四种方法,还有释题式、悬念式、警策式、幽默式、双关式、抒情式等。无论采用什么形式的开头,都要做到先声夺人,富于吸引力。

---

[1] 赵建利,卢敏:《世界著名演讲词》,中国社会出版社,2004年版,第30页。

[2]〔苏联〕斯大林:《斯大林论苏联伟大保卫祖国战争》,外国文书籍出版局,1943年版,第5-6页。

[3] 巫龙春:《语言风景:世界著名演讲词精品鉴赏》,中国社会出版社,1999年版,第84页。

[4] 戴锡琦:《中国演讲词珍品赏析》,湖南出版社,1994年版,第339页。

[5] 文钧:《世界名人演讲集》,世界图书出版公司,1996年版,第65页。

2. 主体

演讲稿的主体，要层层展开，步步推向高潮。所谓高潮，即演讲中最精彩、最激动人心的段落。在主体部分的行文上，要在理论上一步步说服听众，在内容上一步步吸引听众，在感情上一步步感染听众。要精心安排结构层次，层层深入，环环相扣，水到渠成地把演讲推向高潮。

主体部分展开的方式有以下三种：

（1）并列式，就是围绕演讲稿的中心论点，从不同角度、不同侧面进行表现，其结构形态呈放射状四面展开，宛若车轮之轴与其辐条。而每一侧面都直接面向中心论点，证明中心论点。

（2）递进式，即从表面、浅层入手，采取步步深入、层层推进的方法，最终揭示深刻的主题，犹如层层剥笋。用这种方法来安排演讲稿的结构层次，能使事物得到由表及里的深入阐述和证明。

（3）并列递进结合式，或是在并列中包含递进，或是在递进中包含并列。一些纵横捭阖、气势雄伟的演讲稿常采用这种方式。

3. 结尾

结尾是演讲内容的自然收束，要干脆利落，简洁有力。言简意赅、余音绕梁的结尾能够使听众精神振奋，并促使听众不断地思考和回味；而松散疲沓、枯燥无味的结尾则只能使听众感到厌倦，并随着时过境迁而被遗忘。

怎样才能给听众留下深刻的印象呢？美国作家约翰·沃尔夫说："演讲最好在听众兴趣到高潮时果断收束，未尽时戛然而止。"[1] 这是演讲稿结尾最为有效的方法。在演讲处于高潮的时候，听众大脑皮层高度兴奋，注意力和情绪都由此而达到最佳状态，如果在这种状态中突然收束演讲，那么保留在听众大脑中的最后印象就特别深刻。

演讲稿的结尾是主体内容发展的必然结果。结尾或归纳，或升华，或希望，或号召，方式很多。好的结尾应收拢全篇，卒章显志，干脆利落，简洁有力，切忌画蛇添足，节外生枝。

（三）演讲稿的写作要求

1. 了解对象，有的放矢

演讲稿是讲给人听的，写演讲稿首先要了解听众对象：了解他们的思想状况、文化程度、职业状况如何；了解他们所关心和迫切需要解决的问题是什么，等等。否则，不看对象，演讲稿写得再花工夫，说得再天花乱坠，听众也会感到索然无味，无动于衷，也就达不到宣传、鼓动、教育和欣赏的目的。

2. 观点鲜明，感情真挚

演讲稿观点鲜明，显示着演讲者对一种理性认识的肯定，显示着演讲者对客观事物见解的透辟程度，能给人以可信性和可靠感。演讲稿观点不鲜明，就缺乏说服力，就失

---

[1] 参见杨为珍：《写作》，华东师范大学出版社，1990年版，第248页。

去了演讲的作用。演讲稿还要有真挚的感情，才能打动人，感染人，有鼓动性。因此，它要求在表达上注意感情色彩，把说理和抒情结合起来。既有冷静的分析，又有热情的鼓动；既有所怒，又有所喜；既有所憎，又有所爱。当然，这种深厚动人的感情不应是"挤"出来的，而要发自肺腑，就像泉水喷涌而出。

3. 行文变化，富有波澜

构成演讲稿波澜的要素很多，有内容方面的因素，有安排方面的因素，也有听众的心理特征和认识事物的规律方面的因素。如果能掌握听众的心理特征和认识事物的规律，恰当地选择材料，安排材料，也能使演讲在听众心里激起波澜。换句话说，演讲稿要写得有波澜，主要不是靠声调的高低，而是靠内容的有起有伏，有张有弛，有强调，有反复，有比较，有照应。

4. 语言流畅，深刻风趣

要把演讲者在头脑里构思的一切都写出来或说出来，让人们看得见，听得到，就必须借助语言这个交流思想的工具。因此，语言运用得好还是差，对写作演讲稿影响极大。要提高演讲稿的质量，不能不在语言的运用上下一番功夫。

写作演讲稿在语言运用上应注意以下五个问题：

（1）口语化。"上口""入耳"是对演讲语言的基本要求，也就是说演讲的语言要口语化。演讲，说出来的是一连串声音，听众听到的也是一连串声音。听众能否听懂，要看演讲者能否说得好，更要看演讲稿是否写得好。如果演讲稿不"上口"，那么，演讲的内容再好，也不能使听众"入耳"，完全听懂。如，在一次公安部门的演讲会上，一个公安战士讲到他在执行公务中被歹徒打瞎了一只眼睛，歹徒弹冠相庆说这下子他成了"独眼龙"，可是这位战士伤愈之后又重返第一线工作了。讲到这里，他拍了一下讲桌，大声说："我'独眼龙'又回来了！"会场里的听众立即报以热烈的掌声。

演讲稿的"口语"，不是日常的口头语言的复制，而是经过加工提炼的口头语言，要逻辑严密，语句通顺。由于演讲稿的语言是作者写出来的，受书面语言的束缚较大，因此，就要冲破这种束缚，使演讲稿的语言口语化。为了做到这一点，写作演讲稿时，应把长句改成短句，把倒装句换成正装句，把单音词换成双音词，把听不明白的文言词语、成语改换或删去。演讲稿写完后，要念一念，听一听，看看是不是"上口""入耳"，如果不那么"上口""入耳"，就需要进一步修改。

（2）通俗易懂。演讲要让听众听懂。如果使用的语言讲出来谁也听不懂，那么，这篇演讲稿就失去了听众，因而也就失去了演讲的作用、意义和价值。因此，演讲稿的语言要力求做到通俗易懂。列宁说过："应当善于用简单明了、群众易懂的语言讲话，应当坚决抛弃晦涩难懂的术语和外来的字眼，抛弃记得烂熟的、现成的但是群众还不懂的、还不熟悉的口号、决定和结论。"[1]

（3）生动感人。好的演讲稿，语言一定要生动。如果只是思想内容好，而语言干巴巴，那就算不上是一篇好的演讲稿。广为流传的恩格斯、列宁、斯大林的演讲，毛泽东的演讲，

---

[1]〔苏联〕列宁：《社会民主党和选举协议》，见《列宁全集》第14卷，人民出版社，1959年版，第89页。

鲁迅的演讲，闻一多的演讲，都是既有丰富深刻的思想内容，又有生动感人的语言。语言大师老舍说得好："我们的最好的思想，最深厚的感情，只能被最美妙的语言表达出来。若是表达不出，谁能知道那思想与感情怎样好呢？"（《人物、语言及其他》）

由此可见，要写好演讲稿，只有语言的明白、通俗还不够，还要力求语言生动感人。怎样使语言生动感人呢？

一是用形象化的语言，运用比喻、比拟、夸张等手法增强语言的形象色彩，把抽象化为具体，深奥讲得浅显，枯燥变成有趣。

二是运用幽默、风趣的语言，增强演讲稿的表现力。这样，既能深化主题，又能使演讲的气氛轻松和谐；既可调整演讲的节奏，又可使听众消除疲劳。

三是发挥语言音乐性的特点，注意声调的和谐和节奏的变化。

（4）准确朴素。准确，是指演讲稿使用的语言能够确切地表现讲述的对象——事物和道理，揭示它们的本质及其相互关系。作者要做到这一点，首先，要对表达的对象熟悉了解，认识必须对头；其次，要做到概念明确，判断恰当，用词贴切，句子组织结构合理。朴素，是指用普普通通的语言，明晰、通畅地表达演讲的思想内容，而不刻意在形式上追求辞藻的华丽。如果过分地追求文辞的华美，就会弄巧成拙，失去朴素美的感染力。

（5）控制篇幅。演讲稿不宜过长，要适当控制时间。德国著名的演讲学家海茵兹·雷德曼在《演讲内容的要素》一文中指出："在一次演讲中不要期望得到太多。宁可只有一个给人印象深刻的思想，也不要五十个证人前听后忘的思想。宁可牢牢地敲进一根钉子，也不要松松地按上几十个一拔即出的图钉。"所以，演讲稿不在乎长，而在乎精。要认真修改，精益求精。从事任何文体的写作都要重视修改，认真修改，精心修改，写作演讲稿自然不能例外。例如，林肯在接到要他做上述演讲之后，在指挥战争、通权国是的情况下，亲自起草演讲稿，并把演讲稿念给白宫的人听。直到演讲的前一天晚上，他还在旅馆的小房间里再次推敲、修改这篇演讲稿。再如，1883年3月14日，马克思与世长辞。恩格斯作了《在马克思墓前的讲话》的著名演讲。演讲草稿是这样开头的："就在十五个月以前，我们中间大部分人曾聚集在这座坟墓周围，当时，这里将是一位高贵的崇高的妇女最后安息的地方。今天，我们又要掘开这座坟墓，把她的丈夫的遗体放在里边。"作者考虑后进行了修改，写成："三月十四日下午两点三刻，当代最伟大的思想家停止了思想。让他一个人留在房里总共不过两分钟，等我们再进去的时候，便发现他在安乐椅上安静地睡着了——但已经是永远地睡着了。"两者比较，后者入题较快，演讲一开始就抒发了对逝者的无限敬爱和万分惋惜的心情，使现场的人们也沉浸在对马克思的缅怀与崇敬之中。正是这种认真的态度和精心的修改，才为他的每次演讲的成功提供了有力的保证。

【文选】

向美而行
——在清华大学2017级本科生开学典礼上的讲话

邱 勇

亲爱的同学们、老师们：

今天，3700多名2017级新同学来到清华园，成为这里的新主人。我代表全校师生员工，对你们的到来表示热烈的欢迎，祝愿你们在美丽的清华园里实现自己的人生理想！

年轻的你们如此优秀，作为校长我感到无比高兴和自豪。你们当中有立志从事新闻工作，来自西藏拉萨的藏族姑娘次旦央吉同学；有年仅13岁，来自安徽合肥的盛一博同学；有热爱中国文化，来自美国加利福尼亚的Roan Guinon（秦荣）同学。祝贺次旦央吉、盛一博、Roan Guinon（秦荣）通过自己的努力成为清华的一员，也祝贺全体2017级同学圆梦清华！

同学们，从今天开始，你们将在美丽的清华园展开新的人生画卷。你们将在这里领悟自强不息、厚德载物的校训，行胜于言的校风和中西融汇、古今贯通、文理渗透的办学风格。你们将在宁静的图书馆里博览群书，在热烈的师生交流中求真论道，在丰富的社会实践中增长阅历，与志同道合的伙伴一起砥砺前行，挥洒青春，收获情谊。我希望某一天在校园里骑车与你们偶遇，在游泳馆里看见你们矫健的身姿。我更希望，经过大学四年的学习生活，你们具有健全人格、宽厚基础、创新思维、国际视野和社会责任感。我相信，你们会经历清华新的变化，感受更好的清华，也会成为更好的自己！

成为更好的自己，需要涵养性情，陶冶情操，提升人生品位。清华国学院四大导师之一的王国维先生认为："美育者一面使人之感情发达，以达完美之域；一面又为德育与智育之手段，此又教育者所不可不留意也。"美，引导人们超越自身利害的局限和有限生命的束缚；美，有助于拓宽胸襟，更新气象，构筑丰满、积极的精神世界。美育的首要职责是让人懂得如何感受美，欣赏美。希望你们从今天起，不仅能感受、欣赏水木清华的美，更能努力培育美的素养，塑造美的心灵。

你们要学会欣赏艺术之美和自然之美。欣赏美的过程是丰富人生意趣、增强生命力量的过程。艺术是自然和生活在艺术家心灵中的投射。贡布里希在《艺术的故事》中说，"我们想欣赏那些作品，就必须具有一颗赤子之心，敏于捕捉每一个暗示，感受每一种内在的和谐"。王羲之的兰亭集序、莫奈的睡莲，艺术家留给人类的瑰宝，展现了深厚的人文底蕴和敏锐的生命直觉。长河落日、疏雨梧桐，大自然或雄伟或秀美的景色，带给人们或开阔或静谧的心境。明代地理学家、旅行家徐霞客曾说："大丈夫当朝碧海而暮苍梧。"在几十年的游历中，他"登不必有径"，"涉不必有津"，尝尽了旅途的艰辛，同时饱览了大自然的雄浑壮阔和秀美绮丽，也给我们留下了文采斐然，堪称"真文字、大文字、奇文字"的《徐霞客游记》。欣赏艺术之美和自然之美，需要有开放的心态，也需要有探索的勇气。徜徉在艺术和自然的天地里，你们的世界必将更加精彩，你们的人生也必将通向更加高远宽广的境界。

你们要用心感受科学之美。科学崇尚真理，科学是美与真的统一，良好的审美感觉有助于发现真理。杨振宁先生在一次题为"美在科学与艺术中的异同"的演讲中谈道：物理学家了解的宇宙结构，到最后就是一组方程式，比如牛顿运动方程式、麦克斯韦方程式、爱因斯坦相对论，无论是星云之大还是基本粒子之小，无论漫长的时间还是短短一瞬，都受几个基本科学规律控制，这是一种大美。法国数学家、物理学家、天文学家庞加莱说，"我们特别喜好探索简单的事实和浩瀚的事实，因为简单和浩瀚都是美的"。科学之美在于科学理论的简洁、对称、和谐、统一，是一种客观的、无我的、内在的美，需要深入探索和思考才能发现和感知。广阔的科学世界蕴含着无限的大美和惊喜，你们要勤于思考，勇于探索，努力去品味科学中最美妙的诗篇。

你们要用一生去追求人性之美。人性之美永远照亮人类前行的方向。悲天悯人的情怀、坚毅不屈的精神是人性之美。美国第16任总统亚伯拉罕·林肯献身于人生来平等的理想，他因为坚定推动解放黑人奴隶的事业，倒在了冰冷的枪口之下。但他不妥协、不退却的身影，永久定格在人类史册中。淡泊名利的风骨、谦和包容的胸怀也是人性之美。曾任清华大学中文系主任的著名散文家、诗人朱自清先生，为人诚恳、谦虚、温和、朴素，总给人如沐春风的感觉。在他心中，每个笨拙的背影都蕴藏着可敬的人生与爱；夏夜失眠带给他的也不是烦躁，而是一篇隽永美文《荷塘月色》。"月光如流水一般，静静地泻在这一片叶子和花上"，他的人品、学问、文章，也如清澈的流水，静静滋润慰藉人们的心灵。我希望你们以那些坚守理想价值、具有高尚品格的人为榜样，在完善自己、铸就个人美好人生的同时，温暖整个世界。

同学们，世界是多彩的，希望你们与美相伴；人生是漫长的，希望你们向美而行。杨绛学长曾说："我在许多学校上过学，最爱的是清华大学。"确实，在很多校友心中，清华园是他们最热爱的地方。清华是这样的美，入心入梦，终生难忘；清华更是孕育美的地方，无数清华人从这里出发，创造出美好未来。

亲爱的同学们，从今以后，清华将成为你们新的家园。我相信，美丽的清华园一定会因你们而更加精彩，你们的青春足迹也一定将为清华园所铭记！

谢谢大家！

——选自清华新闻网，2017年8月24日，http://www.tsinghua.edu.cn/publish/thunews/9649/2017/20170824085041738321321/20170824085041738321321_.html

第十九章　常用应用文

一、常用应用文的含义

常用应用文是指人们在日常生活、学习、工作中交流信息、沟通情况、告知晓示时所使用的文书，往往具有直接的现实目的性和约定俗成的格式。与法定公文、规章文书、事务文书、专用文书不同的是，常用应用文是人们在处理日常具体事务时逐渐形成的，不仅用途广泛，而且种类繁多。

无论是承担着人与人之间交往的、具有信守和法律责任与义务的合同、声明，还是具有鲜明商业性质的启事、函，以及人际交往、沟通时所使用的各种书信的变体，常用应用文都包含着丰富的社会文化内涵，具有浓郁的民族特色。这些常用应用文与每个人的切身利益直接关联，直接诉诸我们的现实需求。

二、常用应用文的特点

（一）内容的目的性

目的性从另一角度看，就是实用性。无论是书信还是合同等，都在一定程度上实现了其生成的功用性目的。比如，书信传达了人与人之间复杂的社会关系、需要与情感，合同则是人们之间具有法律责任和信守关系的实现载体。现代生活中常用应用文的实用性更是越来越突出，有无实用性几乎成了应用文写作成败得失的标准，自然也就成为应用文区别于其他文章形式的本质属性。"以用为尚"是应用文的根本属性。

因此可以说，无论是上古的结绳记事，还是今天的影印文献，都是为实现其或显或隐的实用性。而书信、合同等常用应用文的直接目的性更为明显。当然，如果说在主客二分哲学观之下，人类对于其自身之外的一切其他物似乎都存在着认识和改造的目的性。譬如，文学是在看似无功利的审美至境中实现了其隐含的大功利，即给人审美愉悦，陶冶性情；理论文章则给人以知识、信息，以拓展人们的认识和理解领域；新闻作品则在给人以"新"的信息的同时，使人们达到足不出户而晓知天下的目的。而常用应用文便因其在人们日常生活、学习、工作中所具有的实用信息载体的作用，实现了人们交流、沟通的目的性。因而，常用应用文内容的相对单一性和较强的时效性便是其目的性得以实现的必要条件。

（二）格式的约定俗成性

约定俗成是无数前人为了满足日常生活之需在具体实践中逐渐达成的某种共识和呼应，也可以说是一种趣味趋同、形式简化的现象。对常用应用文而言，约定俗成的格式则是大众在社会实践中自然而然形成的、具有相对规定性和稳定性的结构形式，以便于人们以简约的形式，快捷、准确地实现复杂的社会交往中各种信息传递的需求。因此，它必然包含着写作规范中的许多合理因素。这是常用应用文与行政公文等具有法定格式的文书在形式上的显著区别。

美国诗人威廉斯（William Carlos Williams）有一首诗可以给"约定俗成"一个注解。《便条》："我吃了\放在\冰箱里的\梅子\它们\大概是你\留着\早餐吃的\请原谅\它们太可口了\那么甜\又那么凉。"如果换成另外一种形式，我们会怎么来阅读它呢？

便　　条

我吃了放在冰箱里的梅子。它们大概是你留着早餐吃的。请原谅，

它们太可口了，那么甜，又那么凉。

同样的内容，同样的文字，为什么给人的感觉却大相径庭呢？这里就有一个习惯的问题，那就是用了分行的、跳跃的语式组合起来就有了诗美，在"语象"所虚构的情感空间中传达了某种人的生理满足的"甜"和"凉"，这情绪与社会礼俗（未经允许而吃了别人的梅子）的"甜"和"凉"之间，有一种隐隐的对立，也有渴求最终以对话方式达到和谐的努力与希冀。这是诗的方式的阅读。而用常用应用文的形式，即平实的句子、告晓性的目的，便使文本中充满了实用信息的具体交代、明白告知等内容，在对阅读者实现了告晓目的的同时便再没有了回味的余地。

因此，人类约定俗成的形式便造成了诗与常用应用文在接受时的差异。而诗以特定的形式实现了其审美性，常用应用文则在这种约定俗成的形式中实现了其明白晓畅的告知性目的。

（三）表述的简约性

应用文的写作尚简约，忌浮华，力求用最精简的语言说明原委，解说事理，陈述办法，以达到在短小的篇幅中最大限度地实现写作目的。

常用应用文的简约性特点可以从以下两个方面谈起：其一，表达方式上少用乃至不用渲染的文学笔法，而使用简洁的叙述、描述、客观性的议论（即就事论事，站在客观事实基础上发表观点、看法和认识）。抒情和描写适时适体而用。其二，语言平实自然，明白晓畅。

（四）辞章的适体性

从应用文文本的语篇修辞来讲，简约的"本色美"是一篇应用文的审美标准。正如

曹丕在《典论·论文》中说："盖奏议宜雅，书论宜理，铭诔尚实，诗赋欲丽。"[1]曹丕以"雅""理""实""丽"为区别提出了应用文奏、议、书、论、铭、诔与文学作品诗、赋之间不同的审美标准，显示出了不同文体的自身特点。

具体于本章所涉及的常用应用文文体，就是书信要亲切和悦，合同要严谨周全，这也是要求常用应用文要能够根据具体的现实需要，运用适宜的词语建构辞章体系，以实现其不同的实用目的。

三、常用应用文的写作

（一）书信

1. 书信的含义

书信是用语言文字向特定对象传递信息、进行思想感情交流的基本方式。古代有"驿寄梅花、鱼传尺素"的佳话，今天我们有了快递、电子邮件、短信、传真、微博等，它们把传统书信等待的时差转换为即时交流与沟通。然而这只是书信的传递形式的重大变化，其内容依然万变不离其宗。

我国是礼仪之邦，人们在社会交往和思想感情交流时，常常采用一定的礼仪形式和一定的文化活动方式来进行。传统书信是最重要的一种书面交流方式，因此，也留下很多名篇佳作，如秦李斯的《谏逐客书》、汉代司马迁的《报任安书》等。从这些书信里可以看到比较规范的书信格式和礼仪用语。学习中国传统书信礼仪，可以使我们不能面见的时候，在字里行间表达某种揖让进退。在现代这个世界一体的信息时代，掌握基本的书信礼仪不仅有助于增进交流者双方的情感，而且也是个人文化素养的基本体现。

2. 书信的分类

根据不同的分类方式，书信有不同的种类。

按传递方式分，有一般书信和电子邮件、传真信函等。根据内容分，有家书类书信、问候类书信、情书类书信、请托类书信、规劝类书信、庆贺类书信、吊慰类书信等。按功用分，有私人信函、公函、一般事务函件和专用信函（礼仪信函、商务用函）等。综合来说，我们主要介绍较为常见的家书、慰问信（感谢信）、公函、自荐书（求职信）、请柬、邀请函和电子邮件等。

3. 书信的结构

书信作为人们日常学习、生活、工作中使用最广泛的一种应用文体，具有相对稳定的用途和接受对象，同时也有相对固定的、约定俗成的格式。一般书信由信封、信笺两部分组成。

（1）信封。信封上的内容包括收信人的地址、姓名和寄信人的地址、姓名等。信封上的内容叫封文。邮寄书信封文的礼仪规范主要体现在收信人的姓名上，包括收信人的称呼、启封辞、封缄词等。

---

[1] 参见郭绍虞：《中国历代文论选》，上海古籍出版社，2001年版，第158页。

邮寄书信封文中对收信人的称呼最好不在收信人的名字之后加上私人关系称谓，如"某某某 父亲收""某某某 爱妻收"等。因为封文中的称呼指的不是发信人对收信人的称呼，而是邮递员（送信人、快递工作人员）对收信人的称呼。称呼的选用可依收信人的社会职务而定，一般都可尊称或通称为"先生""女士"；对有职衔者，可称职衔，也可通称。

启封辞是请收信人拆封的礼貌语词，一般来说，对尊长用"安启""福启""大启"等；公函一般用"公启"；对普通长辈用"钧启""赐启""道启"等；对平辈，则可依照收信人职业、性别等不同，在"启"字之前加适当的修饰词，如对军人用"勋启"，对教师用"文启"，对女士用"芳启"等；对晚辈一般用"启"或"收启"等；对居丧者则须用"礼启"。也可以简化为"启""拆""收"等。

封缄辞一般对于尊长宜用"谨缄"；对平辈用"缄"即可；对晚辈一般用"手缄"，也可只写"缄"字。对不封口的书信（如明信片、贺年片、柬帖以及托人带交的便函、便条等），封文中不写"启""缄"，因为不存在拆封和封闭的问题。

（2）信笺。信笺是书信内容的主体，信笺通常有横竖两种款式。竖式信笺，又称中式信笺，是我国传统的信笺款式。但竖式信笺的使用有日渐减少的趋势，尤其是青少年已很少使用，但是在年长者或港、澳、台等地区及海外侨胞的中文书信中，竖式信笺还常常能够见到。横式信笺，又称"西式"信笺，是常用的款式。信笺的繁简、雅俗以及其他方面的风格特征，往往能够体现出写信人的综合素养。

笺文实际上是一种书面谈话，要注重一定的礼仪规范。笺文的结构正体现了我国传统的礼仪之道。一般书信的信笺由八部分构成，包括称呼、问候语（应酬语、寒暄语）、正文、结束语、祝颂语、具名、日期、补述。

称呼，传统意义上包括尊称、称谓、提称与启事语。尊称就是表示对收信人的尊敬之意，即进一步表达写信人对收信人的感情，这样会使收信人感到亲切、高兴。称谓表示写信人与收信人之间的关系。提称是提请收信人查阅的、谦敬的称呼，也能表明双方关系的亲密程度，一般按照身份的不同而有不同的用语。如，"张总经理钧鉴"，"李省长台鉴"等。启事语是陈述事情的发语词，也是恳请收信人开启信文并直陈其事的开头语，有去信与回信之别。比如，称呼"尊敬的赵老师道鉴敬启者"（去函），"丁一同学如晤谨复者"（复函）的两种称呼形式，其中，"尊敬的"是尊称；"赵老师"与"丁一同学"是称谓，表明二者是师生关系；"尊鉴"和"如晤"分别是晚辈对尊长和尊长对晚辈的提称，表明二者的较为正式、严谨的师生关系；"敬启者"（去函）和"谨复者"（复函）是恳请或提醒对方展信并直陈其事的发语词。现代书信中称呼可以简洁地写作："尊敬（敬爱、亲爱）的某某"。

问候语，也称应酬语或寒暄语，是在正文之前，表示写信人对收信人的问候、怀念、颂扬等的礼仪用语。可表思慕，叙别情，也可颂扬德业，问候健康、起居等。问候语要特别注意收信人的具体情况，尤其是要根据写信人与收信人的亲密程度来写，若常年不见，可以写作"多年未见，甚为想念"；若关系一般则可自然得体，直接问候"你好"即可；若第一次给自己敬重或尊敬的长辈写信则可说"请恕冒昧""素不相识，冒昧打扰，敬请见谅"等，不一而足。总的说来，无论什么内容的信件，大方、礼貌、文雅、得体的问候语，既可以快速拉近与对方的情感距离，也可以给收信人带来一个良好的阅读心境。当然，现代书信中问候语也可以简单写作"你好""近来一切都好吧"等。问候语在称呼之下，空两格写。一般独立成段，不直接接下文。

正文，是书信的主体部分，也是信文的核心。每一封信都有一个相对重要的内容，无论是叙写思念之情、爱慕之意，还是家常琐事、公务往来等都要有一个较为集中的主旨。正文宜分段来写，每段可有一个较为单一和相对完整的意思。并且要注意以下几个细节：其一，开头尽量写双方最关心的事情，若是复函则最好先回答来函所谈论的问题。其二，若有几件事，叙述时要一件一件地说，不要前拉后扯，思路混乱。其三，自己所托之事要在所交代之事说明白后提及，并有过渡语提醒收信人注意。其四，措辞文雅，注意礼仪。

结束语，一般简洁明了，通常也是一些客套的应酬语，以表示致谢或致歉，或者敬候佳音，或代问相关人员安好，或再次提醒收信人注意前面所嘱托之事，或是对特别关心的事件予以关照等。总之，结束语正如人们要告别时互相说的关切对方、关照所托办之事、希望再次相聚之类的话，也是进一步加强与对方和谐关系的礼仪用语。

祝颂语，是有较为固定程式的一两句祝福颂扬的礼貌用语，包括请候语和安好语。但祝颂语并非必备项，一般放于信末。其组合有两种方式：其一，如果"请候语"接着最后一句话出现，那么"安好语"一般要另起一行，顶格写。这样的书写格式，不仅可以表达发信人对收信人的诚恳祝愿之情，而且能体现信文平衡匀称的形式美。其二，如果是在结束语后另行书写，则可用"请候语"加空格加"安好语"的形式。比如"即颂　商祺"和"敬祝　编安""谨颂　教祺""叩请　台安"等。常见的祝颂语如"此致　敬礼"中"此致"便可以有两种位置来进行书写，一是紧接着主体正文之后，不另起段，不加标点；二是在正文之下另起一行空两格书写。"敬礼"写在"此致"的下一行，顶格书写。

具名，也称署名，包括写信人对收信人的自称或谦称、写信人的姓名或名字和具名语（起告语）。写在祝颂语下方空一至二行的右侧。写信人对收信人的自称或谦称是写信人与收信人关系的称谓，如"儿××""学生××""你的朋友×××"等。具名语（起告语）是在署名之后表示结束的谦辞，比如，"父示""愚生玉青拜上""国藩手草"。当然，一般书信都可以用"某某谨呈"等用语。具体可有以下几种：对长辈：叩禀，敬叩，拜上，敬上，拜启，敬呈；对平辈：谨启，鞠启，谨上，手书，谨呈；对晚辈：字示，白谕等。复信时候则可用"谨复，敬复，拜复"等。

日期，一般是指写信当天的日期。在具名之后再下一行同样位置书写。

补述，又叫附言，可写作"又附""又及""及""再启"等，是指在信函要写完时候，如果有遗忘或特别提醒之事，则可以在日期下空一行，再空两格书写附言语，再另起行书写未尽事宜。

4. 书信的写作

书信写作大致分为正式和非正式两种。一般的商业信函、求职信及推荐函等属于正式书信，正式书信的结构、格式、用语、礼仪等都很讲究，也有一定的规范和要求。而

第十九章 常用应用文

给亲戚朋友等私人社交信函则属于非正式书信，私人信函的格式较为自由灵活，但也要遵循基本的格式和礼仪规范。

（1）家书。家书就是家中的亲属之间（包括友人）交流信息、传递感情的文字。

家书的外在格式同一般书信一样。正文写作时也要注意相应的礼仪，"行举有尊卑，交谊有深浅，至亲无文，语宜质朴，长幼有序，言戒轻佻"[1]，这是家书的一般要求。其实剔除其"尊卑"概念，家书写作时就是要尽量少一些俗话套话，叙事真实，情感表达自然诚恳，真挚通达，切忌卖弄文采和学识。

（2）感谢信、慰问信。感谢信与慰问信都是因为某种特殊的情况而由个人或单位、团体或某一职务的在任者对于对方所表达的谢忱、劝勉、安慰、鼓励等内容的较为正式的信函。有些影响较大的事件还可以把感谢信和慰问信借助媒体公开。不同之处是，感谢信一般都是由个人撰写的，私务性较强；慰问信一般是由机关、单位、团体的领导人发表的，公务性较强。

它们具有相似的格式，一般由称呼、缘由（事由）、主体、结束语（致谢语或劝慰语）、署名、日期等组成。

称呼，一般较为正式，感谢信（慰问信）的称呼根据不同情况而有所不同，若感谢（慰问）对象是个人则可称其职务或感谢对象的所在单位，团体则用全体职员的统称。

缘由（事由），是指要感谢或慰问对方的理由。就是为什么要感谢或慰问对方。往往是因为得到对方特别的帮助、款待，或是国家行政机关、单位、团体、个人对在某一领域或是在特殊的时刻做出特殊贡献乃至牺牲的团体和个人表示的诚挚感谢、慰问、劝勉等。因此，感谢或慰问缘由的陈述是下文感谢和慰问的情感基础，也是感谢信或慰问信的目的所在。

主体，一般是紧接感谢或慰问的缘由而来，进一步表达感谢或慰问的具体的内容，简单讲，即是"感谢什么"或"慰问什么"的具体事件。比如，是得到对方特别的帮助、款待，或是某一国家行政机关、单位、团体、个人对在某一领域或是在特殊的时刻做出的特殊贡献乃至牺牲等的具体叙写。

结语，一般是进一步写出对于对方的致谢、问候或祝愿、慰问、希望、鼓励等。有时候，用电报形式传递的慰问信（即慰问电）的缘由、主体、结束语可以简练地融合为一段来表达。

署名、日期，有正式和非正式之分，若是个人撰写，只需签具本人姓名即可，若是以正式的国家机关、企事业单位以及团体等的名义写作，则需签署本机关团体的名称，若是国家之间的邦交往来则需领导人的签名。

（3）公函。公函在实际使用中有法定公函与一般公函之分。

法定公函也叫函，适用于党、政、军等机关中不相隶属机关之间商洽工作，询问和答复问题，请求批准和答复审批事项。中共中央办公厅于1996年5月发布的《中国共产党机关公文处理条例》所规定的14种党的机关公文、国务院于2000年8月24日发布的《行

---

[1] 于成琨：《现代应用文》，复旦大学出版社，2003年版，第18页。

政机关公文处理办法》所规定的13种行政公文文种以及2005年10月8日发布的新修订的《中国人民解放军机关公文处理条例》所规定的12种军队机关公文文种中，都有法定公函，均具有法定的公文编号和特定的公文格式。

一般公函又可以分为两种：商函和一般公务函件。

商函，是指工商、金融贸易者进行业务往来，磋商经济贸易和业务管理等问题时所使用的函件。内容主要涉及买卖上的商洽、安排与业务的拓展等方面。它具有标题和文件编号，内容往往针对特定的业务问题，并互相遵守一种平等的法律责任与义务。

一般公务函件，是指除了党、政、军机关，工商贸易机构之外的其他单位或机关团体之间，在日常联系工作，协商事物，答复或解释相关问题时候使用的一种便宜函件。它没有公文编号，但也是各个机关团体相互联系、商洽工作的一种重要文书。又称便函、书函、便笺等，内容以具体事务的商洽和妥善处理为主。这里以证明信和介绍信为例，试析一般公函的写作。

证明信，是由机关、团体等组织（单位）或个人提供的确凿的书面材料，为证明有关人员的身份、经历、学历或某件事情的真实情况而写的文字材料。证明信的格式主要有标题、称谓、正文、结束语、祝颂语、出具证明的单位署名、日期、公章等。

标题一般写"证明信"或"关于某某问题的证明"等。称谓是被证明人所在单位的名称。正文主要是被证明的事实、情况等，往往以"兹证明"开头。结束语较为固定，一般常用"特此证明"作结，可在正文后，也可另起一行空两格书写。祝颂语常用"此致　敬礼"，以示正式、严肃。与正文间隔三至五行后在右下角处标示出具证明的单位署名和日期，同时还要加盖公章以示效力。

介绍信是把自己一方的学生、员工、同事或有业务关系者介绍给对方，以进行联系沟通、接洽工作的常用信函。格式包括称谓、正文、祝颂语、署名、公章及时间等六部分。

称谓一般是指收信的单位名称。正文的内容有被介绍人姓名及身份情况简介；介绍接洽的事由，常用"前来贵单位进行调查采访（联系有关技术事宜）等"。结束语一般较为固定，常用"请予以接洽为盼"等。祝颂语可以使用较为正式和严肃的工作用语，一般以"此致　敬礼"较为常用。署名是被介绍人所在单位的名称，并加盖公章以示效力；时间一般是写信的时间，有一定的时效性。

（4）自荐书（求职信）。自荐信（求职信），是个人在想要谋到某一工作职位时向该单位有关人事部门呈送的、显示出自荐人所具备并能够胜任此一职位能力的文书。它是个人与相关单位的较为正式的信息传递的文书，既具有私务应用文的规范，也具有公务信函的功用。因此，自荐信格式和用词比较规范，在内容上又有较大自由度。如大学生毕业的求职、跳槽职员的再求职等都要认真地进行自荐书（求职信）的写作。

写好自荐书（求职信）的一个最重要问题是，要扬长避短，凸显自己的专业特长和个性潜力。专业特长要具体、透彻，个性潜力要挖掘充分，显示出自己的显著优势和积极的发展态势。有时还要有针对性地根据用人单位的特定需求，有的放矢地进行叙述，忌文不对题，游离目标。行文宜简洁扼要，适时得体，不卑不亢，诚挚谦虚。文面要美观大方，赏心悦目。因为，求职信在一定程度上就是撰文者专业优长与个性特点的直接

第十九章 常用应用文

显示。所谓"文如其人",观其文如见其人也。精心制作自荐书(求职信)往往可以达到"先文夺人"的效果。

自荐书(求职信)的外在格式与一般传统书信相同,其正文部分内容大体上分为三部分:写信的目的、自我简介、要求。写信的目的,要直截了当地在信的开头提出。自我简介,主要介绍自己的学历、工作经历、解决问题的能力等。在行文、用词上要表现出自信、诚恳的态度,语言简明扼要,突出介绍自己的优点,与众不同的特长或有利条件。还要紧扣用人单位的需求,有力地说服对方对自己能力的认可。提出合理要求时还要注意标明进一步联系的途径、方式、时间、地点等。也可以主动提出接受进一步地面试或考核等。

(5)请柬、邀请函。请柬是邀请相关人员参加庆典、宴会、纪念会、展览会等活动时常用的告晓性文字载体。

邀请函,是为了增进友谊,发展业务,邀请客人参加庆典、会议及各种活动的信函形式。

二者都是邀请特定人员参加庆典、会议以及各种公众活动的礼仪文书。请柬往往以独立的形式直接呈送或告晓被邀请人。邀请函往往以信函形式通过邮寄方式送达被邀请人。

请柬可以看作书信的变体,它一般没有封文,直接以标题"请柬"和笺文的内容独立使用。请柬包括封面和笺文部分。封面上一般注明"请柬"字样。笺文部分常常在称呼前边有"恭请"或"敬请"等字样,下面与一般传统书信的笺文相同。即顶格写被邀请人的名字及称谓,之后另起一行,空两格,告知被邀请人参加庆典、会议或活动的内容、时间与地点。结尾处有祝颂语、发柬者具名及时间等要素。若是大型活动,在必要时还应附上入场券。

邀请函的笺文格式包括称谓、问候语、正文、落款、日期。正文的主要内容有交代活动的时间、地点和内容以及邀请原因和活动的细节安排等。另外,在落款和日期后,还要有相关联系人的电话和地址等信息。

(6)电子邮件。电子邮件是在信息时代被广为使用的一种借助网络传递信息、交流感情的通讯方式。它正在或已经取代了传统书信的主流地位,成为人们沟通信息、交流情感的又一种不可或缺的媒介。与传统书信相比,电子邮件主要是通过网络传递信息、交流感情、洽谈业务等。发送后直接到达对方的邮箱,且直接呈现于收信人面前的是信函的来函地址、主题、具体写作时间和笺文主体乃至附件等内容。因此,电子邮件的写作不必考虑封文的格式和礼仪规范。而在笺文的写作中,其格式和礼仪规范几乎与传统书信相同。

不同之处在于,电子邮件不仅可以在正文中书写,而且可以用附件的方式传递更多内容或是重要文件与信息。可以说,电子邮件几乎不受传统书信邮寄的时空限制和容量限制。它可以通过搜索引擎等工具,快速而准确地搜索到想要传递的重要信息。从而消除通讯两端的时空阻隔,加快人际关系发展的节奏和速度。但也正是如此,电子邮件同时也缺失了些许如传统书信在等待之后展信阅读时获得的快感等审美体验。

因此，电子邮件既是现实社会礼仪的一种延伸，同时又具有与传统社会礼仪不同的性质和特点。那么，在写作电子邮件时除了遵循传统书信的格式规范和礼仪规范，还要遵守相应的网络规范和礼仪。具体包括：

第一，要认真填写收信人的电子邮箱地址，从而确保邮件的顺畅传递。

第二，在填写电子邮件的主题时，首先要把邮件的主要内容体现出来，其次还要注意使用一定的礼貌用语，如"敬请查收《秋天的梦想》诗稿""尊敬的刘老师，敬请查收论文""烦请编辑先生审阅"等。若是熟识的亲人、朋友等则直接写明邮件主旨即可。

第三，尽量不要传递超过邮箱容量的大容量图片、带有艺术字体或彩色底纹背景的文件，以免使对方有限容量的信箱超载。尽量不要直接传送非文本格式的文件，这样往往会因传送失败而浪费网络资源。

第四，在利用对方电子邮件的邮箱地址进行回复时，一般应先删去对方信件的内容，只发送自己的邮件信息。如果把对方的信件内容又传递过去，不仅会使对方有所误会造成尴尬，也会因为加剧网络传输任务而带来网络的阻塞和拥挤。

第五，在收到对方邮件时要给予及时的回复，及时回信是快速的网络时代一个基本的礼仪要求。尤其是对方要求回音的电子邮件，更应及时给予答复。另外，由于有的邮箱有自动回复功能，在自动回复之后，若是必须根据具体来函回复的邮件，还要给予及时、具体的回复。不要有来无回让对方有石沉大海之感，从而影响了彼此的和谐关系。

当然，在写作电子邮件时还会遇到很多具体问题，只要我们坚持"信"的基本内涵，注意特定的格式、礼仪规范和相应的网络规范和礼仪，就会营造出更为和谐的人际环境，并为日常的生活、学习和工作带来更大、更及时的信息储备和快捷的交流沟通平台。

5. 书信写作的要求

书信是一种较为自由的常用应用文，写法上也比较灵活。但书信的写作也要遵循一定的规范和要求，简单讲，最基本的要求就是准确、简洁和明晰。总体上要注意以下几点：

（1）格式合乎规范，恰当得体。书信的写作要特别注意其约定俗成的格式和相应的礼仪规范。相应的格式规范体现了一定的礼仪规范，掌握了格式规范就一定程度上掌握了礼仪规范。比如，称呼要能根据不同的对象有得体的变化，且在写作时顶格，正可谓"长幼有序"的规范在形式上的表现，传达出的是对收信人的尊重，同时也是古代书信"抬头"传统延续。这就要求写作书信时能够准确把握双方的关系，礼貌用语使用得体，行文中语气合乎身份关系，整体语言风格适应对象的特点，从而恰当地叙写事情、交流感情等。

除此之外，信笺纸张的选择，信件的折叠以及在书写形式上都要有所注意。比如，信笺的纸张除公务外不宜用公务信纸，折叠时要能够使收信人在打开信笺时直接看到对自己的称呼。而在正文书写时要注意单字不成行，单行不成页；一篇完整的笺文至少有一行写到底，不宜行行吊脚；涉及名字时，最好不要分开写；正式场合的书信还要做到行款正直，字体端庄等。对这些细节的注意都是写信人审美情趣和整体文化素养、个人品格性情的基本体现。

（2）内容简洁明白，言之有物。"信"者，确实、信用、相信也。而书信的功用无外乎联系协调、沟通信息、交流感情、告知晓示、凭据纪念等，这就是要求写信时要尽量做到言简意赅。不管是在古代交通、通信十分不发达的时期，还是在今天我们的通信手段日新月异之时，简约都是一种境界。那么，在写信时，就不仅要充分考虑对方的时间安排，而且要尊重对方的阅读心境等问题。就书信内容而言，还要做到长短适中，太短，给人敷衍之感；太长，给人冗繁之感。因此，简洁明白，言之有物的书信，更能够顺利实现沟通信息、交流情感的作用。

（3）情感表达自然、真挚。书信虽然是以实用为目的，但更多的是较为正式的人际之间的文字交流，因此，书信中所流露的感情更应自然真挚。现代书信虽然在传递媒介上有了革新，但作为一种更为正式和相对自由并富有人情味的沟通方式，它依然在现代人们学习、生活、工作中起着举足轻重的作用。方便的时候，亲笔给亲戚朋友写信，或是一封及时的电子邮件，或是一个问候的短信、微博，总能给收信人以"见字如面"的亲切感。同时也把现实生活的直接目的性转换为一种较为审美的交往距离之中，从而更有利于特定事务的解决和感情的深化。

（4）措辞文雅大方，注重礼仪。中国传统书信中有很多礼仪规范，由于人与人之间关系微妙，性格情分各不相同，行为举止颇有差异，交谊深浅各有量度，因此，书信中注重礼仪是我国礼仪之邦在书面交往中的延续。我们在使用时可以剔除其尊卑等级观念，而在基本的文字通畅，内容准确，措辞得当的前提下，以实现一种较为理想的见信如面的交流形式，从而在规范中达到其细腻委婉地传达和增进双方感情的目的。

（二）合同

1. 合同的含义

合同有广义和狭义之分。广义的合同，泛指一切当事人之间确立的权利义务关系的协议，也叫契约。在各部门中几乎都有合同出现，如行政法律、法规、规章中就规定了一些行政合同。我们这里主要介绍狭义的合同。狭义的合同则仅指民法上的合同，又称民事合同。《中华人民共和国合同法》规定："合同是平等主体的自然人、法人、其他组织之间设立、变更、终止民事权利义务关系的协议。"依据该条规定，合同也就是当事人（民事主体）之间确立双方的权利与义务而达成的共同遵守的协议。

合同是一种协议，但合同与协议的内涵和外延有时候并不完全一致。即合同不完全等同于协议。有时候，协议可能只是一种意向书，并不涉及双方的具体权利和义务。有时候，合同与协议又是关于当事人双方权利和义务的共同约守的文书的不同命名，只是具有不同的适用情况。比如大学生毕业时与接收单位所签署的"就业协议书"，虽以"协议书"命名，但实质上就是合同。

合同和契约，作为我国的一些民事立法文件中通常使用的两个概念。从其使用的实际内容和范围以及民法通则给合同下的定义上看，二者并无明显的区别，可以通用。

根据《中华人民共和国合同法》所规定的合同的含义，自然人、法人、其他组织都是我国合同的主体，都具有签订合同的主体资格。当然，当事人订立合同，应当具有相应的民事权利能力和民事行为能力。当事人依法可以委托代理人订立合同。

一般情况下，合同都要经公证机关公证，这样它就具有了法律效力和约束力。因此，当事人双方依法订立合同，不仅可以保护合同当事人的合法权益，而且也是保持我国社会经济秩序稳定、正常发展的一个重要的经济行为方式。

当事人订立合同，有书面形式、口头形式和其他形式。法律、行政法规规定采用书面形式的，应当采用书面形式。当事人约定采用书面形式的，应当采用书面形式。书面形式是指合同书、信件和数据电文（包括电报、电传、传真、电子数据交换和电子邮件）等可以有形地表现所载内容的形式。

2. 合同的分类

1999年3月15日由第九届全国人大第二次会议通过，1999年10月1日起施行的《中华人民共和国合同法》中列举了15种合同类型，其中包括买卖合同，供用电、水、气、热力合同，赠与合同，借款合同，租赁合同，融资租赁合同，承揽合同，建设工程合同，运输合同，技术合同，保管合同，仓储合同，委托合同，行纪合同，居间合同。需要注意的是婚姻，收养，监护等有关身份关系的协议，不适用于《合同法》。

3. 合同的结构

合同一般由约首、正文、结尾三个部分组成。

（1）约首。约首包括标题、合同的编号、签订的时间和地点。

标题表明合同的内容和性质。一般由事由和文种两部分构成，如"买卖合同""建筑工程承包合同"等。

合同的编号的书写是便于存档和查用。签订的时间一般是合同生效的时间，有时也只是合同签订的时间，合同生效的时间可在合同的主体中正式标明。合同签订的地点主要关系到日后纠纷解决时执法的所在地。

（2）正文。正文包括两个部分：引言和主体。

引言简要写出订立合同的缘起、目的、依据、签订方式等，可用"特签订合同如下"等过渡到主体。

主体就是订立合同的当事人双方约定的具体条款，一般情况下可按《中华人民共和国合同法》所规定的一般条款来签订：当事人的名称或者姓名和住所，标的，数量，质量，价款或者报酬，履行期限、地点和方式，违约责任，解决争议的方法。

当事人的名称或者姓名和住所，就是要尽量写清楚双方当事人的具体情况。在标题之下，左半部分写立合同人；先写甲方（供方、卖方），再写乙方（需方、买方）；右半部分写合同编号、签订地点、签订时间。写立合同人应写单位、企业全称（工商部门注册的名称）不可随便简化，也不能写别称。然后注明简称，如"甲方""乙方""供方""需方"或"买方""卖方"。

标的，是指当事人双方权利和义务共同指向的对象。如货币、物资、产品，或某种劳务服务。标的必须明确、具体，否则就无法履约。

数量，是用计量单位和数字来衡量标的的尺度，也是确定权利与义务的标准。合同中计量单位必须明确。数量计量单位有统一规定，重量、长度、体积、面积都要用国家标准计量单位。

质量，是标的内在素质和外观形态的综合反映，如产品的品种、规格、型号等。质量必须有具体的规定，如国家标准、部颁标准或企业标准。

价款或酬金，是标的的价值标志。以物为标的，叫价款；以劳务为标的叫酬金。二者都是以货币数量计算支付，以国家的价格规定为准则。允许议价的，当事人协商议定。

履行地点、期限和方式，履行地点，是双方当事人实现权利和履行义务的具体地点。履行地点应根据合同的性质或当事人的约定，地点要明确而具体。履行期限，是指合同各方实现承诺的时间界限，当事人双方必须严格执行协议的时间，期限时间宜实不宜虚，宜具体不宜笼统，最好确定具体日期，如不能定确切时间，应用"以前""以内"，而不应用"以后"，也不可用"尽可能在"或"争取在"。履行方式，是双方当事人以什么方式来完成所承担的义务。主要包括交货方式、运输形式和交货地点等。交货方式是指双方约定的交接标的形式（是送货还是自提等）；运输形式是指双方约定的用何种运输工具，采取何种方式运输（空运、铁路、公路……）；交货地点是指双方约定的交接标的物的具体地点（尽量写详细）。

违约责任，是指双方在合同中明确约定的违约方应承担的具体责任。这是对违约者的惩罚。也是对因违约而造成损失的另一方的正当权益的保护。处罚应是对等的，是对双方的共同要求。订违约责任时，应尽量细致、周全、具体、明确，尽量避免使用模糊语言，以免执法困难。

解决争议的方法，是指签订合同后若发生纠纷，在自行协商不成时，在合同中约定的解决纠纷的形式（是到仲裁机构仲裁，还是去法院起诉），选择其一写于合同条款中。

（3）结尾。合同的结尾部分包括合同必要的说明和合同的签署两部分。

合同必要的说明，主要是根据合同法或法律规定或当事人的要求写明一些必需的条款。须注明合同份数、有效期、变更合同的条件、合同附件的名称和件数等。

合同的签署，是当事人双方的签名盖章与签订合同的日期。一般要写明各方单位或姓名的全称，并分别盖章。如需上级单位或公证机关签署意见时，要注明并盖章。当事人是企业法人的，应盖合同专用章，不得加盖行政专用章。另外，双方的电话、账号、开户银行、地址等，都要写清楚。

4. 合同的写作要求

（1）合同的订立要遵循一定的原则。合同的订立首先必须符合国家的法律、法规和政策，必须符合国家计划的要求，必须坚持平等互利、协商一致、等价有偿的原则。依法订立的合同，受法律保护。经济合同是一种法律行为，绝不应违背原则，否则，合同将视为无效。因为只有遵守原则才能保证合同的合法性。订立合同时应当遵循的基本原则主要有平等原则；自愿原则；公平原则；诚实信用原则；遵守法律，不得损害社会公共利益的原则。

平等原则是指合同当事人的法律地位平等，一方不得将自己的意志强加给另一方。自愿原则是指当事人依法享有自愿订立合同的权利，任何单位和个人不得非法干预。公平原则是指当事人应当遵循公平原则确定各方的权利和义务。诚实信用原则是指当事人行使权利、履行义务应当遵循诚实信用原则。遵守法律，不得损害社会公共利益的原则是指当事人订立、履行合同，应当遵守法律、行政法规，尊重社会公德，不得扰乱社会经济秩序，损害社会公共利益。依法订立的合同，对当事人具有法律约束力。最后，依法签订合同的当事人应当按照约定履行自己的义务，不得擅自变更或者解除合同。

（2）内容要完整详尽。依法签订合同是受法律保护的一种重要的经济行为。为了充分保证签订合同双方的合法利益，首先要把合同规定的内容述写清楚，并做到项目条款完备，不要有遗漏和残缺之项。针对每一个标的，各项性能、指标都要交代完整，不要遗漏。尤其是违约应承担的责任更是不可缺少，否则，等到出现问题时就悔之晚矣。不仅如此，在签订合同时还要尽量做到内容具体、详尽。除按法律规定应写明合同的一般条款外，如果有特殊情况还要有特殊的交代，并且要细化到用词用语的贴切，量化到产品的色泽、质地、规格、型号、包装要求以及订金、保证金的给付方式与担保的形式等。只有在签订时做到了细致周全，才能尽可能地把风险降到最低。另外，还需要当事人了解相关业务的专业知识和法律法规等，以使合同的合法性与可行性得到相应的保障。

（3）用语要规范准确。规范，是指合同在签订时要使用规范化的现代汉语，以免因为语言不通带来的误解而使当事人的合法权益遭受不必要的损失。准确，就是在签订合同时候要做到用语准确，避免使用语义模糊或容易产生歧义的词语。比如"约""大概""左右""可能""预计"等词要少用或不用，还要注意有些名词概念内涵和外延的关系问题。

除此之外，在表示时间、地点、数量等具体条款时要选用确切的限定词，不要有语法和逻辑上的错误。语句不宜过长，限定词不宜过多，以防产生歧义。也就是说，签订合同的确需要"咬文嚼字"，"字斟句酌"。另外，在具体数字的书写时，尤其是关系钱款、时间等问题的数字，一方面要注意币制和数字的书写，一方面尽量在使用阿拉伯字体的同时，再标示其汉语形式，以防随意变更。再则就是标点符号的使用也要准确无误，尤其要注意逗号和顿号在具体语境中的区别。

合同的书写也要规范，要做到字体端正，清晰明白。因为合同一旦成文，即不得随意涂改。当然，如果发现某些必须修改的地方，可以在双方协商一致的情况下，在双方同时在场时进行修改；还要注意的是，合同有一式几份就要在每一份上都做修改，并在每一修改处加盖各方印章，否则，修改无效。

【文选】

给河马刷牙

龙应台

1. 现实的一代

安德烈：

我注意到，你很不屑于回答我这个问题："你将来想做什么"，所以跟我胡诌一通。

是你们这个世代的人，对于未来太自信，所以不屑于像我这一代人年轻时一样，讲究勤勤恳恳，如履薄冰，还是，其实你们对于未来太没信心，太害怕，所以假装出一种嘲讽和狂妄的姿态，来闪避我的追问？

我几乎要相信，你是在假装潇洒了。今天的青年人对于未来，潇洒得起来吗？法国年轻人在街头呼喊抗议的镜头让全世界都震惊了：这不是20世纪60年代的青年为浪漫的抽象的革命理想上街呐喊——带着花环、抱着吉他唱歌，这是21世纪的青年为了自己的现实生计在烦恼，在挣扎。你看看联合国2005年的青年失业率数字：

比利时21.5%；澳洲22.6%；芬兰21.8%；

法国20.2%；希腊26.3%；意大利27%；

波兰41%；斯洛伐克32.9%；西班牙27.7%；

英国12.3%；美国12.4%；德国10.1%；

香港（15到24岁青年的失业率）9.7%；台湾10.59%。

数字不见得精确的中国大陆，是9%。

你这个年龄的人的失业率，远远超过平均的失业率。巴黎有些区，青年人有40%出了校门找不到工作。然后，如果把青年自杀率也一并考虑进来，恐怕天下做父母的都要坐立难安了。自杀，已经是美国15到24岁青年人的死因第一位。在台湾，也逐渐升高，是意外事故之后第二死因。世界卫生组织的数据说，全世界有三分之一的国家，青年是最高的自杀群。芬兰、爱尔兰、新西兰3个先进国家，青年自杀率是全球前三名。

你刻意闪避我的问题，是因为……21岁的你，还在读大学的你，也感受到现实的压力了吗？

2. "灰姑娘"的一代

我们21岁的时候，20世纪70年代，正是大多数国家经济要起飞的时候。两脚站在狭窄的泥土路上，眼睛却望向开阔的天空，觉得未来天大地大，什么都可能。后来也真的是，魔术一般，眼睁睁看着，贫农的儿子，做了"总统"；渔民的女儿，成了名医；面摊小贩的儿子，做了国际律师；码头工人的女儿，变成大学教授；蕉农的儿子，变成领先全球的高科技企业家。并非没有人颠沛失意，但我们真的是"灰姑娘"的一代人啊，安德烈，在我们的时代里，我们亲眼看见南瓜变成金色的马车，辚辚开走，发出真实的声音。

我身边的朋友们，不少人是教授、议员、作家、总编辑、律师医师、企业家、科学家、出版家，在社会上看起来仿佛头角峥嵘，虎虎生风。可是，很多人在内心深处其实都藏着一小片泥土和部落——我们土里土气的、卑微朴素的原乡。表面上也许张牙舞爪，心里其实深深呵护着一个青涩而脆弱的起点。

如果有一天，我们这些所谓"社会精英"同时请出我们的父母去国家剧院看戏，在水晶灯下、红地毯上被我们紧紧牵着手蹒跚行走的，会有一大片都是年老的蕉农、摊贩、渔民、工人的脸孔——那是备受艰苦和辛酸的极其朴拙的脸孔。他们或者羞怯局促，或者突然说话，声音大得使人侧目，和身边那优游从容、洞悉世事的中年儿女，是两个阶级、两个世界的人。

3. 提摩

你的20岁，落在21世纪初。今天美国的青年，要换第4个工作之后，才能找到勉强志趣相符的工作。在"解放"后的东欧，在前苏联地区的大大小小共和国，青年人走投无路。在先进的西欧，青年人担心自己的工作机会，都外流到了印度和中国。从我的20岁到你的20岁，安德烈，人类的自杀率升高了百分之六十。于是我想到提摩。

你记得提摩吧？他从小爱画画，在气氛自由、不讲究竞争和排名的德国教育系统里，他一会儿学做外语翻译，一会儿学做锁匠，一会儿学做木工。毕业后找不到工作，一年过去了，两年过去了，三年又过去了，现在，应该是多少年了？我也不记得，但是，当年他失业时只有18岁，今年他41岁了，仍旧失业，所以和母亲住在一起。没事的时候，坐在临街的窗口，提摩画长颈鹿。长颈鹿的脖子从巴士顶伸出来。长颈鹿穿过飞机场。长颈鹿走进了一个正在放映电影的戏院。长颈鹿睁着睫毛长长的大眼，盯着一个小孩骑三轮车。长颈鹿在咀嚼，咀嚼，慢慢咀嚼。

因为没有工作，所以也没有结婚。所以也没有小孩。提摩自己还过着小孩的生活。可是，他的母亲已经快80岁了。

我担不担心我的安德烈——将来变成提摩？

老实说……是的，我也担心。

4. 不是"孩子"，是"别人"

我记得我们那晚在阳台上的谈话。

那是多么美丽的一个夜晚，安德烈。多年以后，在我已经很老的时候，如果记忆还没有彻底离开我，我会记得这样的夜晚。无星无月，海面一片沉沉漆黑。可是海浪扑岸的声音，在黑暗里随着风袭来，一阵一阵的。猎猎的风，撩着玉兰的阔叶，哗哗作响。在清晨3点的时候，一只蟋蟀，天地间就那么一只孤独的蟋蟀，开始幽幽地唱起来。你说："妈，你要清楚接受一个事实，就是，你有一个极其平庸的儿子。"

你坐在阳台的椅子里，背对着大海。清晨3点，你点起烟。

中国的朋友看见你在我面前点烟，会用一种不可置信的眼光望向我，意思是——他他他，怎么会在母亲面前抽烟？你你你，又怎么会容许儿子在你面前抽烟？我认真地想过这问题。

我不喜欢人家抽烟，因为我不喜欢烟的气味。我更不喜欢我的儿子抽烟，因为抽烟可能给他带来致命的肺癌。

可是，我的儿子21岁了，是一个独立自主的成人。是成人，就得为他自己的行为负责，也为他自己的错误承担后果。一旦接受了这个逻辑，他决定抽烟，我要如何"不准许"呢？我有什么权力或权威来约束他呢？我只能说，你得尊重共处一室的人，所以请你不在室内抽烟。好，他就不在室内抽烟。其他，我还有什么管控能力？

我看着你点烟，跷起腿，抽烟，吐出一团青雾；我恨不得把烟从你嘴里拔出来，丢向大海。可是，我发现我在心里对自己说，MM请记住，你面前坐着一个成人，你就得对他像对待天下所有其他成人一样。你不会把你朋友或一个陌生人嘴里的烟拔走,你就不能把安德烈嘴里的烟拔走。他早已不是你的"孩子",他是一个个人。他就是一个"别人"。

我心里默念了三遍。

安德烈,青年成长是一件不容易的事,大家都知道;但是,要抱着你,奶着你,护着你长大的母亲学会"放手",把你当某个程度的"别人",可也他妈的不容易啊!

5. 灵魂清醒

"你哪里'平庸'了?"我说,"'平庸'是什么意思?"

"我觉得我将来的事业一定比不上你,也比不上爸爸——你们俩都有博士学位。"

我看着你……是的,安德烈,我有点惊讶。

"我几乎可以确定我不太可能有爸爸的成就,更不可能有你的成就。我可能会变成一个很普通的人,有很普通的学历,很普通的职业,不太有钱,也没有名。一个最最平庸的人。"

你捻熄了烟,在那无星无月只有海浪声的阳台上,突然安静下来。然后你说:"你会失望吗?"

海浪的声音混在风里,有点分不清哪个是浪,哪个是风。一架飞机闷着的嗡嗡声从云里传来,不知飞往哪里。蟋蟀好像也睡了。你的语音轻轻的。这样的凌晨和黑夜,是灵魂特别清醒的时候,还没换上白天的各种伪装。

6. 给河马刷牙

我忘了跟你怎么说的——很文艺腔地说我不会失望,说不管你做什么我都高兴,因为我爱你?或者很不以为然地跟你争辩"平庸"的哲学?或者很认真地试图说服你——你并不平庸只是还没有找到真正的自己?

我不记得了,也许那晚葡萄酒也喝多了。但是,我可以现在告诉你,如果你"平庸",我是否"失望"。

对我最重要的,安德烈,不是你是否有成就,而是你是否快乐。而在现代的生活架构里,什么样的工作比较可能给你快乐?第一,它给你意义;第二,它给你时间。你的工作是你觉得有意义的,你的工作不绑架你使你成为工作的俘虏,容许你去充分体验生活,你就比较可能是快乐的。至于金钱和名声,哪里是快乐的核心元素呢?假定说,横在你眼前的选择是到华尔街做银行经理或者到动物园做照顾狮子河马的管理员,而你是一个喜欢动物研究的人,我就完全不认为银行经理比较有成就,或者狮子河马的管理员"平庸"。每天为钱的数字起伏而紧张而斗争,很可能不如每天给大象洗澡,给河马刷牙。

当你的工作在你心目中有意义,你就有成就感。当你的工作给你时间,不剥夺你的生活,你就有尊严。成就感和尊严,给你快乐。

我怕你变成画长颈鹿的提摩,不是因为他没钱没名,而是因为他找不到意义。我也要求你读书用功,不是因为我要你跟别人比成就,而是因为,我希望你将来会拥有选择的权利,选择有意义、有时间的工作,而不是被迫谋生。

如果我们不是在跟别人比名比利，而只是在为自己找心灵安适之所在，那么连"平庸"这个词都不太有意义了。"平庸"是跟别人比，心灵的安适是跟自己比。我们最终极的负责对象，安德烈，千山万水走到最后，还是"自己"二字。因此，你当然更没有理由去跟你的上一代比，或者为了符合上一代对你的想象而活。

同样的，抽烟不抽烟，你也得对自己去解释吧。

MM（妈妈）

——选自龙应台，安德烈：《亲爱的安德烈》，人民文学出版社，2008年版

第二十章 散 文

一、散文的含义和种类

（一）散文的含义

散文是一种题材广泛、写法灵活、个性鲜明、文情并茂的文学体裁。

在我国，它有优秀的传统、广泛的社会性和广大的作者读者队伍。我国散文的源头可以追溯到殷周时代的甲骨卜辞和青铜铭文，《尚书》是我国第一部散文集，以后历代诗文并举，名家辈出，名著蜂起。在古代，散文是主流文体。经史子集，大部分是散文，散文有很高的实用价值和美学价值。

在现代，在战斗的年代，有人把散文比喻为"轻骑队""轻武器"。它在打击敌人、团结人民方面，确实是起过强有力的作用。今天，我们说，散文是轻便手提摄影机，因为它较之其他文学体裁，能够更轻便、更灵活、更迅速地反映社会现实，能够更直接、更充分地表现自己的思想和感情。

（二）散文的种类

根据内容和表达方式的不同，散文通常分为三类：记叙性散文、抒情性散文、议论性散文。

1. 记叙性散文

这是以记人、叙事、状物、写景为基本内容的散文，它有一般记叙文章的时间、地点、人物、事件等要素的体现。主要用叙述和描写等表达方式。记叙性散文中也可以抒情，但情感因素对所描写的人、物、景只是起烘托、突出或强化等辅助作用，情循事发，事变则情迁。有时还有议论，其目的是更好地显示文章的主题，增强文章的感染力。

这种散文，又包括多种样式。主要有四种：侧重写人、侧重叙事、侧重状物、侧重写景。

2. 抒情性散文

这是以抒发作者的主观情感为主，大量采用抒情笔法，辅以写景状物，兼有记人叙事议论的散文。与记叙散文不同的是，它以情为帅，人、事、景、物皆因情设。常见的抒情散文，根据它们选用的题材的不同，文章中抒发的感情所依附的对象不同，基础不同，大体上可分为四类：因人抒情、因事缘情、借景抒怀、托物言志。

3. 议论性散文

这是偏重于阐明事理、发表议论的散文，它除了叙事和抒情之外，更侧重于议论文字。它和一般的评论不同。一般的评论用事实和逻辑来说理，而议论性散文除了事实和理论之外，还要运用文学形象来进行说理，使议论和抒情相结合，理论和形象相结合，所以有人认为议论性散文是文艺性的论文。议论性散文同一般议论文一样，要求观点鲜明，概念准确，说理充分，层次明晰，以理服人，但是，它不需要一般议论文那样的逻辑推理和严密的论证，而主要是形象思维的产物，其文学性很强，并富于感情。

二、散文的特点

（一）对"形散神不散"的质疑

"形散神不散"是现代散文艺术理论的一种主张。20世纪60年代初，由萧云儒提出。他说："师陀同志说：散文忌'散'，很精辟。但另一方面，'散文贵散'。说得确切些，就是'形散神不散'。""神不'散'，中心明确，紧凑集中，不赘述。形'散'是什么意思呢？我是指散文的运笔如风、不拘成法，尤贵清淡自然、平易近人而言。"[1] 此说一提出，就在散文艺术领域被当作散文文体的基本特征、散文创作的基本规律、散文风格的基本模式广泛流行开来。它已不再是萧云儒一个人的思维模式。这种情况"自觉或不自觉地表达了我们当时一种相当盛行的文艺思想：作品的主题必须集中和明确（这其实是古典主义式的艺术趣味）"，"确实是体现了当时一种比较封闭性和单一化的思想气氛"。[2]

用"形散神不散"无法统一散文写作的全部实际，用"形散神不散"要求和指导散文创作，也许使多姿多彩的散文世界变得简单、贫乏。正如林非所指出的，写散文"为什么'神'只能'不散'呢？事实上一篇散文之中的'神'，既可以明确地表现出来，也可以意在不言之中，这有时甚至比直白地说出来，还要能强烈地震荡读者的心弦。为什么'形'只能'散'呢？形式上十分整齐的近似诗的散文，为什么就不能写呢？事实上这种佳篇是很多的"（《散文创作的昨日和明日》）。散文是贴近生活的艺术，而生活是错综多变的，因而，反映它的散文形式应多种多样；散文是抒写心灵的艺术，而人的心灵世界无比深邃，变化莫测，因而，抒写心灵的艺术形式，应多维、多姿、多层次。只有这样，才能不断反射出生动新鲜的外宇宙和美妙无穷的内宇宙。特别是今天，生活节律不断加快，人们的内心世界空前活跃，呈现出异常开放的灿烂情景，这样，"神不散"的写法与现代生活之间，显示出它的不协调性；"神不散"的主题明确、紧凑集中的散文，与现代人的欣赏心理、审美趣味，有些不相适应。关于这一点，吴欢章在《"神"辨》一文中讲得非常清楚："现在人们阅读散文，一般已不满足于被动地接受而喜欢主动地发现，在艺术欣赏中越来越多地加入了探索和思辨的成分。这样，'神'的多义性，主题的不确定性，更能适合读者主动参与艺术创造的审美要求。现代读者的思维能力强化

---

[1]《形散神不散》，见《笔谈散文》，百花文艺出版社，1980年版。

[2] 林非：《散文创作的昨日和明日》，见《文学评论》，1987年第3期。

了，思维空间开阔了，思维方式多样了，审美要求提高了，这就要求散文创作也应拓展思维空间，改变思维方式，其中之一便是要建立'神'的开放式结构，这样才能充分尊重读者对象的主体性，在调动读者多侧面、多角度、多层次的审美观照中更好地发挥散文的艺术功能。"

贾平凹散文的思想命意，常常呈现着模糊性和朦胧性。这是作家探索传达审美感受的有效途径的一种新实践，也是从以往散文命意的单一直露逐渐为读者所厌倦而吸取了教训。美唯明丽，必失诸浅，晋代葛洪《西京杂记》写卓文君曰："文君姣好，眉色如望远山。"曹植在《洛神赋》中写洛神曰："翩若惊鸿，婉若游龙。荣曜秋菊，华茂春松。仿佛兮若轻云之蔽月，飘摇兮若流风之回雪。"[1]中国诗画写江山，每以烟云笼之，赋予无限凄迷，则深邃朦胧，摄人魂魄。这是说对具体对象的描写。同样，整篇作品的主题意向，也是忌讳单一直露的。因为主题意向单一直露，一览无余，失去了隐秘、婉曲、含藏对读者造成的魅力和诱惑性，也无视读者欣赏中的思维能动性和审美创造的表现。在当代，在全民文化层次普遍提高，人的精神得到自由勃发的新时期，在文艺的观赏者摒弃说教和思想灌输，而十分注重品赏个人审美创造活动的时代，贾平凹散文命意的模糊性特征，恰好感应着这样的时代风尚，恰好与呈现多元化和辐射状的世界审美潮流相合拍。因此，他的《丑石》《笑口常开》《商州初录》《月迹》《长舌男》《老西安》等备受读者喜爱。

（二）对散文特点的理解

1. 题材广泛，可实可虚

散文比起小说、戏剧来，取材的天地极为广阔，这是它的优势。正如周立波在《1959—1961年散文特写选》序言中所说：

> 举凡国际国内大事，社会家庭细故，掀天之浪，一物之微，自己的一段经历，一丝感触，一星冥想，一撮悲欢，往日的凄惶，今朝的欢快，都可以移于纸上，贡献给读者。

我们正处在历史上从未有过的巨大的变革时代，从政治到经济，从心灵到生活，一切都在变。我们的生活异常丰富多彩，这就为当代散文提供了更加广阔的题材范围。散文作者应该视角开放，面向广大世界。特别要敏于思索，勤于观察，锐意搜寻当代生活中的新材料：新的思维方式，新的生活方式，新的审美情趣，新的理想和追求，新的思想观念。总之，要开拓题材的新领域。

我国的散文，包罗万象，它有多种多样的内容和形式、风格和流派、原则和方法，自由灵活，无所拘泥，因此，在题材的真实与虚构问题上不能顾此失彼地"一刀切"。

散文取材在符合真实情况的前提下，可以适当运用一些合乎情理的、自然贴切的虚构，以便更好地表现文章的主题，增强文章的艺术力量。这种虚构，同小说、戏剧截然不同。它只能在有限的范围内使用，而且必须避免真假混淆。有人提倡"大实小虚"，

---

[1] 王彬：《古代散文鉴赏辞典》，农村读物出版社，1987年版。

很有道理。就是说,散文写作,在选材上并不是绝对地排斥任何的虚构。要在保持题材大体的纪实性质的前提下,允许某些细节的虚构,甚至某个次要人物的虚构。因为,散文写的是"我"的所见所闻和"我"在现实生活中的真切感受,所以,真人真事仍然应该是散文的基础,"写实"仍应该占主要地位,"虚构"只能作为"写实"的补充。这种情况多出在抒情散文中。

作为当代散文名篇的《小橘灯》,正是为了叙述的简洁、集中,冰心才在个别次要地方做了一点虚构。而文章中的小孩一家以及作者同他们的接触,包括女孩父亲的姓名王春林,都是确凿的,是实有其人,实有其事的。这就是说,《小橘灯》就整体来说,是遵循了题材的纪实性原则的,或者可以说,作品题材的基本支撑点仍然是建立在直接取材于现实生活的纪实性上面的。一些优秀的抒情散文大都遵循这个原则,并适当作了虚构。如,何为的《第二次考试》、茅盾的《白杨礼赞》、巴金的《海上日出》、贾平凹的《丑石》等都是如此。

散文的虚构主要是指生活现实的再造、艺术氛围的渲染、深邃意境的熔铸,用主体意识向生活的深层开掘,让作品所反映的生活更有深度、广度,思想更有浓度、力度,达到以有限反映无限的境界。显然,虚构是为了更好地再现生活,揭示生活的真理,同时,又是为了更好地适应读者的审美心理要求,从而更完美地达到艺术真实。

2. 表现自我,情感真挚

散文,是一种非常灵便、尖锐而又多情的文体。它重视作者个性的表现,丝毫不掩饰"自我"感情的流露和宣泄,大胆地表现自我。郁达夫曾把"每一个作家的每一篇散文里所表现的个性,比以前的任何散文都来的强",称作是"五四以来现代散文之最大特征"(《中国新文学大系·散文二集·导言》)。巴金也深有体会地说:"我自己有一种看法,那就是我的任何一篇散文里面都有我自己。"这些都是十分确切、富有概括性的话。可以说,在每一篇散文里,不管作者是否出场了,但他总是无处不在的。散文用第一人称写作的居多,即使是用其他人称来写,作者也是动了情才写的。散文时常要求作者不回避表现自己。真正动人的散文,那个作者的容貌笑态总是会浮现在读者面前的。因此,抒写真情,倾泻胸臆,敢于在散文中流露"我"的所思所想,就是散文的一大特色。任何一篇真正能感染人的散文,都离不开抒情,情要动人,"不可以无我"(袁枚:《随园诗话》),要用"我"的眼睛去审察客观事物,去获得独特的生活感受,大胆地抒发"我"的真情实感。

散文,只有写出真情实感,才能打动人心。真正优秀的散文,都是饱蘸着作者的真情写成的。散文是大可随便的,写法自由,抒情也不需要掩饰,有什么情就说什么话,干脆利索地写出来,不要为文造情。我激动,我欢畅,我悲伤,我彷徨,我卑劣,我高尚,我庄重,我放荡,如此等等,都要如实写来。即使写出了自己的缺点,只要写得真诚,读者也会因喜欢你的文章,而原谅你的过失或同情你的不幸际遇,因为读者从中看到了一颗纯朴、光洁、透明的心。你奉献给读者纯真的感情,读者会把你当作知心朋友,喜欢倾听你的诉说,关注你的命运,同你的心灵情绪共忧乐。因此,散文要勇敢地打出写"我"的旗帜来,敢于独抒性灵,表现真我。凡有真情的散文,都会有作者的个性,真情与个性是共同体，是无法剥离的，在散文写作中要提倡"勿忘我"。请静心读一读培根、蒙田、兰姆等大家的散文，你就会被弥漫在他们散文中的个性魅力所折服。

3. 笔法灵活，结构自由

散文笔法的灵活性，就是指运笔行文随作者的思绪、思路灵活多变，随物赋形，无拘无束，自然飘逸。"它可以欢呼、歌颂、呐喊、抨击，可以漫谈、絮语、浅唱、低吟，也可以嬉笑怒骂，妙语解颐"（柯灵：《散文——文学的轻骑兵》），你想怎么写就怎么写，你爱用哪种方法就用哪种方法，运笔灵活，很少限制。记人叙事，状物抒情，说明议论，可交替使用，也可综合运用。如朱自清的散文《荷塘月色》，第一段，用记叙手法写"我"于深夜带着"不宁静"的心情，出门欣赏荷塘月色。第二段，描写去荷塘路上的幽寂环境。第三段，则用议论手法，写"独处"的妙处。接下来几段用工笔细描荷塘月色，并穿插议论；接着描写六朝时江南女子采莲盛事，并穿插说明。最后，以议论收束全文，而议论中有抒情——怀念江南水乡的感情。总之，叙述、描写、议论、抒情、说明，间隔使用，交错进行，文笔活泼，随意生态。

笔法的灵活性还表现在：散文作者善于将虚的实的，有情的无情的，真的假的，糅合在一起写；文笔轻松活泼，跳荡洒脱，这是其他文体难以达到的。

因此，在所有文学样式中，散文的表现最为自由活泼，没有什么拘束。这正如朱自清在《背影》序中所说："或描写，或讽刺，或委曲，或缜密，或劲健，或绮丽，或流动，或含蓄，在表现上是如此。"

散文是一种潇洒自然的文体，章法自如，不拘格套，能放能收，忽开忽合，"大略如行云流水，初无定质，但常行于所当行，常止于所不可不止，文理自然，姿态横生"[1]。顺势而行，随物赋形，兴之所起，笔之所至，心之所想，墨之所趋，笔力曲折，无不尽意，其格局最富于变化。只要能表情达意，愈是别出心裁，就愈是成功之作，所以，没有固定的格式。散文的结构方式要力求创新，在新中见美。郑板桥说："不拘古法，不执己见，唯在活而已。"这个"活"字，就是灵活多变，不断创新的意思。世上没有完全相同的两片树叶，因此，散文的结构方式也应该千变万化，多姿多彩。

4. 意境优美深邃

真正动人的散文就是一首诗。苏联作家巴乌斯托夫斯基说："真正的散文是充满着诗意的，就像苹果饱含着果汁一样。"这就道出了散文创作中值得重视的一条经验：优美的散文，要有意境。意境是作者深厚的思想感情与鲜明生动的艺术形象融合一致而创造出来的一种艺术境界。这种艺术境界能够使读者通过联想和想象，产生一种身临其境、余味无穷的感受，从而在思想感情上受到深刻感染。冰心的《樱花赞》就成功地创造了诗一般的意境。这篇散文，冰心描写的是她随同中国作家代表团访问日本时的感受。1961年4月13日，中国作家代表团要离开日本金泽市了，真巧，这天正是金泽市出租汽车司机大罢工的日子。日本工人为了送中国作家代表团，把罢工时间从早上8点推迟到9点。在乘车去火车站的途中，当作者知道了这个情况的时候，心情激动万分。然而，司

---

[1]〔宋〕苏轼：《答谢民师书》，见王彬：《古代散文鉴赏辞典》，农村读物出版社，1987年版。

机却谦和地说:"促进日中人民的友谊,也是斗争的一部分啊!"友好的话语,真挚的感情,使作者深受感动,于是:

> 我的心猛然地跳了一下,像点着的焰火一样,从心灵深处喷出了感激的漫天灿烂的火花……
>
> 清晨的山路上,没有别的车辆,只有我们这十一辆汽车,沙沙地飞驰。这时我忽然看到,山路的两旁,簇拥着雨后盛开的几百树几千树的樱花!这樱花,一堆堆,一层层,好像云海似的,在朝阳下绯红万顷,溢彩流光。当曲折的山路被这无边的花云遮盖了的时候,我们就像坐在十一只首尾相接的轻舟之中,凌驾着骀荡的东风,两舷溅起哗哗的花浪,迅捷地向着初升的太阳前进![1]

作者激情奔放,运用丰富的想象、生动的比喻和浓郁的抒情笔调,创造了一个奇丽壮观的意境。她把樱花"绯红万顷,溢彩流光"的景致与日本人民的斗争精神和中日人民的深厚友谊交织起来,情景交融,意境开阔明丽,韵味含蓄醇厚。

意境的形成,往往离不开赋、比、兴的表现手法,或铺陈,或比拟,或以景兴情,三者结合得越自然,越见成效。

意境的形成,往往是景中情,情中景,情与景会,意与象通,"情景名为二,而实不可分离,神于诗者,妙合无垠"(王夫之:《姜斋诗话》)。情,附丽于景而得显现;景,为情所役而得神采。景是情的躯壳,情是景的灵魂,二者浑融交汇,韵味隽永。情景交融的艺术境界通常是由触景生情和寓情于景两种方式而获得的。

三、散文的写作

(一)散文的立意

1. 散文的立意应有新颖感

新颖的立意,来自作者对事物的特殊发现、理解和感受。愈是个性的,愈是新颖的,它的光芒也必是历久不衰的。

文以意为主,意以新为贵,这是前人的为文之道。清人赵翼曾在《瓯北集·论诗》中说:"满眼生机转化钧,天工人巧日争新。预支五百年新意,到了千年又觉陈。"又说:"李杜诗篇万口传,至今已觉不新鲜。江山代有才人出,各领风骚数百年。"这就明确指出了诗歌的立意要不断出新。其实,散文的立意又何尝不需要出新呢!

那么,怎样才能使散文写出新意呢?

一是运用纵横分聚思考法,选择最佳角度,于同中见异,另辟蹊径,推陈出新。思考中有纵、横、分、聚。为了把思考引向深入,可以向横的方面伸展,也可以向纵的方向开掘,可以由一点向四周辐射,也可以由四周向一点集中。这就是所谓"横向思考""纵向思考""辐辏型思考""辐射型思考"。散文立意的创新思路,可借鉴横向求全思考,将思考的对象从水平方向上,依照它各个相关部分与特点进行思考,从而找到有待于进

---

[1] 王彬,范希文:《中国散文鉴赏文库·当代卷》,百花文艺出版社,1993年版。

第二十章 散 文

一步完善的部位,在创造学中叫作"缺点列举法"。散文立意的创新思路可将对象放在平面位置上,进行全面性的思考,从而找到某个前人未曾涉及的立意,达到创新立意,有的对象本身有多义性,可进行多维求全思考,再选择最佳立意。比如,历代有很多诗文咏莲,但一般都赞颂它的花,宋代周敦颐的《爱莲说》则主要赞莲的"出淤泥而不染,濯清涟而不妖,中通外直,不蔓不枝,香远益清,亭亭净植,可远观而不可亵玩焉"[1]。荷花被誉为"花之君子"。人们多赞美荷花红艳凌波的风姿或高雅脱俗的形态,很少看重荷叶,即使写到,也只是用以渲染、烘托荷花的,荷叶仍然处于被人不屑一顾的"陪衬人"地位。如"接天莲叶无穷碧,映日荷花别样红"(杨万里:《晓出净慈寺送林子方》),便是明证。为了避免重复,于是郑伯琛写了一篇《荷叶咏》,其中写道:"从美学意义上看,荷叶是美的一个组成部分,失去了这部分也就失去了美。再从生物学的意义上看呢,没有叶子便不能进行光合作用,便绝对长不出这些漂亮的花以至莲蓬和藕。"[2]而且荷叶还有默默无闻,紧密团结,襟怀坦荡,可作药用等优点。作者笔酣墨饱,精雕细刻,细微传神地写出了荷叶朴实无华的品格和无私奉献的精神。于是作者引申说,"荷叶的风格不就是人民伟大精神的象征吗?"又有人写了篇散文赞美藕,说:"莲花的美丽,是从藕那儿来的,莲子的清香,也是从藕那儿来的。是藕默默地沉在烂泥中,把养料源源不断地输送给莲花,使它娇艳,使它结成莲子","是藕,高擎着红的莲花、绿的莲蓬、翠的莲叶,它却默默地沉在泥水里。到红花绿子采撷以后,它又不惜粉身碎骨,把香甜留在人间……"这两篇散文的立意都有创新之处,作者正是运用了横向求全思考,从前人未涉及的角度,写出了有新意的散文。

二是运用越轨思维,反意为文,翻新创新。越轨思维是摆脱传统的、习惯性的思维模式的思维。习惯性思维是求同思维,越轨思维是求异思维。习惯性思维步人后尘,人云亦云,千篇一律,立意陈旧。越轨思维则要求别出心裁,标新立异,"自出机杼,成一家风骨"(《魏书·祖莹传》)。因此,立意要新颖,往往要求人们采用越轨思维,改变常规思维中从头到尾步步推进的方式,而代之以各种新鲜的联想、对比、类比、组接和跳跃等方式,从而冲破常规思维的藩篱,使停滞的思想继续前进,让阻塞的思路疏浚贯通,在山重水复疑无路时,蓦然间,呈现出柳暗花明又一村的崭新的境界。

要想写出主题新颖的作品,就要卓然不群,正中见反,异中求新,反其意而用之,与习惯性的立意方式分道扬镳,从而使作品的立意超拔脱俗,不同凡响,给人以茅塞顿开、耳目一新之感。如惠浴宇的散文《记铭璜同志》在写法上就一反常态。按国人习惯,怀念亲友的作品应尽量讳恶扬善。而这篇散文却下笔不凡,出人意料。开篇就拈出人物的缺点大加数落:"铭璜同志,有'苏中才子'之称。因为是才子吧,他有些傲。傲气是缺点……那么,我也不妨从他的缺点说起"。"他孤傲清高固执的脾气,有时却在阻碍

---

[1] 黄肃秋,李知文选注:《历代散文选》,山西人民出版社,1979年版。

[2]《中国青年报》,1979年3月3日。

他的发展。他善做事不善处事,搞得别人不愉快,自己也很苦恼"[1]。然而,我们读罢全篇,扪毛辨骨,不但不会厌恶铭璜的"缺点",而且情不自禁地产生了对这位"傲上了天"的铭璜同志的敬佩之情。所以,作品看似写铭璜傲慢不逊,其实正写出了他的光辉人格——傲骨正气、高风亮节,作品的立意也因此新颖动人。

2. 散文的立意要有凝重感

立意的凝重感,主要来自作者对事物的理解和感受的深度。一般来说,不同年龄层次的作者的散文,在立意上表现出各自的长处,阅历较深的中老年作者的散文,其立意凝重多于灵动;才思敏捷的青年作者的散文,其立意灵动多于凝重。当然,也有一些青年作者的散文的立意,是既有灵动之气,又有凝重之感的。这多半是由于他们不仅有一定的人生体验,而且还能做到多读书,多思考。现代散文家梁遇春就是一例。他只活到28岁,他的阅历既不深广,他的生活天地也很狭小。可是他的散文,几乎篇篇都有灵动而凝重的立意。如他的《人死观》《谈"流浪汉"》《"春朝"一刻值千金》《泪与笑》《"失掉了悲哀"的悲哀》等都可作如是观。

在当代,王英琦的散文是引人注目的。有人说,王英琦,她是女人,却有一颗奔突不宁的灵魂。这个由变态的时代和不幸的身世联合铸就的桀骜不驯的"野小子",为了拯救泱泱散文古国濒临后继无文的险境,执拗地爱上了散文。《热土》《戈壁梦》两本集子,是其矢志嫁给散文的第一批产儿,在它们当中,王英琦发狂地冲破传统闺秀的娴静,不是孤身浪迹大西北的莽莽丛林,就是孑然放情大西北的落日戈壁,或者独自探索古废墟、古遗址、古战场、古坟冢的奥秘,不懈地钩沉华夏疆域的文化潜藏,热烈地召唤历史的大漠雄风,以驱散现实人生的阴霾雾障。她笑,她哭,她骂,她疾呼,她呐喊,表现了赤裸裸的自我意识。因此,她的散文大都给人以凝重的感觉。如《少年梦的幻灭》通过细腻描述一个少年想当画家的理想被不堪回首的岁月无情击碎的故事,流露了王英琦对造成一代人精神饥饿的荒唐时代的悲愤,它标志着她的散文创作向祖国文化蕴含的深层推进。13岁的"我"确立了当一名画家的美梦以后,拼命地搜索一切可供临摹的图片资料。可是不久,"文革"烈火焚毁了她所有含辛茹苦的积攒。理想是甜美的,而甜美的理想此时此刻却在痛苦地折磨着她,她只好去翻动过去吃糖留下的糖纸,到街头去拣糖纸,节省零钱去和别的小孩换糖纸来临摹。为了度过新的精神饥荒,这个小不点儿开始了漂流京沪拣糖纸的生涯。有几次为了从铺天盖地的语录、宣传画糖纸中逮住一张爱慕的大白兔、米老鼠,几乎断送了小命。难怪作者酸楚地诅咒:"在那扫荡一切的年代,'革命'到最后,真连一点文化也不剩呀!我们这个曾经有着灿烂文化的泱泱古国,几千年后,竟出现了一个为了画画,为了寻求祖国的文化,竟不得不到街头去拣糖纸的小女孩,这是多么可悲,令人痛心的事情啊!"更可悲的是它蹂躏了一代人渴求文化的心理意识,使他们一提文化便如同遭遇蛇蝎似的情愫。当然,在20世纪80年代初期,才捕捉住古国文化被沦丧,与一代人发生断裂隔绝的信号,我们不能说作者是敏锐的。但紧接着文化伤痕的特异角度的暴露,王英琦旋即明确地亮出了寻求失落的古国文化的旗帜:由文化

---

[1]《文汇报》,1984年4月6日。

的饥馑、文化的沙漠、文化的废墟，到挖掘被沙漠和废墟覆盖的历史文化的潜藏，把创造文化散文作为自己坚定的目标，则是前无引玉的。

另外，像史铁生的《我与地坛》和《病隙碎笔》、余秋雨的《文化苦旅》、李国文的《中国文人的非正常死亡》、朱以撒的《古典幽梦》、穆涛的《先前的风气》、刘亮程的《在新疆》等都富有深厚的底蕴，值得我们认真品味。

可以说，一篇散文是否有凝重感，在很大程度上取决于其立意有没有时代意识、民族意识、文化意识、历史意识和宇宙意识。

（二）散文的构思

构思是散文创作的必经阶段，没有构思就没有散文。在生活经验相似，表达能力大致相当的情况下，能否写出优秀的散文作品，关键决定于构思。构思是发现，构思是创造，不同的散文作家有不同的构思方式，即使是同一作家的作品，在构思上，也会呈现出迥然不同的风姿。

1. 托物寓意法

即散文作者通过对象征性事物的形象鲜明的描写来寄托自己深意的一种构思方法。用比的方法来构思的散文——比体散文，一般是把自然物人格化，把自然现象社会化；自然物仿佛具有了人的性格、人的品质。作者通过赞颂自然物来赞颂先进的人物，赞颂某种优良品质。或者通过对自然现象的描绘，来揭示社会生活中的某种规律、某种人生哲理。郭沫若的散文《银杏》所描写的银杏树的形象，就是具有高尚品格的人的化身："你没有丝毫依阿取容的姿态，但你也并不荒伧；你的美德像音乐一样洋溢八荒，但你也并不骄傲；你的名讳似乎就是'超然'，你超在乎一切的草木之上，你超在乎一切之上，但你并不隐遁。"[1] 这一段话从中抽出来，就完全是称赞某个人的语言，表面上是在写树，实际上是借树写人。

运用托物寓意法时，应注意寓意物与寓意之间要有内在的联系。夏衍的散文《野草》通过对野草生命力的赞美，含蓄而深刻地讴歌了当时坚决抗日的革命力量，以及广大人民群众在反动派压迫下誓不屈服的精神。其他如茅盾的《白杨礼赞》、冰心的《樱花赞》、陆蠡的《囚绿记》、严阵的《水仙》、袁鹰的《枫叶如丹》等散文都是把握了物意之间的内在联系，而成功地运用了这一构思方法的优秀作品。

2. 虚实相生法

这是指散文作者通过联想和想象，把虚境实写，或把实境虚写，在虚实掩映之中，表现自己思想感情的一种构思方法。当散文作者抒写情怀，述说感受，展露意绪，揭示哲理等无象无形之思时，他们总是就事敷陈，借景相宣，以物达意，运用有象有形、具体可感的事物加以表达，也就是"虚者实之"。巧妙地使用虚实相生构思法，可收到既具体实在、可感可触，又气氛浓烈、想象飞腾的效果。

张洁的散文《我的四季》写了人生的四个阶段，表现人生各个时期的不同生存状态，

---

[1] 丘山：《中国现代散文选萃》，人民文学出版社，1986年版。

字里行间蕴含着人生的深沉感慨与喟然浩叹。作者着意创造意境，变抽象为具体，以自然界的春、夏、秋、冬象征自己生命的四季。春：倔强地耕耘；夏：艰难地浇灌；秋：苦涩而幸福地收获；冬：冷静而客观地总结。比如，作者是这样写"春季"的："春天，我在这片土地上，用我细瘦的胳膊，紧扶着我锈钝的犁"，"咬紧牙关，闷着脑袋，拼却全身的力气"，怀着希望耕种属于自己的那块不毛之地，"想象着它将发芽、生长、开花、结果"。[1] 作者用饱蘸感情的笔触，生动形象的语言，描绘出一幅春日耕耘播种、艰苦劳作的逼真图景，给人以历历如画的感觉。其情其理，虚而能实，渺而能近，真可谓"呈于象，感于目，会于心"，令人流连忘返，玩味不已。

3. 即小见大法

即散文作者通过对细小题材的着意描写，开掘深刻意义的一种构思方法。即小见大法，往往从一人一事，只言片语，一斑一点，一枝一叶落笔，联想生发，洞隐烛幽，深入发掘，小题大做，以细小的局部显示宏大的整体，透过平凡的现象挖出不平凡的本质，在叙事写景中透视深刻的人生哲理，所以，散文所写的虽然只是生活的一角，思想的断片，看似云龙一爪，沧海一滴，但却能像打靶射箭一样，一矢中的，而且力透七札，准确、深刻地反映出背景的全部，时代的风云，生活的变迁，人生的归趋。正所谓"一粒沙里见世界，半瓣花上说人情"。

孙犁的《黄鹂——病期琐事》，即物明理，自出机杼，以黄鹂为描写对象，通过不同场景的生动描绘，在美与丑的对比中写出了自己的审美理想，最终阐明了文艺理论上的"极致"——典型环境中的典型形象。[2] 作者从形象思维的角度，对这一理论问题作了艺术的解答，寓理于事，深入浅出。另外，还有姚雪垠的《惠泉吃茶记》、秦牧的《花蜜与蜂刺》、金马的《蝼蚁壮歌》等都是即小见大的成功之作。

4. 对立相成法

即散文作者把两种相反或相对的人物、事物十分鲜明地对举在一起，形成强烈的反差，以此来突出人物、事物各自的特点，有力地说明某一思想，造成相反相成、相依相生的艺术美的构思方法。对立相成法能使人们加深认识事物间的对立矛盾性，加深认识事物的本质，增强人们的爱憎褒贬意识。

韩静霆的《雁奴与鹤媒》是用对立相成法写成的。雁奴，即雁群的头雁，在累乏了的雁群晚间休息的时候，它却不肯歇息，站岗放哨，保卫着大家的安全。有经验的猎人，往往不费一枪一弹，用火光就能捕捉大雁。猎人一点火，雁奴一发觉，马上叫醒大家，于是众雁仓促飞起，可猎人早把火熄灭了，群雁以为雁奴失信，自然有几分怨气。可是等众雁刚刚合眼，火光又起，雁奴再次报警，群雁惊飞，猎人又把火熄灭了，众雁觉得又没有危险。于是群雁大怒，都扑上来呀呀地叫着，把雁奴给啄死了。众雁这才酣然入睡，

---

[1] 《人民文学》，1981年第2期。

[2] 刘锡庆，张继缅，吴炫等：《写作文鉴》（上），中央广播电视大学出版社，1984年版。

谁知在梦中却一一落入了猎人的罗网。雁奴是群雁中的佼佼者，同伴却以猜忌、怨恨和啄打，使它蒙受了不白之冤，但它仍然诚实坚贞，忠于职守。这种鞠躬尽瘁，死而后已的精神，令人深思。

鹤媒，是猎人捕养的"囮子"，它被剪短了翅膀，喂得肥胖流油。每逢野鹤飞来，它就优哉游哉地鼓起翅膀，迈着优雅的步子，喜滋滋地诱引同类投入猎人布下的罗网。鹤媒以出卖同伴来养活自己，它生活优裕但内心龌龊。作者把这两种鸟的所作所为放在一起描写，重点写雁奴的忠诚和不屈的牺牲精神，而用很少的笔墨勾勒出了鹤媒卖友求荣的卑劣行径。这样两相对比，美的更美，丑的更丑。看似写鸟，其实是借鸟说人，从而使读者悟出怎样做人的道理。陆游对此曾情泪迸发、慷慨激昂地吟唱道："宁为雁奴死，不作鹤媒生。"真乃字字千钧，掷地有声，表达了爱国诗人宁愿站着死，不愿苟且生的凛然正气，给后来者以警醒，以启迪。

5. 曲径通幽法

即散文作者在著文时，故意把意旨先掩藏起来，使用曲笔，几经周折，逐渐接近意旨，最后笔锋突转，意旨显露，令读者豁然开朗的一种构思方法。文似看山不喜平，"山穷水尽之处，偏宜突起波澜，或先惊而后喜，或始疑而终信，或喜极、信极而反致惊疑，务使一折之中，七情俱备"（李渔：《闲情偶寄·词曲部·结构第一》）。散文作品同样也要平中见奇，但也不可奇险满目，要奇中有平，波澜起伏，腾挪跌宕，意蕴深藏，引人入胜。因此，作者在构思时，要设悬念，要埋伏笔，要出奇制胜，要写出"山穷水尽"，要写出"柳暗花明"，让读者在迂回曲折、移步换景的画廊里，去观赏赏心悦目的美妙景色，体味乍惊乍喜的审美快感。

冯骥才的散文《珍珠鸟》[1]就是一篇构思巧妙，层层翻转，尺水兴波，曲径通幽的精美之作。作者把小鸟对"我"的感情由生疏到亲昵，由害怕、试探到完全信任，由戒备警惕到友好相处的过程写得细腻逼真，生动具体，亲切感人。作者善用蓄笔，升高文势，正当读者醺醺然陶醉于人与鸟和谐友善这种美好情景，津津有味地欣赏小鸟和主人感情步步加深，融融泄泄之时，作者笔锋一转，留下了一句富有诗意和哲理的话语："信赖，往往创造出美好的境界。"这真是画龙点睛的妙笔点染，令读者如同坐车到站，猛然清醒，又如醍醐灌顶，恍然彻悟。尽管作者采用了传统的卒章显志的点题方法，但由于蓄势在前，理足机圆，由远而近，文思流转，所以，篇终奏雅，浑然天成。

（三）散文的语言

散文丰富的内容，总是在寻找最足以表达它的文采；离开了文采，散文的内容也便失去了夺目的光彩。所以，许多散文家不仅重视炼意，还重视炼字，力求使散文语言具备绘画美、节奏美和朴素美。

1. 绘画美

（1）形象生动。形象生动就是写人、绘景有声有色，惟妙惟肖。散文的语言，要具

---

[1]《人民日报》，1984年2月14日。

有绘画的造型力，使人通过语言获得具体真切的感受，有如见其人，如临其境，如闻其声之感。清代袁枚在《随园诗话》中说过："一切诗文，总须字立纸上，不可字卧纸上。人活则立，人死则卧，用笔亦然。"[1] 我们要求散文的语言，字字"立"在纸上，鲜活、生动、形象，富有极强的造型美感。不但要浓墨重彩，而且还要善于用白描的手法，力求淡笔轻抹，选择最形象、最富有表现力的字眼儿，三言两语，惜墨如金地描写客观事物，给人以历历如绘的感觉。

（2）调配色彩。一般说来，人们赋予色彩以特定的情调和趣味。红、橙、黄使人产生温暖、热烈的感觉，称为暖色；青、蓝、紫令人感到寒冷、沉静，称为冷色；绿色，是和平之色，又与蓬勃的生命连在一起；白色，给人以纯净、圣洁的感觉，使人的情感得到净化与升华；黑色则给人以肃穆、庄重的感觉等。我们要根据文章表达的不同情感来选择不同的色彩。

高尔基的散文《晨》抓住晨光初现的一瞬间，描写了大地上丰富多彩的景象。它通篇闪耀着明亮的色彩。作者从各个角度描绘晨光。当太阳的第一道光线闪现在天空的时候，除了黑夜的阴影四处躲藏之外，万物都欣喜地迎接太阳，海浪高高地昂起漂亮的白头，沾满露珠的花朵婀娜动人地摇摇摆摆；辛勤的蜜蜂一边采集馥郁的花粉，一边唱着赞美太阳的歌；知更鸟醒了，愉快地飞出了鸟窝儿；劳动的人们沐浴着朝阳走向田野；正在凋谢的花儿仍然望着天空，望着太阳，表达着对光明的执着追求与坚贞的爱。[2] 作者放开笔墨，极力描绘了大地上的一草一木，但从开篇到结束，笔笔紧扣着初现的阳光。全文用"迎接朝阳"来联结万事万物。阳光，是贯穿全文的中枢，是作者艺术构思的聚光点。作者以错落多姿的文笔，谱写出一首晨曦的颂歌、一曲光明的礼赞。

在文中，作者调配了许多颜色，海浪是绿色的，蜜蜂是金色的，知更鸟胸脯上的羽毛是朝霞色的，麻雀是灰黄色的，玫瑰正在泛红，燕子如同黑色的箭，天空蔚蓝，野花斑驳……而这一切，又都笼罩在一缕金色的晨曦之中。这就创造出了一种流光溢彩、色彩斑斓的境界，饱含着作者对大自然的赞美之情。

2. 节奏美

散文的语言要郎朗上口，音调和谐，流转自如，读着顺口，听着悦耳，要有节奏感。清代散文家刘大櫆说得好："文章最要节奏，譬之管弦繁奏中，必有希声窈渺处。"（《论文偶记》）"希声"是乐声中的"至微之声"，用来比喻文章的节奏，好像有点玄乎。其实，所谓节奏，说得通俗点，就是有规律的运动。散文的语言是"散"的，但"散"不等于乱，"散"也有"散"的运动规律，只是不像旧体诗词那样受到格律的严格限制罢了。

散文的情韵节奏不讲究押韵，也不讲究整齐的句法，但并不排斥押韵和整齐的句法。有时，在散文中插入少量有韵的句子，就能使语言在五音错落中出现重复和再现，读来铿锵入耳，别有意味。如果无韵的文字交替出现，也可以形成散文语言的节奏感。宋代

---

[1] 郭绍虞：《中国文学批评史》，上海古籍出版社，1986年版。

[2] 郭谦，葛杏春等：《外国散文欣赏》，北京出版社，1985年版。

第二十章 散　文

散文家苏东坡的《前赤壁赋》，以无韵的语言为主，其中某些部分根据内容的需要，又尽量押韵。如"哀吾生之须臾，羡长江之无穷。挟飞仙以遨游，抱明月而长终。知不可乎骤得，托遗响于悲风。"[1]双句末字都押韵。这样，便构成摇曳多姿、回环往复的韵味。插进这一段与前后的不押韵的文字形成一种错综美，起到了增强节奏的作用。有时也可以在不整齐的句式中夹杂一些整齐的句式，使节奏别有韵味。宋代李涂说："文字需要数行齐整处，须有数行不齐整处。"(《文章精义》)这种齐整处与不齐整处的和谐统一，就会产生错综美。贾平凹的散文《五味巷》是写凡人小事的。其中有一段是写五味巷晨景的：

早上，是这个巷子最忙的时候。男的去买菜，排了豆腐队，又排萝卜队，女的给孩子穿衣喂奶，去炉子上烧水做饭。一家人匆匆吃了，但收拾打扮却费老长时间：女的头发要油光松软，裤子要线楞不倒，男子要领齐帽端，鞋光袜净，夫妻各自是对方的镜子，一切满意了，一溜一行自行车扛下楼，一声丁零，千声呼应，头尾相接，出巷去了。

中午巷中人少，孩子可以隔巷道打羽毛球。黄昏来了，巷中就一派悠闲：老头去喂鸟，小伙去养鱼，女人最喜育花。[2]

后面的句式，比较整齐。这样从不整齐到整齐，错落有致，形成跌宕，显示出独特的节奏。有时，还可以一个词语为主语，后面用比较整齐的句式对比形容，略加铺陈，显示节奏。苏轼的《前赤壁赋》中形容箫声："其声呜呜然，如怨，如慕，如泣，如诉。余音袅袅，不绝如缕。"这些都是形容箫声，前面两两相对，后面四言一对，而且"诉""缕"还押韵。这样，一以贯之，气势汹涌，使节奏特别强烈，增强了文章的音乐美。

3. 朴素美

散文语言的朴素美，是指散文语言质朴自然，浑融有味，以平淡见长，以本色取胜的自然美。散文素有美文之称。真正的散文犹如真正的美人，"却嫌脂粉污颜色，淡扫蛾眉朝至尊"，她不需要浓妆艳抹，搔首弄姿，而是在淡扫蛾眉、温文尔雅中显示出自己的风流旖旎和天生丽质。

(1)散文语言的朴素美，首先离不开感情的真与美。作家对现实生活中的人、事、物、景有了深切的感受和体验，情动于中，不吐不快，从而为情造文，这样才能撼人心魄，荡气回肠。古今中外的散文名篇佳作大都是"沛然从肺腑中流出"的由衷之言。诸葛亮临危受命，借《出师表》倾吐"鞠躬尽力，死而后已"的忠贞之情；李密进退维谷，呈《陈情表》抒发了"祖母无臣，无以尽天年"的孝敬之意。这两表不知曾感动了多少代人，也不知赚取了多少人的眼泪啊！因此有人曾说，"读《出师表》不哭，可谓不忠；读《陈情表》不哭，可谓不孝"。其他如司马迁的《报任安书》、韩愈的《祭十二郎文》、袁枚的《祭妹文》、朱自清的《给亡妇》、孙犁的《亡人逸事》、巴金的《怀念萧珊》、贾

---

[1] 黄肃秋，李知文：《历代散文选》，山西人民出版社，1979年版。

[2] 贾平凹：《贾平凹散文自选集》，漓江出版社，1992年版。

平凹的《哭三毛》，等等，都堪称传世之作，它们都抒发了深沉诚挚、哀婉凄切的情怀，令人一唱三叹，肝肠寸断。正所谓"真则精金美玉，伪则瓦砾粪土"，真情实感才是散文语言朴素美的精髓。

（2）散文语言的朴素美要求语言在平淡中见优美，在质朴中显光彩。这就要求语言口语化，"我手写吾口"（黄遵宪：《杂感》），"你怎么说就怎么写，你怎么写就怎么说"（马克思：《第二届莱茵省议会的辩论》），这样把说和写统一起来，便可有效地防止矫揉造作和滥用雕琢，使散文语言平易近人，质朴纯净。

张洁的散文《盯梢》用朴实无华的语言，为我们绘制了一幅古朴恬静的乡村风俗画。这里没有喧闹，没有争执，没有因困惑不解的思考而带来的种种烦恼。有的是人与人之间美好纯真的感情。语言质朴，自然畅达，正好表现了纯洁高尚的感情。比如，作者写闹洞房：

> 然后他们又请二姐姐吃枣子和花生。二姐姐死活不肯吃。这怎么行，人家是诚心诚意地呀！总得吃点嘛！我拿个花生塞进二姐姐的嘴里，她一扭头，立刻吐了出来，还偷偷地掐了我一下，好疼！别看我平时很冒失，这回我可不敢吭气儿，我怕人家知道了会不高兴。我从他们手里抓过枣子、花生，替二姐姐吃了。大家不知道为什么全都哄笑起来。
>
> 二姨朝我后脑勺上使劲拍了一巴掌："你这捣蛋鬼！"说着，就把我往炕下扯。
>
> 我恨死她了。当着众人这样对待我，这多丢我的面子啊！眼泪来到了我的眼睛里，我要哭了。但我知道这是二姐姐大喜的日子，我是不能哭的。我使劲地撇着嘴，竭力地抑制着就要冲出喉咙的呜咽。[1]

读这样的文字，简直是一种享受，作者没有摆出做文章的架子，而好像就站在我们面前娓娓诉说着所见到过的往事，几乎全用口语，生活气息浓烈，生活情趣盎然，令人仿佛已置身于这些真诚友善的人们中间，使人的灵魂也得到净化。

（3）散文语言的朴素美还体现在语言的简洁凝练和潇洒畅达上。一切文学语言都要求简洁凝练，可是散文的语言却有其独特的风姿。比起它来，小说的语言显得有些冗长散漫，诗歌的语言又过于空灵跳荡。而散文的语言却应丰不余一字，约不失一辞，恰如其分，意蕴丰赡，努力做到"言近而旨远，辞浅而义深，虽发语已殚，而含意未尽"（唐刘知己：《史通·叙事》）。只有这样，才算是"精钢百炼，渣滓净尽"的散文语言。如欧阳修的《醉翁亭记》，开始交代亭子所处的地理环境，仅用"环滁皆山也"[2]五个字，如远山一抹，作为醉翁亭的背景衬托，也就恰到好处了，似乎再多写一笔，都将会有损于整个画面的淡远之美。据记载，欧公在写作这篇散文的开头时，曾几经修改，最后删繁就简，留下了这五个字，真可以说达到了一字不可更易的程度。而散文语言的潇洒畅达则来自语句的变幻多姿。句子骈散搭配，错落有致，自然能使语言呈现出一种简洁潇

---

[1] 《收获》，1980年第2期。

[2] 黄肃秋，李知文：《历代散文选》，山西人民出版社，1979年版。

洒的流动美感。

【文选】

游寺耳记

贾平凹

甲子岁深秋，吾搭车往洛南寺耳，便见山回路转，湾湾有奇崖，崖头必长怪树，皆绿叶白身，横空繁衍，似龙腾跃。奇崖怪树之下，则居有人家，屋山墙高耸，檐面陡峭，有秀目皓齿妙龄女子出入。逆清流上数十里，两岸青峰相挤，电杆平撑，似要随时作缝合状。再深入，梢林莽莽，野菊花开花落，云雾忽聚忽散，樵夫伐木，叮叮（应为"丁丁"，编者注）声如天降，遥闻寒喧（应为"暄"，编者注），不知何语，但一团嗡嗡，此谷静之缘故也。到寺耳镇，几簇屋舍，一条石板小街，店家门皆反向而开，入室安桌置椅，后门则为前庭，沿高阶而下。偌大院子，一畦鲜菜，篱笆上生满木耳，吾落坐（应为"座"，编者注）喝酒，杯未接唇则醉也。饭毕，付钱一元四角，主人惊呀（应为"讶"，编者注），言只能收二角。吾曰：清静值一角，山明值一角，水秀值一角，空气新鲜值八角，余下一角，买得吾之高兴也。

——选自贾平凹：《贾平凹散文自选集》，漓江出版社，1992年版

第二十一章 诗　　歌

一、诗歌的含义和特点

（一）诗歌的含义

诗歌是一种集中地表现丰富的现实存在、抒发人类情感的文学体裁。具体地说，诗歌是一种表达人类对世界独特的生命体验、内心感受、或理性思索与探寻，深刻而审美地呈现世界本相的文学样式；也是诗人用独特的语言符号向宇宙敞开自我，从而在一种纯粹、本真的生命状态中与宇宙交流、对话的表达形式。因此，诗歌便因其意蕴的无限延展性，不仅可以见天地之美，达万物之理，而且可以呈现生命本初之样态。

诗歌发展到今天，又出现了一些新的变化，主要是指20世纪以来出现的带有普遍意义的象征化、哲理化以及日常生活审美化倾向的现代、后现代诗作。从广义视角看，可以把现代、后现代诗歌皆视为现代主义文学的一部分。用法国著名哲学家利奥塔的话说，后现代是现代的一部分，"后现代不是现代性的总结，而是现代性的新生，而且这种新生是持续不断的"，"后现代总是隐含在现代里，因为现代性，现代的暂时性，自身包含着一种超越自身，进入一种不同于自身的状态的冲动"。[1]这里的现代更多指的是一个哲学概念。现代性一词的创始者波德莱尔则认为需要用现代性来表达现代艺术家的特殊之处——"那是如此一种能力，在大城市的荒漠里不仅仅看到人类的堕落，也嗅到迄今未曾发现的、充满神秘的美"[2]。所以，现代主义诗歌力求更为理性、抽象地追问宇宙人生，有时又不免失之晦涩与含混，甚至可以使用一些关键词来对现代诗歌进行描述，比如"方向丧失、通常物消解、秩序瓦解、内在统一性消失、碎片化倾向、可颠倒性、排列风格、去诗意化的诗歌"[3]等。当然，现代诗歌也因此不可避免地带有形式主义倾向。

就我国诗歌自身的发展而言，20世纪80年代以降，诗歌的进展有两个鲜明的特点：其一是个体主体性的确立，其二是对诗歌本体的自觉。其实，无论诗歌的意蕴寄寓如何富于时代特征，它总是能够与其跳跃的节奏、独特的韵律等独特的形式美一起，实现每一个时代人类对于自身、情感、自然，乃至宇宙、神明的一种交流与对话；以深挚的感

---

[1] 瀛洲编译：《后现代性与公正游戏：利奥塔访谈、书信录》，上海人民出版社，1997年版，第154页。
[2] 〔德〕胡戈·弗里德里希著，李双志译：《现代诗歌的结构》，译林出版社，2010年版，第21页。
[3] 〔德〕胡戈·弗里德里希著，李双志译：《现代诗歌的结构》，译林出版社，2010年版，第8页。

（二）诗歌的特点

1. 强烈的抒情性

诗歌是表达人类情感的艺术形式之一。《诗大序》曰："诗者，志之所之也，在心为志，发言为诗。情动于中而形于言，言之不足，故嗟叹之，嗟叹之不足，故永歌之，永歌之不足，不知手之舞之、足之蹈之也。"[1] 作为宇宙中的一个生命体，人始终用自己对于生命的感知同情于自然的万事万物。正如陆机《文赋》曰："遵四时以叹逝，瞻万物而思纷。悲落叶于劲秋，喜柔条于芳春。心懔懔以怀霜，志眇眇而临云。咏世德之骏烈，颂先人之清芬。游文章之林府，嘉丽藻之彬彬。慨投篇而援笔，聊宣之乎斯文。"[2] 无论"喜柔条于芳春"，还是"悲落叶于劲秋"；无论"心懔懔"，还是"志眇眇"，皆能"慨投篇而援笔"。这是因为"投篇援笔"的内容即是与诗人同其情的生命律动之美。正如叶嘉莹所说，好诗乃自有一股生命感发之力量于其中也。的确，这力量即是人类借诗歌以传达的生命体验和情感。它具有以下鲜明特质：

（1）敏锐而独特。人是自然之子，与一切生命体一样，有自己的生命历程，然而又不同于简单生命体的本能生存样态，因为人能够将自己的情感灌注于自然中的一切生命。而诗人更拥有比一般人敏锐的审美感受力来体人情，衡物理，不仅可以觉察自然万物的生存状态，而且还可以独特地体验、感受内心情感的投射与释放。不仅如此，诗人之心还表现在对一种宇宙本体论中"大我"的哲性追问以及对各种微妙意趣的玩味与把握。

这些独属于诗人的敏锐而独特的情感可以从情趣、理趣和心志等方面来细细玩赏。就情趣而言，它源于人类对人生世相、自然生灵的关怀与同情。正如叶嘉莹对陆机的"悲落叶于劲秋，喜柔条于芳春"进行的深深的追问："为什么秋天会引起人们悲伤，春天会引起人欢喜？因为，春天草木的萌发使人联想到生命的美好，秋天草木的凋零使人联想到生命的衰老和终结。这就是外物与人心的触动。"[3] 这其实也就是诗人感情的源头。

理趣源于人类对于形而上问题的本能追问。大至人类，小至个体；广至寰宇，微至尘埃；深至意义之追问，浅至自我之追寻，都是诗人执着追问之所在；然而，又不仅止于此，这追问所深蕴的也可以是主体之间、家庭之间、国家民族之间乃至与整个人类休戚相关的天下情怀，更可以是归于"万物一体"的无限超越之意趣。于是，诗人的追问又因此而化于风云雨露、春虫秋草乃至人间百态所熔铸的意象中，并与天地之间的"大我"观念共彼此、相镜鉴。因此，呈现于笔端之诗作，又表现为或细腻练达，或深刻隽永，或清丽明快，或冷峻率真等不同的风格。

心志自在胸襟字句中。无论是胸怀天下时踌躇满志的气宇轩昂、求索之途中必经的精神炼狱、困厄其中时的无助与苦寂等都是诗人进行诗意言说的内容。对诗人而言，似

---

[1] 李学勤点校：《十三经注疏·毛诗正义》（上），北京大学出版社，1999年版，第6页。

[2] 〔晋〕陆机著，张少康集释：《文赋集释》，人民文学出版社，2002年版，第20页。

[3] 叶嘉莹：《汉魏六朝诗讲录》，河北教育出版社，1997年版，第2页。

乎恒久不变的情、理、思，不仅有时代的印痕，而且有境界、品味、格调的差异。个人性格情分不同，自然在以有限寓无限的诗篇中所反观而得的韵味也不相同。这便如同品味春茗，浓而淡，淡而浓；品品相殊，又意趣共生，自有一股辞情相称的感发力量蕴于其中。清施补华《岘佣说诗》曰："同一咏蝉，虞世南'居高声自远，端不借秋风'，是清华人语；骆宾王'露重飞难进，风多响易沉'，是患难人语；李商隐'本以高难饱，徒劳恨费声'，是牢骚人语。"[1]所讲即这个道理。

（2）真挚而强烈。诗歌是人类情感的自然流露。叶燮《原诗·内篇下》："譬之一木一草，其能发生者，理也。其既发生，则事也；既发生之后，夭乔滋植，情状万千，咸有自得之趣，则情也。"[2]真挚的情感源于对生命的热爱。所谓"些小吾曹州县吏，一枝一叶总关情"（郑燮）。在这种关爱生命的至情感染下，无论是花开花落、秋蝉冬虫，都会牵动我们内心的喜怒哀乐。诗人把对外物的感发，用语言表述出来即是诗人体察物情后的感动。这感动、这爱源于人类本真的童心。因此，诗人之心即是一颗拥有绝假纯真、不染杂尘的赤子之心。拥有童心则灵气袭来，才思飞扬；拥有一颗童心看世界，则世界皆着真善美的斑斓色彩。

（3）自然而律动。自然生命是诗歌的内容和对象。自然是律动于我们人类眼前的宇宙本体，也是无限运动的存在。人类自我意识觉醒的刹那，即把人之外的存在当作了对象。然而，人类对自然的改造、认识又不能完全超越大自然生命节奏的律动，而只能在"我"与自然的交互关系中，体验着自然带给人心的种种感受。正所谓"盖声色之来，发于情性，由乎自然，是可以牵合矫强而致乎？故自然发于情性，则自然止乎礼仪，非情性之外复有礼仪可止也。惟矫强乃失之，故以自然之为美耳，又非情性之外复有所谓自然而然也"[3]。可以说，真性情就在人心与自然相应和的律动节奏中消长盈虚。正如叶嘉莹所说："宇宙间似有一大生命之存在。此大生命是运行不已，生生不息的。所以人之生虽与忧患俱来，但人类对此生命之发生与成长，都有一种本能的欣喜之感"；"所以求'生'是人的本能，因而对'生'之感到欣喜也是人之本能。而且这种欣喜于人为然，于一切生物莫不皆然"。[4]所以泰戈尔诗曰："生如夏花之绚烂，死如秋叶之静美。"这也正是诗人拨动了生命琴弦后与夏花、秋叶之大生命节奏所产生的共振。

诗歌是人类的自我确证之歌，它既合于自然的万端变化又再现自然，因而，既有表现寓于自然万物中人类情感的意蕴美，又有诉诸外感官的形式美。比如，当我们吟诵"蒹葭苍苍，白露为霜"时，苍凉之感油然而生；而当我们吟诵"桃之夭夭，灼灼其华"时，欣喜之意跃然心头。这便是人类与自然一致的生命节奏在语言符号中的呈现，也即人心之节奏与自然之律动相谐一致，共同诉诸由叠字所生成的语言符号的节奏中。于是，《诗

---

[1] 丁福保：《清诗话》（下），上海古籍出版社，1963年版，第974页。

[2] 郭绍虞：《中国古典文学理论批评专著选辑》，人民文学出版社，1979年版，第21页。

[3]〔明〕李贽著，张建业注：《李贽全集注·焚书注》（一），社会科学文献出版社，2010年版，第365页。

[4] 叶嘉莹：《嘉陵论诗丛稿》，河北教育出版社，1997年版，第65页。

经·蒹葭》表现了人类在对可望而不可即事物的逐求过程中生成的失魂落魄的心理状态，这一状态正与秋日蒹葭的萧瑟情形有着共振的生命节律；而《诗经·桃夭》则展现了人生的最美好时期——由花之生意联想到"之子于归"这一人类生命中的盛放时刻，这一时刻带给人心的欢乐与"夭夭""灼灼"等叠字一起经过三章的反复咏叹，那跃动于文字中的欣喜、欢快、轻盈的情感韵律几乎可使人忘却一切忧患事。

2. 高度的凝练性

诗歌是人类情感、认识和意志的集中体现，是永恒的生命主题在无限变换的时代语境中的丰厚沉积。是诗人从独特的个体生命体验中寻找到的生命本体的价值与意义，从具体的人生世相中了悟了人类、自然、存在的抽象的必然所在，从一般的自然现象中洞彻了普遍的世界本相，最后通过富有张力的语言符号呈现出的丰赡的审美形象、饱满的信息容量和廓大的情感空间。

好的诗都是高度浓缩的。因为，诗歌创作过程正是把可玩索而不可言传的抽象体验、感受借助于具体而形象的人、事、景来传达的过程，也是郑燮所言从"馆中之竹"到"手中之竹"的构思过程：手中之竹所依托的是"馆中之竹"，但必然不是自然状态下的"馆中之竹"，而是一切具有如此神韵之竹的具象。这力透纸背的"手中竹"不仅仅是对"象中之象"的具体摹写，而且也对是"象外之象"的抽象，其本源既是自然界竹子的共相，又是蕴含了文人士大夫桀骜不驯、高风亮节的气度的"这一个"竹子的具体写照。

因此，诗歌借助于跳跃的结构、具有辐射意义的词汇、富有张力的修辞手法以及鲜活生动的意象与虚实相生的意境，在诗人刹那间的灵感来袭时刻，物化为一幅生动的文字图画，并构成独立自足的、特定的天地时空，在其中任由情感自由流动。

3. 和谐的节奏性

节奏是诗歌所具有的音乐美特质的主要体现。诗歌主要依靠外在节奏蕴藉内在情感的节奏。诗歌的外在节奏通常是由语言符号中音节组合的音律，词的双声、叠韵以及语音的停顿、延长等所组成的外在形式来实现。内在节奏则是通过诗歌所蕴含的诗人的情感、体验、情绪、理趣等呈现出的生命节律来实现的。

比如，格律诗的四种基本格式，平起仄收式：（平）平（仄）仄仄平平；平起平收式：（平）平（仄）仄平平仄；仄起平收式：（仄）仄平平仄仄平；仄起仄收式：（仄）仄（平）平平仄仄。它们以粘对结合组成了律诗基本的节奏格式。若其一平起仄收式：（平）平（仄）仄平平仄，（仄）仄平平仄仄平。（仄）仄（平）平平仄仄，（平）平（仄）仄仄平平。这样组合而成的四句二十八字的格律诗本身就具有旋律之美。加之一三五句句尾平水韵相押，形成婉转、悠扬的韵律。

诗歌的节奏是对自然万物运动规律的某种天然应和。现代诗人闻一多等新格律诗派所提倡的"建筑的美"（节的匀称和句的整饬）、"音乐的美"（音节）、"绘画的美"（辞藻）之"三美"说，其实是符合诗歌的自然而律动的情感表达的。以闻一多的《死水》为例，我们可以看出诗歌所表达的婉转情感是如何在诗行中自然流淌的："这是一沟绝望的死水，\清风吹不起半点漪沦。\不如多扔些破铜烂铁，\爽性泼你的剩菜残羹。   也许铜的要绿成翡翠，\ 铁罐上绣出几瓣桃花。"[1] 诗中每一行都有四个音步（三个"二字尺"和一个"三字尺"即2—2—2—3）构成，三字尺在每行中出现的位置可以有变化，收尾都是双音词，音节变换灵活，音调抑扬顿挫；每节四行，每行九字，句式十分整齐，表达自然流畅。除此之外，诗人还注意使用形象鲜明的色彩性词汇，为我们摹写了一朵完美的"恶之花"。值得注意的是，诗人愈是把这潭绝望的死水描写得美，这灿烂的"恶之花"就愈是到了恶的极致，这死水一般的社会也到了崩溃的边际。这不仅符合自然的规律，而且铿锵有力、掷地有声地唱出了一首一切如死水般濒临溃烂边缘、又处于最后挣扎状态的"艳丽"之曲。

4. 结构的跳跃性

诗歌结构的跳跃性来源于人类情感世界的空灵性。周济《宋四家词选》说："初学词先求空，空则灵气袭来。"[2] 空即对于无形精神世界的具体形象把握。它由诗歌结构的跳跃性来形成，也就是说，诗歌在想象的空间把意象组合成画面，使情感在画面中"藕断丝连"。尼采说艺术世界的构成是由于两种精神：一是"梦"，梦的境界是无数的形象（如雕刻）；一是"醉"，醉的境界是无比的豪情（如音乐）。诗歌正是具有这两种境界的集合体。

对于诗歌而言，其结构的跳跃性，主要是出于诗的精练性的要求，即可以省去的话就不必说，叙述时可以转换意象、场景，但蕴含在意象、场景中的情脉具有连贯性。诗歌的跳跃性形成了诗歌语言的独特结构形式，即"诗家语"。周振甫《诗词例话》有一节专门讲"诗家语"："《诗人玉屑》卷六里面提到王安石说的'诗家语'，就是说诗的用语有时和散文不一样，因为诗有韵律的限制，不能像散文那样表达。"他认为，诗家语的好处有："第一，体会到诗的含蓄。第二，体会到诗要突出形象"[3] 试看李清照《如梦令·昨夜雨疏风骤》："昨夜雨疏风骤，浓睡不消残酒。试问卷帘人，却道'海棠依旧'。'知否？知否？应是绿肥红瘦'。"[4] 最后一句便体现出了"诗家语"所形成的诗歌结构跳跃性的特点。本来，前两句都是写抒情主人公的行为，突然出现一问一答。好像不知所云，其实细细想来，诗境正在此处。词中好像是有问有答，实际上是叙述了一个场景，抒情主人公起床后知道昨夜一场风雨后，便问侍女屋外景致如何，谁知侍女不知诗人情怀，却没有发现什么变化，便答"海棠依旧"。而这一回答实在不能令诗人满腔的复杂情绪得到印证，便略有责备之意自答道："知否？知否？应是绿肥红瘦。"不仅把一幅一夜风雨后生机勃勃、又落红无数的自然场景展现在读者面前，而且也把既有欣喜之景，又有令人感伤之致的、多愁善感的女性情怀寄寓于跃动的诗行间，从而以跳跃性的叙述场景的转换传达出一种空灵的诗美，同时也把不确定的、无形的又神秘的女性情趣"赋形"

---

[1] 公木：《新诗鉴赏辞典》，上海辞书出版社，1993年版。

[2] 宗白华：《美学散步》，上海人民出版社，2005年版，第40页。

[3] 周振甫：《诗词例话》，江苏教育出版社，2006年版，第1-2页。

[4] 朱东润：《中国历代文学作品选》（中编第2册），上海古籍出版社，1980年版。

于具体可感的"绿肥红瘦"的形象中。

5. 含蓄的意境美

意境是指抒情性作品中的那种情景交融、虚实相生的形象及其所诱发和开拓的审美想象空间。对诗歌来讲，则是由精心选取的意象系统所营造的那种刹那间见终古、以有限寓无限而生成的氛围或境界。比如，在柳宗元的《江雪》一诗中，诗人精心描绘了一幅由"人迹之绝灭""自然之空寂"而"万无一物"的寂灭之画境，直至"孤舟蓑笠翁"的横断面若突然袭来，带给读者"由无到有"的突然转变而产生的强烈心理落差，从而使读者身处一个高处不胜寒的人生境地。然而诗人并没有在这样的空间内绝望，而是独享这份孤独。这就是由深邃意境而带来的"气韵之美"，也是"生命节奏"的诗化。由此诗人心灵深处那份情性高洁、孤傲超逸的人生理想得以审美地传达。这也是"中国传统山水花鸟画的基本境界的老庄思想及禅宗思想也不外乎于的静观寂照中，求返于自己深心的心灵节奏，以体合宇宙内部的生命节奏"[1]。可谓韦应物诗"万物自生听，太空恒寂寥"之呼应也。当然更是"诗中有画"意境美的具体实现。

主观情感（包括情、理、志）与客观物象（景、物、事）相契合，相交融、渗透，而使抒情主体达致物我两忘的情境。朱光潜说："每首诗都自成境界。无论是作者或是读者，在心领会神一首好诗时，都必有一幅画境或是一幕戏景，很新鲜生动地突现于眼前，使他神魂为之勾摄，若惊若喜，霎时无暇旁顾，仿佛这小天地中有独立自足之乐，此外偌大乾坤宇宙，以及个人生活中一切憎爱悲喜，都像在这霎时间烟消云散去了。"[2]因此，意境美在于诗歌中营造的那种虚实相生、情景交融，又令人回味悠长的独立自足的小天地。其实诗歌中所寄寓于景、事中的情感无论"显""隐"，只要自然生动，都能达到诗歌的妙境。正如"问君能有几多愁，恰似一江春水向东流"与"无可奈何花落去，似曾相识燕归来。小园香径独徘徊"所拥有的不同韵味一样。

6. 深邃的意象性

意象即饱含诗人情感、理趣、心志之象，是经过诗人感情浸润的，用来表现诗人情感、理趣、心志的自然生命之形象，也是人类对于自然、宇宙、人生等终极追问的象征或隐喻。从心理学角度讲，意象是人们想象中的一种内心图像。我国传统文论中的意象多是指与主观的意念、情趣相契合，相接纳，相融会的客观对应物。克罗奇在《美学》中说："艺术把一种情趣寄托在一个意象里，情趣离意象，或是意象离情趣，都不能独立。"[3]中国诗人往往把个人的性格情趣寄托于意象中，甚至把中国传统哲学儒、释、道等美学思想引入自己的诗歌中，又不为人生世相所羁绊而在意象之间出入自由，从而达到在与自然的交复往来中与自然万物同意趣，共蕴藉。

但是西方现代派诗歌中的意象与我国传统诗学不同。西方意象主义认为，意象是情

---

[1] 宗白华：《美学散步》，上海人民出版社，1997年版，第224页。

[2] 朱光潜：《诗论》，北京出版社，2005年版，第54页。

[3] 朱光潜：《诗论》，北京出版社，2005年版，第61页。

感和思想的复合体，是诗人思想的客观对应物。比如，斯蒂文森《坛子的逸事》中"坛子"即是艺术、秩序、文明等的象征；里尔克的《豹》中"豹"则象征生存困境中人类的挣扎等。这里，意象成为人类对于宇宙、人生、历史、文明等思索的载体和代言物。

因此，中国传统诗学中的意象与现代派诗歌中的意象的主要不同在于，传统诗学的意象不具备独立的审美价值。它一般由情感深深浸润之后，层层延展其丰富的"所指"，并且与多个意象共同构成完整而蕴藉丰富的审美意境，从中传达诗人的情感、理趣和心志。意象在此是指代情感的对应物。而西方现代派诗歌中意象则有独立的审美价值。往往采取对意象进行描述，让其在描述中承载某种意图，并沿着其自身生命或是物理的自然逻辑向前发展，借以揭示其所负载的思想。意象在此是人类情感和思想的复合体的象征或隐喻。

二、诗歌的种类

诗歌的分类方法很多，但并没有统一的标准。根据不同的分类方法有不同的诗歌形式。

1. 按表达方式分为：

（1）抒情诗。原指古希腊和七弦琴吟唱的诗，诗人可以借助诗歌中所创造的某个具有特定精神指向的自我形象以直接抒发胸臆的诗。比如，普希金的《致大海》抒发了对于自由的理解和向往；徐志摩的《再别康桥》既有对于在剑桥留学时期那一段自由美好生活的回忆和眷恋，也有再次惜别康桥时灵魂深处泛起的对于一种文明的憧憬和向往；陈子昂的《登幽州台歌》内蕴含多少文人士大夫振臂一呼的感慨和摇撼浮靡诗风的力量！刘邦的《大风歌》更是一种沉郁于胸的豪迈气概。

抒情诗也可以创造具体生动的诗歌意象，它是经过诗人心灵改铸过、抚摸过的具有鲜明个人特征的对应物。或状物寄情，即"一切景语皆情语"，或托物言情。具体有咏物诗、山水诗、田园诗等之分。比如，英国浪漫主义大诗人雪莱的《致云雀》，诗人把自己的精神境界、美学理想和艺术抱负等都寄寓在小小的、自由飞翔而歌唱的"云雀"身上，轻灵而自由的"云雀"就是诗人理想的写照与对应物。宋戴复古的七绝《夏日》："乳鸭池塘水浅深，熟梅天气半晴阴。东园载酒西园醉，摘尽枇杷一树金。"[1] 更是抒发诗人对于明朗夏日喜爱之情的。

（2）叙事诗。叙事诗是指采用诗歌的形式，通过叙述完整的诗化情节，描绘充满丰富内蕴的人物性格环境，借以凝练地、艺术地反映生活，表达诗人通过艺术真实与自然万物、人生世相对话，是一种宏大而绚丽多姿的文学体裁。基本体式有史诗、诗剧等。叙事诗不是在叙写情节，而是通过诗化的情节反映生活，通过歌唱一个故事表达诗人对天地人神的认识、交流与对话。

我国有叙事诗双璧《孔雀东南飞》和《木兰辞》。古希腊著名盲诗人荷马整理的"荷

---

[1] 马清福：《千家诗》，春风文艺出版社，1995年版。

马史诗":《伊利亚特》和《奥德赛》截取生活中富有戏剧性的典型断面,以英雄形象初步显示了早期奴隶主的个人意识和个人特征,以穿插的方式追述了10年的战争故事,广泛地反映了氏族社会向奴隶社会过渡时期的社会生活场景。但丁的《神曲》通过诗人神游地狱、炼狱、天堂三界的故事,试图说明在新旧交替时期,个人和人类必须依靠理性的指导和神性的启示,才能摒弃罪恶,克服人类自有的缺陷,克服人欲杂念,进入至美至善的崇高境界,从而得到永恒的幸福。歌德的《浮士德》则反映了浮士德永不满足、不断追求、努力向上、自强不息的精神。

与小说、戏剧、散文、影视文学等相比较而言,叙事诗虽然有较为完整的人物行动所组成的基本情节,但是情节较为单纯且跳跃性大;人物性格相对单一,但形象具有丰富的象征意义;细节刻画较少,但往往把情感寓于细节之中;叙述语言相对凝练概括,但浓情灌注。

(3)哲趣诗。现代诗中没有严格的以表达方式区分的诗歌形式。而是在高度自由的表达形式中尽可能地寄寓哲趣、理思和象征等,以扩大诗歌的表现领域。例如,台湾诗人痖弦《深渊》中的诗句"我们活着双肩抬着头,\抬着存在与不存在\抬着一副穿裤子的脸",也蕴含着具有现代意识的哲思:人类真实的存在在形式上只是一架肉身的存活——"活着双肩",在思想上是无从把握的虚无——"抬着存在与不存在",在生活中是一个在时间中"自指着面具前行"的荒诞过客——"抬着一副穿裤子的脸",喻指现代人生存状况的荒诞性等。而唐代诗人王维的诗句"行到水穷处,坐看云起时",则含有中国人于有限中看到无限,又于无限中回归有限的一种"回旋往复"的哲趣内涵。

2. 按形式分为:

(1)散文诗。散文诗是现代文学体裁的分类,柯蓝《散文诗漫话》中说:"散文诗,介乎散文与新诗之间,是二者的结合,但更靠近和接近诗,不同的是更自由,更突破限制,不受任何格律的约束:这是散文诗区别于新诗的地方。至于与散文的区别,唯一的标志是浓郁的诗境和短小。"[1]其实散文诗与诗的最大区别可以说是散文诗在结构上的跳跃性、音乐性弱于诗歌;而散文诗与散文最大的区别则除了散文诗具有结构的跳跃性,还有其独特的意象性。在艺术上,散文诗则多有文字简练优美,把事情、画意、哲趣乃至心志交融一体,形成富有整体暗喻和象征意味以及再现和表现相统一的诗境。鲁迅的《野草》,泰戈尔的《吉檀迦利》《飞鸟集》《园丁集》《新月集》等都是优美的散文诗代表。

(2)民歌体。民歌体产生于民间劳动者的诗歌,这类诗歌具有浓郁的地方特色和自然朴素的真挚情感,语言通俗、生动,直接反映生活中的喜怒哀乐。有时还有生动感人的故事情节与民间传说、神话故事紧密结合。其实,《诗经·国风》就是我国早期经过文人加工整理过的周代民歌。"坎坎伐檀兮,置之河之干兮,河水清且涟漪。不稼不穑,胡取禾三百廛兮?不狩不猎,胡瞻尔庭有县貆兮?彼君子兮,不素餐兮。"[2]唱出了人民

---

[1] 柯蓝:《散文诗漫话》,见《诗刊》,1980年第7期。

[2] 金启华:《诗经全译》,江苏古籍出版社,1984年版。

对于压榨自己的阶层的渐为清醒的认识。《诗经》成书的"采诗说"也能说明其民歌特色。

而楚辞其实也是在楚地民歌基础上的诗人的天才创造。汉乐府诗有的也是来源于全国各地所采集的民间歌谣，在自由多样的形式中创造了"质而不俚，浅而能深，近而能远"（胡应麟语）的朴素而真挚的情感世界。一首《江南》："江南可采莲，莲叶何田田。鱼戏莲叶间。鱼戏莲叶东，鱼戏莲叶西，鱼戏莲叶南，鱼戏莲叶北。"[1] 在似有心似无心、似有意似无意之间生成了一种自然而质朴的美。至南北朝时期，南朝民歌《西洲曲》和北朝民歌《木兰辞》以大胆、率真，刚健、清新形成了南北朝富有特色的文学传统。现代民歌李季的《王贵与李香香》，是解放区诗歌的代表作。公刘等人整理的《阿诗玛》、韦其麟的《百衣鸟》等都是民歌体的新诗佳作。

3. 按时间和语言分

（1）旧体诗。我国传统诗歌种类繁多，从时间上看，我们一般把传统诗歌称为旧体诗，大致有四类：古体诗、近体诗、词、散曲。古体诗又包括以诗句字数分的四言、三言、五言、七言、杂言古诗等和以体裁类型分的古风、赋、骈体、骚体诗、乐府诗、行（歌行体）、古体绝句等。近体诗专指格律诗，包括律诗和绝句，律诗可以分为五言、七言、六言、三韵小律、排律等；绝句有五言绝句和七言绝句之别。词按字数可分为小令、中调、长调等；按节拍缓促分正体、别体（令、引、近、慢促拍、偷声等）。散曲则有小令、套曲、带过曲之别。

（2）新体诗。新体诗是相对于旧体诗而言，其实大致可指从"五四"白话文运动开始至今用白话文写作的诗歌的总称。包括自由体和新格律体。

新格律诗是现代诗人在白话文基础上对格律诗的一种革新，虽然采用格律诗的句式或四言、五言、七言，四句、八句。但是不再有严格的"平仄"要求和限制，只是隔行押韵。如闻一多的《死水》等。

自由体诗歌则完全打破旧体诗的各种限制，写法高度自由灵活，但因其高度自由而实质上更不易于驾驭，所以，新体诗一度流于私人化、非诗化。从而在白话文发展的基础上短期内难以达到像格律诗所达到的艺术高度。但现代自由诗也有一大批思想性、艺术性都很高的佳作。如徐志摩的《再别康桥》《雪花》，李金发的《弃妇》，戴望舒的《雨巷》，舒婷的《致橡树》《神女峰》，顾城的《远和近》，北岛的《宣告》《回答》，海子的《面朝大海，春暖花开》等。

三、诗歌的写作

1. 诗思的形成

诗思通常是指诗歌中"所指"和"能指"的精神性、思想性因素。诗歌是人类情感的艺术性呈现方式之一。无论是情韵取胜的旧体诗，还是更具象征性和哲理化的现代诗，人类对于自然万物所产生的深层意蕴、情绪体验、内心感受与生命节奏的共鸣等都

---

[1] 朱东润：《中国历代文学作品选》（上编第1册），上海古籍出版社，1979年版。

是诗思的主要构成。然而,不是每个人都会把这些生命的节奏化为诗思凝结于诗行的。这就要求诗人有独特的气质和思维方式。

(1)沉静灌注。诗人不仅拥有一颗敏感的心,还要有沉静灌注的情感的沉淀过程,也是对于对象的再度体验。朱光潜在《诗论》中称:"物的意蕴的深浅,与人的性分、情趣深浅成正比例,深人所见于物者愈深,浅人所见于物者愈浅。诗人与常人的分别就在此。同是一个世界,对于诗人常呈现新鲜有趣的境界,对于常人则永远是那么一个平凡乏味的混乱体。"[1]讲的即是这个道理。就是说,在繁忙的生活、琐碎的感情之余,要留给自己一些孤独的时间。抛却烦恼,让心灵沉静,从而使自己与诗情都能在性灵空间出入自由。

这样,也就有可能站在客观的角度,站在一定的高度,来审视内心的感受。如此,才不会如"一般人感受情趣时便为情趣所羁縻,当其忧喜,若不自胜;忧喜既过,便不复在想象中留一种余波返照",而是作为生命个体去深切地感受走出那感情旋涡的自由和轻松,正是"感受情趣之后,却能跳到旁边来,很冷静地把它当作意象来观照、玩索"。[2]此时,则可以尽情享受一切在沉静的回味中所体验到的审美愉悦。其实也就是寻找一个观照这强烈情感的恰当"距离"。

当然,这一切都需要丰富的想象力,拥有了它,便能辉映出日本诗人松尾芭蕉那首著名的俳句"青蛙跳入古池中,扑通一声"中所饱含的动与静刹那交汇的美妙;"江畔何人初见月,江月何年初照人"中投射出对于宇宙、世界、人的哲趣思考,还有诗人对于生命不可知的痛苦与寻求精神疗救相结合而产生的不尽的神韵也会熠熠生辉;而把李白的"青天明月来几时,我今停杯一问之"与苏轼的"明月几时有,把酒问青天"相比较后所有的无限玩索,等等,都充盈于诗情的心怀之中。

当然,情趣、敏感与想象更多是一刹那的过程,往往由于没有得到及时的捕捉,而使感受仅仅停留在初级的感性阶段。诗歌创作虽然注重感性的直觉,但是,诗思形成的过程还要能够使感性认识上升为理性认识,也就是由"馆中竹"到"胸中竹"的过程。即让敏锐感受到的情趣或哲思在想象的空间,与直接的经历、间接的体验以及平日的文化积淀、对己对人对事对生命的反思等进行交流、碰撞,并且用"沉静中的回味"当作渗沥手续,过滤芜杂,澄清思绪,从而加强其中互相合拍的感受。这样,把心中荡起的情思通过想象与事与理、情相糅合,融会贯通其中的共性,浸润其自然万物之生命琴弦的"同其情",从而产生豁然开朗的顿悟。

(2)激发灵感。灵感是属于艺术的、神秘的人类的一种特殊精神状态,也是创造性的思维过程中认识发生飞跃的心理现象。它是非预期的,转瞬即逝的,不及时捕捉就很难再现的突发的心理状态。

灵感具有突发性。"来不可遏,去无踪迹",正是灵感的恰当写照。但是灵感并非一

---

[1] 朱光潜:《诗论》,北京出版社,2005年版,第62页。
[2] 朱光潜:《诗论》,北京出版社,2005年版,第73页。

般意义上的偶然性的唾手可得，它是诗人"长期积累，偶然得之"的结果。心理学发现，灵感往往发生于创造性思维久久酝酿并接近成熟阶段，就是沉静灌注后那突如其来的顿悟。也是当现实中的世情、场景等与主体的体验、感受合拍之时所引起的心神领会的情状。正像释迦牟尼在菩提树下拈花一笑的瞬间，顿悟佛性真谛一样。灵感具有无意识性。老子所说"惚兮恍兮，其中有象；恍兮惚兮，其中有物"（《老子》）指的即是灵感的这种无意识性。韩愈则这样形容灵感："处若忘，行若遗，俨乎其若思，茫乎其所迷。"[1] 在这种特殊的、非自觉的精神状态中，诗人强烈的情感冲动和情绪体验得以释放，从而实现艺术创作的高峰体验，也因此往往得到神来之笔。

因此，灵感有"思接千载""视通万里"的神秘作用。陆机在《文赋》中描绘过灵感的神奇："其始也，皆收视反听，耽思傍讯，精骛八极，心游万仞。"[2] 在西方，柏拉图最早注意了诗人的这种特殊的精神状态："诗人是一种轻飘的长着羽翼的神明的东西，不得到灵感，不失去平常理智而陷入迷狂，就没有能力创作，就不能作诗或代神说话。"[3] 都说明了灵感对于诗人有着多么神奇而重要的功能。那么，诗人怎么激发这种神奇的精神状态呢？

刘勰在《文心雕龙·神思》中说："是以陶钧文思，贵在虚静，疏瀹五藏，澡雪精神"，如此方能"登山则情满于山，观海则意溢于海，我才之多少，将与风云而并驱矣"。[4] 就是要能在沉静灌注之后，在内在的情绪、体验的不断强化中，借以适宜的独特情景使长期积郁的情思得以诱发，最终使众多记忆的"情结"激荡起心灵深处的难禁的激情火花。

在现今社会，就是要洗去浮躁之尘，恬淡而虚静，专注而澄明；就是要能够在与那些以简单、粗犷的生活方式为主的文明发轫期的空灵性相比较之中，把历史带来的促狭的压迫感，把浓得化不开的种种积淀窒息了的创造力和想象力以及野性的张力召唤出来，把属于艺术的种种原初冲动轻轻地荡漾起来，从中寻找到某种精神震撼的切入点，并用乐动的、韵味无穷的节奏把心魂之中的灵性勾摄出来。

（3）选取角度确定运思方向。就是选择、审视用审美客体传达情感、思想的最佳切入点和思考问题的角度。使创作冲动的思绪之流如惊涛般涌过之后的一种深沉的平静，从而使纷纭思绪、繁复物象被反复回味、体验，并使以往的情感积累得到审美升华，以形成诗歌的内形式——审美意象。这是文艺理论上所讲"形之于心"的过程，其实就是把内在情感借助于独特的意象传达出来的方式。简言之，就是"内"与"外"的关系问题，也是在"心""物"之间建立一种可以沟通的方式。这里"内"和"外"分别有两层意义："内"，第一层意思是指通常意义的情感的七情六欲；第二层意思是指经过沉静灌注后的具有一定精神性和思想性的意旨的审美情感。"外"，第一层意思是指自然万物的本然状

---

[1] 马其昶：《韩昌黎文集校注》，上海古籍出版社，1985年版，第170页。

[2] 〔晋〕陆机著，张少康集释：《文赋集释》，人民文学出版社，2002年版，第36页。

[3] 〔希腊〕柏拉图：《文艺对话录》，人民文学出版社，1979年版，第8页。

[4] 〔南朝梁〕刘勰著，周振甫注释：《文心雕龙注释》，人民文学出版社，1981年版，第295页。

态；第二层意思是指经过感情抚摸、改铸、加工、浸润的审美意象。

2. 结构安排

（1）结构的含义。结构包括内在结构和外在结构。内在结构就是诗歌情绪的发展、思想的展开、思维的跃动等内在因素所构成的正体结构。外在结构是遵循意义内容表达的要求而表现出对意象、词汇、句法、句型、诗行等形式因素的选择和运用。

形式主义批评流派的新批评派代表人克林思·布鲁克斯认为："形式就是意义。"[1] 他认为，一首诗的种种因素是互相联系的，它们不像排列在一个花束上面的花朵，而是像与一株活着的花木的其他部分相联系的花朵。他进一步指出，结构的基本原则就是对作品的内涵、态度和意义进行平衡和协调。结构是一种积极的统一，它不是通过回避矛盾取得和谐，而是通过揭示矛盾、展开矛盾、解决矛盾而取得和谐。正因为如此，这种结构本身就是一种含有意义、评价和阐释的结构。而诗的结构是各种张力作用的结果，而这些张力则通过隐喻、象征、命题等手段建立起来的；诗歌并不排除思想，但诗歌中的思想是通过具体情景表现的。可以说，结构就是思想、情感自身逻辑的形式化。

（2）结构的分类。深层延展式结构。深层延展式结构，也叫开展式结构，即在诗中将诗情及诗思层层宕开，层层延展的结构，诗的结尾处往往就是全诗的高潮。中国古典诗歌多采用这种结构。陶渊明的《饮酒》结尾："此中有真意，欲辩已忘言。"[2] 不仅是对于开头"结庐在人境，而无车马喧"的恬淡而清静的心境的呼应，更是接下来"采菊东篱下，悠然见南山"的更深一层意境的对话，在此，诗人如菊一样的崇高品格似乎已经跃然纸上，但是诗人并没有仅仅为"东篱"和"菊花"传统中所象喻的那样为恪守的要求所局限，而是在"悠然"中超越了这些，而且远不止这些。因为接下来"山气日夕佳，飞鸟相与还"实指以飞鸟还家相比，喻指自己要有一个归宿。然而生命的意义和价值到底落脚何处呢？最后，诗歌却出乎意料的以"此中有真意，欲辩已忘言"作结，自然使诗歌的意蕴又深入一层，那就是，要想在这美丽的黄昏景色之中体会清楚，说明白宇宙和人生的真谛，实在不是语言可以传达得了的啊。整首诗浑然一体，犹如水中涟漪层层荡漾，愈远愈趋于无限。可谓融诗情于哲理，化哲理为诗情的神来之笔，又回味无穷，哲趣理思层层延宕，从而实现渐趋渐深的不同意蕴在诗行中的寄寓。

余光中《乡愁》一诗便是随着时间的推移："小时候""长大后""后来呵"直到"而现在"，一步步把深蕴的感情推向高潮。乡愁也因此延伸至对于包括地理、历史和文化在内的整个中国的眷恋。

多层辐射式结构。多层辐射式结构是指一首诗除具有一个明显的主题意义外，还同时隐藏着一个或多个潜在意义，即多层意指。叶嘉莹在《汉魏六朝诗讲录》中讲到了好的诗的三层辐射意义：其一，伦理道德层面；其二，生命感发层面；其三，审美情感层面。也可以用但丁所划分的"字面意义、譬喻意义、道德意义和超道德意义"来呼应。

---

[1] 赵毅衡：《"新批评"文集》，中国社会科学出版社，1988年版，第487页。

[2] 朱东润：《中国历代文学作品选》（上编第2册），上海古籍出版社，1981年版，第335页。

当然，这可以同时在一首好诗中折射出来。如，《诗经·蒹葭》就是这样的佳作，诗中对于那位美丽的"伊人"表现出的一种求之不得、难弃难舍、可望而不可即的企盼、追求、渴求和向往之感，初看来可以把它当作一首纯情的爱情诗，然而，细细品味，却好像还有更多的内涵，于是，"伊人"也可以说是理想的象喻，再看似乎还可以是一切美好事物的象喻，由此诗歌中所展现的就可以是"伊人"所象喻的包括恋人、理想、事业、大同世界等一切美好事物带给人们的追寻求索的情怀。

西方现代派像表现主义、意象主义、达达主义、唯美主义、超现实主义等大都强调诗歌中多重意指的功能，因而常常使用体验交汇、重叠、时空交错、无意识流动、梦境、甚至呓语、内心独白等方式充分展示人类自身真实的生命体验，从而与自然、宇宙对话，由此产生一种诗歌幻觉或象征的多重意蕴。

3. 摄取意象

明胡应麟《诗薮·内篇》曰："古诗之妙，专求意象。"意象，就是人之于人生世相而拥有的七情六欲，而诗歌则是要寻找语言载体来寓涵之。正如司空图在《诗品·豪放》所说："天风朗朗，海山苍苍。真力弥满，万象在旁。"因而则"意"，则"言"，则"象"也。至此缥缈不定的情感乃得具象而呈现。摄取意象可以采用三种方式：其一，整体意象的营造；其二，意象的组合；其三，意象的叠加。

整体意象的营造可以以里尔克的《豹》为代表，就是诗中用强劲的笔法，素描了一个困于铁栅栏之中的"豹"的"力之舞"的绝望奋争直至奋争的绝望，这一个栅栏中"步容"的"豹"是诗人深层精神内涵的"客观对应物"。诗人不是从对象上直觉到某种脆弱的审美灵感的、简单的直抒胸臆，而是抑制住某种灵魂震颤换一种近乎冷酷的沉静，把一切"能指"孕于"所指"之中。

意象的组合是中国传统诗歌摄取意象，营造意境的方式。正如马致远的《天净沙·秋思》："枯藤老树昏鸦。小桥流水人家。古道西风瘦马。夕阳西下，断肠人在天涯。"[1] 诗中选用一组浸润了诗人浓郁思乡感情的意象，并把这些意象合理地组合为使人身临其境的画面，最后水到渠成地与诗人一起融于这意境之中，游子思乡之情则喷薄而出，汩汩流溢。

意象的叠加，曾被休姆称作"视觉的和弦"。中国唐代大诗人白居易《长恨歌》中的名句"玉容寂寞泪阑干，梨花一枝春带雨"，辛弃疾的诗句"照影溪梅，怅绝代佳人独立"，崔护的名句"人面桃花相映红"，还有司空曙的"雨中黄叶树，灯下白头人"等等，都以叠加的意象带给人无穷的回味空间。庞德的《在一个地铁车站》一诗中："人群中这些面孔幽灵一般闪现，湿漉漉的黑色枝条上的许多花瓣。"也有"面孔"和"花瓣"两个意象的叠加，从而形成了开阔的情感空间，在主客体之间相互对应又有所超越的意象关系场中，由意象结构与情感深度、广度和力度因素等共同生成一种综合的艺术效应。如此，诗人抓住了这些典型意象，使情感既渗透意象，同时又超越意象，造成二者之间广阔的中间地带，产生了动态的情感空间结构，从而建构了具有现代精神与风范的艺术

---

[1] 朱东润：《中国历代文学作品选》（下编第1册），上海古籍出版社，1980年版。

多元宇宙，也在意象组合和情感内涵之间维持了一种审美的张力。

4. 营造意境

营造意境莫过于情景二事。主观情感（包括情、理、志）与客观物象（景、物、事）相交融、渗透，而使抒情主体达到物我两忘的情境契合方式。王国维在《元剧之文章》中说："何以谓之有意境？曰：写情则沁人心脾，写景则在人耳目，述事则如出其口是也。古诗之佳作，无不如是。"[1] 其实，可以简单地分为三种情况：其一，寓情于景（境）；其二，景（境）中含情；其三，情景交融。

寓情（包括情、理、志）于景（境），也是美学家所谓"移情"。就是把生活中的所思所想寻到可以同其情的外物来承载，并因个人性格情分不同而姿态万千。景（境）中含情，就是诗人将自己由自然万物的触动和情绪体验，不动声色地纳入外物的摹写之中，情感在诗境中延宕，从而达到象外之象、味外之旨的艺术效果。情景交融，就是诗人在与自然万物共呼吸之中，把自己直接置身于同其情的外物之中，从而达到物我合一、物我融情的文学至境。因此，在诗人精心营造的艺术至境中，无论深蕴了何种人生境界、格调、品位，只要发自肺腑，源自生命之悟，来自人情物理，皆能以情景相契之意境，而自成玲珑剔透小天地，自可物我两忘、洞彻人生。

5. 选择适当的修辞方法

诗歌是人类可以与万物灵魂沟通的文字载体，因此，诗歌往往是人类各种感官通融的结晶。而丰富的想象是联通各种感官的媒介。在情意与形象之间就要通过"修辞"更好地完成其中独特的审美情感空间的构建。叶嘉莹说，所谓形象与情感的关系，无非是"由物及心""由心及物"和"即物及心"三种。传统情景之结合方式有三法：曰赋，曰比，曰兴。赋即"即物及心"，兴即"由物及心"，比则是"由心及物"。然而直言赋易冗沉少味，尽用比也容易空疏无物，兴过亦易于言过其辞。而对于诗歌而言，"赋""比""兴"之间则经常混合使用，而且常常是诗歌中带有生命感发力量的主要的写作方式。因此，人类发展中更为繁复和幽微的情感也在寻找更多的修辞方式。

传统诗歌中常用的修辞方式主要有比喻、象征、通感、拟人、反复、寓托等。除此之外，还有现代诗歌打破传统修辞的定势，综合运用意识流、无意识、直觉、梦幻、情绪放射、内敛、时空交错、夸张变形、矛盾修饰、自由联想、心理暗示、内心独白、呓语、移情等丰富的解构主义式的修辞方法来表达现代人荒诞、虚妄的生存状态以及对于个体、生命、自然、宇宙、神乃至本质和意义等形而上问题的质疑与思索。

---

[1] 王国维：《宋元戏曲考》，中国戏剧出版社，1999年版，第47页。

【文选】

母 难 日（三题）

余光中

今生今世

今生今世
我最忘情的哭声有两次
一次，在我生命的开始
一次，在你生命的告终
第一次，我不会记得，是听你说的
第二次，你不会晓得，我说也没用
但两次哭声的中间啊
有无穷无尽的笑声
一遍一遍又一遍
回荡了整整三十年
你都晓得，我都记得

矛盾世界

快乐的世界啊
当初我们见面
你迎我以微笑
而我答你以大哭
惊天，动地
悲哀的世界啊
最后我们分手
我送你以大哭
而你答我以无言
关天，闭地

矛盾的世界啊
不论初见或永别
我总是对你以大哭
哭世界始于你一笑

而幸福终于你闭目

天国地府

每年到母难日
总握着电话筒
很想拨一个电话
给久别的母亲
只为了再听一次
一次也好
催眠的磁性母音

但是她住的地方
不知是什么号码
何况她已经睡了
不能接我的电话
"这里是长途台
究竟你要
接哪一个国家？"

我该怎么回答呢
天国，是什么字头
地府，有多少区号
那不耐的接线生
咔哒把线路切断
留给我手里一截
算是电线呢还是若断若连的脐带
就算真的接通了
又能够说些什么
"这世界从你走后
变得已不能指认
唯一不变的只有
对你永久的感恩"

——选自余光中：《余光中精选集》，北京燕山出版社，2008年版

第二十二章 小　　说

一、小说的含义和特点

（一）小说的含义

小说是一种以虚构为主，综合运用语言艺术的各种表现手法，重在人物刻画，讲究情节结构和细节描写的散文体叙事性文学体裁。

这个定义概括了小说四个方面的规定性：一是叙事性。所谓"事"，是指人们在特定环境中的活动、行为和心理流程。小说看重故事，它讲述的故事常常让人流连忘返。这种叙事性就使小说区别于写景写物的诗和散文，也区别于各种写人物活动的抒情文学。二是虚构性。小说描写虚拟的人生幻象，包括现实的和奇幻的两种形态。奇幻的神话小说、寓言小说的虚拟性是不必说的，就是写现实生活的也有着某种程度的加工改造，并非生活的实录。这是小说和传记文体的区别。三是散文性。这里的散文是广义的一种与韵文相对应的语言形式。小说能够完成其他文学样式无法完成的艺术使命，多方面深入地描写社会人生，就是因为它运用了自由自在的散体文语言作为表述的工具。四是语言文字的自足性。小说不像戏剧和影视剧本，它不要再进行拍摄、演出来最后完成，而是通过文字符号自身的表意功能，直接诉诸读者，这就是它区别于同属叙事性文学文体的影视、戏剧文学之处。

在我国，小说是一种源远流长的文学样式。小说一词最早见于《庄子·外物篇》："饰小说以干县令，其于大亦远矣。"[1] 这里指的是那些意义不大的琐屑的言谈和话语。班固在《汉书·艺文志》中说："小说家者流，盖出于'稗官'，街谈巷议，道听途说者之所造也。"[2] 这里小说的范围相当宽泛，他把六经以外无法归类的杂粹，统统归之于小说。在我国，真正意义上的小说概念直到晚清才得以确立。

在写作实践上，先秦时期的神话与传说可以说是小说的源头，而当时的历史散文如《左传》与《战国策》之类则给它提供了更具叙事性的文学营养和历史题材，这也说明了小说是从散文脱胎而来的。真正开始具有小说形态的是魏晋南北朝的"以序鬼物、奇怪之事"的"志怪小说"和记录逸闻琐事的"志人小说"，它们已经显示了小说的基本特征，

---

[1]〔战国〕庄周著，刘英、刘旭注译：《庄子注释》，中国社会科学出版社，2004年版，第310页。
[2]〔汉〕班固著，中华书局点校：《汉书》（卷30），中华书局，1962年版，第1745页。

开始重视人物刻画、情节结构和细节描写等基本因素。而"宋元话本"则被鲁迅称为"小说史上的大变迁"。所谓话本,就是说书人讲故事的底本。这就标志着我国小说由文言小说向白话小说的过渡。元明之后,我国古典小说进入了发展的巅峰时期。但是在我国,小说成就尽管很高,却一直被排斥在文学之外,得不到应有的重视。直到近代这种现象才有所改变。小说在经过漫长的历史发展之后,终于成了公认的最重要、最基本的文学样式之一。

(二)小说的特点

1. 小说是一种综合性的生活概括

人是社会的主体,人与人之间的关系,构成了社会最基本的关系。小说以塑造人物形象作为自己最主要的任务。因此,它能充分、自由地通过写人来展示恢宏、形象的生活画卷。长篇巨著《红楼梦》《战争与和平》,容纳了极其广阔丰富的社会内容,形象地概括和反映了一个历史时代的全貌。即使是短篇小说,由于作家撷取最能反映时代面貌的艺术焦点,写的虽是生活中的一个特别场景和片断,如茅盾的《春蚕》,也同样令读者体味到社会的深刻变迁。小说的虚构性,给作家反映社会生活提供了可以纵横驰骋的艺术天地。作家可以在宏观和微观两个方面,对整个社会作全景式的鸟瞰和描绘,既可以浓墨重彩地展现惊心动魄的历史事件和激烈的矛盾冲突,也可以精细地描摹生活的细节或情趣横生的人情世态。较之于其他文学样式,小说最富于生活化。它可以深入社会生活的一切领域,而成为综合性的生活概括。

2. 小说是一个完整的情感世界

情感性是一切文学作品的特征。但诗歌、散文的情感性通常具有片断性的特点,小说长于综合地反映生活。在成功的小说作品中,人物栩栩如生,他们的性格、际遇、命运,是一个复杂、细致的情感世界,深深地牵动着读者的心,小说作者的主观思想、情感、意向,熔铸成小说的情感世界,与读者的情感进行全方位的交流。从这个意义上来说,小说是一种极富情感特征的文学体裁。我们读《红楼梦》,细细品味,无不被引入它的情感世界,为小说中的人物际遇而心动。而且小说中的人物是性格化的人物,性格蕴含着各种素质,最重要的是由人物特殊的生活环境和经历而养成的生动、复杂的思想感情,一个人物就是一个独立的情感世界,从其喜怒哀乐中所折射出的生活的酸甜苦辣,不仅发人深省,而且可以直接叩开读者的心扉。

3. 小说是一面特别自由的心灵之镜

小说是一种特别自由的文学样式,生活化的、灵活而流动的小说语言,不仅能将人生的画境与诗情融入其间,更擅长于深刻揭示人物内心世界的那种模糊的、闪烁的、跳跃的、纷至沓来的形象,甚至非理性的复杂的心理现象,也能在奇妙的小说笔触下生动地呈现出来。英国小说家福斯特在他的《小说面面观》一书中说,小说的突出特点在于,它能够向读者提供一个个内心袒露的人物,而现实生活中,人的内心世界都是向外部封闭的,很难深入其中。尤其在今天的高科技时代,电影电视能将生活的外部世界最直接可感、最丰富多彩地呈现出来,小说的特点就在于它是一种独特的心灵之镜。

二、小说的种类

小说是文学文体中规模最为庞大的一个家族。小说的形态有万千种之多，分类的依据不同，将会出现各不相同的小说类别。这里主要采用题材类别、文体类别、篇幅类别来加以梳理。

1. 题材类别

依据生活领域分类有农业题材、工业题材、军事题材、教育题材等。依据作品内容分类，有言情小说、科幻小说、侦探小说等。依据题材时代性分类，有历史小说和现实小说，与时代性关系最密切的如新时期小说创作中，就有所谓伤痕小说、知青小说、大墙小说、反腐小说、寻根小说、新体验小说、新写实小说等。

2. 文体类别

文体类别最为常见的样式有书信体小说、笔记体小说、传记体小说、日记体小说、诗体小说、章回体小说等。

3. 篇幅类别

最常见的小说分类方法是按篇幅的长短分类，以此可分为长篇小说、中篇小说、短篇小说、微型小说四大类别，因为这几种文体已经成熟，这种分类方法具有普遍性和稳定性。这四种小说文体，最表层的形式标志就是篇幅不同。如短篇小说，它的篇幅和容量比较短小，一般两万字以下，两千字以上。再如微型小说，它的篇幅更短，几十个字、几百个字至一千多字，最长也就两三千字。而中篇小说比较宽松，一般四五万字，甚至有的十来万字也混在其间。

应该注意的是，篇幅不同绝不是字数多少的简单比例，而是包含着不同审美要求的四种审美样式和审美特征。同样是表现人物、情节和环境，它们所呈现的艺术形态和美学特征就迥然不同。如短篇小说，它的篇幅和容量比较短小，人物集中，故事单纯，结构紧凑。往往截取生活中富有典型性的某一侧面或片断加以集中描绘，以提示社会生活的意义。冰心曾说："短篇小说要短．我懂英文，看了许多外国短篇小说，都很短，一般六七千字就可以了．要把长的内容压缩到短的文字里去。"[1]它借一斑而窥全貌，以一目尽传精神。再如微型小说，它的篇幅更短，情节单一，人物很少。多取材于日常生活中的一件小事，寓有褒贬或哲理。如日本现代作家星新一的《宝子姑娘》和我国当代一些作家的微型小说作品。

长篇小说通常在十万字以上，多者可达数百万字。比如，张炜获得茅盾文学奖的作品《你在高原》就有450多万字。长篇小说的最大优势是在空间上可以无边界扩大，时间维度上能够自由延伸。"百年历史"正在当下中国长篇小说领域里走红，反映某种社会的全貌也是经典长篇所要承担的责任。恩格斯说他从巴尔扎克小说里读到的法国社会生活，比从所有其他社会科学家那里读到的总和还要多，这个评价从某种角度讲也可以

---

[1] 崔道怡：《春花秋月寄相思——短篇小说评奖琐忆》，见《小说家》，1999年第1期。

看作是对长篇小说功能的一种鉴定。《红楼梦》已经成功写出了一个时代的全貌。所以，它的人物一般生活在时间跨度大、空间拓展广的历史画卷之中，因而可以充分地展示其丰富复杂的性格，并且显示其性格的成长和发展变化的过程。由于人物众多，构成各种复杂的人物关系，故事情节就能够得到充分的开展。也由于容量大，对人物生活的环境可以进行细腻的描写，所以，它的环境描写往往恢宏、详尽。它表现的不是生活的几个"点"或若干"片断"，而是再现完整的历史进程，描绘人生的长河。

中篇小说的容量大小、情节繁简、结构规模和人物的多寡则介于短篇和长篇之间。它的文体特征和创作特征一定程度上也可以说是二者的折中。中篇在短篇和长篇之间找到了一种适度的方位，它充分释放了短篇小说"严"和"深"带来的对创作才能的考验和压力，使作者不必非得拘泥于一个人物和一个故事而殚精竭虑，它不可能替代短篇，但"系列"故事和众多人物的出场，为作家提升了创作的信心，放松了写作的心态，释放了创造的能量。和长篇相比，中篇减轻了创作者对小说容量的恐慌，缓释了题材必须囊括"社会生活"全部的压力。要么莫泊桑，要么巴尔扎克之后，中篇为作家创作提供了新的可能性。中篇既不必拘于一人一事，也不必长跨百年。它出入自如，游刃有余，充满了创造活力，成为在思想上和艺术上最具探索潜质的小说文体。新时期以来，特别是在新时期文学发端和步入辉煌的20世纪80年代中期，中篇小说最为活跃。许多小说家的重要成就和创作激情充分体现在他们的中篇小说中。尤其值得提到的是，当"伤痕文学"通过短篇小说为新时期文学担当了急先锋的角色后，随之而起的"反思文学"，则主要以中篇小说的规模体现出当代作家新的思想与艺术追求。许多有成就的作家正是通过中篇小说创作奠定了他们的文坛地位。陈世旭的《小镇上的将军》、叶广芩的《采桑子》、张者的《桃李》，都是这种出版方式的典型例证。

小说之所以分为长篇、中篇和短篇，主要的差异并不在于字数，而在于表现方法。这个说法对初学写作者来说，很有指导意义；要从事不同类别的小说写作，不能不仔细研究并熟练地掌握它们不同的表现方法。

三、小说的写作

（一）运用典型化手法，刻画典型人物

不论小说的结构形态如何变化、发展，刻画好人物形象、人物性格，都应该是最重要的。要善于根据实际生活中的人，创造、刻画出各种各样的、真实感人的、鲜明独特的人物，他们既要有自己的个性，又要表现出一定时代、民族、阶层、群体乃至整个人类的某些普遍性的东西。典型形象的塑造是叙事性文学创作的中心课题，是衡量作品思想性和艺术性高低优劣的主要标志。在这方面，世界小说史上早就有众多作品可以证明。尤其是那些世界小说经典，像《巨人传》《巴黎圣母院》《红与黑》《高老头》《基督山伯爵》《复活》《静静的顿河》等长篇巨著，且不说倾注了大量笔墨的作品中的那些主要人物已经成为不朽的艺术形象，即使其他次要人物的刻画也多见精彩。而中国古典名著如《三国演义》《水浒传》《儒林外史》和《红楼梦》等，同样塑造了众多栩栩如生的人物形象。

在写作中，小说人物典型化的具体方法有两种：

第一种，以生活中的某一个原型为主，加以概括、想象和虚构，从而创造出典型人物。例如，鲁迅的《狂人日记》中的狂人，原型是他的一个表兄弟。鲁迅结合平时对黑暗社会的多方见闻，改造了这个疯人形象的内容，赋予人物以深刻的社会意义，从而塑造出了狂人这个艺术典型。

第二种，在广泛地集中概括众多人物的基础上塑造出典型人物。这就是鲁迅说的"杂取种种人，合成一个"的方法。巴尔扎克在谈人物塑造时指出："为了塑造一个美丽的形象，就取这个模特儿的手，取另一个模特儿的脚，取这个的胸，取那个的骨。艺术家的使命就是把生命灌注到所塑造的人体里去把描绘变成现实。如果他只是想去临摹一个现实的女人，那么他的作品就不能引起人们的兴趣，读者干脆就会把这未加修饰的真实扔到一边去。"[1]鲁迅笔下的人物大多是这样的。他说："所写的事迹，大抵有一点见过或听到过的缘由，但决不全用这一事实，只是采取一端，加以改造，或生发开去，到足以几乎完全发表我的意思为止。人物的模特儿也一样，没有专用过一个人，往往嘴在浙江，脸在北京，衣服在山西，是一个拼凑起来的角色。"[2]

有许多优秀的小说作品，其中的人物都是找不出生活原型的。这种作品中的典型人物形象的塑造，可以说比用某一原型塑造人物形象更为困难，然而，一个真正的小说作者是必须掌握这种塑造典型人物形象的方法的。以上两种塑造人物的典型化方法，有时可以在一个作品中同时运用，即可以用一种方法塑造某一人物形象，而用另一种方法塑造另外的人物形象。

在刻画小说典型人物时，还应注意以下两个问题。

1. 小说中的人物和真实人物不同

小说中的人物是作者虚构的，而这种虚构的人物来自小说作者的心灵之中，是融有作者的血肉、灵魂、性格、气质的"臆造"的人物。小说中的人物生活在小说的国度里，这个国度是一个叙述者与创造者合而为一的世界。英国小说家福斯特在《小说面面观》中指出，小说人物在人生中的五项主要活动：出生、饮食、睡眠、爱情和 死亡等方面，都有不同于真实人物的特点。只要他了解他们透彻入理，只要他们是他的创作物，他就有权要怎么写就怎么写。这就说明，小说人物由于是作者展开想象、通过虚构创造的，因此，他不同于生活中的真实人物。学习小说写作，不能不首先明白这个问题。

2. 小说人物与作者自我之间是一种既矛盾又统一的关系

莫泊桑在《谈小说创作》中告诉我们，作者写的不管是什么人物，"我们所表现的终究是我们自己"[3]。同时，作者根据自己的艺术构思塑造着人物，但人物却对作者保持

---

[1]〔法〕巴尔扎克：《谈文学与生活》，见段宝林：《西方古典作家谈文艺创作》，春风文艺出版社，1980年版，第332页。

[2] 鲁迅：《南腔北调集》，人民文学出版社，1980年版，第102页。

[3]〔法〕莫泊桑：《谈小说创作》，见段宝林：《西方古典作家谈文艺创作》，1980年版，第610页。

着相对的独立性；作者三番五次地进行艺术构思，修改自己的人物性格，要人物活起来，站起来，使人物既是典型的，又是个性的；人物性格一旦形成，一旦活起来，站起来，他就要顽强地按照他的社会地位、生活环境、思想性格、个人气质来思考，说话，做事，行动，抒发内心情绪。这时候，他常常要跟他的作者发生争执，提醒作者应该怎样描写他。在这样的情况下，作者的笔就只好顺着人物自身的行动进行写作。当然，这种情况是只有在进行认真、深刻的艺术构思后才会出现的，草率从事是写不出真正的小说人物的。

（二）以人物为本位，精心组织故事情节

老舍先生说："大多数的小说里都有一个故事，所以我们想要写小说，似乎也该先找个故事。找什么样子的故事呢？从我们读过的小说来看，什么故事都可以用。恋爱的故事，冒险的故事固然可以利用，就是说鬼说狐也可以。故事多得很，我们无须发愁。不过，在说鬼狐的故事里，自古至今都是把鬼狐处理得像活人；即使专以恐怖为目的，作者想要恐吓的也还是人。假若有人写一本书，专说狐的生长与习惯，而与人无关，那便成为狐的研究报告，而成不了说狐的故事了。由此可见，小说是人类对自己的关心，是人类社会的自觉，是人类生活经验的纪录。"[1]

情节是小说的基本要素之一，是指小说中体现矛盾冲突、表现人物关系、展示人物性格的一系列生活事件。它是从大量的日常生活事件中提炼出来、由人物与人物之间形成的具体事件和矛盾冲突所构成，借以展示人物的性格和表现作品的主题。环境是小说情节发生、发展所处的时间和空间。既包含具体的场合、情境、生活氛围等小环境，也包括历史背景、时代背景、社会背景等大环境。在小说创作中，首要的是对艺术形象在特定情境下的场合、氛围，即小环境的精心描写。大环境在具体的创作中并非无时不在，但更多的时候是作为幕后背景来体现的。

人物、情节和环境是小说的三要素。正因为具备了这些要素，小说才得以从寓言、史传中脱颖而出，发展成为一种独立的文学样式。在具体处理这三个要素时，有时不免有所侧重：或侧重于情节，或侧重于结构，或侧重于环境，于是就衍化为情节小说、性格小说、意识流小说、氛围小说等。但无论哪种小说，情节都是必不可少的。近现代作家写小说，情节设置上一般呈现出两种倾向：强化或淡化。前者常常利用尖锐的、惊险离奇的情节来表现人物性格，作者往往把人物放在尖锐、严酷的矛盾斗争中加以磨炼和考验，造成紧张、激烈、大起大落的气氛和戏剧性的高潮。这类小说，好处是吸引人，扣人心弦。缺点是过分强调巧合，多少丧失了一些真实感，让人看了觉得太"戏"了。有时候过分强调情节，也会使人物性格难以表现。而后者，不写那么多的巧合、偶然、生死矛盾、巨大的悬念，而是力求写生活本身的丰富多彩、平凡朴实，写平凡中的意义。如孙犁的《荷花淀》，作者本来是写打仗，但却把注意力放在了白洋淀水乡美丽自然景物和水乡妇女之美的描写上。情节淡化的小说，其好处是保持了生活的自然本色，但处理不好，很容易写得松散乏味。

---

[1] 老舍：《怎样写小说》，见《文史杂志》，1941年第1期。

严格说来,强化和淡化只是不同作者在美学追求上的不同,并不决定作品的质量。无论强化还是淡化,情节都应该做到真实、生动、写出人物性格,展示一定的社会生活内容。虚假的、老掉牙的故事,谁也不愿意去看。

小说写作中,常见的提炼情节方法有以下几种。

1. 依据主干,充实血肉

作者在生活中发现某一事件,这事件比较完整,又有一定的意义。作者对这样的事件往往不作大的改动,而是充分调动自己的积累,来充实、丰富这一事件。如王蒙谈到《说客盈门》时曾指出,这篇小说的故事梗概就是听来的,"为了解雇一个工人,或是为了处分一个工人,在短短几天内就有200多人来当说客"。作者写作时,只是把说客的人数改为199个,故事梗概并没有作什么改动,而是充分调动自己的生活积累,使这个故事情节充实、丰满。

短篇小说写事件通常只以一个主要生活事件为主干,情节单纯;写场景,简洁、集中;写人物,集中写好一两个人物。在刻画人物性格方面,着重描写富有特征的精神品质、心理状态,而不是去描写人物性格的发展。譬如,奥地利小说家斯蒂芬·茨威格的短篇小说《看不见的收藏》,只是展现了一个生活场面,写一个盲人艺术品收藏家,花了60年的心血,搜集了一批世界名画。这些画成为他晚年生命的希望,欢乐的源泉。老人每天拿出画册,凭借手的触觉欣赏它。尽管老人家境窘迫,生活贫寒,他绝对不愿意出售画册,让艺术珍品落到牟利的古玩商手中。但在战后通货膨胀,举家受饥饿胁迫的情况下,家人忍痛瞒着他一张又一张地拍卖了这些名画,换上一些粗劣的仿制品和空白纸。突然一天,柏林的一个古玩商抱着收购珍品的目的来拜访他。老人把古玩商当作知音,邀他一起欣赏画册。这引起了全家的惊惧,唯恐秘密被揭穿,刺激了老人的精神。于是,家人征得古玩商的同意,严守秘密,由他陪伴老人欣赏画册。老人拿出他看不见的收藏品,兴奋地翻动起来,用灵敏的双手触摸每一幅已被他铭刻在脑中的画面,充满激情地给古玩商品评起来。中间,老人似有察觉,多次怀疑画册中掺进了赝品,但却由古玩商巧妙地掩饰过去了。古玩商受到老人那种高度热爱人类艺术珍品的精神感召,羞愧与伤感交加,但又不得不帮助老人全家对他进行了一次虔诚的欺骗。临走,老人为了感激赏识他的收藏品的古玩商,提议他死后全部画册的出售权委托给古玩商。

这篇小说,写的是第一次世界大战结束不久,德国社会生活中的一个小小的悲剧,但却是令人心酸的悲剧。在一场虔诚的欺骗中,欺骗者是那样的惶恐不安,痛心疾首,羞愧自惭,而老人却不知受骗,还沉浸、陶醉于看不见的收藏品之中。作者用这种对比的手法,抒写了老人的内心世界,赞美了他对人类精神产品所抱有的巨大热情。

2. 改头换面,更置关键

作者在生活中见到或听到某个故事,觉得这个故事很有意思,但某个具体环节还不够理想,于是把这个故事稍加改动,果戈理的《外套》的创作就是这样。有一次,果戈理和一些朋友闲谈,听到一个笑话,一个穷苦的小官吏,酷爱打鸟,他节衣缩食,积蓄了200个卢布,买了一支很好的猎枪。可他第一次坐船出去打猎时,猎枪就被芦苇挡住,掉在了水里。他十分痛心,回家就病倒了。后来幸亏同僚们凑钱买了一支猎枪送给他,才救了他一命。果戈理后来写《外套》，利用这个笑话，把猎枪改为外套这一生活必需品，把小官吏的命运改为一个悲剧，从而使故事情节更加真实、典型和具有思想意义。

3. 移花接木，糅合综合

作者将听到或看到的许多不同时间、不同地点的人物、事件，通过加工、改造，将它们综合成一个有机的整体。有一个作者在不同时间里听到了两个故事，都很有意思。一个是某地有一个老汉，在拉脚（替人拉货）回来的路上在平板车上睡着了，拉车的毛驴尾随着前面的一辆驴车进了火葬场。老汉醒后十分恼怒，把毛驴暴打一顿，但当他弯腰收拾东西准备回家时，被惊恐的毛驴一脚踢在前额上，当场死亡，结果真的被火化了。第二件事是有一个老兽医医术很高，有很多独到之处。说他治牲口脱胯，既不要针药，也不用推拿，而是站在牲口斜对面突然一鞭，牲口重心后压，借助自身的力量就可以使骨头自行复位。这两个故事本来风马牛不相及，但作者把这两件事情加以改造、综合，便写出了短篇小说《卖驴》。写老汉把驴打脱臼，准备卖掉它，恰逢兽医治好了。

4. 意料之外，情理之中

世界艺术大师卓别林有一句名言："我总是力图以新的方法来创造意想不到的东西。假如我相信观众预料我会在街上走，那我便跳上一辆马车去。"这就告诉我们，故事情节要"出其不意"，这是第一步。但更重要的，是所叙述的情节，必须在情理之中。所谓情理之中，是指这种"出其不意"，与小说中人物性格的发展合拍，合乎客观规律，合乎生活逻辑。它不是荒诞的，不是臆造的。既曲折离奇，又理所当然。

美国作家欧·亨利的《麦琪的礼物》，就非常巧妙地做到了这一点。小说叙述圣诞节这一天，一对恩爱夫妇准备互赠礼物，并都想买件使对方意想不到的东西。妻子看到丈夫有个祖传的金表，但没有表链，就剪掉自己最珍爱的金色长发，拿去卖了，并用卖金发的钱去买表链。丈夫呢？看到妻子有一头美丽的金发，但缺少一套适用的名贵梳子，就卖掉自己祖传的、一直伴随在身边的、也是自己格外珍爱的表，用卖表的钱买了一套美丽华贵的梳子。结果两人一碰面，丈夫拿着妻子送的新表链，表没有了；妻子拿着丈夫送的一套新梳子，长长的金发没有了！夫妻俩只好凄然相对而笑。在这里，尽管有对故事主人公与读者的"出其不意"，但统统在情理之中。因为他们夫妻的恩爱，超过了对金发、表链的感情。而在"金钱第一"的资本主义世界里，对下层的小人物来说，也只能是这样心酸的结局。

以上是常用的几种编织故事情节的方法。无论用什么方法，关键是处理好人物与情节的关系，好的情节，应该是人物性格发展的历史。

（三）根据内容，安排好小说的结构

小说的结构，是指小说中局部与局部、局部与整体之间的关系。具体来说，就是情节和事件在作品中的安排次序、地位，就是各个人物之间，人物与作品之间的关系。这种人物、事件、情节在作品中安排的次序和地位，就构成了一篇小说的结构。作为典型的叙事性体裁，小说对结构的要求较之散文、戏剧和叙事诗要高。而且由于各类小说对结构的要求在叙事容量上或叙述方法上的差异，也会导致它们在艺术结构方面的若干区别。大体来说，小说的结构方式有以下几种。

1. 情节结构

情节结构以事件的发生、发展为结构线，小说的展开完全依据事件之间的因果关系，事件的发生往往表现为一系列的因果链，承上启下，环环相扣，关系紧密。情节结构的展开一般有开头、发展、高潮与结局，有的还有序幕与尾声。这是短篇小说最基本的一种结构方式。

这种方式也叫线状结构，就是各个情节组成部分按时间的自然顺序、事件的因果关系顺序连接起来，呈线状延展，由始而终，由头至尾，由开端到结局，一步步向前发展，虽然有时用倒叙、插叙和补叙，但并不改变整个情节的线式格局。线状结构有单线式和复线式之分。单线式结构是指构成小说情节的线索只有一条。情节单纯，线索明晰，小说自始至终围绕中心人物展开有头有尾的情节，使主题在完整的情节描写和人物刻画中表现出来，这是中国小说创作的传统的结构形式。这种形式，也在目前的中外小说创作中广泛使用。美国作家科尔曼的社会问题小说《克莱默夫妇》提出了西方社会存在的"家庭崩溃"的社会问题，引起了广大读者的关注，成为畅销书，其主要情节线索只有一条，结构形式也是单线型的。

复线式结构根据情节线之间的关系又可分为三种：一是主副线式，即两条或两条以上的情节线索分主次，交叉共进。二是交叉式，即两条或两条以上的情节线索难分主次，交叉共进。三是平行式，即有两条难分主次的情节线索，但并不交叉，而是呈平行状态，并通过某些人物或事件造成两条线索之间的联系。情节的线状结构，在西方小说中一般呈现为直线运动，其情节结局往往是毁灭性的。在长篇小说中，这种复线式结构由于两条线索同时展开，使小说反映的生活内容可以得到充分的展示，人物形象也会刻画得更丰满，更充分。

2. 散文结构

有人觉得用情节结构，小说显得编造失真了，就极力回避那种奇妙的、戏剧性情节，努力按生活的自然形态来描写生活，于是产生了一种散文似的小说。散文结构摒弃了那种发生、发展、高潮的情节模式，没有常见的紧张集中的情节，也不讲扣人心弦的戏剧效果。看起来只是一些看似零碎的片断，仿佛与日常生活差不多，没有明显的起承转合。如孙犁的《荷花淀》、汪曾祺的《受戒》《大淖纪事》以及日本作家志贺直哉的《到网走去》，都属于这类作品。只不过这类结构的小说写作的难度更大一些，它摒弃了扣人心弦的故事情节，就更需要写得深，写得美，可信，入情入理。它虽然写得开放，随意，但又不能松散，混乱，要有一种整体的有机性。

3. 心理结构

心理结构又称"意识流结构、情绪结构、心态结构、心理分析结构"，它是现代小说的一种新兴的结构方式。如王蒙的《春之声》、茹志鹃的《剪辑错了的故事》。它们不按事物的时空关系或因果关系来安排结构，而是按照人物心理活动的流程来组织材料，通过人物的回忆、联想、闪念、内心独白、幻觉、梦境等内心活动来连缀生活画面。在这种结构里，传统意义上的故事情节看不到了，心理时空代替了物理时空，内心秩序代替了事件秩序。

4. 板块结构

板块结构由几个相对独立的"情节板块"构成。作者描写一个人物或景物后，往往把它放置在一边，又去描写另一个人物或景物，各部分自成一统，有相对独立的情节内容，形成了独立的"情节板块"。板块之间一般没有直接的联系，甚至舍弃了过渡，好像把完全不相干的板块直接组合在一起了。从表面看，往往是分离的、不易理解的。但读完全篇，读者就可以发现，这些小说内部是互为联系，相辅相成，彼此烘托，合成一体的。有一个无形的内在的思想线索把一个个板块连接起来。如史铁生《我的遥远的清平湾》、张石山的《互不关联的四个故事》。还有美国作家亨利·斯莱萨的小说《……以后》，它是反映核战争恐怖，谈世界进行核大战以后的情况。《……以后》共分四段：博士、律师、商人、酋长。这博士、律师、商人、酋长之间毫无联系，似乎风马牛不相及。但博士段讲的是：他原来教"记忆学"，训练学生养成完美的记忆，已出版了6本这方面的专著。可核战争后，他失业了，人们再不要记忆了，核战惨状令人不敢回忆！所以，他只好改教"速成课程"——"如何忘记"。律师段讲的是：过去的杀人犯是要判极刑的，但核战后，人口减少了90%，女人与男人的比例是800∶1，因此，这位男性杀人犯现在的极刑是，与18个女人结婚，使他妻子的总数达到31个。商人段讲的是：原来他以为核战后，人死的多，服饰用品销售量会直线下降，但一个优生学教授对他说，由于原子辐射，变种生育——一个孩子有两个头，已经接近生育总数的65%，所以，包括帽子的服饰用品会逐渐畅销，供不应求。商人也就放心了。酋长段讲的是：几个文明的白种人跑到一个很远的孤零小岛上去躲避原子辐射毒。他们随身带了个仪器——一个开着小口的金属物。凡是有原子辐射毒的人，只要一瞄他，他会发出声响。这些白人与岛上的土著酋长见面后，就用这仪器试验：当时，岛上的土人瞄仪器，仪器不声不响；而白人看仪器，仪器狂呼乱叫。白人大喜，请求留下。可白人进村后，酋长下令把他们杀掉，并与部下吃了他们的肉，结果染上了原子辐射毒，再瞄仪器，仪器便响起来。从此原子辐射毒在哪儿也不能幸免了。这四段无连贯的情节，藕断丝连，以四个不同的荒诞侧面，反映了世界上一些阶层人士在核战争后的心态。

（四）不同风格的语言运用

小说的语言，大体上说也必须遵循文学语言的基本要求，如生动、形象、真实、准确等。但作为一种特殊文体，就像诗歌、散文、戏剧一样，小说又有自己的语言特征。

1. 小说语言有自己独特的内容构成

（1）小说文本的叙述语言。它包括文本的描写、说明、抒情、议论、阐释、交代等各种叙述方式的语言。简言之，就是除小说人物语言之外的所有语言。叙述语言在小说作品中的作用是多方面的，主要是交代情节，点明故事发生的时间、地点和人物概况，在故事演进过程中起向导作用。

叙述语言就是叙述人语言，它提供人物语言所不能提供的作品内容，把作品根据一定的意图充实，连续和组织为统一的艺术整体。需要注意的是"叙述人"不完全等同于现实生活中的作者本人，而是作者安排在作品中的一个不同于作品中事件参与者的视点。总的说来，这个视点由于不参与事件过程而取得了一个旁观者的优越地位，得以提供更多的东西。但在实际作品中，叙述人视点不是千篇一律的。在第一人称作品中，叙述人同时又是作品事件的参与者之一，因此而造成了这个视点的两个特点：首先，这个人物作为叙述人不同于参与者。他不仅能够同作品中的其他人物对话或独白而影响事件过程，同时，又可以离开作品环境面向读者进行描述和评价。这双重身份增加了这个人物的"透明度"，比作品中其他人物同读者的距离更近，更易于理解。其次，参与者与叙述着合一造成了叙述人视点的限制，不可能叙述这个作品人物不知道的内容，除非猜测或被告知，否则，他便不能描述他人的心理或没有参与的事件。这种限制造成了叙述人视角的单一和主观性，如同绘画中的焦点透视方法，具有身临其境般逼真的感觉效果。第三人称作品中叙述人可以不受特定视角的限制，成为无所不知的人，给了作者的叙述以充分的自由。因此，第三人称作品中的叙述人可以从全方位多角度多层次地展开叙述，构成丰富多彩的全景式画面。

叙述语言是小说语言区别于其他文学体裁语言的重要途径，如果作者本人就是叙述者，就必须考虑虚构人物和情节，而淡化外在的真实。诗歌、散文可以不虚构、可以淡化人物和情节。小说中的人物虽然有些是真实人物，但也是通过作者的第二次塑造所产生的艺术人物，并非同真实人物合二为一。诗歌和戏剧的语言都富有音乐性和抒情性，而小说和散文的语言同日常生活中人们的口语十分接近，表达起来十分自由，便于细致地描写。

叙述语言的笔调同所写的内容和倾向应该是一致的。《阿Q正传》整篇的笔调都是幽默的——是一种辛酸讽刺的幽默笔调。比如，鲁迅就通过一段关于立传的叙述，强调了阿Q这个人物的典型性。此外，《阿Q正传》的叙述语言还常常涉笔成趣，用极简练的语言把一个个场面写得极为生动。阿Q被王胡打了一顿之后气不过，恰好碰上个小尼姑，便去欺侮她。文中，作者把小尼姑被辱的羞愧、阿Q的十分得意、酒店里人们的九分得意，都写得跃然纸上。这是点评式叙述，说出的是作者的褒贬爱憎。

（2）小说中的人物语言。它包括人物的对话、独白等。人物语言的功能主要体现在能否恰到好处地表现出人物的特定性格与性情变化。古人云"言为心声"，好的出色的语言描写，不仅能交代故事情节，而且还能再现人物动作情态，揭示人物的思想性格。鲁迅在《〈穷人〉小引》中很推崇俄国作家陀思妥耶夫斯基的语言描写技巧，说他写人物："几乎无须描写外貌，只要以语言、声音，就不独将他们的思想和感情，更是面目和身体也表示着。"[1] 在另一篇文章中他还说："《水浒》和《红楼梦》的有些地方，是能使读者由说话看出人物来的。"[2]《史记》里纪传中的人物语言描写就充分显示了司马迁的才能，在《项羽本纪》里有一段楚汉相争胜负未决时项羽和刘邦的一段对话："当是时，

---

[1] 鲁迅：《集外集》，人民文学出版社，1973年版，第91页。

[2] 鲁迅：《鲁迅杂文精选》，黑龙江人民出版社，2005年版，第292页。

彭越数反梁地，楚绝粮食，项王患之，为高俎，置太公其上，告汉王曰：'今不及下，吾烹太公。'汉王曰：'吾与项羽俱北面受命于怀王，曰约为兄弟。吾翁即若翁，必欲烹而翁，则幸分我一杯羹。'项王怒，欲杀之。"这段对话，极富个性化，并符合具体的语言环境。二人是截然不同的性格，刘邦阴险狡猾，项羽急躁残暴。并且，当时项羽后方不稳，军事上力图速战速决；刘邦则后方稳固，但兵力不强，适合长久作战，以待项羽兵力消耗。所以才有上述对话。

2. 小说语言运用具有自己的功能要求

不同文体对语言有不同的要求，小说也是这样。这主要有以下三点：

（1）描写环境。小说语言要显示其渲染特征和表现氛围的作用。不论是描写自然环境，还是描写社会环境，手法都是多种多样的。可以作静态描写，也可以作动态描写，可以直接描写，也可以间接描写。

（2）刻画人物。小说语言要符合并且尽量突出其性格特征。鲁迅先生在刻画人物时，小说语言的出色运用就堪称一绝。比如，阿Q从城里发了点不干不净的小财回到未庄后，到酒店去买酒喝。"他走进柜台，从腰间伸出手来，满把是银的和铜的，在柜上一扔说，'现钱！打酒来！'"[1] 一个"扔"字就写出了阿Q的得意与神气。

（3）细节描写。小说语言要精确传神。小说人物的个性特征需要通过真实的细节描写体现出来。细节描写是刻画人物性格、揭示人物内心世界、表现人物细微复杂的感情以及点化人物关系、暗示人物身份与处境等最重要的方法。它是最生动、最有表现力的手法，往往可以用极精彩的笔墨将人物的真善美和假丑恶和盘托出，让读者欣赏评价。真实的典型的细节首先是行动方面的，也可以是语言方面的，或者是心理活动方面的，以及其他方面的。作家刘真从创作中体会到："作品中的细节，就像活人身上的细胞，是艺术作品的灵魂，所谓作品的高度、深度，是由它的细部来决定的。"[2] 例如，茹志鹃的《百合花》就运用细节描写两次写了通讯员枪筒里插的树枝，从而前呼后应地把通讯员天真、纯朴以及面对战争不紧张等热爱生活、热爱自然的品性活生生地写了出来。此外，通讯员肩上撕了个大破洞，新媳妇准备给他缝，通讯员却不肯，以及通讯员牺牲后新媳妇一针一针地缝他衣肩上的那个破洞等细节描写，都表现了新媳妇对通讯员的牺牲而无比悲痛的深厚的军民鱼水情。细节描写要真实。一个作家在他的长篇小说里，为了表现一个绝望的诗人如何想同文坛决裂，就说他把每天收到的各种杂志报纸拆都不拆就扔到厕所的马桶里放水冲掉——现实中能找到那种可以把成堆的杂志都冲掉的马桶吗？这种不真实的细节严重损害了小说的思想内容。

---

[1] 鲁迅：《阿Q正传》，见《鲁迅经典小说选》，海南出版社，2004年版，第135页。

[2] 陈振林：《从细节着手向深处挖掘——如何让小小说凸显亮点》，见《阅读与写作》，2011年第5期。

【文选】

喜鹊登枝

高沧海

初二,媒人递信儿说,初六大李庄要来人。

我爹当然知道大李庄来人事关重大。

但我爹是个疲塌(疲沓)主儿,初六,还早着哩!

我爹手搭凉棚看天,这日头也是个贫命,你就是这天上的皇帝佬,何不坐床上,喝一碗玉米糊糊肉沫粥,再喝一碗红糖水冲鸡蛋花,穿大袍子蹬皮鞋,不忘提瓶好酒,比如沂河白干,慢慢来上天,没人会嫌你懒,偏偏急三火四,让人一睁眼它就挂天上好几竿子高,容不得人好好喝一碗玉米糊糊粥。我娘催我爹,日子定了,那就按媒人说的来,快去他姑家和他奶奶家拉几口缸顶数,问问肖大家里的,把她家的猪赶到咱圈里来,还有,豆地里的草该比豆还高了。

我爹捧住脑袋,你烦不,还让人好好吃饭不,糊糊粥,糊糊粥,啥时能见天喝上碗红糖水冲鸡蛋花。

红糖水冲鸡蛋花是我们这里待客的最高规格,得是贵客上门。

即将来的大李庄女女家,就是贵客。

大李庄的女女家相中了我哥,我哥当兵去新疆了。女方家上门来访是我们这里的规矩,人家金疙瘩银疙瘩的女女将来要在这里生活一辈子,一个锅里摸勺子的是什么样的人,走什么样的街,住什么样的屋,父母兄长都要一一把脉。看中人在相亲的过程里只占了三分,看看家庭是否安康富足和睦,又占三分。有了这六分,女方家便可坦然喝下男方准备好的红糖水冲鸡蛋花,高声说笑,谈婚论嫁,皆大欢喜。否则,人家会抬头看天说,日头高咧,田里的草要锄咧,圈里的猪要喂咧。恁桌上的红糖水冲鸡蛋花怎样地鲜艳夺目,香气扑鼻,人家眼皮也不抬,迈脚就告辞,不管媒人的一脸灰。亲事到这份儿上,十分里六分清零,基本就算黄了。

我娘对我爹说,等事都办妥了,初六那天,有你喝的。

我爹说,到他姑家到他奶奶家,就这几脚路,缸盆那啥的,我一霎儿就办得,回头遇上肖大家的,我给她说说,我只给她一说借她家的猪使使,一说就中。

我爹说,才喝了一碗玉米糊糊粥,清肠寡肚的,好难受,我喝口酒,喝口酒耍耍它。

爹喝了酒,一头栽炕上,直睡到红日西沉。

初三,我爹把最后一口酒倒进肚里,用筷子从已空了的咸鸭蛋壳里掏了三掏,又舔了一嘴后,大门响了。

天哪,大李庄的贵客来了,大李庄的贵客,提前来了。

大李庄的贵客在堂屋里转了一圈,我娘挣扎着从黑乎塌塌的床上抬起身来,为首的贵客伸出双手握住我娘的手说,大嫂,你身体不好,莫起来。

没有传说里的十口大缸,每口缸里都装着满当当的粮食,没有画着喜鹊登枝的红塑料壳绿塑料壳暖瓶，没有镶着红梅花的茶壶茶杯，更别提缝纫机收音机了，油星麻花的小方桌上，只有倒着的一个破酒盅，一个掏空的鸭蛋壳。喝得歪歪扭扭的我爹扶着门框说，不对，日子不对咧。

贵客们交换一下眼神，来到院子里，猪圈里没有传说中的肥猪，也没有成群的猪崽儿。

我奶奶听说贵客来了，举着包红糖风一样赶到我家。贵客站在猪圈边拱手说，老人家，日头高咧，田里的草要锄咧，圈里的猪要喂咧，告辞。

白花花的太阳照着猪圈上的茅草，照着猪圈边儿上的一卷儿钱，是钱，真真切切的钱，我爹即便站在十步开外闭上眼都能嗅到钱的味道，他捡起来，一时通往村外那条路上风起土涌的都是我爹变了腔调的喊声，钱，大李庄的钱，大李庄的钱掉了！

大李庄的贵客很镇定，为首的贵客淡淡地摆摆手，说他们谁也没掉钱。

我爹说，可是，可是……

贵客说，回了。

我爹蹲在猪圈边抱着头，二十块钱哪，小学校里的邱麻子邱校长一月才使多少钱。我爹仰起脸，他闭上眼睛，一手儿沂河老白干，一手儿红糖水冲鸡蛋花，神仙呀！

我爹笑了，我爹攥着钱，又呜呜地哭了。

我爹用我奶奶拿来的那包红糖冲了三碗鸡蛋花儿，他一碗娘一碗我一碗。爹一气儿喝光了那碗鸡蛋花儿，一抹嘴，出去了。

爹用那二十块钱，买回来两头小猪崽。

两年后，正如媒人说的那样，我家每口缸里都装着满当当的粮食，有画着喜鹊登枝的红塑料壳绿塑料壳暖瓶，有镶着红梅花的茶壶茶杯，肥猪满圈也就罢了，更重要的是，还有一台让人看不够爱不够的电视机。

大李庄的女女嫁过来了。

我哥悄悄说，女女她爹一高兴没留住嘴，如果爹那天捡了钱，没有追出来，这亲事就算黄了；即便追出来，却又买了酒吃，这亲事也算黄。女婿家穷，倒不是最要紧，要紧的是人不能落了价儿。

——选自微型小说选刊：《2017年中国微型小说精选》，长江文艺出版社，2018年版

第二十三章　戏剧文学

一、戏剧文学的含义和特点

（一）戏剧文学的含义

戏剧是指以语言、动作、舞蹈、音乐、木偶等形式达到叙事目的的舞台表演艺术的总称。其中心是演员的表演，围绕着演员的表演，戏剧包含着文学因素（剧本）、音乐因素（音乐伴奏、音响效果及戏曲、歌剧中唱腔等）、美术因素（布景、灯光、舞台布景）、舞蹈因素（演员优美的动作、姿态）等多种因素。因此，戏剧是一种融合文学、音乐、舞蹈、绘画、雕刻、建筑等各种艺术手段来共同塑造戏剧形象的综合性艺术。

戏剧文学是由剧作家创作出来的供戏剧舞台演出用的文学剧本（也称台本、脚本），它是"一剧之本"，是一种与小说、散文、诗歌并列的文学体裁。文学剧本直接为演出服务，一般是用人物对话、唱词和舞台说明的形式写成。它和小说一样，也是通过典型人物、典型环境和典型情节三者的有机结合来反映社会生活，表现主题思想。但是，由于受舞台条件和演出时间的限制，戏剧文学还必须适应舞台演出的要求。早期的戏剧文学相对比较简陋粗糙，一般只用提纲式的扼要说明，但随着戏剧理论的不断发展与成熟，戏剧文学创作逐渐走上了文学化的道路，使用优美的语言叙述故事，用文学的手段来刻画人物，使戏剧文学的可读性和文学韵味得到了明显的加强。

（二）戏剧文学的特点

戏剧文学是供戏剧舞台演出的蓝本，由于受到舞台特定条件的限制，具有不同于其他文学样式的一些特点。主要表现在以下几个方面。

1. 强烈的戏剧冲突性

戏剧冲突是戏剧文学的生命，是戏剧文学最本质的特征，也是戏剧震撼人、吸引人的地方，可以说没有冲突就没有戏剧。什么是戏剧冲突呢？戏剧冲突是社会生活中矛盾的反映。人是社会生活的主体与主宰，因而，戏剧冲突主要表现在剧中人与人之间的矛盾冲突以及人物性格自身的内在冲突。戏剧冲突不是生活矛盾的简单照搬，也不是任何生活矛盾都能构成戏剧冲突的。戏剧冲突是剧作家对生活中的矛盾进行选择、提炼、集中概括和艺术加工的结果，是最能展示人物性格、人物关系，反映社会生活本质、高度典型化了的矛盾冲突。这种冲突既可以是人物与人物之间的直接冲突，像《雷雨》中繁漪与周朴园、鲁侍萍与周朴园之间的冲突；也可以是外部冲突，像契诃夫的《三姐妹》

那样是三姐妹与庸俗的小市民社会生活环境的冲突，还可以是内部冲突，像《哈姆雷特》中哈姆雷特自身犹豫、焦灼的内心冲突。

戏剧文学表现强烈的矛盾冲突性还要求尽可能地紧张和集中。因为戏剧文学受舞台空间和演出时间的双重制约，需要在有限的时间和空间内反映深刻的生活内容，刻画性格鲜明突出的人物形象，造成强烈的艺术效果，必须具有紧张而集中的矛盾冲突，只有这样，才能紧紧吸引住观众，继而感染观众。如果矛盾冲突不紧张，不集中，松散、拖沓，势必会降低单位时间内的戏剧容量，造成观众兴趣下降。

2. 人物、事件和场景的高度集中化

由于受舞台空间和演出时间的限制，戏剧文学具有高度集中性的特点。

戏剧文学的高度集中主要体现在人物及其相互间关系的集中、故事情节的集中、矛盾冲突的集中和人物活动场景的集中等几个方面：

（1）人物及其相互间关系的集中：在戏剧中，人物过多，不仅会分散笔力，影响主要人物的刻画，甚至还会造成舞台的拥挤，导致人物关系的混乱，扰乱观众的注意力。人物的集中，一方面要求人物数量要少，关系要清晰，而且人物的性格展示要快、要突出。

（2）故事情节的集中：戏剧的情节是体现戏剧冲突的，由开端、发展、高潮、结局几个基本部分构成。有的多幕剧在开端的前后有序幕，在结局的后面还有尾声，情况不一。所谓情节的集中，就是一个故事一经开端，就要想方设法引导其发展，尽快进入高潮，继而得以解决。

（3）矛盾冲突的集中：戏剧受演出时间的限制，不能像小说那样从容不迫多方面地展开生活中的矛盾冲突。戏剧文学的矛盾必须集中、激烈，给人以高潮迭起的感觉。

（4）人物活动场景的集中：戏剧不像电影那样可以超越时空地给人物提供自由的活动空间，必须把人物和事件集中到一个或几个场面中来，这就是场面的集中性。

大凡优秀的戏剧文学，都能很好地体现出以上四个方面的集中。如曹禺的《雷雨》，全剧描写的人物不多，但它所反映的矛盾冲突是比较复杂和尖锐的，所反映的社会生活内容是比较深刻的。其中既有周朴园与鲁侍萍、鲁大海之间的矛盾，又有周萍、周冲与鲁四凤之间的爱情纠葛，还有周萍与繁漪之间的暧昧关系，这种种矛盾又与家庭之间的夫妻、父子、兄妹、母子、主仆间的伦理关系交织在一起。剧作家十分巧妙地把所有人物关系和矛盾冲突，压缩在一天一夜之间，场景也只有两个。至于侍萍和周朴园、周萍与繁漪过去的关系、纠葛，以及几十年来的生活变迁，四凤到周家帮佣一年来的情景，矿上工人闹罢工的情况，等等，作者只通过剧中人物的对话作简单的交代，这就造成人物、事件和场景的高度集中性，有利于紧张的戏剧冲突的形成和发展，也产生了良好的戏剧效果。

3. 用人物的言行塑造艺术形象

通过剧中人物的言行来塑造艺术形象，揭示人物性格，表现矛盾冲突，展现思想和主题，这是戏剧文学的又一个特点。高尔基说："剧本（悲剧和喜剧）是最难运用的一种文学形式，其所以难，是因为剧本要求每个剧中人物用自己的语言和行动来表现自己的特征，而不用作者提示"；"剧中人物被创造出来，仅仅是依靠他们的台词，即纯粹的口语，而不是叙述的语言"。[1]

在小说中，除了人物的语言外，作者可以运用叙述语言，通过各种各样的方法，对各种人物和事件作这样或那样的叙述、介绍和评价，还可以借自然界景物和社会环境的描绘来衬托人物的性格。小说的作者好像总是和他所描写的人物在一起，对人物的活动随时给予必要的指示，并暗示读者应该怎样去了解和认识作品中的人物，对他们应该采取怎样的态度，等等。在散文、诗歌中，作家也可以直接抒情和议论。但在戏剧文学中这些都是不允许的，剧作家的感情态度只能通过剧中人物的台词和动作间接地表现出来。剧本中虽有一些简要说明时间、场所、舞台布景、灯光、效果、人物动作、表情、声调、心理状态的文字，但这些只是给导演、演员以及剧本的读者提供一些必要的提示和启发，不同台下观众见面，对观众不起直接作用，它要通过舞台设计和演员表演才能具体体现出来。所以，这部分文字统称为舞台说明，在剧本上一律写在括号里，以表示区别于人物的语言——台词。舞台说明是文学剧本的组成部分，但由于它是一种辅助性的文字，要力求简洁，一般是非写不可的时候才写。除了这些之外，在文学剧本中所余下的就全是人物语言了。

二、戏剧文学的种类

戏剧文学的种类繁多，按不同的标准，从不同的角度可分为不同类型。下面作简要介绍。

（一）根据作品内容的性质以及审美特征，可以分为悲剧、喜剧、正剧

悲剧、喜剧和正剧是戏剧评论中经常运用的概念，而且也作为美学范畴运用于对其他艺术作品的分析，这是最重要最常见的戏剧分类。

（1）悲剧。悲剧有广狭二义之分。广义的悲剧，指一切表现人生痛苦的戏剧；狭义的悲剧即传统文艺理论中所讲的内容严肃、格调崇高，表现正面主人公失败或毁灭的戏剧。悲剧常常展示重大的或具有深刻社会意义的矛盾冲突，表现善恶两种势力激烈斗争，正面主人公因力量悬殊而以失败或毁灭而告终，邪恶势力对善的势力暂时胜利。

（2）喜剧。喜剧最早产生于古希腊祭祀酒神的狂欢舞和滑稽剧，叫"愉快的行列"，以后逐渐形成喜剧这一文学样式。

喜剧的基本特征是引人发笑，它的格调不像悲剧那样严肃、崇高，而是轻快、乐观；它也写冲突，但其冲突不像悲剧那样庄重、壮烈，而是轻松愉快。它往往通过讽刺或嘲笑丑恶落后现象，从而肯定美好、进步的现实或理想为主要内容。喜剧最重要的是要创造喜剧性格，通过巧妙的结构和诙谐的台词，运用夸张的手法和滑稽的形式，产生引人发笑的艺术效果。中国戏曲也有悠久的喜剧传统，随着社会的发展，喜剧的内容也有所变化。它一方面要批评、嘲笑生活中落后和垂死的东西，另一方面则又要肯定与支持新

---

[1]〔苏联〕高尔基：《论剧本》，见《论文学》，人民文学出版社，1978年版，第57～58页。

的事物和先进人物。

（3）正剧。正剧兼有悲、喜剧的因素，又介于悲剧和喜剧之间，所以又称为悲喜剧。在现实生活中，崇高与滑稽、英雄与小丑，有价值的东西与无价值的东西，常常是同时并存而相互斗争的。在大多数情况下，社会生活也并不单纯呈现为悲剧性的或喜剧性的，而是悲中有喜，喜中有悲，悲喜交织。正剧反映生活方面正是超越了悲剧和喜剧的范围，让悲剧中无法解决的矛盾，在正剧中得到解决。因此，混合着悲喜成分，以代表正义的一方取得胜利为结局的正剧，在戏剧舞台上占据了突出的地位。如《刘胡兰》中的刘胡兰，她并不是在冲突中必然遭到毁灭的悲剧人物。她的壮烈牺牲，显示于革命者坚贞不屈的斗争，预示革命事业的必胜。因此，正剧中洋溢的情绪，振奋多于忧愤，欢欣多于悲伤，即使其中的悲剧因素，基调也是悲壮的，而非惨痛的。

（二）依据其表现形式，可以将其分为话剧、歌剧、舞剧、歌舞剧和戏曲

（1）话剧是通过演员的对白来揭示全剧内容的戏剧。我国的话剧起始于五四运动以后。它受欧洲话剧的影响，也继承和发展了我国传统戏剧中的有益成分。

（2）歌剧是以歌唱、音乐为主的戏剧，所以歌剧也称乐剧。但有的歌剧只有歌唱，没有独白和对话，有的则是歌唱、独白和对话三者兼而有之。西洋古典歌剧只有唱歌，没有对话和独白，中国古代的戏曲，是歌舞剧或歌剧。歌剧的唱词像诗歌一样，有韵律，有浓厚的感情色彩，比较宜于表现人物的心理活动。

（3）舞剧是一种把舞蹈、音乐、戏剧三者结合在一起的戏剧艺术。

（4）歌舞剧是一种将诗歌、音乐、舞蹈、戏剧等因素综合在一起，载歌载舞，亦唱亦白的戏剧艺术。它不仅是我国最早的戏剧形式，而且也是我国最有民族特色的艺术形式。

（5）戏曲是我国特有的戏剧形式，它集文学、音乐、舞蹈、美术、武术、杂技以及人物扮演等诸多因素为一体，角色分生、旦、净、丑，表演讲究唱、念、做、打，戏曲剧本一般分"折"或"出"，兼用韵文和散文。

（三）按照戏剧的容量和场次，可以将其分为独幕剧和多幕剧、戏剧小品等

（1）独幕剧是独成一幕的短剧。它的容量较小，把全剧情节集中在一幕中来表现，类似于小说中的短篇。它的人物较少，情节也比较简单，往往通过一个集中的生活片断反映具有重大意义的主题，表现尖锐的矛盾冲突。

（2）多幕剧是大型的戏剧。它的容量较大，剧情较复杂，同长篇小说一样，篇幅长，可以容纳更多的人物，可以有比较复杂的故事情节。它分幕分场，能够通过换幕来表现时间的间隔和空间的转移。因此，多幕剧能够反映更广阔的社会生活。

（3）戏剧小品是随着现代生活方式的改变和电视媒体的介入，在我国兴起的一种新的戏剧艺术形式。它原来是戏剧院校培训和考核表演、导演人员的一种"表演练习"和"教学小品"。从20世纪80年代起，经过戏剧和影视艺术家的精心改造和电视媒介的传播及倡导，它逐渐地从"教学小品"的母体里脱颖而出，又与人们熟悉的独幕剧拉开了距离，形成了一种崭新的独立的戏剧样式——"表演性、比赛性小品"。它不同于独幕剧，

它仅仅截取生活的一个片断,只叙述一个单一事件,一两个演员只用很少的修辞性和道具烘托性的表演,突出人物鲜明的个性特征,机智地展示某种生活情趣。这个戏剧品种,造就了像陈佩斯、赵本山、赵丽蓉、黄宏、郭达、潘长江等一大批小品明星,出现了诸如《超生游击队》《过河》《红高粱模特队》《昨天·今天·明天》《火炬手》《不差钱》等一大批脍炙人口的戏剧小品名篇。

此外,还有以题材的时代为依据,把戏剧分为情节剧、社会问题剧、心理剧、纪实剧和历史剧;或者以地域特色为标准,分为京剧、越剧、豫剧、川剧、粤剧,等等。

三、戏剧文学的写作

(一)精心选择好戏剧题材

戏剧题材是剧作者从客观现实生活中或历史资料中选择出来构成戏剧作品的原始材料,是剧作者用以构成剧本的具体素材。选择戏剧题材主要注意以下几点:

(1)选择作者最熟悉、感受最深刻、认识最透彻的题材。一知半解、不太熟悉的生活素材是不可能构成好剧本的。那种以浮光掠影的方式得来的材料是不可能写出好剧本的。古往今来的好剧本都是作者长期深入生活所积累的经验和体会的结晶。

(2)选择当前观众所关心所欢迎的题材。戏剧历来是最群众化的艺术,是最能迅速及时地反映群众思想感情的艺术;没有观众就不称其为戏剧。因此,剧作者必须把观众时时刻刻记在心里。自古以来伟大的戏剧家都是最懂得观众心理和要求的艺术家。当然,这不是说剧作家要迎合某些观众的低级趣味或落后要求,而是要懂得观众,引导观众更好地认识世界、认识社会。

(3)要选择符合戏剧规律的题材。戏剧必须用人物自己的语言和行动来表现自己的性格特征和心理活动,所以,戏剧选材要注意必须有性格鲜明的人物形象,而且人物要有很强的动作性,能够通过其动作将自己的性格表现出来。

戏剧要表现激烈的冲突,所以,选材时要选择那些人物行动有发展、性格冲突曲折的人和事。具体说来,应该根据事物矛盾发展的逻辑选择出几个小曲折,逐步发展形成一个大的根本的曲折,反映出事物的大发展,构成一个既单纯而又富于变化的行动过程。

(二)塑造立体化可感的人物形象

(1)用人物行动刻画人物。恩格斯说:"一个人物的性格不仅表现在他做什么,而且表现在他怎样做;从这方面来看,我相信,如果把各个人物用更加对立的方式彼此区别得更鲜明些,剧本的思想内容是不会受到损害的。"[1]在一切文学作品中,人物的行动都是刻画其性格最主要的手段。在戏剧中这一点显得尤其重要,因为动作特别适宜舞台艺术。有时一个鲜明的动作,胜过许多台词,不仅能形象地展示性格,并且能给观众留下不易磨灭的印象。

---

[1] 〔德〕恩格斯:《致斐·拉萨尔》,见《马克思恩格斯选集》(第4卷),1996年版,第316页。

（2）着力揭示人物内心世界。曹禺曾经说："作为一个戏剧创作人员，多年来，我倾心于人物。我总是觉得写戏主要是写'人'；用心思就是用在如何刻画人物这个问题上。而刻画人物，重要的又在于揭示人物的内心世界——思想和感情。人物的动作、发展、结局，都是来源于这一点。"[1]

在戏剧中对于人物的心理描写既不能像小说那样借助于作者抒写或内心剖析，也不能完全指望人物的独白，而是主要通过人物的语言动作来揭示其内心活动。要注意以下几点：

（1）善于把人物投入感情的旋涡，构成人物性格自身的冲突。比如郭沫若的历史剧《蔡文姬》，作者将蔡文姬置于归国途中，承受着感情的煎熬。

（2）善于配置多方面的错综复杂的人物关系，来揭示人物丰富的内心世界。

（3）通过次要人物来烘托主要人物的内心世界。

（三）精心设置戏剧结构

戏剧结构是由情节、场面等戏剧要素构成的戏剧存在形态。由于受时间、空间的严格限制，戏剧文学的艺术结构与其他文学样式相比尤其显得重要。

1. 编织好戏剧情节

戏剧情节是指在作品中人物与人物、人物与环境的各种关系所组成的生活事件、矛盾冲突的发展过程。

戏剧情节是由一个个场面连贯而成的，场面是情节发展的基本单位，情节随着场面的次第转移而不断发展。戏剧情节在作品中的主要作用是为展示人物性格服务，同时，对观众产生吸引力和娱悦作用。所以，在戏剧创作中，既不能忽视情节，又不能单纯地追求情节。忽视情节会使作品缺乏扣人心弦的艺术力量，单纯地追求情节会让情节淹没人物形象，使作品缺乏思想深度。恩格斯曾要求戏剧达到"较大的思想深度和意识到的历史内容，同莎士比亚剧作的情节的生动性和丰富性的完美的融合"[2]。

根据戏剧矛盾冲突的发展进程，一个剧本情节可分为开端、发展、激化（高潮）和解决四个部分。

（1）开端，实质是剧情的起始阶段。它要求简洁而含蓄地在人物行动中把故事发生的时间、地点、人物关系、特定环境交代清楚；人物出场亮相，性格应有初步显现；要提出矛盾，造成悬念，指明剧情发展方向，引起观众兴趣。剧本开端非常重要，因为它的好坏关系到全局的成败；但剧本的开端又相当困难，因为一出戏的开端绝不是事件过程的开头。究竟在哪里开始，先让什么人出场，先展示什么情节，如何追述和交代以前的种种情形，都要反复考虑。

（2）发展，是戏剧冲突进入高潮前的进展阶段，它在全剧中所占分量最大，也是最关键的部分。剧中的主要人物、主要事件、主要矛盾冲突都要在这里展现。一出戏能否

---

[1] 曹禺：《看话剧〈丹心谱〉》，见《曹禺戏剧集·论戏剧》，四川文艺出版社，1985年版，第263页。

[2]〔德〕恩格斯：《致斐·拉萨尔》，见《马克思恩格斯选集》（第4卷），1996年版，第316页。

紧紧吸引观众，戏剧高潮能否自然合理地到来，也决定于这一部分。因此，剧作者必须一方面抓住矛盾双方斗争的发展规律，依据人物性格、层次分明地使矛盾冲突越来越趋于表面化、尖锐化；另一方面，又要使矛盾冲突的发展避免直线上升，而应该有波澜，有起伏，一波未平，一波又起。如此，才能使剧情富于节奏感，牢牢地抓住观众。

（3）高潮，就是矛盾双方经过几个回合的斗争，力量的对比不断发生变化，到最紧张最急剧的白热化程度，也就是决定胜负、成败的转折点。高潮虽然在全剧中只是短暂的一瞬，但这是揭示戏剧冲突思想意义，突现人物思想性格最集中最深刻的地方，也是最激动人心的场面。难怪有人说，一切为了高潮。要写好高潮必须精密布置，善于抑制矛盾的发展，在做好充分准备后，选择最适当时机，让它突然出现。

（4）结尾，高潮过后紧接着就是结尾。结尾应集中交代主要事件的结果，不允许节外生枝，画蛇添足。好的结尾应做到即使观众满足，又留有回味的余地，充分显示作者的思想深度。

2. 运用好编织情节结构的技巧

在戏剧文学的创作中，由于受其审美特征的制约，戏剧文学的情节结构比小说情节更加讲究扣人心弦的冲突内容，更加讲究情节冲突的激烈、曲折的形式，所以，在设置戏剧文学的结构时更强调运用一些创作技巧。

（1）悬念。悬念是观众对戏剧人物命运、戏剧情节变化的一种期待心理。巧妙地制造悬念，能让观众自始至终满怀兴趣地期待情节的发展。悬念是戏剧创作中使情节引人入胜，维持并不断增强观众兴趣的一种主要手法。

戏剧文学创作的悬念运用，主要有期望式悬念和突发式悬念两种类型。

期望式悬念建立在对观众不保密的基础上，它是在观众对人物命运和事态发展有一定预感和了解的情况下所造成的期待；突发式悬念则主要依靠对观众保密，通过使观众大吃一惊来加强戏剧效果，是剧情发展过程中出乎观众意料之外而又在情理之中的复杂情况和险要转折，亦称吃惊或惊奇。

在实际创作中，不同风格的剧本，两种悬念的运用也各不相同。侧重性格描写的，多用期望式悬念；侧重情节的戏剧更多地采用突发式悬念。在实际运用中，往往综合使用，二者相辅相成。一般情况下，作者总是通过期望式悬念维持观众的情绪，又通过突发式悬念造成戏剧情节和观众情绪上的跌宕，从而进一步加强冲突的紧张性。

比如《玩偶之家》，柯洛克斯泰揭发娜拉的那封信投入了信箱，这个戏剧悬念开始紧紧抓住了观众——海尔茂能否看到信？海尔茂看到了信以后如何对待娜拉？接着作者运用一系列情节来不断强化悬念——娜拉想尽办法不让丈夫开信箱，林耐太太去向柯洛克斯泰求情，让他把信收回；娜拉疯狂地跳舞，拖住海尔茂不让他开信箱。这些情节实际上进一步强化了戏剧悬念。直到戏剧高潮出现——海尔茂终于看到信了，他没有保护娜拉，他的自私和虚伪的丑恶本质至此暴露无遗。在这里，易卜生成功地运用了期望式悬念的处理技巧，使整出戏的情节跌宕起伏，高潮迭起，有力地冲击着观众的心灵。

（2）误会与巧合。误会是利用人物对客观事物的错误认识，或是人物处境、性格、气质的差异，造成一种暂时假象，从而产生误会。它是通过偶然的情节来反映事物必然规律的一种构戏手法。

在戏剧文学创作中，误会作为塑造艺术形象的活跃因素或作为艺术技巧而作用于冲突、纠葛、人物、情节等，具有独特的审美品格和审美价值。比如，莎士比亚的《错误的喜剧》，描写一对孪生兄弟——大小安提福勒及他们的一对孪生仆人——大小德洛维奥，均因相貌酷似而闹出了一系列的"误会"。仆人误把主人的兄弟当成自己的主人，女主人又误把丈夫的兄长当成自己的丈夫……直到最后，自幼离别的孪生两兄弟、仆人两兄弟，相聚在一起，"误会"才冰释，矛盾冲突才始得化解。中国古典戏曲中的《风筝误》《李逵负荆》等，也都是堪称妙用"误会"技巧方法的佳作。

巧合也是利用生活中的偶然事件来组合故事情节的另一种技巧。巧合的关键是一个"巧"字，"合"是基本要求，要"合"得既在情理之中，又出人意料之外。"合"得新颖别致，方见其"巧"。王骥德在《曲律杂说》中说："入曲三昧，在'巧'之一字。"杰出的戏剧大师都深谙"巧合"之妙，并能在实际创作中注意妥善处理偶然性与必然性的关系。曹禺在评价"一部《雷雨》全部是巧合"之后，又随即着意强调："明明是巧合，是作者编的，又要让人看戏时觉不出是巧合，相信生活本来就是这样，应该这样。这就要写出生活逻辑的依据以及人物性格、人与人之间关系的必然性来。"[1] 例如，果戈理的讽刺喜剧《钦差大臣》，叙写某小官吏被人们错当成"钦差大臣"的一场笑话。闹出这个大笑话的正在于某种"巧合"——小官吏赫列斯达克夫，恰恰是在该城风闻"钦差大臣即将微服察访"之际路过此地；而且他碰巧也是从首都彼得堡来的。于是乎，他便被惊慌失措、做贼心虚的安东市长及一伙贪官污吏认作那位微服察访的"钦差大臣"而小心侍奉，极尽阿谀逢迎、大肆贿赂之能事，演绎出诸多怪诞滑稽的笑料。

戏剧就是用一些偶然来反映必然，用一些看似巧合的事来构成戏剧情节，正所谓"无巧不成书"。但是，巧合必须合理、自然、有意义。

（3）突转与发现。突转，也称陡转、突变，指剧情向相反方面的突然变化，即由逆境转入顺境，或由顺境转入逆境。它是通过人物命运与内心感情的根本转变来加强戏剧性的一种技法。

发现，指从不知到知的转变，它可以是主人公对自己身份或者与其他人物关系的新发现，也可以是对一些重要事实或无生命实物的发现。在创作实践中，发现通常总是与突转相互联用或者同时出现，剧本往往通过发现来造成剧情的激变。例如，索福克勒斯的《俄狄浦斯王》第四场，俄狄浦斯为了解救城市的苦难，全力以赴查访杀父娶母的罪人，最后由于报信人无意之中透露真情，发现正是自己在无意中犯下了这一罪孽，于是，一个公正贤明的国王成了一个自我放逐的瞎眼乞丐。

在剧本创作中，好的突转场面不光着眼于剧情的跌宕起伏，而且立足于人物刻画，力求通过情节的合情合理的突转写出人物剧烈丰富的心理变化与感情活动。

---

[1] 曹禺：《论〈雷雨〉》，见《人民戏剧》，1979年第3期。

（四）写好台词

台词是戏剧表演中角色所说的话语。是剧作者用以展示剧情、刻画人物、体现主题的主要手段，也是剧本构成的基本成分。

戏剧的台词一般包括对白、独白和旁白。西洋歌剧中的台词以诗体唱词为主；中国戏曲则是韵文体的唱词和散文体的念白的综合运用。戏曲的念白是一种富有音乐性的艺术语言，分为散白、韵白等多种念白形式。对白是剧本中角色间相互的对话，也是戏剧台词的主要形式。独白是角色在舞台上独自说出的台词，是把人物的内心感情和思想直接倾诉给观众的一种艺术手段，往往用于人物内心活动最剧烈最复杂的场面。旁白是角色在舞台上直接说给观众听，而假设不为同台其他人物听见的台词，内容主要是对对方的评价和本人内心活动的披露。台词是塑造人物形象，刻画人物性格的重要手段。在创作过程中要注意以下几点：

（1）台词的个性化。剧本中人物形象的塑造只能依靠人物自己的语言和行动来完成，而且必须在有限的时空里进行，这两个因素对台词的个性化提出了很高的要求。要使台词个性化，首先，必须根据人物的出身、年龄、职业、教养、经历、社会地位以及所处时代等条件，掌握人物的语言特征。力戒千部一腔、千人一面。其次，台词的性格化还要求剧作者牢牢把握人物性格的发展，把握戏剧情境的变化，把握人物错综复杂的相互关系，写出此时此地、此情此景中人物唯一可能说出的话。不仅剧本中不同人物的台词不能相互混淆，就是同一人物在不同戏剧场面中的台词也不能任意调换。实现台词性格化的关键是剧作者熟悉生活、熟悉笔下的人物，并且在写作时深入人物的灵魂深处，设身处地地体会人物的内心感情，揣摩人物表达内心的语言方式与特点。从戏剧人物口中说出的台词，要符合人物的身份、性格、年龄，要符合人物所处的特定的环境。如《超生游击队》中两个人物之间有这样的一段对话——大哥："谁让你不争气来的。"大嫂："就好像都怪俺似的，人家都说生男孩生女孩老爷们儿是关键，你种的茄子能长辣椒吗？"大哥："就你那破盐碱地种啥也不行。"这是典型的农民口语词汇和口语句式构成的个性化语言，它的幽默风趣和个性化特征引发了观众的捧腹大笑。

另外，在不同的环境中，同一个人物的语气措辞，会随着情势心态的变化而变化。如关汉卿杂剧《谢天香》的主人公谢天香是一个妓女，而且是一个有一定文化教养的女子，作者写她在官府钱大尹面前，碍于其特殊的身份，常常是小心谨慎，"文绉绉的施才艺"，说起话来温文典雅；而在钱大尹不在的场合，说话就比较粗俗，骂起人来还用上了"臭尸骸""臭驴蹄"等一些脏话。关汉卿让谢天香在不同的语境中表现出不同的语言风格，正好表现出这个精通多种文艺，熟识三教九流，善于察言观色的官妓的独特个性。

（2）台词的动作性。戏剧是行动的艺术，它必须在有限的舞台演出时间内迅速地展开人物的行动，并使之发生尖锐的冲突，以此揭示人物的思想、性格、感情。这就要求人物台词要服从戏剧行动，具备动作的特性。台词的动作性首先在于它能够推动剧情的进展。剧本中每个角色的语言都应当产生于人物的性格冲突之中，成为人物对冲突的态度与反应的一种表露，并且能够有力地冲击冲突对手的心灵，促使对方采取新的行动更积极地投入冲突，从而把人物关系、戏剧情节不断推向前进。台词的动作性更在于它能够揭示人物丰富复杂的内心活动。一般有两种表现方式，一种是直抒胸臆，一种是"潜台词"。直抒胸臆的人物语言有时通过独白来进行；潜台词包含复杂隐秘的未尽之言与言外之意，它可以具体表现为一语双关、欲言又止、意在言外、言简意赅等多种形式。台词的动作性还在于它能为演员在表演时寻找准确的舞台动作提供基础。戏剧创作的最后完成必须通过舞台演出，因此，人物语言必须考虑到表演艺术创造的需要，使演员在舞台上能动得起来，把角色的内心世界形象地再现在观众面前。

　　戏剧人物的动作包括外部动作和内心动作。内心动作是外部动作的动力，或是内部动作留下的后果。就此而言，只有准确把握好人物的内心动作，外部动作才能具有充分的合理性和表现力。在戏剧表演中，人物语言就是体现人物内心动作的主要手段。对于剧本台词的要求，很重要的一点就是要有动作性，也就是剧中人物的语言要反映他本身的动作、表情和心理变化，能够引起更多的外部的直观动作，为演员在舞台上形体表演创造条件。如《雷雨》第一幕中鲁贵想向女儿四凤要钱花时二人之间的对话：

　　鲁贵：你看，你看，你又急了，急什么？我不跟你要钱。喂，我说，我说的是——（低声）他——不是也不断地塞钱给你么？

　　四凤：（惊讶）他？谁呀？

　　鲁贵：（索性说出来）大少爷。

　　四凤：（红了脸）谁说大少爷给我钱？爸爸，您别又穷疯了，胡说乱道的。

　　……

　　鲁贵：他哪一点对得起我？当大兵，拉包月车，干机器匠，念书上学，哪一行他是好好干过！好容易我荐他到了周家的矿上去，他又跟工头闹起来，把人家打啦。

　　四凤：（小心地）我听说，不是我们老爷先叫矿上的警察开了枪，工人们才动的手吗？

　　鲁贵：反正这孩子混蛋，吃人家的钱粮，就得受人家的管。好好的，要罢工，现在又得靠我这老面子跟老爷求情啦！

　　四凤：您听错了吧。哥哥说他自己要见老爷，不是您求情来的。

　　鲁贵：（得意）可谁教我是他爸爸呢，我不能不管哪。

　　四凤（轻蔑地看着她父亲，叹了一口气）好，您歇歇吧，我要上楼给太太送药去了。（端起药碗向左边饭厅走。）

　　两人尽管说了很多话，牵扯到很多事情，但毫无松散、琐碎的感觉，原因就在于有着人物明显的戏剧动作贯穿于其间。鲁贵是一心想向女儿要钱，为达到这个目的，时而吹嘘自己有能耐，忽而表白自己无贪心，忽而攻击鲁妈没出息，甚至还直接点破女儿与周家大少爷之间的不正当关系。四凤则非常反感，首先是推诿，接着又否认，后来又搬出妈妈和哥哥来吓唬这个不要脸的爸爸，目的就是堵住他的嘴。不料，反而惹得鲁贵大发牢骚，又说出了鲁妈以前的某些遭遇以及鲁大海正在周家矿上"闹事"的情况。这时的每一句对话，都是他们企图打动对方或是压倒对方的具体行动的有机部分，同时又起到了展开剧情、引发冲突的作用。

（3）台词的口语化和含蓄性。由于戏剧是在舞台上演出的，观众主要通过剧中人物的语言来了解剧情，理解人物的思想感情，不过要使观众清楚明了地看懂剧情，理解人物，接受剧作者对生活的解释，这就要求台词必须明白浅显，通俗易懂，具有可听性和口语化的特点。口语化使台词富于生活气息，亲切自然。民间语言如成语、谚语、歇后语，乃至俚语的适当运用，有助于戏剧语言的口语化。在注意口语化的同时，也需要注意语言的规范化和纯洁性，要注意对生活语言的提炼、加工，使之成为形象生动的艺术语言。戏剧文学中的台词口语化，要演员便于"上口"，观众听来"入耳"。但是这些明白动听的语言又充满了含蓄的潜台词，它能给观众和读者留下展开丰富想象的余地。在《玩偶之家》的高潮，海尔茂说："娜拉，我愿意为你日夜工作，我愿意为你受穷受苦。可是男人不能为他爱的女人牺牲自己的名誉。"娜拉回答："千千万万的女人都为男人牺牲过名誉。"这一句话既简洁又含意深远。娜拉的语言不是在发泄她个人的恼怒，而是点破了他（她）们矛盾产生的根源，家庭冲突升华，扩展为社会冲突，这样的人物语言就是既动听又含蓄的戏剧化人物语言。

（4）台词的诗化。戏剧要在有限的时空条件内通过人物的台词在观众面前树立起鲜明的艺术形象，使观众受到感染，为人物的命运而动心，这就要求台词具有诗的特质、诗的力量。不过台词的诗化并不意味着都要采用诗体，而是要让诗意渗透在人物台词之中。因此，台词必须感情充沛，富于感染力；形象鲜明，富有表现力；精练、含蓄，力求用最简洁、最浓缩的词句来表达丰富的内容与深远的意境。

（五）写好舞台说明

舞台说明又叫提示语，它包括剧本的布景说明、人物介绍和舞台提示等。除人物表情外，其他说明性语言一般都使用括号圈定。这些说明性语言是为了给导演、演员以必要的提示和启发，是塑造戏剧人物形象、表现戏剧主题的一种辅助性手段。但它不同观众见面，对观众不起直接作用。根据舞台说明内容、形式和作用的不同，可将其分成三种类型：

（1）布景说明。对舞台美术（如灯光、布景、道具）、环境（时间、地点、景物）、音响效果等所做的说明介绍。在剧本中常用半个方括号标示。这类舞台说明对故事所反映的背景、自然和社会做出明确交代，使读者能通过这种典型环境，深入理解人物的典型性格。

（2）人物介绍。主要对人物表情、衣着、穿戴、肖像、性格特征、人物上下场及幕启幕落时人物的表情动作等作说明介绍。

（3）舞台提示。对人物在演唱或对话时的动作、表情、心理活动等方面的提示，意在帮助演员体会角色，从而更准确、真实地表现人物。这种提示常常是用极为精确、简洁的词语表示，为演员创造角色留有余地，在剧本中多用圆括号标示。

四、戏剧小品的写作

（一）戏剧小品的发展状况

戏剧小品是戏剧文学的一种，是20世纪80年代初在我国兴起的一种新的戏剧艺术形式。它以短小、形象、活泼、贴近生活、表演灵活等形式活跃在我国戏剧舞台上，深受广大观众的喜爱。

自1984年春节联欢晚会《吃面条》开始，我国戏剧小品迎来繁荣时期。接着《吃鸡》《卖羊肉串》《考演员》《超生游击队》《相亲》《芙蓉树下》等许多优秀小品走进人们的生活。如今《擦皮鞋》《如此包装》《过河》《红高粱模特队》《昨天·今天·明天》《卖拐》《卖车》《不差钱》等戏剧小品已成为时代特征的标签。

戏剧小品的现代情趣性使戏剧小品截取生活的一个片断、一个瞬间、一个场景、一个笑话，甚至是一个动作，从而以小见大，反映深刻内容。如上面提到的任意一个小品都是这样。《吃面条》揭示违规的多吃多占只能自食其果，生活常理就是生活真理；《超生游击队》再现了传统思想重男轻女的可悲生活，提醒人们不重视自身的生活质量是多么愚蠢；《相亲》《芙蓉树下》反映老年人渴望夕阳爱情的社会问题，赞美社会新风尚；《擦皮鞋》《如此包装》抓住社会新时尚，通过幽默的讽刺告诫人们什么是真善美，什么是假恶丑；《过河》《红高粱模特队》《昨天·今天·明天》更是再现了当代新农民的爱情观、审美观以及关心国家大事的新观念；《卖拐》《卖车》这一系列小品则以魔幻式的语言，意味深长地揭示出改革开放以来人性在精神领域的迷失。总之，这些小品短小精悍，内蕴深刻，以情感人，以趣乐人，给人生以启迪。

（二）戏剧小品的写作方法

戏剧小品的创作可归纳为以下几点。

1. 紧抓热点，以小见大

法国作家雨果说过："戏剧应该是一面聚集物像的镜子……把微光变成光彩，把光彩变成光明。"写作戏剧小品成功的关键就在于此。当下，赵本山等表演的小品《卖拐》《卖车》《功夫》之所以成功火爆，是因为作者抓住了现实生活中一些热点：社会骗子横行，人们自觉不自觉地会上当受骗，反映出人性的诸多弱点：缺乏自我保护意识、懒惰、自私、轻信等问题。事情虽小，叩问的却是社会中的一些大问题。

2. 巧设结构，出人意料

戏剧小品非常重视结构的巧妙设置，它往往通过精巧的结构，达到出人意料的戏剧效果。戏剧小品的结构通常采用开放式和闭锁式两种形式。

开放式结构就是让戏剧情节按时间顺序按部就班地展开。如赵本山和黄小娟表演的《相亲》。闭锁式结构就是只写高潮和结局部分，把事件最精彩的部分表现出来，即把"最富于孕育性的那一刻"表现出来。如黄宏和魏积安表演的《擦皮鞋》就是把一天中"早晨"这一重要时刻发生的事表现出来，从而出人意料地反映现代人的"两面生活"，即化了妆的"我"和卸了妆的"真我"二者的矛盾纠葛，揭示了"万变不离其宗"的生活要义。

3. 运用个性化的语言

戏剧小品成功的关键除了具有新颖、深刻的主题外，最重要的就是小品语言。因为戏剧小品篇幅短，演出时间短，一般在30分钟左右，甚至15分钟左右。人物也少，背景简单，这就要求戏剧小品的语言口语化，个性化，极具冲击力。

口语化有两层含义：一是讲标准的大多数人都能听懂的普通话。二是讲具有地方特色的语言。目前，戏剧小品的口语化以地方特色为主，南方戏剧小品和北方戏剧小品的语言风格迥然不同，但却能引起普遍共鸣，其小品的口语化美感起了相当大作用。

个性化是指戏剧小品里的人物语言要有个性，是普遍中的特殊，是生活中有的而又无法模仿的语言。这些"另类"、时尚而富有个性的语言，有的是对时尚语、广告语、名人语的改编，如春晚小品《策划》中的"下自己的蛋，让别人去说吧""下蛋的公鸡，公鸡中的战斗机"，《卖拐》里的台词"忽海无涯，回头是岸"，等等。也可以是对古诗的改编，如《送水工》精彩台词："床前明月光，玻璃爱上霜。要是不勤擦，只好自己脏。"不仅给观众留下深刻的印象，还成了广为留传的时尚另类用语。

随着改革开放不断深入，这些极具个性色彩的另类语言便广泛地运用其中，成了戏剧小品语言中极好的调味剂。

总之，时代在进步，社会有发展，戏剧小品无论从内容、结构，还是从表演形式都具有与现代社会同步的迅速、简洁、浓缩、审美的特性。因此，对戏剧作者来说，要创作出为广大人民群众所喜爱的戏剧作品，必须深入生活，多搜集体现时代特色的题材，紧紧抓住亮点，升华主题；同时，还要掌握新的表现方法，艺术地再现生活中的那个"点"。这样，戏剧小品就更能让广大人民群众真正"品"出蕴含其中的无限意味，而无愧于大众文化的形象。

【文选】

大话西游小品剧本

吴 明

唐——唐僧
孙——孙悟空
猪——猪八戒
沙——沙僧
白——白晶晶（白骨精）

（旁白：话说唐僧师徒四人去西天取经。这日，师徒四人翻过黑风岭，来到一村庄，此处炊烟袅袅，似有客店人家。四人奔波劳累，在此休憩片刻……）

唐：古道西风瘦马，小桥流水人家，悟空，腹中饥饿，快去化些斋饭来！

孙：师父，你不是正在瘦身减肥吗？那脂肪燃烧可花了我们不少盘缠呢！何能……

唐：（不耐烦地）你这猴头，少废话，没看见为师已皮包骨头了吗？此去西天途中，多少妖魔鬼怪竞相一睹为师的风采,怎可让人家失望而归?

（走猫步绕场,停步摆造型）

孙:好吧,师父。我这就去。吃饱喝足了可别怪我没提醒你,又念紧箍咒!

唐:你是越来越烦人了,还不快去!

孙:是,师父。八戒、沙僧,take care of Mr.唐。I will be back soon.

（孙下）

唐:这猴头,嘴里怎这许多鸟语?

猪:师父,他是瞧我英语过了四级,心里不服,所以日夜用功想超过我!

（过了一会儿）

唐:咦,八戒,你看,那边不是过来了一位beauty!

（作远眺状）

猪:师父,真的!好漂亮啊!

（作拭口水状）

唐:（羞愧状,柔声）

罪过,罪过……八戒你又失态,

（递手绢）

还不快把嘴角擦一下……不过真是可惜,皮肤稍黑了一点……

（猪、沙愕然）

（女子飘飘而过）

沙:STOP!（颤音）姑娘你好,你多大了,你叫什么名字,你从哪里来,要到哪里去,你有没有对象,你的篮子里是什么,你可知道这条路上好多妖怪的呀,没关系,我可以保护你的。

白:这位小和尚有礼了。小女子姓白,名晶晶,就是雪碧——晶晶亮,透心凉的那个晶晶是也。

（三人作神往状）

白:此去大唐参加计算机等级考试。师父们可是从东土大唐来的?

猪:You are right! 我们都是大唐的高僧。不知小姐使的是哪门语言?

白:FORTRAN 是也!

唐:（激动地双肩颤动,两眼放光）

实不相瞒,FORTRAN 的主考官乃是小僧的二表姐,若小姐可……那小僧倒可助一臂之力……

孙:（绕场上）

何方妖孽,胆敢骚扰。师父,Don't worry. 我来也!

（一把抓住猪,与猪相互击掌）

你是哪路毛神,还不快报上名来!

孙:SORRY。路上不慎遗失隐形眼镜,分不清谁是谁。

唐:这猴子越来越没用了。沙僧,把我的眼镜借他一用。

（沙取眼镜给孙戴上）

孙：（冲上前，顿停）

原来是你——MONICA！

白：STIVEN！真的是你吗？

（TITANIC 的音乐响起，孙白对视，作动情状）

猪：Oh, my God! Lovers!

唐：（抹眼泪）好感人啊，我自从看了 JACK 和 ROSE 的故事以后，就再没看到过这么感人的场面了！

沙：（递毛巾给唐）

师父，别让人笑话了，那是 TITANIC。

（对观众）

上次路过大华电影院，他非拖我们去看，自己哭得啊……唉，我师父就好个多愁善感……

猪：师兄，这是……

孙：我和 MONICA 是大学同学……

白：STIVEN 那时是班上的体育委员，我是英语课代表……

白：他天天晚上都送我回家

孙：他每个晚上都给我打个电话

孙：我们总爱傍晚漫步小树林……

白：他总爱给我讲鬼故事，让我（害羞状）

（三人做神往状，孙白二人作回忆状）

猪：我知道了，猴哥那时还喜欢唱：ONLY YOU，CAN MAKE MY SKY BRIGHT，ONLY YOU，CAN MAKE ME...

孙：哼你个头啊……（一捶把他打个好远）

沙：既然是熟人，那……啊，不对，猴哥你不是人，那白小姐她……

唐：（大叫，后倒）快护驾，妖怪啊……

孙：（左右为难）MONICA，现如今我护送师父西天取经，念在旧情上，你不要为难我……

白：汴水流，泗水流，流到瓜洲古渡头，吴山点点愁，思悠悠，恨悠悠，恨到归时方始休。月明人倚楼。五百年了，STIVEN，你真的一点也不想我吗？

孙：时过情迁，我已不再是原来的我了，你那张旧船票已经登不上我这条破船了。你又何必……

猪：两情若是久长时，又岂在朝朝暮暮……白小姐，其实我与你是同病相怜啊……

孙：SHUT UP！ PIG！

唐：悟空，这就是你的不是了。白小姐如此痴情，你却这般铁石心肠，不解风情。天啊，悲剧啊……

（沙僧继续递毛巾给唐）

328

白：STIVEN，我这次不是来捉你师父的，我只想告诉你在这个世界上还有一个人是永远思念你的。既然你一心向佛，追求进步，我也不好阻拦。我……我走了。

（走几步，猛回头）

愿你幸福。

（走，又回头）

有事记得CALL我……

（走，回头）

摩托罗拉寻呼机，随时随地传讯息……

（下）

（音乐：把悲伤留给自己……四人相对无语……）

唐：（双手合十）生命诚可贵，爱情价更高。若为取经故，两者皆可抛！悟空！你已大彻大悟了。阿弥陀佛……

——选自无忧小品剧本网：http：//www.51juben.com.cn/drama/ 12.html

第二十四章　影视文学

一、影视文学的含义和作用

（一）影视文学的含义

影视文学是指通过影视声画媒介，以听觉和视觉传达设计为着眼点，运用文学创作的一般规律结构情节，塑造形象，营造氛围，抒发感情，给受众以文学审美情趣的一种文学样式。"影"，即电影；"视"，即电视。简言之，就是供拍摄电影、电视使用的文学剧本。从本质属性来看，影视文学是文学的一种样式，因而，它同其他文学样式有着密切的血缘关系和共同规律；同时，由于影视文学借助于影视传播媒介，因而，不可避免地带上了影视媒介特点。影视文学可以说是古老的传统文学与新兴影视相结合的产物。它随着电子技术的不断发展，给了传统文学以新的活力和生命力，使文学有了更广泛的传播接受面。

传统文学是以语言文字为工具，形象化地反映客观现实的艺术。它主要作用于欣赏者的视觉器官，是一种平面的接收与解读的形式。而影视是综合艺术，是用运动着的画面和声音来反映现实，它既可作用于欣赏者的视觉，又可作用于欣赏者的听觉。影视文学融合了电影与文学两种不同类型的艺术的长处，既可以给影视工作者的拍摄工作提供蓝本，又能够供影视文学爱好者阅读。

影视文学可以分为电影文学和电视文学两大类。电影文学是一种运用电影思维创造银幕形象的文学样式。电影文学如果从题材的时间上来划分，有现实题材和历史题材；根据创作手法、目的的不同，有故事片、美术片、新闻纪录片、科学教育片；根据内容及风格可以分为音乐歌舞片、喜剧片、译制片、间谍片、军事片、灾难片、侦探片、科幻片等；还可分为根据生活素材直接创作的和根据其他文艺形式（小说、戏剧等）改编的。电视文学是用电视手段来表现文学形式的荧屏作品。电视文学如果按篇幅长短来划分，有电视短剧（电视小品）、电视单本剧、多集电视连续剧（2—10集）、长篇电视连续剧（10集以上）；根据剧本所采用的文学样式的不同，有电视小说、电视散文、电视诗歌、电视报告文学等。现在还有一种比较特殊的电视电影，这个概念来自国外。实质上是使用胶片或数字高清机器拍摄的故事片，但主要是供有线电视网播放而不是进电影院播放的，我国目前是仅供央视电影频道播放。

电影文学与电视文学的写作基本相同，它们的不同点主要表现在拍摄用途上，一个用于电影,一个用于电视。而电影和电视的不同主要有:(1)媒介不同。电视是"屏幕",而电影是"银幕"。(2)制作方式不同。电视是用摄像机将被摄体拍摄在录像带上,经过较简单的工艺,即可制成电视片,具有制作简便、成本低、周期短的特点,电影是用摄影机将被摄体拍摄在条状胶片上,然后经过洗印、剪辑等工艺过程,制成影片,工艺较复杂。(3)欣赏的方式不同。电视是家庭欣赏方式,有较大的随意性,而电影却是在封闭的公共空间大集体的欣赏方式,有一定的强制性。(4)容量和长度不同。电视在生活容量和长度上有更大的伸缩性,电影要受到放映时间的限制,在容量和长度上有一定的要求。

(二)影视文学的作用

20世纪以来,影视从无声到有声,从黑白到彩色,从模拟化到数字化,伴随着现代科学技术的发展而进步。可以说影视是现代科学技术和现代生活方式发展到一定阶段的综合艺术。它已经成为当今世界影响最大、受众最多的一种艺术门类。我国电影文学的起步可以追溯到1925年,当时洪深在《东方杂志》第22卷1~3号上发表了他编写的《申屠氏》,是我国第一个比较完整的电影剧本。电视文学相对较晚,1958年6月15日,中央电视台的前身北京电视台,用演播室直播的方式播出了电视剧《一口菜饼子》,它是由陈庚根据许可的同名小说为电视台改编的文学剧本。电影和电视从一诞生起,就和人们的生活息息相关,成为人们精神文化生活的一部分,在社会生活中发挥着重要的作用。

首先是陶冶情操。影视文学本身就是作者审美意识的体现,作者在反映生活时不是一种纯客观的描述,而是融合了作者的审美理想和审美趣味的生活。这种带着作者主观理想和愿望的社会生活,展现了作者对生活现象的一种审美评价。这种审美评价会在潜移默化中影响到受众的思想和精神面貌,起到陶冶性情的作用。影视文学在陶冶情操方面,有时可能要比一般的说教性文章更有力量,因为影视文学的影响是人们在艺术享受中不知不觉地接受的,不是作者硬塞给人们的。

其次是沟通信息。影视文学的信息传播,不像新闻那样迅速及时,但是它的作用却不可忽视。在信息社会,人们不仅需要了解今天都发生了哪些新鲜事,也渴望知道其他国家、其他民族的生存状态。不同国家、不同民族的影视文学直接、形象地给人们展示了这些国家和民族的风土人情,提供了全球人互相了解世界各地风俗习惯的机会。通过影视文学来了解社会,远比其他媒介更直接。影视文学所展现的其他国家和民族的精神风貌、他们的情感生活历程、日常生活状态等的生动、具体,是其他媒介难以达到的。

再则是娱乐消遣。现代上班族在紧张的工作之余需要放松离退休人员需要打发时间,坐车、坐船时间长了很无聊,等等,这时候影视文学的作用就充分显现了。这也是为什么现在很多长途公交车、火车、轮船上都会选择放映电影或电视剧的原因。现在不少家庭,只要有人在家,电视就会开着,这其中自然有随时发现有用信息的考虑,但更多的是为了休闲。有些人看电影看电视,并不一定有什么特定的目的,有的就纯粹是为了消遣,这也是生活的一种需求。包括看一些喜剧小品、音乐歌舞片等,调节一下生活节奏,愉悦性情。

从严格意义上说，影视文学是文学的一种，文学作品所具有的社会功能它都具有，比如，认识社会的功能，帮助人们了解社会、认识社会；教育作用，惩恶扬善，推动社会风气的改变，等等。

二、影视文学的特点

影视文学首先必须具备文学价值，使用文学的方法来表现生活，在人物形象的塑造、思想感情的表达以及语言文字的运用等方面，都要体现出文学作品的特点。同时，它又是电影和电视的拍摄依据，要受到影视制作特性的约束，要符合影视艺术的基本规律和要求。它的特点主要有：

（1）形象的直观性。文学作品以塑造具有鲜明个性特征的人物形象为主要目的，通过语言文字的描述，表现人物性格特征，即使作者描述得再详细、生动、具体，也需要靠读者的再造想象才能最终完成。影视文学可以通过摄制的方法，把人物形象用电影电视的艺术再现手段在银幕上体现出来，使受众能够直观地感受到人物形象的魅力。在文学作品中，人物的内心世界、情绪变化等都需要通过语言来描绘，在影视文学中多采用人物的动作、表情的变化等来反映人物内心的变化。影视文学作品能够通过演员的表演、场景的设置等，把一个富有艺术真实的情景呈现在受众的面前，这样直观、形象地表现生活，是其他艺术门类很难做到的。

（2）画面的活动性。影视文学和一般的文学作品塑造形象的手段不同。一般的文学作品只能通过语言文字来塑造形象，影视文学虽然离不开语言文字的描绘，但主要是通过空间画面及视听形象的整体性来完成形象的塑造的。正像电影最初的名称"活动画面"（moving pictures）一样，影视文学中离不开活动的画面。有些用语言很难准确表现的事物，在影视作品中只需要用几个镜头、几个活动的画面就清晰地显示出来了，如鲜花的绽放过程、突如其来的自然灾害等。

（3）时空的变换性。影视文学同其他文学体裁一样，都是以人的灵魂、人的感情为描写对象，具有叙事性。这种叙事不是单纯地反映自然生活，而是要按照影视作品的艺术性要求，对现实生活进行再加工、再创造。在影视作品中，把发生在不同时间、不同地点的事，用一些典型的画面和声音通过蒙太奇手法组合在一起，完全打乱时间和空间顺序，巧妙地运用画面的衔接，来表现一个完整的故事。从心理学的角度看，这是符合人们的思维联想的习惯的。一般的受众不喜欢那种平铺直叙的叙述方式、慢条斯理的节奏，影视文学能够打破时空的限制，快节奏地表现生活，恰恰满足了受众的欣赏心理。

三、影视文学的写作

电影文学和电视文学虽然比较接近，但还是有一些小的差别的。如电视荧屏小，画面清晰度低，所以，它的近景特写镜头多，主要靠人物的语言和行动来塑造人物形象。电影银幕宽大，适宜表现视野宽阔、人数众多的宏大场面，如张艺谋导演的电影《英雄》等。而且电影能够进行剪辑再创作，并借助电子技术进行特技处理。这是影视文学作者在写作时应加以注意的问题。要写出一部好的影视文学作品，作者首先应该具备较好的文学素养，能够按照文学写作的规律进行写作。同时，还应有影视制作意识，时刻注意所写的内容是否适合拍摄。影视文学严格地说是影视文学剧本的写作，从剧本写作到拍摄完成一般要经过这样的过程，即先有故事梗概，接着列出人物小传，好像列出提纲一样，然后开始文学剧本的写作，文学剧本只是为拍摄提供了依据。要进行拍摄，还需要写出分场景剧本，然后是分镜头剧本，最后进入正式拍摄。我们现在所谈的只是中间一环，文学剧本的写作。需要注意以下几个方面：

（一）故事与人物

无论是电影还是电视，写故事是最为常见的一种表现方法。很多叙事类的作品，都是在讲故事的过程中把现实生活变形为虚构的艺术世界的。写故事最重要的是作者对故事的认识，在动笔之前，写作者一定要清楚，我要讲的是怎样的一个故事，通过这个故事想要传达一种什么样的思想观念，或者表现一种什么样的情感意蕴，这就是作品的主题。在影视文学作品中，主题不一定非常清晰、能够用一两句话概括出来，却应该是观众可以心领神会的。在写作者那里，这个主题应该十分明确，明确的主题能引导故事的讲述，贯穿整个故事的始终，不至于在讲故事的过程中偏离了初衷。如电视剧《家的N次方》，一个大家庭，几个不同姓氏的孩子，几个公司的利益冲突，各种矛盾纠结在一起，但故事始终围绕着这个特殊的家庭展开，活动的场面不管是在城市还是乡村，主要人物始终是这个大家庭的成员。

故事的主题是影视作品要表现的意图与焦点所在，它能够把整个作品中所有基本元素如人物、情节、结构及各种艺术手段串联起来。影视文学的主题不是作者讲出来的，是通过作品中的人物或事件表现出来的，离开了人物和事件，主题就不复存在了。所以，在讲故事的过程中，人物形象的塑造是最为关键的。人物是影视文学内容构成的核心，故事情节是以人物形象为核心来设置的，环境氛围是按人物形象的需要来营造的。人物形象的设计和塑造，在很大程度上决定了作品对观众产生的思想震撼力和艺术感染力的大小，决定了作品对题材的选择和开掘以及对主题的提炼和表达是否得当。在人物形象身上，常常最集中地体现着写作者的思想观念与情感好恶。怎样才能写好人物呢？需要注意以下几点：

（1）塑造的人物一定要有鲜明独特的性格。大千世界，每个人都是不可重复的生命精灵，每个人都是独特的自我。影视文学就是要表现出人物的个性特点，刻画出一个个鲜活的有丰富内涵的人物形象。要写出人物的个性，就要把人物放在一定的环境中，让人物行动起来。从特定的人物关系入手，让人物在与他人相处中、在解决矛盾和问题中、在不同的环境中，通过横向的不同性格的对比和纵向的性格发展的对比，展现出人物与众不同的性格特征。

（2）人物形象要真实。这个真实自然不是像新闻中的人物，有据可查。而是指不能用概念化或类型化的方法去塑造人物，人物性格不能违背生活逻辑和自然规律。如写一个英雄人物，那他的一言一行都是人们行为的楷模，没有一丝错误的念头，甚至连长相也是仪表堂堂，你去现实生活中怎么也找不到这样的人物形象，那就是不真实。影视文学中的人物，可以集中某一类人的特点，从生活中提炼出这类人的典型行为，使人物形象更加突出，性格特征更加明显。但不能脱离生活现实，人物的一言一行应该都能在生活中找到原型。是生活中的"这一个"，通过"这一个"能够触摸到时代、社会的脉搏。

（3）要围绕主要人物设置场景。因为在主要人物身上，体现了作者对生活的独特感受，是故事的核心，整个故事的发展是围绕主要人物进行的。主要人物必然处在作品所描绘的各种现实矛盾的焦点中，故事情节的发展、结构的跌宕起伏，大多是随着主要人物的性格发展、命运发展进行的。对作者来说，情节可以虚构，但不能脱离人物性格、脱离生活去编造。在讲述故事的过程中，主要人物不能离开叙述主线索的时间太久。

（二）情节与细节

情节是影视文学不可缺少的内容要素之一。它是由一系列展示人物性格、人物关系及矛盾发展的相互联系的事件构成，一般包括开端、发展、高潮、结局等部分，有的还有序幕和尾声，它的核心要素是矛盾冲突。

影视文学中的情节可以既在情理之中，又在意料之外。情节的设计可以有一定的戏剧性，我国古代写作技法中的巧合和误会法，就是使情节曲折富有创意的方法。所谓巧合就是利用生活中的偶然事件来组合故事情节的一种技法。误会是利用人物对客观事物或他人的行为产生误解，从而引发矛盾，推动情节的发展，使人物情感的波澜层层递进。如电视剧《闪婚》就充分运用了巧合和误会的手法，剧中人物关系错综复杂。小查理是颜敏和古峰未婚生下的儿子，但在他俩不知情的情况下，被送给了韩俊生抚养。韩俊生的妹妹嫁给了古峰，韩俊生的妻子去世后他又娶了颜敏，颜敏给自己的亲生儿子做了后妈。韩俊生的继父秦建国又是颜敏的亲生父亲，等等。编剧王静茹通过这一系列人物及发生在他们身上的故事，表现出了80后的婚姻现状及他们对待婚姻的态度，提醒观众关注"闪婚"这种社会现象。人物关系虽然复杂，但故事情节线索清晰。情节的发展轨迹一般称之为"情节线"，是作品中串连情节组成整个故事的线索。在影视文学中一般只抓一条简单、明确但富于变化的情节线，在复杂的故事中，有时也有多情节线的，但在多情节线的设置中，要注意从中确定一条主情节线。情节线索要明晰，应环环相扣，如果故事的发展中突然缺少一部分或者情节紊乱，将会给受众造成欣赏障碍。情节的发展还要注意节奏感，要张弛有度，既不能一直紧张，让受众产生精神疲劳，也不能长时间舒缓，使受众的注意力分散，回不到作品的叙述线索上来。

影视文学作品中的故事情节可以淡化，可以不那么曲折复杂，但不是可有可无。即使像《城南旧事》《边城》那些以"诗化"或"散文化"著称的影视作品，故事情节仍然是不可或缺的，只不过它们主要不是依靠曲折离奇的故事情节吸引受众，而是凭借画面的优美、动人的意境、新颖的手法等因素打动受众的。

影视文学中细节的刻画也是不容忽视的。所谓细节描写，是指的对人、物、环境的某个细微处所做的描摹刻画。在塑造人物形象时，细节就是通过人物细小的眼神、表情、动作、装饰等表现出来的。细节是刻画人物性格、揭示人物情感变化和推动情节发展的有力手段。一个典型细节，往往能胜过一大段笼统的叙述。在影视文学拍摄中，导演常常会把某个细节用特写镜头放大了给观众看，以突出细节的重要。如电视剧《男人帮》第九集中，左永邦为了重新追求米琪，装扮成左永邦的双胞胎弟弟，他以为自己想得很周全，没想到米琪还是识破了他。两个细节，一是米琪伸手想摸左永邦额头，他闪开后，又回手摸了一下自己的额头，想试试是谁在发烧。一是在左永邦的滔滔不绝中，米琪在桌下拿出自己的手机，拨了出去，左永邦的手机响了，他很聪明地悄悄关掉了，但米琪已经很清楚面前的这个人是谁了。两个小细节，表现了米琪的聪明、机智。她将计就计，装作相信了左永邦，戏剧化的一幕开始了。

　　细节的刻画要为表现人物性格、发展故事情节服务，不能为细节而细节，使细节游离于故事之外。细节要和整个故事融为一体，恰到好处地展示人物性格、烘托出环境气氛。细节要真实，这是运用细节的前提条件。对于影视文学的作者来说，应以满腔的热情去观察生活、观察自然界，从生活中、从自然现象中发现富有特点的细节，然后把它用在合适的场景中，只有这种真实的细节才有感人的力量。细节还要典型，就是要善于抓住那些最能反映人物性格、能够表现作品中心的细节来写，不是所有的通过观察获得的细节都能用到作品中。用到作品中的细节，应该是有代表性的，能够起到以一当十的作用的。

（三）冲突与悬念

　　所谓冲突，一般是指在影视作品中人物与人物、人物与环境、人物自我内心的矛盾与斗争。冲突是影视作品构成情节的基础，是展示人物性格的手段之一。"冲突"一词最早是黑格尔针对戏剧明确提出的，他在代表作《美学》中谈到，充满冲突的情境特别适宜于用作剧艺的对象。因为戏剧受到舞台的时空的制约，所以在反映现实矛盾时，必须将生活现象凝聚和概括起来。冲突在很长一段时间内，成为戏剧创作要遵循的基本法则。后来，又被用于电影剧本的写作。在电影中，运用冲突这一手法来塑造人物形象、揭示生活矛盾。有人认为生活就是冲突，冲突是生活的本质，影视文学要反映生活就要反映生活中的冲突。在现代影视文学的写作中，作者也常常利用冲突的设置来推动情节的发展。电视剧《当婆婆遇上妈》一开始，人物就处于矛盾冲突中，罗佳的妈妈因为不同意她找男友陈大可，竟然以死相逼，结果还是没有阻止了女儿找陈大可。罗佳到了陈大可家，陈大可的妈妈又看不上罗佳。母女之间，婆媳之间，两个母亲之间，小夫妻之间，姑嫂之间，虽然都是家庭矛盾，但冲突是一个接着一个，层层迭起，不断给观众留下悬念，传递新的信息。

　　悬念本义是指受众对故事中人物的命运和故事的发展产生一种紧张与期待的心态。在影视作品中，利用受众的这种期待心理，有意设置悬而未决的矛盾，制造矛盾冲突。由此引起受众的期待与关注的心理也会越强烈，令受众始终关注着故事情节，最大限度地吸引受众的注意力和兴趣。从叙事角度看，悬念是一种独特的结构形式，其重要特征就是，预示出一种十分吸引人的事态，却不把它说出来。伏笔是悬念的又一种方式，它是为后面的顺理成章所做的某种形式的暗示或铺垫，运用伏笔形成悬念，意味着对即将出现的人物或事件预先做出暗示，当该人物或事件在特定的场合出现时，就形成了悬念。

如我们在影视剧中经常看到，一个人在前面轻松地走着，有人提着枪跟在他的身后，观众知道这个人要遇到危险了，但前面走着的人还一无所知，这就是伏笔形成的悬念。不知道后面的人会不会开枪，什么时候开枪，观众的心始终被故事牵动着。

使用冲突的方式制造点意外的效果，引起受众对故事的兴趣，确实是一种较好的写作方法。但不要把冲突片面地理解为打架或者是吵架，不要以为在影片中打成一片，打得桌椅板凳乱飞就是冲突高潮迭起，也不要认为一个家庭吵成一团甚至高声叫骂就是矛盾冲突的高度表现。矛盾冲突可以是思想上的交锋，也可以是情感的误解。可以通过"说"来表现，也可以通过"做"来传达，还可以是"沉默"——"于无声处听惊雷"。特别是在大力提倡建设文明和谐社会的今天，过于激烈的矛盾冲突的表现，有对人们产生误导的作用，以为社会、家庭就是那样的，只有打打杀杀、吵吵闹闹才是正常的生活。

其实，生活本身是丰富多彩的，矛盾冲突是社会生活的一部分。影视文学作为反映生活的载体，它的内容也不应是单一的。它可以反映人与人、人与自然、人与自我的矛盾冲突，也可以反映人与人、人与自然的和谐共处，真、善、美应该都是影视文学反映的主题。

（四）场面与语言

场面是在特定的时间和空间条件下，以人物活动为中心的生活场景。它可以是几百人组成的竞赛现场，也可以是一个人在挥毫泼墨的作画场面。在影视文学中场面是基本组成单位，一般以时间或地点的转换为标准，场面可由多个镜头以蒙太奇手法组接而成，也可以由场面调度与摄影机移动相配合拍成。一般情况下，每个场面都有段落性和连续性，并随着人物的活动和情节的发展不断转换，一部电影或电视剧就是由一系列具有内在联系的场面组成的。影视文学中的场面设置应该符合影视艺术的创作规律，如作品中的场面描写应围绕着作品的主要人物和人物的主要动作而展开，同时，场面的描写必须具有运动感，是由活动的生活、工作等画面组成的。

在影视文学中，场面的描绘是通过语言文字来完成的。影视文学中的语言运用有和其他文学样式不同的地方。从描写人物形象看，小说常用记叙、描写、抒情或夹叙夹议的方法，对人物的身世、性格、心理活动、生活习惯等方面进行介绍，而影视文学常用人物的表情、行为、语言等来表现，文字讲究形象化和具体化，较少由叙述者直接出面进行评议，因为夹叙夹议的文字难以转化为视觉形象。如在小说写作中，作者需要花费较多的笔墨来刻画人物的心理活动，通过人物的内心世界变化来表现人物的性格。而在影视文学中，难以拍摄的语言都是苍白无力的，只有那些有较好视觉形象感的文字才是所需要的。因为影视文学是为拍摄工作提供的依据，而影视是以视觉感受为主的视听艺术。它是通过形象来说话，是要由演员来表演搬上银（屏）幕的。如在小说中可以说"深秋，天气越来越冷了"。而在影视文学中就要选择有视觉形象感的文字来表达，如"一个人紧紧裹着上衣，匆匆走过铺满落叶的小路"，或者"他缩着脖子，不停地跺着脚，眼睛望着前方"等可以转化为视觉画面的句子。

对于影视文学作者来说，还需要建立起影视对话观念。影视对话是人类的口头语言与影视作品中的口头语言在影视艺术中的再现。影视作品中的口语是从日常生活口语中提炼出来的，但它与生活中的口语又有着不同的作用。在影视文学中，影视对话表现为交代故事缘由、推动情节发展及塑造人物性格三大功能。影视语言应当具有一定的文学欣赏价值，同时，有助于影视艺术审美特性的实现。苏联电影理论家弗雷里赫认为："电影剧本中的每一句话的美学价值都要由电影的特性来决定。"[1] 就是说，影视文学的语言表达，要充分考虑到体现着影视艺术基本特征的镜头语言，只有这样，才能提供恰当的文字基础和更好地发挥影视文学的功能。重点要写好人物的语言，人物语言不是使用口语把事情讲清楚就行了，而是要符合特定的人物身份，能够充分表现人物的性格和思想感情。初学写作的人，常犯的毛病是不管是哪个人物，只要一张口说话，统统一个腔调，不能很好地把握人物的个性特点。除此之外，语言还要通俗自然，简洁明了，要口语化，适合演员表演。

（五）画面与组合

影视艺术是声画综合的艺术，它的基本形式就是画面与画面的组合，画面与声音的组合。影视文学作者在写作的时候如果能加入对声音的描绘和构想，自然很好。但必须做到的是要有画面感，出现在作者笔下的应该是连续的活动的画面，一切文字的描述都能够转化为画面而不是只能供读者阅读的作品。一个个独立的画面，需要组合在一起讲述一个完整的故事，构成一部为广大观众所理解的电影或电视剧。连接画面的主要方式就是蒙太奇手法。

蒙太奇（montage）一词来源于法文建筑学上的一个术语，意为构成和装配，后被借用为表示镜头的组接。成为对电影特有表现手段的称呼，成了国际通用的电影术语。现也用来指电视文学写作和其他文学作品的写作。蒙太奇就是将拍摄下来的镜头，按照生活逻辑，按照故事情节、作者的观点倾向及其美学原则联结起来的手段。使用蒙太奇手法，能够打乱时间和空间的顺序，既有画面的分解，又有画面的集中，既有全景又有特写，使作品具有诗情画意，丰富了影视语言，深化了作品的思想内容，增强了作品的艺术感染力。

蒙太奇的作用是多方面的，分散的镜头，利用蒙太奇方法组接在一起，不仅能让人看懂影片叙述的内容，而且能赋予画面以新的含义。几乎文学中拥有的一切修辞手段，对比、双关、隐喻、借代等，它都能加以运用。它使抽象的思想，微妙的感情形象化了，视觉化了，极大地丰富了影视语言的宝库，增强了影视艺术的表现力。

影视文学写作中，使用蒙太奇手法，可以自由地进行时间和空间场景的转换。如，可以把同一时间不同地点发生的事直接连接起来，省略了过渡；可以把两个完全不同的人或两组景物进行连接，以形成鲜明的对照，使人物或景物的特点更加突出；可以把处在不同地点的两个人的谈话，自然衔接；可以把一组画面，按照一定的顺序组合起来，表达一种新的内容；还可以通过某一突出的形象的连接，实行场景的自然转换，推动故

---

[1]〔苏联〕弗雷里赫著，杨纳译：《银幕的写作》，中国电影出版社，1974年版，第174页。

事情节的发展。这种时空转换的自由在很大程度上使影视文学作者能够更加自如地表现生活,取材的范围更加宽广,通过画面的连接,又达到了高度的概括和集中。在运用蒙太奇方法时,应注意尽量不违背生活的逻辑,除了特别表达的需要,一般尽量注意场面的形象特点和完整性,以能够引导受众的注意力,激发受众的联想,达到启迪思考的效果。

【文选】

金　　婚(第一章)

王宛平

　　梅梅领着两三个姐妹,怒气冲冲地,一路奔跑进了工厂的筒子楼。在这一伙姑娘的后面,还追着一个姑娘,她叫文丽,是梅梅的表姐。这一伙姑娘冲上楼梯,冲进楼道,一个个在楼道里左右张望。

　　一个姑娘问:姓庄的新房在哪儿啊?另一个姑娘说:有喜字的门就准是。

　　此时的大庄,被工友们催促着,正和新娘子在咬苹果。今天是大庄结婚的日子,大庄的新娘子是个东北农村姑娘。在工友们的哄笑声中,正准备和新娘子亲嘴的大庄亲不成了。他的房门突然被人一脚踹开了。接着就是一声尖叫:姓庄的!你个大流氓!

　　屋里办喜事的人都惊住了。冲进门的梅梅和身边的一个姑娘一眼瞄上大庄,就扑了过去。大庄见是梅梅,不禁惊叫一声,举目无处逃,就一头钻进大衣柜的后面,把头藏进去,捂住了耳朵,屁股露在外面就不管了。大庄的新娘子,那位庄嫂,一时不知所以,只是惊慌地、哀怨地看着梅梅。

　　梅梅尖声叫喊着:结婚,我叫你结个六!嘴中叫着冲过去就动手砸东西。人群中面貌憨厚的佟志看不过便出头了。他挡住了梅梅,说道:嗨嗨嗨,你哪儿的你?大庄结婚的你捣什么乱?

　　梅梅被佟志拦住,气得直跳脚,顺手抓起写着喜字的暖瓶就往地上摔。佟志拦了两下。梅梅行动受阻火更大了。佟志最后也没招了,他拦不住发狂的梅梅。眼看着梅梅叮叮咣咣摔壶砸碗,佟志急得挥手叫工友赶紧去叫保卫科来人,这可是破坏国家的财产!

　　这时,文丽冲进了屋,扒开众人冲上去拽住梅梅往外拉,边拉边劝:你冷静点儿,啊!事情已经这样了,你这样也不是办法啊!多丢脸啊!

　　梅梅哭闹着不走,大声喊着:姓庄的,你是个大骗子!你说你只爱我一个人的,你说你从来没爱过别的姑娘,你说你这辈子非我不娶,你全是在骗我呀!你个流氓!

　　文丽又拉了一把说:咱回家说去,跟这些人咱犯不着,啊!走吧!

　　佟志在一旁不乐意了,说:啥子?你这怎么劝架呢?你跟谁犯不着呢?

　　文丽眼睛斜了佟志一下,没理会他,拽着梅梅往外走。梅梅却抓着门把手哭着不松手,急得文丽也要哭了。这时,就听见走廊上响起喊声:孙师傅来了……

　　孙师傅见了这个场面,冷静地把梅梅拉进了另一间屋,一边招呼大庄也进去。一直撅着屁股躲在大衣柜后面的大庄回过身,垂着头跟进了另一间屋。

孙师傅回头喊了一声：佟子，你劝劝大庄爱人。没想到庄嫂却将门"啪"的一声关上了。不一会儿就传出了跑大风似的哭声。

佟志和文丽都有点发怔。

片刻，回过神来的佟志埋怨说：好端端的婚礼，都被神经病给搅了！那是姑娘家做的事吗？

文丽看了眼佟志，目光中带着一丝厌恶，说：你这是说什么话呢？我表妹态度是急躁了一点，我也劝过她，可这事儿从根上讲是庄同志不对。他和我表妹谈恋爱，却和别的女人结婚，这道德吗？

佟志这时仔细看了文丽一眼，突然他的眼神有点飘，这姑娘挺漂亮的。佟志说话就有点语无伦次了：哎哎！不了解情况没有发言权啊！这庄嫂是大庄的未婚妻，他们订婚都十二年了！你表妹插进一脚，庄嫂怎么办？

文丽一愣，问：庄同志今年多大？

佟志说：二十六啊！怎么了？

文丽一副恍然大悟的样子，说：他们俩是娃娃亲？难怪啊，恩格斯说没有爱情的婚姻是不道德的！你算一算啊，大庄今年二十六岁，订婚十二年，就是说大庄十四岁就订婚了，十四岁的小孩子懂什么感情？这不就是旧社会父母包办的封建婚姻吗？这是应该受到批判的。我有些理解庄同志和我表妹了。

佟志一下子张口结舌了。

文丽冷傲地看佟志一眼，不屑地说：请你好好学习学习恩格斯理论，对婚姻恋爱问题有一个正确认识！

在佟志发呆中，文丽已经出去了……

佟志和文丽完全不知道他们还会见面，而且是以一种特殊的方式。那是两个月之后，太阳很温暖的日子。佟志夹着本书匆匆走到工厂操场旁长椅的边上，看到长椅上没有人，就来回地数了会儿电线杆子，转了几个圈后，便在长椅上坐下翻书。看一会儿书，又抬头四下张望。佟志是被孙师傅从被窝里拽出来，来和某个职小老师相亲的。现在，他的屁股上还能感觉到孙师傅巴掌下的疼爱。一个女师傅打男徒弟的屁股，这就是疼爱。

佟志的目光被书的内容吸引了，低着头看进去了。一会儿，一身双排扣列宁式军装，梳两条小辫的文丽溜溜达达走来了。文丽是在大姐文秀和妈妈的劝说下来和一个知识分子、青年突击手、连续三年的先进工作者相亲的。据文秀说，这人只比她大两岁。本来文丽是不来的，但为什么又来了呢？是因为不能不来，介绍人是主任，得罪不得。文丽来的目的就是看一眼，她不缺追求者，她有选择的空间。

文丽看到长椅上只坐着佟志，就觉得不像，转一圈，看看表，时间也对，但这里只有这么一个人。文丽又看不清一直低头看书的人，便咳嗽了一声。佟志闻声抬头。两个人认出了对方，同时愣住了。

文丽的目光瞄了瞄佟志手里的书，问：你就是重工车间的那个技术员？

佟志看着文丽手里的杂志，也问：你就是那个职小老师？叫文丽？

文丽脸上保持着矜持，也不坐下，想走，又觉得不合适。她就又瞄了瞄佟志，还皱了下眉。

佟志感觉到了别扭，说：你能不能坐下！坐下不会吗？

文丽淡然一笑，说：我看不必了，咱们见过面，我对你也有一定了解。就这样吧！文丽点点头，就要走。

佟志看着文丽傲慢的表情，冲口说：什么叫就这样吧？就哪样啊？

文丽眼睛看着别处，说：我们不合适。

佟志也想说我们是不合适，但话到嘴边，却变成了：那……那为什么？

文丽看着佟志，张口要说什么。佟志赶紧说：你别误会。我不是说要跟你怎么怎么样，我就是讲一个道理。我们就见过一次面，你怎么好像对我有很深的成见呢？这说不上吧？这一点一定要谈。你今天不说清楚，我还真是想不通。

文丽说：这多清楚啊！我们价值观、人生观、道德观都不一样，我看我们没办法说到一起去。

佟志问：那你说我什么价值观、道德观啊？你了解我吗？

文丽一下子生气了，说：这还用我了解吗？大庄和梅梅的事你是知道的，你不批评帮助教育大庄，不去阻止一个违背道德的婚姻，却鼓励和支持大庄背叛梅梅，整个一善恶不分、为虎作伥。你这种行为就是说你是不道德的人。

这个话题使得佟志也生气了，说：请你不要老是道德道德的拿大帽子压人。庄嫂十岁就是庄家的人了，大庄要是不娶她，你让庄嫂怎么活下去？知道吗？大庄是有良心的人。我也是有良心的人！

文丽说：你这叫强词夺理。庄嫂可怜和梅梅受骗根本是两回事儿！庄嫂现在这样嫁给大庄就不可怜吗？大庄这样做既是对梅梅的不忠，也是对庄嫂的不道德！大庄是双重不道德！

佟志不想纠缠这个问题了，说：我第一次见你，就知道你是数学老师。

文丽好奇了，问：你什么意思？

佟志答道：同志，生活不是小学算术题。有时候，一加一不等于二。大庄和庄嫂不是没有感情。他们从小一起长大，是青梅竹马。你就不要瞎搅和了！再说大庄也没对梅梅怎么样啊！

文丽歪了下头，语气明显愤怒了，说：还要怎么样才算怎么样呢？你什么朝代人啊，有没有文化？懂不懂什么叫感情什么叫爱情！大庄对梅梅的伤害那是一辈子的！

佟志反驳道：哪有那么严重！梅梅又没失身！

文丽脸红了，瞪着佟志：说什么呢你？我谈的是感情！你这种人，冷血、麻木，简直就不配谈感情！

佟志不干了：哎，哎！你说话注意点儿啊！

文丽掉头走了。佟志望着文丽离去的背影，叹口气。因为佟志知道，文丽已经走进他的心里了。佟志直直地看着文丽走远了，低下头踢了踢地上冻硬的泥，慢悠悠地低着头往回走，走了一会儿，想起了什么事似的，径直去了大庄家。

大庄家的小房间早就收拾停当了。大庄和庄嫂由于梅梅的介入引发的内部战争也暂

第二十四章 影视文学

时停战。他们也顺利地过了一阵日子了。

庄嫂是个能干的人,见到佟志来了,就里里外外忙个不休。而大庄呢,端坐在椅子上,边抽烟边和佟志吹牛。

大庄看着佟志说:我可看出来了,你惦记那丫头哪,可人家掉头走了呀!那是看不上你。没事儿,赶明儿个我帮你找个中学老师去,小学老师算什么!

佟志急了,说:去去去,谁惦记那丫头啊!我是想不明白,我长这么大就没人这么挤对过我。不行!我还得找她去。

大庄说:你一大小伙子跟个小丫头较什么劲!

佟志说:这不是较劲不较劲的问题,是做人问题!我的名誉、人品!我……

大庄突然笑了,斜着眼看佟志,压低声音:唉,那天我偷偷瞅了一眼,那丫头长得不错,可比梅梅强多了。

佟志说:去!她长得好?你眼睛有毛病吧?

大庄嘿嘿笑了笑:得!你较劲去吧,找她好好理论理论,哥们儿你是冬天的萝卜,冻(动)了心了!

大庄说对了,佟志真的动心了,也就借机去文丽的学校找了文丽。当文丽被传达室李师傅叫出来,一眼看到佟志,就愣住了,问:你怎么?怎么是你找我?你这人怎么回事儿啊?

佟志非常礼貌地说道:能耽误你一会儿工夫吗?昨天我还没表达完整我的意见你就走了。

文丽微笑说:你觉得有这个必要吗?

佟志正色道:我觉得非常有必要,因为你是在对我的人格做评价,如果随便说说,我要告诉你,你不应该这么随便给人下定论。这样不对。如果你真这么看我,我更要告诉你,你看错了。我参加工作五年,年年先进工作者,从来没人用善恶不分、冷血麻木、不配谈感情这样刻薄的字眼形容过我。

文丽想不到佟志纠缠这个问题,说:算了,算了。跟你这种无理搅三分的人没什么可说的。

佟志说:你又错了,"无理搅三分"这种形容你懂吗?来!来!你跟我走。

文丽吓了一跳,直往后退。

佟志又说:你跟我找我师傅孙桂荣去,我师傅介绍我认识你的,你让我师傅告诉你,我是什么人!

文丽生气地说:你爱什么人什么人,跟我什么关系啊?

两人互相瞪着。

佟志真诚地说:我没有别的什么,我就是想让你必须明白,我不是你想象的那种人!那种坏人!

文丽不耐烦了:我爱怎么想怎么想,你管得着吗?

文丽的话音刚落,上课铃响了,她回头就走,佟志跟着。文丽不要佟志跟着,瞪着眼说:我跟你没话说!佟志只得站住,眼巴巴看着文丽走远,突然扯着嗓子喊:我有证明，我拿给你看！

文丽回头送出一句：神经病！就没见过这么厚脸厚皮的人！

时间到了下午，文丽一进办公室就愣住了，一个背冲门的男人正在看墙上的奖状，听到有人进来，转过身，又是佟志。佟志看着文丽仍然倔头倔脑地说：我说过要证明给你看，我到底是什么人！说着伸出手，将手上一堆材料堆到桌上。说是证明材料！

文丽直发愣，问：这是什么？你想证明什么？

佟志似乎也一怔说：证明……看着文丽秀美的脸，佟志抓抓头皮，说：证明我是好人，不是善恶不分、冷血麻木，不配谈感情……

文丽看着突然沉默的佟志，说：你奖状上的先进工作者称号只能证明你工作努力，它并不说明你懂感情。你说是不是？

上课铃又一次响了。文丽不再说什么，拿起教案，转身走了。佟志抓着材料的手慢慢放下，看着文丽的背影，沮丧极了……

五一国际劳动节到了，工厂里晚上举办舞会。大庄拉着佟志进来。这家伙一进场就东张西望地找人，眼睛突然一亮，捅佟志一下，说：看谁来了。

佟志回过头，身体不由得挺直了。门口处，两个身穿布拉吉的姑娘引人注目，是文丽和梅梅。佟志一把没拽住，大庄便已经迎了过去。佟志也跟了过去。

此时的梅梅脸扭向一边，眼睛却斜视着大庄。文丽发现不对劲，用力拉了拉梅梅，想赶紧走开，梅梅却不动。大庄笑呵呵看着梅梅，做出邀请的姿势。梅梅出乎佟志意料地拉起大庄的手，两人下场开始起舞。被丢在一边的文丽气得说不出话来，佟志气得脸也白了。他终于按捺不住冲上前，不由分说，拽着大庄就走，梅梅却紧跟上去。文丽这边也傻了，不由自主地也跟上去。四个人进了幕布后面。

佟志把大庄一推，说：你这算什么？啊？有没有点道德观啊！你是结了婚的人，你和梅梅早就应该一刀两断了。

大庄不满地说：就是跳个舞呗，有啥大不了的？

梅梅也说：就是，我们是朋友，跳舞怎么啦？

佟志的矛头立刻对准了梅梅，说：你这个女同志也是啊，你明知道大庄已经有老婆了，还和他藕断丝连干什么？他这个人立场不坚定，意志特薄弱，你要吃亏的。

梅梅却哼了一鼻子，拽着大庄就走了。大庄边走边回头，一脸得意。

文丽一脸忧伤，看了眼佟志说：这是什么事？昨天还跟我说在梦里杀了大庄呢，今天就一起跳舞了。这么快就背叛自己，也够缺德的。

佟志看着文丽，声音很诚恳，说：请你相信我，我拿我的人格做保证，虽然你也不见得相信我的人格，可我必须告诉你，大庄不是坏人。他真是身不由己，你要恨就恨万恶旧社会的封建思想。大庄也是受害者。他就像巴金小说里的那个大哥，爱的是梅表姐，可最后娶的却是瑞珏。他这辈子都会非常痛苦的。

文丽不禁说道：没想到你还挺懂感情的！

佟志没听清，问：你说什么？

文丽脸"刷"的红了，低下头，一副要走不走的样子。佟志感到有些尴尬。两人突然不说话了。舞台下音乐声缭绕。文丽一脸矜持低着头。佟志鼓足了勇气,说:文老师,能请你跳舞吗?

文丽抬头看了眼佟志,突然笑了。

文丽和佟志终于恋爱了。他们进入热恋中的时候就到了夏季,离收获的秋季不远了。

——选自中国电信天翼阅读,http：read.189.cn/,2011年6月8日

后 记

　　写作是一种复杂微妙的精神生产活动，是一种从初级到高级的精神提炼和升华。经过反反复复甚至是痛苦的精神折磨，朦胧的思绪逐渐清晰，模糊的情感进一步明朗，平凡的意象焕发出光彩，纷繁的材料排好了队伍，山重水复中柳暗花明，寻寻觅觅时灵光一闪，于是，心灵受到洗礼，灵魂受到震撼，精神受到抚慰。温婉清澈的语言泉水，在写作者心里淙淙流淌，这是多么惬意美妙的生命体验啊！

　　写作能力已成为现代人最基本的素质之一。因此，几乎所有的升学与就业的人才选拔，都离不开对写作能力的考察。写作能力也是一个人语文水平最集中的呈现，是其综合素养的反映，是日后工作能力、创造能力的重要基础。尤其是处于现在这样一个人才竞争激烈、就业形势非常严峻的时期，一个能说会写的人，一个综合素质强的人，往往会捷足先登，找到称心如意的工作。否则，只能怨天尤人，徒叹命运不济。因此，学会写作，提高自身综合素质，不仅使人精神富有，让生命欢歌，心灵自由，而且在现实生活中也能凭一技之长，展示自己的才华，释放出生命的最大能量。

　　我们必须清醒地认识到，在实际生活中，许多人的语文功底并不深厚，写作水平并不高。尤其是一些刚入大学校门的学生，尽管学了十多年语文，写了十多年作文，但真正喜欢语文，热爱写作，并能娴熟自如地写出合格合体文章的人，并不占多数。相当一部分学生的语文素养并不令人乐观。他们往往是读了一些书，看了一些文，见了不少事，想了不少天，胸中充满激情，往事涌上心头，于是便跃跃欲试，想一试身手，发而为文，袒露心迹。一旦执笔为文，却又感到捉襟见肘，左右为难。苦于摸不到写作的门径，也不明白怎样才能探骊得珠，于是，他们徘徊于写作门前，仰天长叹：写作难，难于上青天！谁来为我作指点？

　　因此，我们几位长期从事高校写作教学工作的老师，精心编写了这本书，意在为喜爱写作的青年大学生朋友们提供一些力所能及的帮助，指出写作内容中的要点，指点写作练习中的要害，指明写作学习中的要领，指引写作迷途中的要津，从而使他们通过较为系统的写作基础知识和常见文体的学习，进一步了解和掌握写作规律及各类文体的特点、写作技巧，以便迅速地提高写作水平，写出主题深刻、材料典型、结构严谨、表达得体的文章来。

　　这是一本比较全面地介绍写作基本理论和文体知识的专业书籍，具有系统性、指要性和实用性的特点。本书自然形成了基础理论和文体知识的编排体例，前七章集中谈了文章内容和形式等一系列问题，诸如主题、材料、结构、表达方式、语言等。在之后的

后 记

章节安排中又形成了新闻文体、议论文体、应用文体和文学体裁等几大板块，所以，整本书构成了一个比较严密的理论体系。在绝大多数篇章的讲述中，我们力求简明扼要，突出重点，不在一些细节上纠缠过多，浪费笔墨，而是把握住主要环节，适当展开，以便给教师留有补充发挥的余地。因此，本书指要性的特点也是明显的。在讲授理论知识的同时，又有新颖鲜活的实例作证，同时，每章后面都附有文选，这样就会便于学生理论联系实际，举一反三，融会贯通。由此看来，本书也具有实用性的特点。

本书是集体劳动的成果。作者具体分工如下：第一章、第五章、第七章、第八章、第九章、第十章、第二十章，由河南大学许兆真执笔。第二章、第十八章，由开封大学许海军执笔。第三章、第十二章、第二十四章，由河南师范大学陈万珍执笔。第四章、第二十三章，由安阳师范学院韩啸执笔。第六章、第十三章、第十六章、第二十二章，由周口师范学院宋玮执笔。第十一章，由河南大学杨文忠执笔。第十四章、第十五章、第十七章、第十九章、第二十一章，由河南大学郭伟执笔。全书由许兆真拟定提纲并审阅统稿。

我们在编写过程中，参考了写作学界同行的研究成果，也选用了一些作者的文章，有的注明了出处，也有的未注明出处。不管是否注明出处，均得到了原作者的大力支持，特向有关作者致谢。但因一些作者的地址不详，我们无法取得联系。敬请各位作者与我们联系，以便做出妥善处理。

《写作》（第一版）于2012年出版后，受到了许多高校师生的欢迎，因此，多次重印。主编于2014年7月对书中个别文字错误进行了修改。2019年5月，主编再次通读全书，并吸纳了读者的意见，进行了较大幅度的修订，编写了《写作》（第二版），不仅改正了各章内容、文字等方面的错误，而且更换了18篇选文，仅留用了原书中的6篇选文。我们恳请专家和读者不吝赐教，继续对本书提出批评意见，以便弥补缺漏。

许兆真

2019年5月于河南大学